Athanasius Kircher

Neue Hall- und Thon-Kunst

Athanasius Kircher

Neue Hall- und Thon-Kunst

ISBN/EAN: 9783743623224

Hergestellt in Europa, USA, Kanada, Australien, Japan

Cover: Foto ©Thomas Meinert / pixelio.de

Weitere Bücher finden Sie auf **www.hansebooks.com**

ATHANASII KIRCHERI
è Soc. JESU

Neue Hall- vnd Thon Kunst/

Oder
Mechanische Geheim-Verbindung
der Kunst und Natur/

Durch
Stimme und Hall-Wissenschafft gestifftet/

Worinn ingemein der Stimm/ Thons/ Hall-
und Schalles Natur/ Eigenschafft/ Krafft und Wunder-
Würckung/ auch deren geheime Ursachen/ mit vielen neu- und
ungemeinen Kunst-Wercken und Proben vor-
gestellt werden.

Ingleichem wie die Sprach- und Gehör-Instrumenta, Machinen
und Kunst-Wercke/ vorbildender Natur/ zur Nach-Ahmung/ so wohl die Stimm/
Hall und Schall/ an weit-entlegene Ort zu führen/ als auch in abgesonderten
Geheim-Zimmern/ auff Kunst-verborgene Weise/ vertreulich und
ungefähr sich mit-einander zu unterreden/sollen
verfertigt werden.

Endlich/ wie solche schöne Erfindung zu Kriegs-Zeiten nutzlichen könne angebracht
und gebraucht werden.

In unsere Teutsche Mutter-Sprach übersetzet
Von
AGATHO CARIONE.

Nördlingen/
Gedruckt bey Friderich Schultes/
In Verlegung Arnold Heylen/ Buchhändlers zu Elwangen/
Anno M DC LXXXIV.

Herrn P. KIRCHERI Vorrede an den Leser.

S ist nun mehr bey dreyßig Jahren / daß ich den Tractat : Ars Magna Lucis & Umbræ (in welchem alles/ waß zur Wissenschafft / Verstand und Kunst des Gesichts/ und sichtbahren Dingen/ hat können drey=liches erfunden werden / durch vielfältige neue Er=findungen und Gründe Vorgestellet worden) der gelehrten Welt überreichet ; weilen ich nun gesehen / daß dieses Werck von gelährten Leüthen wohl / und mit grossem Lust aufge=nommen worden / bin ich nicht anderst:

Als wie eine Wasser-Flut von der andren wirdt getriben /
Und in Neu-Erfindungen Kunst-Gemühter stehts sich üben.

Gleichfalls von meinem / mit Neu-Erfindungen und ungemeinen wunder Sach stehts schwangerem Gemühte angetriben wor=den/ und ausserstes Verlangen getragen / die Gehör- und Gesichts-Kunst etwas genauers zu verbinden und zu samen zu fügen / zu=mahlen weilen es mit einerley/ viel und manigfältigen Grünen und Beweiß geschehen kan; Wie ich dann in genauen Vergleich und Ge=gen=halt/ eine solche Verwandtnuß zwischen disen zweyen Wissen=schafften gefunden ; Das ich endtlich des Licht und Helle vor eine liebliche Ein=und gegen=Stimung der Augen ; den Ohren aber als ein Licht=Schatten/ auß keiner ohngereimter / oder ohnzukommen=der Vereinigung gehalten; Auch auß Vermischung diser Künsten und Wissenschafften/ waß in der Welt wunderlichs un ohngemeines zu finden / so die Gemühter der Menschen fast gantz bezaubert und erstauret machen kan / her zukommen scheinet. Nach reiffer Uberlegung dieses / schine es nicht so gar schwer und ohnthünlich zu seyn / zwischen diesen beyden Wissenschafften / durch die vielfältige Vergleichnuß/ einen Heurabt gleichsam zu machen / und aufs ge=nauist mit einander zu vereinig und zu verbinden.

Dann es hat die Stimm=und Thon=Kunst / oder die würckliche Wissenschafft des Halles und Thons/ so wohl als die Seh=und Ge=schits=Kunst oder Licht=Wissenschafft / ihre Weit und Breit sich aus dehnende verwunderungs Zibl und Zweck/ und finden sich ver=borgene Dinge/ Gehaimnuß / und wunderwürdige Würckung in grosser Mänge / welche zubezwingen und zubemeistern / kan ich kaum sagen/ was vor Müh und Arbeit / Schweiß und unverdroß

)(senes

ſener Fleiß / in einer ſolch-hohen und ſubtilen materi, iegliches nach ſeiner Würckung in ſeine principia zu reſolviren, und die eigentliche Urſachen an zu zeigen erfordert worden. Doch hat die unverdroſſene Müh und Arbeit alles überwunden; Alles ſag ich hat endlichen bey mir überwunden / die / mir eingepflantzte und auf alle Weiß und Weg gehaime und verborgene Sachen zuergründen / ſuchende Begierde und Neigung / welche auch gemachet / daß ich nichts ohnverſuch / ohn probirt gelaſſen / damit ich zu meinem ſchwehren Vorhaben und Grund gelangen möchte. Welches ob es ſchon bereits in meinem groſſen und weitlaüfften Buch / Muſurgia genandt / überflüſſig geſchehen / ſo habe doch in gegenwertigen Wercklein / neben dem was in dem 9ten Buch Muſurgiæ abgehandelt worden / hier widerholen / und mit viel neüen Erfindungen und Wercken / noch mehr beſteiffen wollen; ſonderlich zu dieſer Zeit / durch gute Gelegenheit / deß weitlautenden Sprach-Rohrs / ſo mann in gemein eine Trombe oder Trombon nennet / welche vor 20. Jahren geſchehene neüe / und in meiner Muſurgia vorgeſtelte / auch durch vielerley Proben allhier zu Rom bewehrte Erfindung ich am erſten an Tageslicht gegeben / und in offenen Truck kommen laſſen ; Welche Erfindung endlichen auch vor einem Jahr in Engelland / von vortrefflichen und Kunſt erfahrnen Gliedern der Königl. hohen Schul under handen genommen / und Werckſtellig gemacht worden; ſo auch mit ihrem Wunder-hall und Schall / nicht allein Engelland / ſondern auch Franckreich und Italien in höchſte verwunderung geſetzet; Welche ſchöne invention ich endlich auf zu ſprechen ſo vieler hochgelehrten und Kunſt-erfahrner Leüthe / als auch verſchidener Fürſten und groſſer Herzen / abermahlen underhanden genommen / mit vielen und neüen Erfindungen und Kunſtwercken vermehret / dieſem Wercklein auch habe ein verloben wollen. Wann nun hiermit der gelehrten Welt und Kunſterfahrnen / Wiſſenſchafft-begirigen Gemühtern einiger Nutzen; Fürſten und Herren aber einig Luſt / nutzlicher und tauglicher Gebrauch verſchaffet und an Hand gegeben worden ; So wolle der Günſtige Leſer ein ſolches nicht meiner wenigkeit / ſondern dem von oben herab alles Gutes gebenden und beſcherenden Vatter deß Lichtes zu ſchreiben; Auch wohl leben und mir ferner geneigt verbleiben.

Anſprach und Vor-Erinnerung
an den Geneigten Leſer.

WAnn mann mit viel-geſuchten Worten / wohl-geſezt-und
ſchmeichlenden Reden / H. Kirchers Schrifften und Bücher / müh-
ſam loben / und den Leüthen ein zu ſchwätzen ſuchte; wäre es / meinem Beduncken nach / eben als wann mann einen groſſen See mit wenigen
Löſſlen Waſſers / und der Welt leichtend-und erleichtenden Sonnen / mit
einem dunckel-brennden armen Wittfrauen kertzlein den glantz vermehren/
und ein Anſehen machen wolte. Dergleichen würde gewiß bey gelehrt-und
Kunſt-verſtändigen/mehr Geſpott und gelächters als Lob und Danckt ver-
dienen. Mit einem Wort / es bieß ohnnöbtig-und vergebene Arbeit über
nehmen. Ein gute Waar lebet bey Verſtändigen ſich ſelbſten. Ein
Kunſt-lieblicher Muſicus findet bald aufmerckſame Zuhörer. Ein ſchöner
Garten locket die Zuſchauer mit ſeinen Bluhmen und lieblichen Gewächſen.
Wie nun ingemein H. Kirchers Schrifften keines wahlreden Lobers bedorf-
fen; alſo auch dieſe Phonurgia, Thon-und Stim-Kunſt nicht. Als welche
ſich / ſo wohl wegen der ſuptilen Materi, wunder-würdigen Kunſt-wercken/
Mathematiſch-und Mechaniſchen neüen Erfindungen / Kunſt-gründen und
Urſachen; als auch vielfältiger anmühtig-und luſtiger / ſonderlich Prinzen
und groſſen Herren / wohl-anſtändig ſehr nutzlicher praxi , überflüſſig be-
liebt und belobt machen kan. Derowegen dem Kunſt-verſtändig-und be-
girigen Leſer /allein mit wenigem zu entdecken / waß dieſe hold-ſeelige Pho-
nurgiam Deütſch reden zu lehren / Urſach und Anlaß gegeben ; ingleichem
es hiermit vor eine Bewandtnuß habe.

Vor eines nun/weilen dieſes Kunſt-Buch / nach Herren Authoris eigen
Worten/vornehmlich nur vor Fürſten / groſe Herren / und ſolche Leüthe/
die wohlgeſpickte Beütel und Küſten/auf der gleichen Mathematiſche Kunſt-
Wercke und Erfindungen was anſehliches zu wenden haben / angeſehen ;
Solche aber nicht allzeit der lateiniſchen Sprach erfahren/weniger etwa die
notgemeine Mathematiſch-und Mechaniſche Kunſt-Wörter und terminos
verſtehen/wor durch dann der Luſt zu der gleichen Kunſt-verborgenen Dingen bald gehemmet und abgetrieben wird. Uber daß /ſolcher Abgang und
Fehler / mehſtentheil bey Künſtlern und Mechanicis / die Hand an daß
Werck legen ſollen/ſich findet / an deren gueten Verſtand und gnugſamen
Begriff doch daß mehſte gelegen. Sintemahlen / wann ſie etwa ein und
anders Werck/Inſtrument, Gebaw und Machine zuwegen bringen können/
oder verſtehen und faſſen / jedoch wan ſie die eigentliche Urſach / Grund /
connexion, Würckung und Beſchaffenheit nicht begreiffen und gnugſam
verſtehen/ſo gehet da ein mercklliches ab/und kan dannenhero in dem Werck
ſelbſten bald ein und anderer Fehler entſtehen /den mann doch eigentlich
nicht / oder doch ſchwärlich auß ſeinen Urſachen finden und entdecken kan.
Als hat mann dergleichen Fehleren mit Uberſatzung in unſer deütſche Mut-
ter-Sprach / nach vermögen vorbeügen wollen. Die Uberſatzung aber
ſelbſt belangend / iſt ſelbige nicht nach hochfliegend und weit-geſuchter Red-
Abrt eingerichtet ; wie mancher in ſeinem Sinn hoher Geiſt / heütiges
Tages den gröſten Ruhm dariñ ſuchet / auch in ſeiner Mutter nicht / oder
ſchwärlich verſtanden zu werden. Aber dergleichen gehet hier nicht an;
dann dieſes kein luſtiger Roman / kein hoh-flatterendes Pobten-Gedicht/
auch kein Grammatiſches Buch iſt woraus mann hoch-deütſche Wörter und
Redens-Abrten ſolte zu lehrnen haben. So laſt ſichs auch in ſolcher Kunſt-
Wercken und mathematiſchen Erfindungen / mit Worten nicht viel ſpihlen

)(oder

oder künftige. Sondern mann muß vor allen Dingen dahin bemühet seyn/
dergleichen Sachen/ Deütlich/ Hell Verständig und wohl-begreifflich vor-
zustellen/ darmit mann den Lust in diesem Studio erhalte/ Verdruß aber nach
aller Müglichkeit vermeide. Kurtz / deß vornehmste Absehen ist / leicht / und
genugsam verstanden zu werden.

Dahero / ob mann schon so viel sich wollen thun lassen / deß H. Authoris
Worten auf den Fuß nachgefolget ; so ist doch an etlichen Ohrten / wie der
Augenschein geben wirdt/ in den schwehrsten Dingen dahin gesehen worden/
daß mann selbige / mit etwas wenig geändert und mehrern Worten deütlich
genug möge vorstellen/ wie gemeldet allen Verdruß und Eckel vor zukommen. Jedoch haben die gewohnliche mathematische Kunst-termini nicht
können übergangen werden; wem nun dieselbige garnicht bekandt/ wird sehr
viel in diesem tractat nicht verstehen.

Waß zu dem Werck eigentlich nicht gehöret / als die an, Röm. Keyserl.
Mayest. von H. Authore Hoch-und wohlgesätze Dedication ; ingleichem die
Poëtische Lob-und Ehren-Schrifften und Carmina seyn auß gelassen worden / die Weitlaüffigkeit des Wercks zuvermeiden. Weillen auch ein und
andere Fehler mit Bemerckung der Buchstaben / sonderlich in denen figuris
conicis eingeschlichen/ als seyen solche verbessert; auch nun mehrern Verstand-
und Lichts willen etliche figuren nun etwas geändert worden. Im übrigen
wird sich zuverfichtlich alles im Werck und praxi selbsten also befinden / wie
es mit Worten und figuren vorgestellet worden ; wann allein die vorgeschrie-
bene Kunst-Regulen/ als an welchen das mehste gelegen / wohl in acht genommen werden.

Der geneigte Leser wolle mit günstigen Augen diese eylfertige Uber-
sätzung beseeligen / dem Göttlich Allmacht-Schutz anvertrauet / wohl-
vergnüglich leben und ferner gewogen verbleiben

Dem Ubersätzer.

ATHANASII KIRCHERI
è Soc: JESU
Laut- oder Thon-Kunst
Erstes Buch.

Thon-Kunst oder Wissenschafft / den Echo oder Wider- und Gegen-Hall belangend.

Vor-Erinnerung.

Echo oder Widerhall / ein Schertz der spielenden Natur / wird von den Poëten ein Stimm-Bild genennet / nach den Worten Virgilii:

Saxa sonant vocúq; offensa resultat imago.

**Die Steine geben laut / und wie die Stimme rufft/
So läst sich auch ihr Bild vernehmen in der Lufft.**

Die Philosophi nennens eine zurückschlagende / prallende / gegenschallende Stimme; die Hebreer בת קול ein Tochter der Stimme; Es ist aber ein so verborgen und geheimes Ding um den Echo oder Widerhall /daß auf den heutigen Tag schwerlich jemand zufinden/ der es deutlich und genugsam aufgeleget hätte. Das ist zwar gemein / und männiglich bekandt / daß es eine zuruck prallende und schallende Stimme / Laut oder Thon seye; aber wie / von was / auß was Ursachen / auch die Geschwind- und Behändigkeit von entlegnen Orten geschehe und gewürcket werde / das ist so unbekandt und verborgen / als etwas seyn kan; Es scheinet auch /daß der Abgrund der vorfallenden difficultäten in dieser materia nicht könne ergründet oder erschöpffet werden / als von einem / der durch viel und lange Erfahrung / sonderbahr- und unverdrossenen Fleiß / diese fliehend- und flüchtige Nymfe gantz künstlich gleichsam betriege und hinderlistig erhäsche / welches / weiln es im Werck selbsten bißher noch Niemand erwiesen / Ich mit desto grösserm Eyfer und Begierde dieses zuthun und sie aufzufahen / die dick-bewachsene Wälder / die Thäler / und bergichte Felder / die Höltzer / Hügel / Gebäu / Mauren / See- und Pfützen durchsuchet / und nichts underlassen habe / ihre verborgene Natur und Art zu erforschen; aber in dem ich ihr nachjage/ fliehet sie mich / fliehe ich / so verfolget sie mich; rede ich sie lieblich an / voppet und verlachet sie mich ; rede ich starck und um Kräfften mit ihr / so verdoppelt und vermehret sie meine Stimme und Wort / läst sich auch nicht abtreiben; und stellet sich als unwillig völlige Antwort zu geben; manchmahl ist sie gar wasch-hafftig / und gibet für ein Wort wohl zehen. Nachdem ich nun durch ihre Veränderung und Unbeständigkeit zum öfftern nur veriret ward / da ich diese Göttin so wohl durch Gesang und Stimmen / als auch mancherley musicalische instrumenta / liebliche und ernsthaffte Ansprach / außzuhalten und zu stellen mich bemühet / und sie sich / als gantz verwildet / der Einsamkeit und Wälder meistens gewohnet / nach meinem Kopff nicht wollen bezähmen lassen / habe ich endlichen die Erd- oder Feld-Meß-Kunst zu Hülff genommen / und etwas erstliches ihr nachgesetzet/ worauf sie endlichen sich gestellet / und meinem Verlangen völliges Genügen geschehen. Was ich nun auf meinen vielfältigen Reysen / an verschiedenen Orten/ den Echo oder Wider-Hall betreffend/ befunden und angetroffen / soll dem kunst-begierigen Leser in diesem Tractat treulich entdecket und communiciret werden ; damit auch derselbige/ von gleichsam unerindlichen Reichthum/ und manigfaltige Veränderung der Stimme / Laut oder Thons / desto besser verstehe / so habe zugleich etliche Kunst-Stück-und Proben / recht verwunderlicher Sachen beyfügen wollen. Und zwar Erstlich neue Ursachen oder rationes und Reguln der widerschallenden Stimm-linie / Darnach wie der Echo oder Wider-Hall gewürcket und zu wegen gebracht werde / ist auß den verborguesten Gehaimnussen der Natur nach Möglichkeit undersuchet und ans Liecht gebracht worden. Drittens die Hall-Thon- und Laut-Kunst / oder wie man sonderlich dem Gehör dienliche instrumenta machen solle / ein Thon oder Stimme weit zu führen / und zu lapten. Da wir auch auf mancherley Weis / und villeicht nicht mißfällig- oder verwerfflichen Erfindungen beweisen wollen / daß nichts in der wundersamen catoptrischen / oder spiegel- und gegenscheinenden Strahl-Kunst zu finden / so nicht auch in der Laut- oder Thon-Kunst solte Platz haben/ und appliciret werden können,

Was der Echo oder Widerhall seye?

Echo oder Wider-hall Eigenschaft und Natur wird beschrieben.

Durch Hülff der Feldmeß-kunst kan man den Echo oder Widerhall ergründen.

Und

Blancus hat am erst von der Echometria geschrieben.

Was der Author in disem Werck geleistet.

Und obwohln unser Blancanus/ so viel mir wissend/ am ersten von der Hall- oder Thon-Kunst geschrieben/ (wormit er sich auch bey der Nachwelt keinen geringen Namen gemachet/ und sein Lob wohl verdienet/) wir auch seinen vorgehenden Fußstapffen nachfolgen wollen; so wollen wir doch bey deme/ was Er vorgebracht/ nicht verbleiben/ sondern Höher steigen/ und zusehen/ daß wir immer neue und neuere Erfindungen ans Licht bringen/ und diese Hall- und Thon-Kunst/ als eine verborgene und wenigen bekandte Wissenschafft/ in den jenigen Stand/ wie es ihre Würde erfordert/ und von rechtswegen ihr gebühret/ führen und setzen mögen.

Nicht zweiflend/ es werden Könige und Fürsten darduch bewogen werden/ die Wunder-Instrumenten und Hall- oder Thon-Gezeuge der Alten und Vorfahren/ mit allem Fleiß wieder hervor zu suchen/ und an Tage zu bringen. Wir wollen aber sonder mehrer Wort-verlieren und Umschweiff zur Sach selbsten schreiten; Und damit wir in unserer Hall- oder Thon-Kunst desto gründlicher gehen und handlen/ wollen wir nach Art und Gewohnheit der Erd- und Feld-Messer/ die eigentliche Beschreibungen/ Reguln/ Sprüch und Aufgaben oder Fragen/ voran setzen/ damit wir allenthalben kunstmässig und ordenlich in der Sach gehen.

Der brauchenden terminorum,
oder
Wörter- und Namen-Beschreibung.

I. Phonocamptica, widerschallendes Thons- oder Laut-Kunst/ ist eine gehaime Wissenschafft/ der Stimm/ Laut oder Thon/ da man auf künstliche Weise dieselbige zurück-fallend und prallend auch also zu vermehren weiß/ daß man denen/ so die Ursachen und Weise nicht wissen/ recht verwunderliche und fast zauber-ähnliche Sachen darduch vorstellen kan.

II. Phonocampsis ist nichts anders/ als eine gebrochene oder zurück-prallend- und schallende Stimm oder Thon/ so die Griechen und andere Echo, die Teütschen Wider- oder Gegen-Hall nennen.

III. Centrum Phonicum ist der Punct/ oder Stelle/ auß welchem oder von welchem die Stimm- und Thon-linie außgehet/ und den Anfang hat/ wie in beystehender Figur der Punct oder Stelle A.

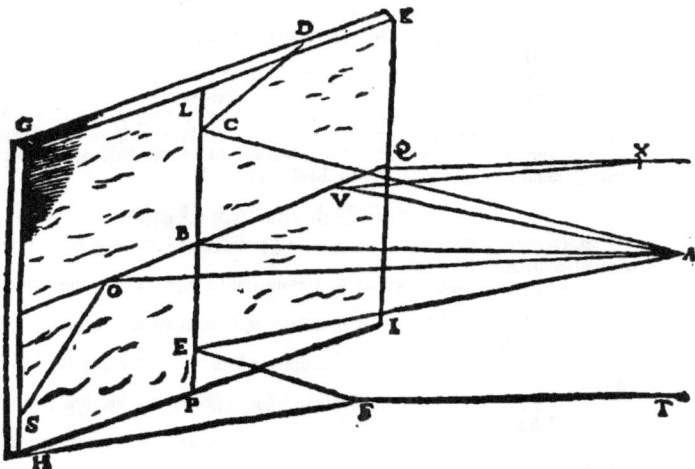

IV. Centrum Phonocampticum ist der äusserste Punct oder Stelle der Thon- oder Stimm-linie/ wo die Stimm oder Schall wieder zurück und in das Gehör fället/ wie in vorstehender Figur seyn die puncta B O V C E.

V. Objectum Phonocampticum ist alle die jenige Hindernuß oder was underwegs ist/ woran die Stimme oder Thon fället/ und zurück widerfallend gemacht wird/ wie in der Figur die Maur oder Wand G K H I.

VI. Medium Phonocampticum nennen wir das Mittel oder Behülff/ worduch und wormit die Stimm/ Hall oder Thon/ fort-geführet wird.

VII. Die

VII. Die Stimm⸗ oder Hall-linie / iſt die jenige/ in welcher oder nach welcher der Thon/ Hall oder Stimm fort⸗gehet und wiederkommet / wie in der Figur mit A B. bemercket iſt/ und dieſe iſt mancherley/ wie folget.

VIII. Linea ⸗⸗⸗⸗⸗ oder gerade Stimm⸗ und Schall-linie iſt die/ nach welcher oder in welcher die Stimme oder Schall / wider an den Ort zurück prallet oder fället / wo ſie her⸗ kommen ; gleichwie alle Linien ſo gerad und eben von der Maur oder Wand wider an das Corpus der Stimme oder Thons zurück fallen / ſeyn/ in der Figur iſt dieſe Linie mit A B. bemercket / und kömt überein mit dem gerad und eben für ſich ſcheinenden Licht⸗Strahl.

A⸗⸗⸗⸗⸗ iſt die Stimm⸗ oder Thon-linie/ welche ſchlems oder uneben an die Wand oder Maur fället/ und in ſolchem Winckel auch wieder zurück ſchallet/ wie in der Figur mit O S und CD. angezeiget iſt ; und werden deren Viererley gefunden / entweder die Stim⸗ me und Laut reflectirt oder wirfft ſich zurück in die Höh/ von C. in D. und dieſe wird genen⸗ net Anophona oder über ſich⸗ſchallend/ oder Catophona, under ſich lautend/ von Oben in die Tieffe oder niderfallend wie E und F anzeiget auß A E. oder ſie prallet zurück/ entweder auf die rechte Seiten wie V X. oder auf die lincke wie O S.

IX. Ein Stimm⸗ oder Schall⸗Winckel iſt der jenige/ ſo durch die gerade und ſchleme/ oder unebene Linie, zugleich mit der diſtanz deß puncten oder centri deß zurückfallenden Thons von den geraden und eben puncto, gemachet wird / dergleichen in der Figur mit A B C oder A B E angemercket iſt.

X. Die würckende Linie iſt die Ferne oder Länge/ ſo weit man die Stimm oder Thon hören und vernehmen kan.

XI. Angulus Phonoptorus oder der einfallende Schall⸗ oder Stimm⸗Winckel iſt der/ welchen die Stimm⸗ oder Schall-linie mit dem objecto oder Gegenſtand machet / wie der Winckel A B C , oder die Winckel AV B. A E B anzeigen.

XII. Angulus Phonocampticus iſt / welchen die zurückfallende Stimm-linie mit dem Ge⸗ genſtand machet/ in der Figur L C D. oder S O R. P E F. X V Q.

XIII. Ein verwirrend⸗ oder vermiſchender Thon⸗Winckel iſt / der durch zwey entweder ſpitz zulauffend⸗ oder waltzende Stimm⸗ und Thon-linien, die einander durchſchneiden/ ge⸗ machet wird.

XIV. Polyphoniſmus iſt die Vermehrung einer Stimm oder Schalls / in einer Höhle/ ſo da verſchieden gegenhallet/ gleichwie Phoniſmus nichts anders iſt/ als würckliche Stimm⸗ oder Schall-linien, ſo da in der runde / ſpitzig oder waltzend ſich ereignen.

XV. Der Gegenſtand/ ſo eine paraboliſche oder brenn-linie machet/ iſt die brennliniſche oder paraboliſche Fläche oder Obertheil eines hohlen Dinges.

XVI. Der Hyperboliſche durchſchneidende Gegenſtand / iſt eines hohlen corporis gewöl⸗ bichte Oberfläche.

XVII. Der abläng⸗runde Gegenſtand/ iſt eines hohlen corporis abläng⸗runde Fläche.

XVIII. Organa acuſtica ſeyn ſolche Inſtrumenta, welche/ wann ſie zu den Ohren gehalten werden/ eine groſſe Krafft die Stimm zu vermehren und zu vergröſſern in ſich haben.

XIX. Corpus Phonoclaſticum wird genennet / in welchem der Thon oder Schall gebro⸗ chen oder zurück geſchlagen wird / Phonoclaſis aber iſt die zurückſchlagende oder abgebro⸗ chene Stimme oder Thon/ wie in dem Waſſer geſchihet.

Gewiſſe Sätz und Lehr⸗Reguln.

I. Ein ieglicher einfallender Stimm⸗ oder Thon⸗Winckel iſt dem gegenhallend⸗ oder ge⸗ genlautenden Winckel gleich.

II. Ein iegliches Stimm⸗ oder Hall-centrum, mit ſeinen recht⸗ oder eben Linien würcket in die Rundung.

III. Die Natur deß Thons oder Lauts erlanget ihren Zweck und Zihl durch kurtze Li⸗ nien, oder nächſten und kürtzeſten Weg.

IV. Alles das/ und zwar allein/ kan gehöret werden/ welches die Stimm-Linie erreichen kan.

V. Der Thon / da vielerley reflexionen und Gegenſchallungen ſeyn und zuſammen kom⸗ men/ laſt ſich gar ſtarck und laut vernehmen.

VI. Ein ieglicher zurückprallender Hall oder Thon / geſchihet entweder in ſich ſelbſten/ oder in einem Gegenſtand.

VII. Je weiter der Gegenhallende Ort entfernet / ie ſpähter und langſamer komt die Stimm oder Hall zu Ohren/ hergegen näher/ie ehender.

VIII. Der Thon wird abgemeſſen nach der Krafft und Würckung der Stimm⸗ oder Hall-linie.

IX. Ein zuſpitzendes Thon⸗ oder Stimm⸗Rohr/ iſt ein Inſtrument und Mittel / wormit man in die Ferne und gantz abgeſondert / mit einem andern einige Abrede und Geſpräch halten kan.   Iſt auch mancherley/ wie nachgehends ſoll gemeldet werden.

X. Gehör-instrumenta, seyn solche erfundene Werck und Mittel, da einer zu dem andern, entweder heimlich oder offentlich, mit dem Gehör gleichsam kommen und ihne vernehmen kan.

Besondere Fragen und Gaaben.

I. Auß einem jeden gegebnē Stimm-Gegenstand und puncto, in welchem die Thon- oder Stimm-reflexion oder Gegenhall geschihet, die widerhallende Thon- oder Stimm-linie zu beschreiben.

II. Auß einem jeglichen Puncten oder Theil deß Gegenstands, kan gegen einem andern Ort oder Puncten, eine reflexion oder Gegen-Hall zuwegen gebracht werden.

III. Wann man ein Rohr in gewisser Länge und proportion hat, kan man in einer gewissen Weite und Ent-fernung mit andern reden.

IV. Auß vernommener Stimm-Krafft oder Läute zu erkennen, wie weit die Stimme oder Laut durch ein Rohr könne geführet werden.

Erster Abtheilung
Cap. I.

Worinn deß wider-schallend- und fallenden Thons, Stimme, oder Laut, Natur und Eigenschafft beschrieben wird.

Erster Vor- und Lehr-Satz.

Der Thon, Laut oder Hall ist eine Nach-ahmerin oder Nach-folgerin deß Lichtes.

Was der Hall oder Thon seye? Er Thon oder Hall ist nichts anders, als eine empfindliche Eigenschafft, so durch das Gehör gespühret, empfunden und vernommen wird; ist also nicht, wie etliche wollen, eine Bewegung verschiedener einander anrührend- oder aneinander prallender und schlagender Körper: Jedoch so folget der Thon oder Hall auß solch körperlicher Zusammenschlagung oder prallen nicht zwar ohn-mittelbar, sondern durch Vermittlung deß darzwischen sich befindenden und underbrochnen Lufts; dahero auch die jenige Dinge und Körper, die am meisten Lufft, und Leichte in sich haben, desto stärckern Thon und Hall von sich geben können; allweilen der Lufft vielmehr in leichten und lüfftigen, als in dicken und nicht viel Lufft in sich haltenden Körpern, gebrochen und zerschlagen wird; daher nicht eben allzeit zu Formirung und Erweckung eines Thons **Die Zusam̄en-schlagung zweyer harten Körperlich Din-ge ist nicht allezeit nöthig, einen Hall o, der Thon zu machen.** oder Halls, die Zusammenschlag- und Prallung zweyer gedigen oder harten Körper, nothwendig erfordert wird; sondern die schlagende Bewegung deß Lufts oder Wassers, ist gar tauglich und bequem, ein Thon oder Hall zu machen, wie die Pfeiffen, das sausen deß Meers, auch die Donner-schläge augenschein- und mercklich bezeigen; wann derowegen die Lufft, durch Beweg- oder Zusammenschlagung zweyer Körper, sie seyn gleich was sie wollen, gebrochen oder underbrochen wird, so gibt es einen Thon, Laut, oder Hall, welcher von dem zusammenschlagenden oder prüllenden puncto, nicht anderst als die verschiedene Farbens-arten scheibweiß oder in die runde strahlet und sich vertheilet. Dann gleichwie die Farben ihre Arten durch die scheinende Strahlen allenthalben und überall außtheilen, also auch der Thon oder Hall.

Das Wasser ist deß Halls oder Thons subjectum. Das Mittel aber oder Behülff, dardurch der Thon oder Hall in das Gehör fället, ist nicht das Subjectum deß Thons, darvon Er komt, sondern Lufft und Wasser; und zwar hat an der Lufft niemand zu zweiflen; von dem Wasser aber gibt auch die Erfahrung genugsamen und gewissen Bericht; In dem auch Plinius meldet, daß manchmahl die Fisch durch Benennung gewissen Thon oder Hall sich zusammen bringen, und gleichsam beruffen lassen. **Die Fische haben ihr Gehör.** Ja eben diser Plinius meldet, daß underweilen die Fische, so man sie mit ihrem angewehnten und gegebnen Namen geruffen, sich herbey gemacht und zugeschwommen; Zu dem so förchten und erschrecken die Fisch auch sehr ab dem Donner, welches nicht geschehe, wann sie nichts under dem Wasser höreten. So bezeugen auch die Perlen-Fischer, daß wann sie under dem Wasser sich befinden, sie groß und starcken Thon, Laut oder Hall hören; und zwar um so viel mehr und mercklicher, je weniger sie von der obern Wasser-Fleche in die Tieffe fahren: Welches ein ohnfehlbares Zeichen und Zeugnuß ist, daß der Thon oder Hall durch die Lufft und lufftige Körper, als da ist Wasser, Holtz, Mauren, zu dem Gehör dringe.

Gleichheit deß außgehenden ge-rad- und ge- Ist also auch das Wasser ein Hülff-Mittel deß Thons, wiewohlen der Thon oder Hall, vielleichter und deutlicher durch die Lufft, als durch das Wasser geführet und gebracht wird; dann wie sich der Schein und Strahl deß Lichts hält gegen einem dichten, und ohndurch-scheinen-

scheinenden Mittel oder Gegenstand / da er underbrochen / und zurück geworffen auch geschwächet wird; eben also wird auch der Thon oder Hall in einem solchen dichten und gedigenen Mittel oder Gegenstand gebrochen/und zurück geschlagen. Werden derowegen
die Thon- Hall und Stimm-arten durch die dicke und Grobheit deß Wassers geschwächt/
eben wie die Schein und Gesichts-strahlen durch einen dicken oder gedigenen Gegenstand.

Daher kombts/ daß wir zur Zeit Regen-Wetters/oder bey dicker neblichter Lufft/ viel
weniger und unvernehmlicher hören/als wann die Lufft rein ist. Wie auch in Sälen und
Zimmern die mit Tappeten behengen und bedecket / die Stimm oder Thon gantz rhusem/
und viel schwächer gehöret wird / als wo die Wände bloß und unbedeckt gelassen werden.
Ja daher findet sich auch die Ursach / warum in einem von Menschen gantz angefüllten
Ort die Music und Klang so schwach; nähmlich weilen der Thon oder Hall sich in die Kleider und übrige cavitäten ziehet / und die Krafft verlieret. Wie ingleichem ein Sahl oder
Zimmer / so mit Woll oder Spreuer angefüllet / den Thon oder Hall also hemmet / daß
mans kaum vernehmen kan. Darvon mit mehrerm in folgendem wird gehandelt werden.

Auf besagtes / ist nunmehr zu erweisen übrig/ daß der Thon oder Hall gleichsam deß
Lichts oder Scheins nach-ahmende Affin seye/ das ist/mit dem Licht/Strahl/ oder Schein
fast gäntzlich übereinkomme/indem ich nun solches zu erweisen vorhabens/ so ist Anfangs zu
wissen und wohl zu mercken / daß der Thon oder Hall / seine Krafft rings- oder rund-um
außbreite/ in welchem Kreiß oder Rundung er auch allein/auffer selbigem aber/nicht gehöret oder vernommen werden kan : Dieser Kreiß oder Rundung aber kan nicht anderst gewürcket oder verursachet werden/als durch gerade Linien/die von dem centro, oder Ort deß
Thons oder Halls / mittelbarer Weise außgehen oder sich austheilen. Daß also die
Strahlung deß Halls oder Thons / dem licht-strahlenden Schein sehr nach-ahmet ; und
der ἀκτινοβολίας oder Schein- und Strahl-Außwerffung kein anderer Underscheid bey dee-
ben ist / als daß die Schein- und Glantz-Strahlung augenblicklich und geschwind / die
Thon- oder Hall strahlung aber/ nach und nach durch die Lufft geschieht ; auch die Schein-
Leicht- und Gesichts-Strahlen / nicht können durch Röhre und dergleichen fortgeführet
werden/ wie bey den Thon- und Hall-Strahlen geschihet.

Daß nun Licht und Hall/in gewisser Maß einerley/und sehr viel miteinander gemein
scheinet Virgilius anzuzeigen/wann Er schreibt:

Tum clarior ignis auditur.

Alsdann wird auch das Feur viel mercklicher gehöret.

Und in seinem 6. Buch:

Visaq; canes latrare per Umbram.

So hat man auch die Hund im Schatten sehen bellen.

Sintemahlen dem Gesichte nichts vorkommen kan / so nicht in gewisser Maß und in
einiger Gleichheit auch ins Gehör köndte gebracht werden. Wie nun deß Lichts Eigenschafft ist / die verschiedene Farben der körperlichen Dingen vorzustellen / und zwar nach
den entweder einfallenden und für sich schiessenden / oder aber zurück-prällenden Strah-
len/ auf die vorstehende Flächen/ so von dannen ins Gesicht fallen ; also ist deß Thons oder
Halls Eigenschafft/ die verschidne Beschaffenheit der Körper/ durch Beweg- und Anschlagung deß Lufts auf die Flächen/vorzustellen ; also daß es nicht ohngereimt zu sagen ist : Die
Farben seyen nichts anders/als verschiden einfallend- und zurück-prällende Strahlen ; gleich
wie die Thon oder Halle/nichts anders seyn/als verschidene Lufft-Bewegungen : Dann so
jemand bey dem resonanz oder Hall eines musicalischen Instruments / die subtilste Lufft-Bewegungen sehen solte / der wurde gewißlich nichts anders / als ein von mancherley Farben
bestehendes Gemählde vor sich haben / wormit die verschidene Eigenschafften der thönend-
oder hallenden Körper sich den Augen vorstelleten. Gleichwie aber das Licht an sich selbst/
ausser allen Körpern betrachtet / unsichtbar ist/ also auch der Hall an sich selbst betrachtet/
kan nicht gehöret oder gefühlet werden ; Dann nichts in der Welt können wir sehen/ oder
mit dem Gesicht begreiffen und fassen / als die colorirte oder gefärbte und erleuchtete Flä-
chen/welche so viel als sie können/die Sonne/oder andere leuchtende oder erleuchtete Körper
vo rstellen : Daß aber das Liecht an und vor sich selbst ohnsichtbar seye/ bezeugen die Hohl-
Spiegel genugsam / in welchen man keine radios oder Schein-Strahlen findet und siehet/
als in dem puncten wo die radii zusammen kommen/oder fallen/ durch Behülff eines durck-
len reflectirenden Körpers. Ja eigentlich von der Sach zu reden / so kan kein accidens,
oder Zufälligkeit eines Dinges gefühlet / oder in die Sinn-Empfindlichkeit gebracht wer-
den/ als durch Behülff der jenigen Sachen oder Cörper/ woran oder worinn Sie sich befinden / oder durch die weite und grösse / dardurch sie gleichsam außgespannet oder außgebreitet werden/ohne welche solche Zufälligkeiten in ein kleines pünctlen/ja in nichts sich verlieren würden. Derowegen gleichwie das Licht ohne die Lufft nicht kan gesehen werden/
also auch der Thon oder Hall/welcher/in dem Er uns die Lufft durch das Gehör empfindlich
machet/ so stellet er verschidene körperliche Eigenschafften uns vor / die wir nicht anderst als
durch den Thon oder Hall vernehmen oder erkennen können : So auch jemand die Natur

Marginalia (right column):

gebrochenen Halls-striches in der Lufft und Wasser.

Warum in einem mit Tapet- behangnen Saal der Hall nicht recht hell und laut zu hört.

Der Hall vergleichet sich mit dem Licht.

Gleich-liniische Vergleichung deß Lichts mit dem Hall.

Kein zufällige Sachen können an sich selbst mit den Sinnen gefasset werden.

A iij und

und Eigenschafft deß Lichts etwas genauers betrachtet / der wird finden / daß das Licht nichts anders / als einige Lufft-Bewegung seye / so das Bild deß Bewegers / oder deß erleuchtenden Körpers mit sich führet /solches dem Aug oder Gesicht/ under dem Namen und Schein der Farb / oder deß Lichts vorzustellen. Also ist gleichfalls der Thon oder Hall nichts anders / als eben eine solche Lufft-Bewegung / so da die verschiedene Arten und Eigenschafften / seiner verursachenden / oder bewegenden Körper mit sich führet / und also under dem Namen und Gegenwart deß Lauts oder Halls / solches Bild dem Gehör vorstellet ; dann die Art und Weiß der Empfindlichkeit / oder Fühlung / zum Exempel / einer hallenden oder lautenden Glocken / præsentiret und erweiset sich gleichsam den Augen eines Tauben / eben auf die Weise / wie sie in die Ohren eines Blinden fället. Gleichwie auch das Licht / ohne ein körperliches Wesen / darvon es herkommet / und würcklichen Einfluß oder Schein / nicht kan erhalten werden / also auch der Thon oder Hall nicht ohne die Bewegung deß Lufts.

Wie das Licht in das Aug fället / also der Hall in das Ohr. Dannenher die Jenige auß-lachens werth / so da vorgeben / daß der in einem Rohr eingefangen und geschlossene Thon oder Hall lange Zeit könne aufgehalten werden / dar- von wir in unserer Magia Echotectonica weitläuffiger werden zu reden haben ; Ja die Erfahrung bzeugets / daß wir viel besser und mit grösserer Lust / eine Geschicht oder Beschreibung eines Dinges lesen / oder von einem erfahrnen und künstlichen Redner (welcher die schöne / liebliche und anmuhtige Redens-Arten weiß anzubringen / und gleichsam als mit lebendigen Farben abzumahlen) hören / als wann wir die Sach selbst vor Augen hätten. Gleichwie auch die verschiedene vorstehende Sachen und Gattungen auf eine gantz verborgen / und geheime Weise das Aug und Gesicht einnehmen und bewegen / eben ein solches Bild/ durch Behülff der Lebens-Gaister und beywohnenden Krafft in dem Kopff zu formiren ; Also auch das Bild eines thönenden oder lautenden Körpers / so durch die Lufft geführet oder getragen wird / afficiret oder beweget die Lufft in dem Ohr und Gehör-Instrument also / daß eben ein solche Gestalt oder Bild in demselbigen vorgestellet wird. Auß welchem allem / ich hoffe / leicht abzunehmen seyn werde/ was vor ein grosse Gleichheit und Übereinstimmung/ zwischen den Gesichts- und Gehör-Körpern/ und dem Menschen das sehen und hören zu machen/ oder zu verursachen/ sich befinde. Und wie durch ein vorstehen

Der Bruch und das zurück-fallen deß Halls. des dickes oder grobes Mittel oder Sach/ das Gesicht gebrochen/ und die Gesicht-Strahlen zurück getrieben oder aufgehalten werden / eben also geschiehet es auch bem Thon oder Hall ; wie in folgendem mit mehrerm wird gewisen werden. Dann was ist der Thon oder Hall/ in einem lucken/l ufftigen und linden Körper aufgefangen/anders/als gleichsam ein Schatten/ so dem Thon oder Hall eine Hindernuß machet/ daß er sich nicht weiters erstrecken/oder außbreiten kan?

Schluß⸗Folge.

Wie viel der Hall ob Thon sen. Daher last sich in gewisser Maß und Weiß beschreiben oder determiniren und schlies- sen / wievil der Thon in dem Wasser schwerer sey und falle / als ausser demselbigen / ob es schwerer in schon an sich selbst einerley Thon oder Hall ist / und folglich wie viel reiner und subtiler die dem Wasser/ Lufft als das Wasser. Wie dann ohnlängsten von einem vornehmen und erfahrnen Mathematico künstlich ist erfunden worden/ daß der Laut oder Hall einer Glocken/ so zu reden/ auf zwey Grad ausser dem Wasser/ in dem Wasser/ auf fünff Grad gekommen/ welches underscheids und differenz keine andere Ursach/als dicke Gröbe/oder dinne Reinigkeit /und subtiles Wesen der vorstehenden Mittel und Sachen. Dann das Wasser widersetzt sich stärcker einem thönenden oder hallenden Körper/in dem Wasser/als ausser demselben ; auß welchem Widerstand folget die Langsamkeit deß bewegenden Mittels/auf welche Langsamkeit und Verzug ein desto schwerer/ und stärcker Hall oder Thon folget : dann wie ein Mittel oder vorstehende Sach gegen der andern sich verhält / also auch die Bewegung/ Schlag/ oder Rührung / so in einem solchen vorstehenden Mitteldinge geschicht/ gegen der Beweg-Schlag/ oder Rührung in dem andern Mittel-Ding ; Und wie sich eine solche Bewegung gegen der andern verhält/ also auch verhält sich ein Thon oder Hall gegen dem andern. Wann derowegen / nach vorstehendem Exempel / wie 5. sich verhält gegen 2. also auch und in solcher proportion und Maß verhält sich die Bewegung der Lufft / gegen der Bewegung in dem Wasser ; wird sich derowegen befinden/ daß die Dinne und Subtiligkeit der Lufft / gegen der Dinne und gröbe deß Wassers sich verhält wie 12 5. gegen 8.

Thon Hall ist der Lichts Strahl gleich. Also sihet man daß der Laut / Hall oder Thon dem Licht und Schein in seinen Würkungen gantz gleich komme/ nur die Bewegung außgenommen/welche in und bey dem Licht oder Schein / geschwind und augenblicklich / in und bey dem Thon oder Hall aber langsamer / und nach und nach geschiehet. So wird auch der Thon oder Hall fortgeführet und außgebreitet nicht allein nach recht- und ebenen/ sondern auch unebenen/ und krummen Linien, welches daher erhellet ; wann der Thon oder Hall / durch hohle Instrumenta, röhren und dergleichen geführet wird/ so geschihet es nicht allein gar fuglich/ sondern wird auch viel stärcker und kräfftiger. Ja der Thon oder Hall kan auf solche Weise viel weiter geführet und gebracht werden/als in der freyen Lufft ; wie wir in folgendem/mit verschiedenen gewissen Proben und Erfindungen bewesen wollen.

Anderer

Anderer Vor- und Lehr-Satz.
Von dem Wider-Hall verursachenden Dingen / oder Vor- und Gegenstand.

DEr Wider- und Gegen-Hall verursachende Vor- und Gegenstand/ können nicht allein seyn / Mauren / Felsen / Wände / und andere dergleichen harte und dichte körperliche Sachen; sondern auch die Erde/ Bäum/ Blätter/Holtz/ die schlechte Erde oder Erdrich/ ob es schon lucl und poros, sonderlich das Wasser und alle Feuchtigkeit kan die Stimmen / Laut oder Hall zurück werffen. Welches mir offt wunderliche Gedancken und seltzam vorgekommen. Jn dem ich ein- und andermahl/ mitten in dem freyen Feld/ zwischen Rom und Tusculo gelegen/ da keine Maur/ keine Bäum/ sondern nur etwas kleines Gesträuß/ Stein und Aecker/ doch mit höchster Verwunderung/ einigen Hall oder Gegen- und Wider-Hall vernommen; also kan offt eine geringe Sach wunderliche Würckung thun und zu wegen bringen.

Daß aber das Gesträuß/ und die Acker-Bett und Furchen den Gegen- oder Wider-Hall verursachet/ hab ich daher abgenommen/ weiln ein andermahl/ da ich wider an disem Ort vorbey gieng/ das Gesträuß aber nidergehauen/ und die Acker-Bette gleich gemachet worden/ im geringsten von keinem Wider- oder Gegen-Hall nichts zu vernehmen wahr; So seyn auch viel/ vor alten Zeiten berühmt- und bekandte Wider- und Gegen-Hall/ bey unsern Zeiten heutigs Tags nicht mehr anzutreffen/da entweder die Mauren und Wände eingefallen/ oder andere/ solchen Wider- und Gegen-Hall verursachende Gegenstände und Dinge verändert worden. Bey dem Grab oder Grufft CÆCILIÆ METELLÆ/ so heutigs Tags Capo de bovi genennt wird/ soll vor Zeiten/wie Boissardus in seiner Beschreibung der Statt Rom meldet / ein sehr berühmtes Echo, Wider-oder Gegen-Hall gewesen seyn/ so doch/ auch nach fleissigem Suchen und Nachforschen/heutigs Tags nimmermehr anzutreffen; Jch habe die Wort Boissardi beysetzen wollen/ darmit der Leser/ was von diser Erzehlung zu halten/wissen und erkennen möge/Er redet aber in besagtem Buch folgender Maßen hiervon.

Der METELLORUM Begräbnuß oder Grufft/ ist rund/ von viereckichten weissen Marmel-Steinen/als ein weisser weiter Thurn gebauet/ inwendig hohl/ oben offen/dessen Mauren bey 24. Schuh dick. Jst an einem Eck oder Winckel der Statt-Mauren angebauet/ in dessen Umschweiff und Runde sihet man viel Ochsenköpffe oder Schedel/ ohne Haut und Fleisch/ wie bey den Opffern gebräuchlich war/ in Marmel-Stein gehauen / so mit Binden und Schnüren/daran Früchten-Blühmen- und Blätter-Büschel hengen/so man Festones oder Teütsch/ Früchtlein zu nennen pfleget/ aneinander gefüget seyn/ darzwischen auch Opffer-Schüsseln zu sehen; der Ochsen-Köpff mögen ungefehr bey 200. seyn/ darum wird auch der Ort zum Ochsen-Köpff genennet; und halten die in antiquitäten Erfahrne Geldhrte darfür/ Daß man bey der prächtigen Leich der CÆCILIÆ METELLÆ ein gedoppelte Hecatomben, oder Zweyhundert-faches Opffer verrichtet/ deren Nam forn an der Grufft oder Grab/ auf einer grossen Marmel-Steinern Tafel gegen dem Schloß-Thor also zu lesen: CÆCILIA Q. CRETICI F. METELLI CRASSI. Wann man unden an dem Hügel/ worauf dieser Thurn gebauet ist/ einen gantzen vers oder Reimen saget oder schreyet/ wird ihme der Echo, oder Wider-Hall denselbigen gantz verrichtlich- und verständlich/ und zwar zum öfftern/ mit höchstem verwundern/antworten und gegen-schallen. Jch habe den ersten Vers auß dem Buch Virgilii Æneidos, so ich geruffen/ von dem Echo, oder Wider-Hall/ achtmahl gantz und vernehmlich/auch nachgehends noch öffter/ jedoch je länger je Dusamer und Ohn-verständlicher daselbst gehöret/. Nirgends in der Welt / wird man leichtlich einen solchen Wider- oder Gegen-Hall finden und antreffen ! So der Ursachen halben so künstlich solle erfunden und zugerichtet worden seyn/ darmit das Geschrey/ Weinen/ Heulen und Klagen der Leydmühtigen bey der Leich der CÆCILIÆ also möchte vermehret/ und bey Verrichtung deß gedoppelten Hundert-fachen Opffers/ und Trauer-Spihl/ so diser Matron zu ehren angestellet worden/ alles vergrössert und vervielfältiget werden/ biß hieher Boissardus.

Jch muß bekennen/ daß ich hierdurch sehr begierig worden/ die Sach selbsten zu erfahren/ und habe mit sonderbahrem Fleiß diesen Wunder-Echo, Gegen-Hall und Schall/ zwey- oder dreymahl gesuchet und versuchet / aber vergebens; und habe so wohl Jch/ als auch andere Kunst- und wunder-erfahrne Leute zu Rom nichts im geringsten darvon mercken oder spühren können; Ja ein Jeder/ der nachfolgende Stimm- und Thon-Reguln und Lehr-Sätze fleissig lesen und überlegen wird/ der wird finden/ daß die Gelegenheit deß Orts zu einem Echo oder Wider-Hall gar nicht tauglich oder bequem/ also daß ich nicht weiß oder sehen kan/ warum dieser Author so keck und ohngescheüet dieses geschrieben und vorgegeben; Jch habe sehr fleissig nachgeforschet/ ob etwan die Gelegenheit deß Orts um etwas geändert worden? ob irgend ein beystehendes Gebäu eingerissen/ oder sonsten verändert worden? aber verstanden daß in 100. Jahren/ jnnet welcher Zeit der Author den

Echo oder Gegen-Schall probiret und gehört zu haben/ vorgibet/ nichts an disem Gebäu seye geändert oder abgebrochen worden; Ich will aber dise Sach gern andern Kunst-Begierigen und Erfahrnen/ weiterzu undersuchen/ überlassen; Indessen ist gewiß/ wie gemeldt/ daß ich etlichmahl rings um/ die Maur allenthalben probiert/ und die Sach versuchet/ aber im geringsten dergleichen nichts wie Boissardus meldet finden und zu wegen bringen können. Daß aber auch das Wasser könne ein wider-hallender Gegenstand seyn/ und einen Echo geben/ bezeuget die Erfahrung/ in dem fast alle Bronnen einen deütlichen und vernehmlichen Wider-Hall geben/ wie sonderheitlich der Bronn in dem Hof deß Vaticanischen Pallastes ein Zeüg seyn kan/ welcher auch die schwächeste und gantz stille Menschen-Stimmen/ so deütlich und vernehmlich wieder- und gegen-hallet/ daß man wohl meinen und schwören solte/ die Menschen wären in dem Bronnen. Und zwar so wider hallet ein Bronn desto volkommer und deütlicher/ je freyer die Lufft inn und um denselbigen ist/ dann so bald er mit einem Dächlein/ oder auch nur seinen Tuch bedecket ist/ so thut ers nicht/ dessen kein andere Ursach ist/ als die gedoppelte reflexion/ oder zurück-prölung; Eine von dem Gewölb undersich/ die andere aber von dem Wasser übersich/ da dann muß folgen/ daß man zwar etwas/ aber nichts deütliches und richtiges höre/ und vernehme. Weilen auch das Wasser gantz glatt und eben/ und eine Spiegel-gleiche Fläche hat/ dahero auch zu der reflexion und Zurückprölung deß Thons gar tauglich/ als ist kein wunder/ daß der Echo oder Wider-Hall/ bey den Weyhern/ Seen/ Flüssen/ Meer/ und dergleichen/ sich vielmehr als anderswo finden und antreffen läßt. Das erweisen sonderlichen die Bronnen/ welche/ wann Sie mit Wasser wohl gefüllt/ zehenmahl mehr und lauter hallen/ als wann sie wenig oder gar kein Wasser in sich haben/ sonderlich wann die innere Fläche und Höhle rund formiret und gemachet ist. Schliesse derohalben/ daß alles/ so wohl dick und dichte/ als auch feicht und weiche Ding/ ein Wider- und Gegen Hall geben könne: Und zwar/ je glätter der Gegen-Stand ist/ je stärcker und kräfftiger wird er ben Thon oder Hall zurück werffen/ eben als wie ein Spiegel/ der schön glatt und wohl poliret ist/ das Licht und die Gestalten viel besser zeiget und weiset/ als dem es an solcher Glätte und Polirung fehlet.

Darnach schliesse ferner/ daß das Wasser absonderlich sehr tauglich und bequem zu der reflexion und Gegen-Hall seye/ wegen seiner Spiegel-gleichen Fläche. Drittens daß alle andere/ so wohl raue/ schirsicht/ schrundichte/ als auch weiche Gegen-Stände zwar wider-hallen/ aber schwächer und unordenlich; wie in den bewachsen Berg-Thälern und Halben/ in dick-bewachsen und mit vilen und grossen Bäumen besetzten Wäldern geschihet/ da keine ordenliche reflexion/ und Gegen-Hall/ sondern auß mancherley/ und widen von einem Baum gegen dem andern fallenden Thon oder Stimme/ bestehendes Gethös und Sumsen gehöret wird/ ein solcher Klang und Schall wie man in den Bronnen höret. Allein von disem allem soll weitläuffiger in folgendem gehandelt werden.

Warum die zugedeckte Bronnen keinen Wider-Hall geben.
Wider-Hall in dem Vaticanischen Pallast.
Warum die Bronnen so starck hallen und wider-hallen.
Das Wasser schickt sich gar wohl zu der reflexion.
Woher das sausen und sumsen in Wäldern komme.

Dritter Vor- und Lehr-Satz.
Von dem widerhallenden Hülff-Mittel/ oder der Wider-Hall würckender Linie.

Zweyerley Mittel deß Widerhalls/ nemlich ein natürliches und mathematisches.

ZWeyerley Hülff-Mittel haben wir da zu betrachten/ ein Natürliches und Mathematisches; Das Natürliche Mittel ist die Weite/ spatium oder Gelegenheit der Lufft/ dardurch die Stimme/ oder Thon fort-geführet wird/ hat seine mancherley und verschiedene Eigenschafften und Beschaffenheit. Das Mathematische Mittel ist die Grösse/ Kleine/ Ferne oder Nähe der fortgeführten Stime oder Thons/ und Abmessung derselbige Daur oder Währung/ von beeden wollen wir in diser Abtheilung handlen/ und von dem Mathematischen oder Kunst-abmessenden Mittel den Anfang machen.

§. I.
Von der würckenden Stimm- oder Hall-linie.

Was und wie vielerley die Hall-würckende Linea.

Die würckende Stimm- oder Hall-linie heissen wir/ welche die Würckung der außbreitenden oder lauffenden Stimm und Thon führet/ und endiget. Ist zweyerley; Eine einfache oder schlechte/ und vermengte oder vermischte. Die einfach schlecht oder gerade würckende Linie oder Strich ist/ so der Stimm- oder Thon-Fortsetzung endet oder abbricht/ und wird der Rundung deß würckenden Thons oder Stimme semidiameter halb durchmesser oder Schneider genennet. Ein vermischt- oder vermengte Stimm oder Thon-linie ist/ welche durch eine einfallende und zurück prölende verursachet wird/ so wir deswegen eine eben-einfallend-zurückprölende nennen. Diese/ ob sie schon Blancanus mit der gerad- und schlechten vor einerley und gleich hält; Jedoch wann man gar genau und eigentlich von der Sach reden will/ muß sie nothwendig kleiner und geringer seyn. Dann das ist gewiß/ daß die an eine Maur anfallende Stimm oder Thon daselbst gleichsam gebrochen werde/ auch an ihrer Krafft einen Abgang leide/ und schwächlich zurück falle/ welche im

Die anfallende gerade Linie oder Strahl ist grösser als die gebrochene.

im Gegentheil/so sie von nichts gehindert oder aufgehalten wird/durch ihre ungleich-gleiche
Krafft fortgeführet werde/ wie bekandt/ auch in dem Tractat von Licht und Schatten weitläuffig erwiesen worden. Wie viel aber diese vermengt- und gemüste Linie kleiner und
kürtzer seye/ als die schlechte/ und gerad-anfallende/ läst sich schwehrlich erfinden und abmes-
sen / und halt ich gäntzlich darfür/ daß sich ein so geringer Underscheid da finde/ daß selbiger
mehr und besser mit dem Verstand/ als mit den äusserlichen Sinnen könne begriffen werden. Derowegen auch ohngehindert diese Linie der geraden/ natürlicher Weis gleich gehalten werden kan; und so wirds sowohl hierinn genommen/als auch in dem Buch de Arte
lucis & umbræ fol. 576. Indem die / durch das wieder zurück-prellen in einem nahen Gegen-Stand oder Mittel gestärckt und vermehrte Stimme / leichtlich wiederum ersetzet/
was durch das anfüllen oder anschlagen abgegangen.

Es kan aber diese Linie nach dreyerley Fall oder Weise betrachtet werden. Der erste
Fall / oder Art ist/ wann entweder die zurückfallende oder prellende Linie der einfallenden
gleich ist/so muß der Gegen-Stand oder Hindernuß/so den Wider-Hall gibt/ nohtwendig
in der mitten der würckenden Stimm-linie sich finden: also wann die würckende Stimm-
linie in diesem ersten casu ist A C. und der wider-hall würckende Gegenstand B. In dem mit-
tern punckten der Stimm-linie , so muß der radius oder Strich A B. so auß B in V. zurück
prellet und fället/ eben so groß und lang seyn/ als der Theil A B. oder B C. als die Hälffte der
gantzen Linie A C. welches die würckende Stimm- oder Thon-linie ist.

Die erste Weise und Art.

Caſ. I.

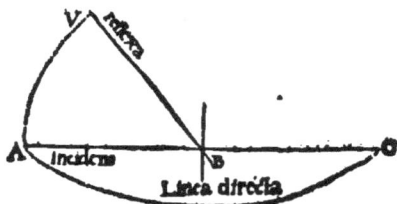

Der andere Fall/ Weis oder Art ist/ wann die zurück-prellende Stimm- oder Thon-
linie grösser ist als die einfallende/ so muß der Wider-Hall würckende Gegenstand über die
Hälffte gesetzt werden/ gleich wie hier in S. die widerhallende oder zurück-prellende B R. aber
ist eben so groß als S B. das übrige Stück der geraden Linie A B. wie die Figur aufweiset.

Die andere Weis und Art.

Caſ. II.

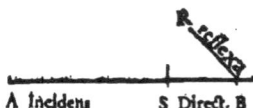

Der dritte Fall/Art und Weise ist/wann die zurück-prellende Stimm-linie grösser ist
als die Hälffte der gantzen/ so muß der wider-hall würckende Gegen-Stand oberhalb der
Hälffte der würckenden Linie gesetzet werden/ wie hier in P. und ist die wider-hallende P X.
so groß als P B. das übrige Theil der gantzen geraden Linie A B. Auß welchem erhellet/ daß
die Linien und Striche / sie seyen jetzo in sich selbst zurückfallend/ oder schiems für- und hindersich prellend/ alletzeit die widerhallende darzu genommen/ miteinander so groß seyn/ als
die gantze gerade.

Die dritte Art und Weise.

Caſ. III.

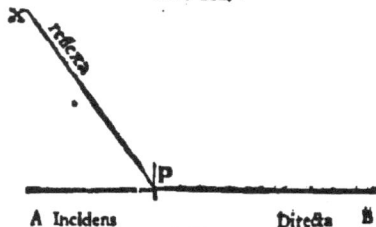

§. II.

Von Geschwindigkeit deß Thons oder Halls/ darmit er durch das
Mittel und Weg fähret / oder von der grösse deß Stimm-
oder Thon-Platzes und spatii.

Grosse difficultas findet sich bey meß- und beschreibung deß Grünplatz oder Raums.

Ich hab nichts so verwirrts und zweiffelhafftiges gefunden / als die ohngewisse und ohn-gründliche determination, Abmeß- und Beschreibung deß Zwischen-Raums oder Platzes deß Wider-Halls; Blancanus rechnet 24. geometrische Schritt vor das geringste spatium, das geringste oder kürtzeste spatium oder Raum aber ist / so da eine Sylben gentlich und deutlich nach der ersten dem Gehör oder Ohren deß Schreyenden zuschicket oder führet. Mersennus setzet 69. Schuh; Nach dem Ich selbst die Sach auffs genauest und fleissigste undersucht und probiert / so habe alleweil einen Underschied gefunden/also/daß ich endlich bekennen müssen / daß schwehrlich / oder nimmermehr was gewisses in dieser materia werde können beschlossen und determiniret werden; Ich habs mit der Stimm / mit Trompeten/mit Schieß-Rohren/in einerley Ort probiert/und hab befunden/daß je stärcker und häfftiger der Thon oder Hall ist / je geschwinder und schneller er auch zuruck prellet; also daß die Stimme so eine Sylben gantz deutlich und vernehmlich zuruck schickte/hergegen die Trompete gantz verderbte/ der Thon oder Hall aber von dem Schuß / hat sie also zernichtet/daß man kaum etwas absonderliches vernehmen kondte. Also daß ich sehr wundert/ was doch der gute Mersennus müsse gedacht haben/daß Er vorgegeben/daß der Thon oder Hall auß einerley Ort / immerzu einerley und gleiche Geschwindigkeit und Schnelle halte; dann wann der Thon oder Hall nach dem Willen/ intention oder gewisses Absehen gerichtet wäre/so köndte sonder Zweiffel/ wie bey den sichtbarn Dingen geschiehet und erscheinet/von solcher Gleich-Schwindigkeit was gewisses beschlossen werden; Weiln aber die Thon

Die Stimm-Arten werden durch die Wasser-wellenweis bewegte Lufft beschrieben.

oder Hall gemeiniglich würcklich geschehen / auch von der bewegt- und gerührten Lufft; als von einem Wagen um- und hin und wieder geführet werden / so ist gewiß und ohnfehlbar/ daß nach dem die Lufft starck und hefftig beweget wird/der Thon oder Hall auch immer behender und geschwinder fortgeführet werde. Gleich wie ein Ball / je stärcker derselbige wider eine Maur oder Wand geworffen wird/je geschwinder/und folgends auch weiter prellt und springt er wieder zuruck. Daß es nun mit der Stimm- oder Thon-Bewegung gleichmässige Beschaffenheit habe/lehret uns am allerbesten die gewisse Erfahrung. Welches so gewiß ist / daß es auch Mersennus selbst bekennen muß in seiner Harmonia universali Gallica l. 3. fol. 214. woselbst Er schreibet: Er habe in dem Mont-Moranzischen Thal / bey dem Ormessonischen Hauß ein Echo oder Wider-Hall gefunden/ welcher/da er bey Nacht-Zeit

Warumb der Echo zu Nachts viel besser und deutlicher als bey Tag zu hören.

14. Sylben nachgeruffen / habe er bey Tag nicht mehr als 7. das ist den halben Theil von sich hören lassen/ dessen dann keine andere Ursach seyn kan / als die grosse Stille/ Ruh und ohn-bewegter Stand der Nacht-Lufft; da im Gegen-Theil die Tag-Lufft / von unzahlbaren Bewegungen/getrieben/beweget/zertrieben und zertheilet wird/daher auch die Stimme oder Thon von so vielen Hindernussen und Gegenständen auß- und abgehalten wird/daß sie sich so geschwind nicht ereignen oder erzeigen kan. Dann wann dergleichen nicht im Weg stünde / und die Thon- oder Stimm-Bewegung / einerley beschriben Raum oder Weite/ gleiche Zeit / Schnelle oder Behändigkeit hätte / so kan ich nicht sehen/ warum der Wider-Hall deß Tags nicht eben so viel Sylben / als zu Nachts nachsprechen und wiedergeben solte ; weiln aber selbiger/wie gemeldet worden/deß Tags nur 7. Nachts aber 14. widerholt/ ist es ein gewisses Anzeigen/daß der Thon oder Hall viel langsamer bey Tag/um erst erzehlter Ursach willen/fort-geführet werde/und derowegen die 7. letztere Sylben in der verwirrten / und von vielen Bewegungen verunruhigten Mittel oder Lufft gleichsam zerstieben und gantz vergehen ; hätte er aber oben an dem Ort eine Büchsen loß-geschossen/so ist kein Zweiffel / daß der Wider-Hall alles deutlich/und alle Sylben auch bey Tag hätte von sich hören lassen / und hilfft diesem experiment oder Meinung vorgedachten Authoris nichts / die Zeit-

Der Betrug und Ungewißheit/ deß Zeitmessende instruments, durch das zittern der Saiten.

Gleichheit oder Währung eines instrumenti Chronometri, oder Zeit-messenden instrumenten, oder zweyer ungleicher Kuglen / so miteinander und zugleicher Zeit auß der Höhe auf den Boden herab fallen. Sintemaln diese experiment, wann sie in einer ziemlichen Weite und spatio geschehen solten/würden sie sehr verdächtig/und ohne Betrug nicht gefunden werden/ wie Ich an einem andern Ort erwiesen habe; dann daß bemeldte Kuglen nicht zu einer Zeit sonder ungleich auß einerley Höhe auf die Erden fallen/wird die Erfahrung auch nun in einer Höhe von 500. Schuh genugsam beglauben/ worvon aber anderswo ein mehrers.

Weiln es nun sehr schwehr / ein gewisse Abmessung hierinn ohnfehlbar zu bestimmen und zu beschreiben/ Ich auch die verschiedene Proben und experimenta einander sehr zu widerlauffend finde / so hab ich auch in dieser Sach und materia nicht die Hand / wie man sagt / in Schoß legen/ und nur zusehen wollen; habe derowegen vielmehr die von andern versuchte Proben und experimenta eben so genau untersuchet / und zu examiniren vor

Ein einsylbig Echo erfordert eine Weite von 110. Schuhen.

mich genommen / hab es auch mit dem ein-sylbigen Echo oder Wider-Hall auf mancherley Wege probiert / und sowohl mit der Stimm / als Trompeten und Schieß-Rohr versucht / und gefunden/ daß bey einer Sylben in der Weite von 20. Schuhen / keine Enderung / noch etwas von einem Gegen-Hall zu vernehmen. Endlichen auch gefunden / daß zu einem ein-sylbigen Echo oder Wider-Hall bey 110. Schuh in die Läng gehöre/die Breite wahr 20. Schuh / in welchem spatio oder Platz dieselbige Sylbe immer wieder- oder gegen schallte. Die Trompete aber in der Weite von 90. und 110. Schuhen / widerholte den ersten Schall gar eigentlich; das Schieß-Rohr aber vermengte und vermischte wegen der Geschwindigkeit sich nun etwas mit dem ersten Thon oder Hall;

innerhalb

innerhalb 400. und 900. Schuh aber gab der Wider-Hall 7. Solben / als zum Exempel: **Manchertley**
Arma virumq; cano: Von Streit und Krieg ich singe; in der Zeit/t-a einer auß geschwin- **Proben seyn**
deste Betten kondte: Ich glaub an Gott Vatter den Allmächtigen Schöpffer; und zwar **vor Hand ge-**
under der Zeit solcher 8. Wort / kondte man die 7. Solben gar deutlich vernehmen. Ich **nommen**
hab zwar mich auch eines Chronometri oder zeitmessenden instruments bedient/aber es wol- **worden.**
te niemahl richtig anschlagen und zutreffen; Uber das hab ich auch zu verschiedenen Zeiten/
als Morgens/ Mittags/ Abends und zu Nachts/entweder selbst/oder durch andere hierzu
genugsam und überflüssig zuvor ab- und underrichtete Leute/die Sach probiert lassen/und
allezeit einen Underscheid in der Zeit / und Geschwindigkeit deß hin- und widerfallenden
Thons befunden.   Bey gantz still- und ruhiger Nacht-Zeit liesse der Echo oder Wider- **Nachts und**
Hall sich am meisten und besten vernehmen/ohne Zweiffel auß ob-berührten Ursachen/Früh **Abends last**
war er am schwächsten/wegen der dicken und neblichten Lufft/Mittags giengs schon wieder **sich der Echo**
besser an/da die Lufft etwas reiner und subtiler worden/noch besser aber deß Abends/da die **zum besten**
Lufft gantz gereiniget wahr.   Uber das hab ich in acht genommen/daß bey fallendem Schnee **hören; aber**
oder Regen / der Echo gantz geschwächt ist / und sich fast gar nichts vernehmen läst; aber **früh und**
nach starckem Platz-Regen / wann die Lufft sich gereinigt und erleichtert / bekomt er wider **Mittags bey**
gleichsam neue Kräffte.   Es ist wunderlich/daß wann bey uns zu Rom der Nord-Wind **weitem nicht**
bläset/ist der Echo am stärcksten.   Der Mittag-Wind schwächt den Echo, oder Widerhall/ **so starck.**
Ost- und Süd-Ost lassen ihm noch zimliche Kräffte.   Wann eine Maur oder Wand ge- **Der Under-**
gen Mitternacht stehet / so wird die Stimme / so daran schallet/ welches wunderlich zu hö- **scheid der Zeit**
ren/um ein mercklichs langsamer zurück fallen; da hergegen eben zu selbiger Zeit der Thon **und Lufft /**
oder Stimm/ so an eine mittag-werts sehende Maur oder Wand fället/geschwinder wird **ändert auch**
zurück prollen; dann ben der ersten Prob ist die Stimm entgegen gerichtet dem Wind/da- **mercklich den**
her sie auch schwerer zurück fället/ wann aber die wider hallende Stimm von dem Wind **Wider-Hall.**
gejaget und fortgetrieben wird/so komt sie auch ehender zu Gehör/und was also das wider- **Wundersel-**
wärtige Mittel sie gehemmet / das befördert hergegen das andere / und ist desto mehr be- **zame Eigen-**
hülfflich/und das ist auch von andern Wind. Seite und Orten zu verstehen/daher ja genug- **schafft bey**
sam erhellet/ daß in der Zeit/Geschwind- oder Langsamkeit deß zurückfallenden Thons oder **dem Echo.**
Stimm/nach Gelegenheit der Zeit und Ort/ein grosser Underscheid seye.

Erste Folge.   Consectarium I.

AUß diesem ohnbeschreiblichen Underscheid und Enderung der Stim- und Thon-Mit- **Die gewisse**
tel oder Wege / sonderlich deß Lufft/ erhellet genugsam / daß alle Abmessung und be- **beschreibung**
schriebene determination der Zwischen-Zeit deß Echo oder Widerhalls/zweiffelhafft/betrieg- **und determi-**
lich und gantz ohngewiß sey; auch sich die Sach niemahl so befinde/wie Blancanus und Mer- **nation der**
sennus vorgeben/daß man sich ein gewisses sich zu verlassen hätte/wann man nicht mit wohl **Widerhalls**
zugerichteten Thon- und Sprach-Rohren (wovon nachgehends soll gehandelt werden) **weite ist sehr**
die Sach vornimt / und nach den geometrischen Reguln einrichtet.   Derohalben was fol- **schwer.**
gends wird gemeldet werden/ist nicht schlechter Dings/sondern nach gewissen Reguln und
Lehr-Sätzen zu verstehen/ und anzunehmen.

Andere Folge.   Consectarium II.

ES erhellet auß besagtem Vers anders / daß man in diesem Stuck die Zeit messende **Ungewiß-**
instrumenta, vergebens und überflüssig gebrauche; in dem der Thon oder Hall mit el- **heit und Be-**
ner solchen unbegreifflichen Behändigkeit / das Mittel oder Weg durchlauffet/ daß in dem **trug der Zeit-**
der Faden oder Schnur deß instruments ansahet zu lauffen / hat die Stimme bereits ihre **messende in-**
Reiß und Lauff rings um vollbracht / und sich dem Gehör vorgestellet; darum es so viel sih **strumenten,**
als Wasser mit einem Sib schöpffen/ wann man die eigentliche Zeit und Weite einer so **wormit etli-**
schnellen Bewegung/ mit einigem Zeit-abmessenden instrument gewiß zu treffen / und zu er- **che die stim-**
finden / sich einbildet.   Dann wann man auch noch so fleissig ist / so wird man doch zum **men und Hall-**
wenigisten bald 10. bald 16. dann 30. Schuh weit fehlen.   Und das ist eben die Ursach/ **Weite ab-**
daß der Echo, so nur eine Solbe wieder-schallt/gemeiniglich innerhalb einer Weite von 20. **messen wol-**
Schuhen verbleibet und währet; dann 5/10. oder 15. Schuh bey zunehmender schnelle **len.**
der Lufft-Bewegung kaum gemercket oder gespühret werden können ; daß aber Mersennus
sagt / daß der Wider-Hall so eine Solbe nur gegenschall't in Zeit eines minuti secundi, einen Platz und Strich von 100. geometrischen Schuhen durchwandere/ das muß man auch
nicht geometricè oder so genau verstehen / sondern nach ohngeführter und benläuffiger Abmässung / so vil als man vermeint mit den äusserlichen Sinnen begreiffen zu können.   Diß
alles aber wird nicht gemeldet/ob wolte ich den Kunst-begierigen Leser von einem so löblichen
Studio und sinnreichen Nachforschungen abhalten oder abschrecken/ sondern allein / daß ich
die difficultät und Schwährigkeit dieses Wercks vorstelle/ und was vor Fleiß/unverdrosse-
ne Müh/ und Verstand darzu erfordert werde/wann man gewisse Proben und Erfahrun-
gen auf die Bahn will bringen / einige Abmessung deß Wider-Halls zu erfinden: Wann
nun Blancanus seinem Vorgeben nach befunden / daß zu einem ein-silbigen Echo oder
dessen Weite erfordert werden 24. geometrische Schritt / oder / welches eben so viel ist
120. geometrische Schuh ; Mersennus aber 100. geometrische Schuh darzu erfordert:

B ij   **Go**

Was eigentlich vor ein Platz und Weite/zu einem Widers Hall/wahrscheinlich erfordert werde.

So halt ich meines Theils darfür/ der Mittel=Weg sey der sicherste/ wann man 110. Schuh setzet/ so mit den observationibus gemeldter Authorum bey nahem übereinkommet; daß aber die observationes und Proben so selten übereinstimmen/ macht die Ungleichheit deß Mittels/ sonderlich der Lufft/ darburch die Stimme oder Thon geführet wird; dann wie ich bereits droben erwehnt/ so hat der Echo oder Wider=Hall/ zu underschiedlichen Zeiten deß Tages/ auch seine underschiedliche Krafft/ und Würckungen/ anderst seye sie im Winter/ anderst im Sommer/ anderst im Frühling/ und wieder anderst im Herbst. Ich zweifle auch nicht/ daß der Echo von einer Sylben/ so allhier under dem Römischen climate, in Zeit eines minuti secundi 110. geometrische Schuh lauffet/ in andern Erd=Theilen oder climatibus ein andere Zeit und Raum werde erfordern und finden lassen; wie

Die viererley Jahrs, auch Tag, sid Nachtzeiten/ ingleichem die verschiedene Himmels Abtheilungen und climata, machen auch verschiedene Widerhalle.

sich dann auch die Eigenschafft deß zurückfallenden Thons oder Stimm/ nach den vorstehenden stimm, oder thon, aufffangenden Sachen richtet und ändert; Es gibt schwache und stille Wider=Hall/ andere seyn starck und hell/ es gibt rauschend, und knarrende Echo, es gibt lustige/ anmuthige/ wiederum gibt es traurige und gleichsam heulend, und klagende; etliche klinglen gleichsam/ etliche seyn hell und frisch/ welcher Underscheid von nichts anders/ als von der Enderung der jenigen vorstehenden Sachen und Dinge komt/ so die Stimm oder Thon zurück werffen/ welche nach dem sie viel oder wenig luck/ lufft, und läncherig seyn/ auch mehr oder wenigern Laut geben/ und sich starck oder leiß hören lassen.

Die verschiedene Stimm brechende Gegenstände verändern den Widers Hall sehr.

Dann bey allen körperlichen Dingen findet sich immer eine andere Zusammenfügung/ daher auch jegliches seinen besondern Laut oder Thon hat; und wie die glatt, und lufftige ein hellen und klingenden Thon geben/ also die dick, und rauhe einen busemen/ still und schweren; daher geschiehet es/ daß die Stimm oder Thon im zurück fallen die Eigenschafft und Natur seines Gegenstandes an sich nimmet/ und sich darnach richtet.   Dann gleichwie das Licht/ Helle/ oder Schein/ so auf eine Fläche fället/ nach demselbigen auch sich färbet; also wird die Stimme gleichsam gemahlet und geartet/ nach dem Körper oder Ding/worauf sie gefallen.   Und das ist die einige Ursach/ warum die Stimme bald hell/ bald still und busem/ bald lieblich und frölich/ bald traurig und gleichsam teydig zurück fället. Nach dem wir nun alles/ was die Natur und Eigenschafft deß Echo betrifft/ hoffentlich genugsam undersucht/ und erforschet/ ist jetzo nichts mehr übrig/ als daß wir/ die Natur und Eigenschafft der reflexion oder Rückprellung/ mit unwidersprechlichen Gründen und Beweißthum erforschen/ und darthun.

Cap. II.
Gründliche Erweisungen deß rück=fallenden Thons.

Erster Lehr=Satz. Propositio I.
Ein jeglicher Thon=werffender Winckel ist gleich dem zurück=werffenden/ oder welches eben so viel ist/ wie der Thon=Winckel ist von der Stelle da er außgehet/ so ist auch der/ so zurück=prellet.

Als ich in dem Buch de Arte Anacamptica Lucis & Umbræ, von Wider=strahlung deß Lichtes beygebracht/ kan alles hieher gezogen werden; dann die Würckungen deß Thons oder Halls/ seyn den Würckungen deß Schein= und Lichtes/ weniges außgenommen/ gantz gleich; Ist also Erstlich zu erweisen daß der Winckel/ wervon die Stimm oder Thon außgehet/ gleich seye dem Winckel/ so den Thon und Hall wieder zurück wirfft/ welches also geschiehet. Es sey der stimm= und thon=widerschallende Gegenstand A B. das Stimm=centrum, oder wo der Thon außgehet C. wo die Stimm zurück schlägt D. so sag ich der Thon/ der von C. in E. fället/ der wider=schalle in D. dann nach unserm ersten Lehr=Satz ist der widerschallende Winckel A E D. gleich dem Stimm oder Thon außgebenden Winckel B E C. nahmlich der einfallend, und anschlagende Winckel/ dem zu rück prellenden; darauß folget; wann der Winckel A E D. dem Winckel B E C. nicht gleich wäre/ der Thon oder Hall/ so auß E zurück fället/ in R widerhalle/ und müste also der Winckel A E R. dem Winckel A E D. entweder gleich/ oder ungleich seyn. Wann das erste vorgegeben wird/ so muß der Winckel A E R dem Winckel A E D. als dessen Theiler ist/ gleich seyn/ welches aber ohngereimt. Sagt man dann das Letztere/ nahmlich daß der Winckel A E R. dem Winckel A E D. nicht gleich/ und doch die reflexion in den Puncten R. falle; so folget/daß die Natur ihren Zweck und End nicht durch den kürtzesten und nächsten Weg erreiche/ welches wider das III. Axioma oder Satz und Lehr-Regul ist/ und ein absurdum in der Physica. Darum so nothwendig der Stimm oder Thon ausgebende Winckel B C E, dem zurückschallenden Winckel A E D. gleich seyn/ welches zu erweisen wahr. Daß aber die Natur ihre Würckungen under gleichen Winckeln deß ein= und widerfallens/ oder deß anschlagens/ und gegenpröllens verrichte/ ist in arte Anacamptica

pica part. 2. propof. 1. genugfam bewiefen worden/ dahin der kunfbegierige Lefer zu die-
fem mahl gewiefen wird.

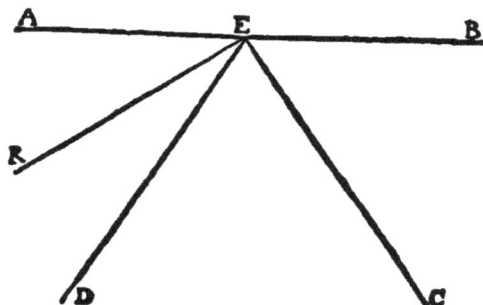

Anderer Lehr-Satz. Propofitio II.

So offt die Stimm oder Thon fällt an ein gerad-auffrechten
Vor- und Gegenstand/ so fällt sie in sich selbst oder eben
in solcher Linie wieder zurück.

Es sey gegeben das Stimm-centrum oder Anfang A. der auffrechte Vor- oder
Gegen-Stand aber C D. wann nun die Stimm/ oder Thon gerad für sich gehet
auß A in B. oder in einem rechten Winckel/ so sag ich/ daß sie auß B. wider zurück
falle in A. welches ich also erweise; wann durch einige Unmöglichkeit die Stimm oder
Thon auß B. nicht in A. solte zurück fallen/ so müste Sie in V. kommen/ und also würde
nach der vierdten Regul oder Lehr-Satz der Winckel D A B so da einfället/ gleich seyn dem
Winckel C B V. so zurück schallet/ und also ein scharffer Winckel einem stumpffen/ welches ohngereimt. Wir setzen aber vor/ daß die Stimme oder Thon auß A in vorstehende Wand oder Maur gerad und eben falle/und also folgends den Einfalls-Winckel A B D.
mache/ so muß nohtwendig der gegenhallende Winckel ein rechter Winckel seyn/ nach an-
gezogener vierdten Regul und Lehr-Satz/ und also die Stimm oder Thon in sich selbst/
durch die Linie B A. zurück fallen/ welche sie von A in B. angeschlagen/ welches zu
erweisen war; und erweiset die Wahrheit solchen Satzes/ so wohl das gerad und eben
einfallende Licht/oder Schein/ als auch ein Ball/ der in ebener Linie an die Wand geworffen wird/auch eben wider zurück prellet/ wie auch viel andere Sachen mehr/ darvon besihe
unsere Artem Anacampticam Lucis.

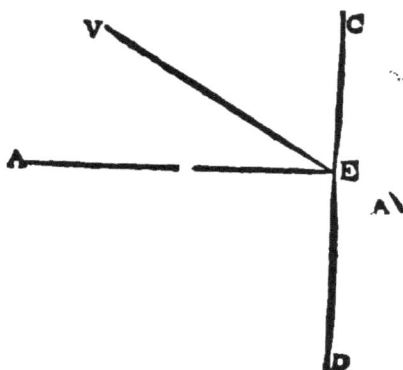

Dritter Lehr-Satz. Propositio III.

So offt eine Stimm schlems oder schräg auf einen Gegen-Stand fället/ so hallet sie nicht eben/ sondern schlems und schräg wieder zurück.

IN disem Lehr-Satz können viererley Fälle sich begeben; Entweder fällt die Stimm oder Thon an eine Maur oder Wand/ so aufrecht stehet/ in der schräge und schlems/ so gehet der Hall/ entweder lincks oder rechts/ nach dem er außgegangen ist/ wider zurück; oder es fället die Stimme von unden schräg und schlems an eine Wand oder Maur in die höhe oder übersich/ so wird auch der Wider-Hall über sich zurück schlagen; oder wann sie von oben ab schlems auf die Wand fället/ gehet auch der Wider-Hall under sich. Wir wollen von allen vieren absonderlich handlen. Es sey der vertical Gegen-Stand DE. das Stimm-Centrum aber C. oder der schräge Thon/ so in B einfället/ so sag ich/ daß die Stimm auß B in gegenstehenden Theil in A. durch gleiche Winckel falle; dann wann der Thon oder Stimm nicht in A fället/ so muß er entweder in sich selbst/ das ist in C. oder in L oder irgends einen andern Ort auß AB zurück hallen. Nun aber geschicht es nicht in sich selbst/ da nach vorgehender Lehr allein die Schnur-ebene und perpendicular in sich selbst zurück hallet. Weil aber nach unserm Vor-Satz die Linie CB. schräg und schlems gegen die Wand oder Maur fället; nicht in L. weiln so dann der Winckel IBD. gleich wäre dem Winckel CBE. das ist ein Stück dem gantzen; welches/ weil es ungereimt/ so kan die reflexion und Gegen-Hall nicht anderst als in A geschehen. Und so werden die Winckel/ als der ein- oder an-fallende EBC. und ABD der Wider-hallende/ einander gleich werden/ und die Natur den kürtzesten und nächsten Weg ihren Zweck und Zihl erreichen. So offt derowegen eine Stimme oder Thon schrägs oder schlems in- oder an eine Mauren fället/ so muß nothwendig der Gegen-Hall in gleichem Winckel gegen über fallen/ welches zu erweisen gewesen. Worauß erhellet/ daß die Stimme auß A. widerhallen werde in C. zur lincken Seiten/ und auß C. in A zur rechten Seiten.

Weiter

Weiter/ wann die Stimm oder Thon auß A. komt/ und der widerhallende Gegen-
Stand oder Wand seye B C. ein Thurn eines Berges ; So sag ich/ daß die Stimm auß
A in B. und von dannen in V schalle. Die Ursach ist eben wie in vorgehenden; dann weil
die Stimm oder Thon schräg oder schlems in B fället/ so muß nohtwendig die Stimm
gleich winckelicht in V. widerhallen/ und das würde eben auch geschehen/ wann die Stimme auß V. käme/ so würde der Wider-Hall in A. geschehen/ wie die Figur außweiset/ auß
welchem besagt- und erwisenem wir folgende regula machen.

<h2>Cap. III.</h2>
<h3>Wider-Halls Regula.</h3>

<h4>I. Regul. Canon. I.</h4>

DJeweiln die Echo oder Wider-Hallskunst in allem sich nach dem Wider- und Ge-
gen-Schein deß Lichtes richtet/ so folget sie nicht allein in den vornehmsten Differen-
zien oder Underscheid/ als da ist übersich/ undersich/ lincks/ rechts/ sondern auch in
den Zwischen- und Neben-theilen/ nach dem der Gegen-hallende Vor- und Gegen-Stand
gelegen ; wann die hallende Oberfläche/ so die Stimme gibet/ gegen dem Vor- und Gegen-
Stand gerad und eben/ und also dem Horizont gleich ist/ so wird der Gegen-Schall und
Echo, entweder eben/ oder schräg und schlems/ nach dem die Stimm von der rechten oder
lincken Seiten kommet/ sich hören lassen.

Wann aber die thönende oder stimmende Fläche über- und undersich/ schräg oder
schlems/ an eine gebogene Fläche/ deß widerhallenden Gegenstands fället/ so wird der
Wider-Hall sich entweder über/ oder undersich eraignen.

Wann dann die stimmgebende Fläche an ein flaches und breites/ doch weder ligend
noch aufgerichtes/ sondern gebogenes objectum oder Gegenstand fället/ und seit-werts und
schräg/ so werden auch schräge und zwischen gerad und ligend seitwarts sich richtende
Echo oder Wider-Halle finden/ wie wir in Arte anacamptica Lucis erwisen haben.

<h4>II. Regul. Canon. II.</h4>

SO offt derowegen der Wider-hallende Gegenstand der ankommenden Stimm oder
Thon wird in ebner Linie gleich seyn/ so wird auch die widerhallende Fläche nach dem
Horizont gleich und eben gerichtet seyn/ wann aber der Gegenstand der Stimme zwar
wird gleich/ aber nicht in ebener und gerader Linie seyn/ als dergleichen die schräge Wänd/
Mauren/ oder Thürne auf den Bergen seyn/ wann sie gegen der Stimm oder Thon in
dem Thal oder Tieffe gehalten werden; so wird auch die widerhallende Fläche/ gleich weit
gelegen seyn einer seiten der höhe/ oder Scheittel-Linien. Wann aber der gegenhallende
Vorstand der Stimm oder Thon/ weder in gleicher weite/ noch auch in ebner und gerader
Linien wird gleich seyn/ so wird die Wider- und Gegenhallende Fläche gleich weit kommen
dem zu oder eingebognen.

III. Regul.

III. Regul. Canon. III.

WAnn die Stimm oder Thon A auf der Erd-ebene sich findet/ der widerhallende Gegen-Stand aber C. auch in dergleichen Stand ist/ so muß nohtwendig der Gegen-Hall übersich fallen in V. ist aber die Stimm oder Thon-Anfallung eingebogen oder gekrümmet / so wird auch der Gegen-Hall nach solcher Krümme und Bogen nicht übersich/ sondern den mitlen Weg sich erweisen. Also daß die gantze materia von den glatt- und eben Sonnen-Uhren/ so wir in dem Buch de Arte magna Lucis & Umbræ tractiret,gar wohl und fein sich zu diser Echo- oder Wider-Hall-Kunst und Wissenschafft ziehen und appliciren läst.

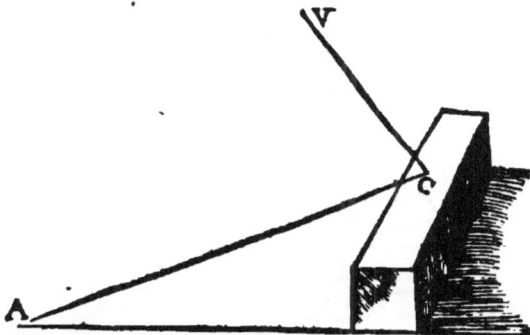

Vierdter Lehr-Satz. Propositio. IV.

Wann zwey Wände oder Mauren in einem rechten Winckel zusammen gefüget seyn / so wird der Echo oder Wider-Hall am besten und hellesten gehöret/wann der/ so die Stimme oder Laute von sich gegeben/also stehet/daß die Achse oder Mitte deß keglichen- oder zugespitzten Thone oder Stimm/ den rechten Winckel zweymahl durchschneide. Dann solcher fürsich- auf mancherley Weis zuspitzende Wider-Hall/ die Stimm oder Wider-Hall/ sehe stärcket und vermehret/wie die Figur lehret.

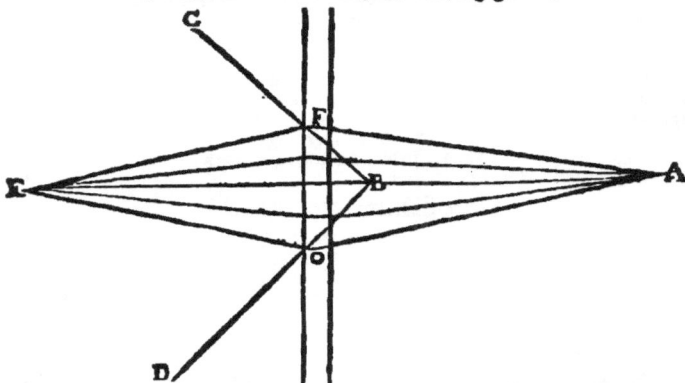

Man sehe zwo Händ oder Mauren/ die in B. gerab und eben zusammen stossen/ des keglicht- oder zuspitzende Thon oder Stimm seye EFBO. das Mittel oder die Achse EB, so den rechten Winckel zweymahl durchschneidet / und weiln der Thon auß E sich wirfft in F. und von darauß in gleichem Winckel in O. und von der wieder in E. also auch die Stimm-Linie E in O einfallend / von dannen zurück in F und von dar wider zurück schallend in E. als wird der Thon oder Stimm dardurch sehr gestärcket / worüber man sich nicht zu verwundern; daß aber der Echo oder Wider-Hall viel heller und stärcker lautet/ als bey einer einfachen sachen Maur oder Wand / komt daher / weiln alle Linien oder Striche zwischen E und O / als auch E und F nahe von E zurück fallen / und daher folgends einen hellern und stärckern Gegen-Hall geben. Wann aber die Achse oder keglicht- und zuspitzende Stimme von auffen also und rück-wehrts an die Wand schallet / daß sie mit der Maur oder Wand stumpffe Winckel machet / so entstehet ein gar seltsam und ungereimter Echo / so keine Art hat ; gleich wie in der Mauren A B und B D Rücken- und Auffen-Seiten geschiehet / wann die Achse oder Mittel deß Stimm- oder Thon-Kegels in B fället / die Seiten-linien aber in F und O. auß welchen die Stimme anderswohin wider-schallet / gegen A aber keinen Echo zurück wirffet.

<h2>Fünffter Lehr-Satz. Propositio V.</h2>

Wann der wider-hallende Gegen-stand eine hohle Zirckul-Rundung hat ; so wird in der Stimm-Mitte oder centro, so auch deß Zirckuls centrum ist / der Echo am stärckesten und helllesten gehöret werden.

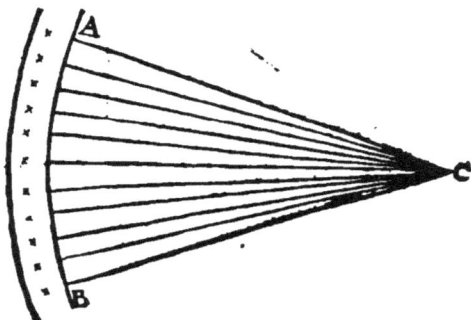

ES seye gegeben ein gegen-hallender zirckul-runder Gegen-Stand A B. das Stimm centrum aber C. so zugleich auch das centrum oder Mittel der zirckul-stückes A B. die Linie C V, recht und gerad schallend ; da wird der Echo am stärcksten auch gehöret werden. Dann weiln alle von C. auffgehende Stimm-linien, so an dem Zirckul Stück-anschlag eben und gerad seyn / so müssen sie nothwendig nach dem andern Lehr-Satz in sich selbst zurück fallen ; und weiln alle gleicher Länge seyn / so müssen sie nach der 15. definition Euclidis zu einer Zeit in C. gehöret werden ; nach dem sie auch in sich selbst zurück hallen / und auch zu einer Zeit / so folget / daß der Echo oder Wider-Hall desto stärcker seyn müsse / so zu beweisen wahr. Gleichwie aber der Wider-Hall in runden Höhlen und Bögen sich sehr stärcket / also verlieret er sich im Gegen-Theil in solch hohlen Auffen-Bögen und Krümmung fast gantz und gar / in dem die gebrochene Linien sich hin und her zertheilen und auseinander fallen.

Corollarium oder Zusatz.

ED Aber erhellet / je weiter einer von dem centro oder Mittel deß eingebogenen Zirckul-Stückes entfernet ist / so viel ohnvollkommner und schlechter höret er den Echo ; je nåher er aber demselbigen / je verwirrt- und confuser wird er ihme in die Ohren fallen / darum der mittel Weg / nicht zu weit / auch nicht zu nah / der allerbeste und gewisseste.

<h2>Sechster Lehr-Satz. Propositio VI</h2>

Je nåher die Stimm oder Thon dem gegen-hallenden objecto ist / je ferner und weiter wird der Echo zu vernehmen seyn : Hergegen je abgelegen und weiter die Stimme oder Thon vom Echonischen oder wider-hallenden Gegen-Stand / je nåher wird der Echo zu hören seyn.

NAch dem in der dritten prælusion, Vor- und Lehr-Satz erwiesen / daß die gerad zurück-fallende Linie eben so groß sey als die würckende / oder semidiameter und halb-durchmesser der würckenden Rundung / so folget nohtwendig / daß

die

die wider-hallende Linie desto länger seye / je kürtzer die würckende ist / oder diese desto
kürtzer / so viel die andere länger ist.

Es sey der wider-hallende Gegen-Stand oder objectum H B L die stimm- oder thon-
würckende gerad zurück-fallende S. B. F. gleich V R. der gerad-würckenden Linie.

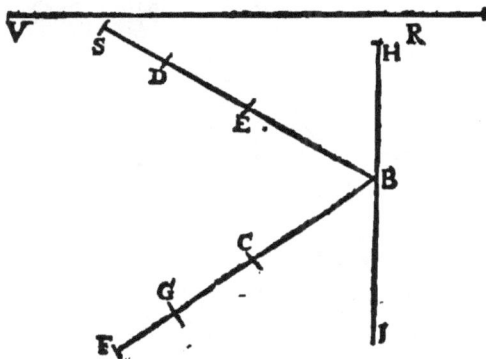

Sage derotwegen / daß so viel die stimm-würckende Linie, näher dem objecto oder Gegen-Stand / so viel weiter werde der Wider-Hall von solchem Gegen-Stand gehöret werden. Weiln nun F B , und B S als die gerade Wider-Hall-linie der gerad würckenden V R
gleich kombt / so muß die Stimm auß F. nothwendig ihren Wider- und Gegen-Hall geben
in S. Ingleichem so die Stimm oder Thon ist in G. muß die Echo in D. seyn. Dann G B.
und B D. zusammen genommen / gleichen der gerad und eben-stimm-würckenden Linie ; er-
go &c. Ferner wann die Stimme oder Thon in C gestellet wird / sag Ich / daß der Wider-
Hall gehört werde in E. Dann C B. und B E. zusammen genommen / vergleichen sich mit der
gerad würckenden Stimm-linie V R. also wie viel die Stimm oder Thon dem wider-hallenden Gegen-Stand näher ist / so viel weiter wird die Stimm von dem objecto oder Gegen-Stand gehöret werden / und auch in dem Gegen-Theil also zu reden / welches zu erweisen wahr.

Sibender Lehr-Satz. Propositio VII.

**Wann sich mehrere gegen-hallende objecta und Vorstände finden /
daß immer einer weiter von dem andern / und derotwegen die gerade Stimme oder
Thon / langsamer zu den hindersten kommet ; so wird dannenher ein vielstimmiger
Echo sich hören lassen / so den Thon oder Stimm nach und nach
immer mehr wider-hallen wird.**

ES seyn die wider-hallende Gegen-Stände A B C. also beschaffen / daß immer einer
weiter sey als der ander. Die Stimm oder Thon aber seye in D. und gehe gerad gegen und auf einen jeglichen solchen Gegen-Stand / so sag Ich / daß die
Stimm zum drittenmahl wider-hallen werde. Dann weiln nach unserm Satz / die
Vorstände E F G. gegen der Stimm eben und gerad seyn / als die Linie D E. D F. D G.
daß den puncten E F G. so müssen sie nothwendig in sich selbst in D. zurück schallen; und
weiln die Linie D E. kürtzer als die andere / so kombt auch der Echo desto-geschwinder in
D. D F. aber weilt sie länger als D E. so erfordert auch mehr Zeit zu der Wider-kehr
in D. und folget also / daß der Wider-Hall auß F langsamer oder spahter gehöret werde / als der auß E. weiln auch D G. die aller-weiteste und längeste / so kombt auch der
Wider-Hall am spahtesten von dannen in D. als nehmlich ins Gehör.

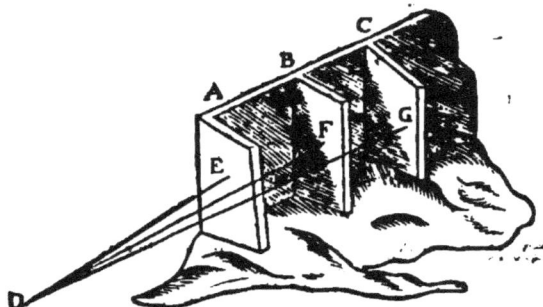

Er wachset derowegen nach den ungleich- und verschieden Zeiten/ auch ungleicher Länge der Linien, ein dreystimmig Echo D E. D F. D G. welches unsern Lehr-Satz bekräfftiget/
so zu erweisen wahr.

Darbey auch zu bedencken/daß allhier die Daur- und Währhafftigkeit der Stimme
oder Thons/in zweyfachem Verstand könne genommen werden; Erstlich die Stimm oder
Thon an sich selbst/ welche so lang währet/ so lang als sie vorgebracht/ gewürcket oder gemachet wird/ und ist in der erste starck frisch und krässtig; darnach die Fort-führung der
Stimm oder Thons/ durch die würckend- oder führende Linie; welche die Art an sich hat/
daß so lang die erste Stimm oder Thon währet/ so lang währet sie auch/ wird aber länger
und weiter geführet/auch wann schon die erste Stimm oder Thon aufhöret/so währet diese gleichwohl/biß sich ein Hindernuß/ Wider- oder Gegen-Stand findet/ so die gerade und
ebne Linie wieder zurück wirfft/und einen Echo machet: lehret uns also die Erfahrung/daß
man offt nach zimlicher Zeit/die vorgebrachte erste Stimm/ durch den Wider- und Gegen-
Hall erst höret; daß also die gantze Währung und Daurhafftigkeit der Stimm oder deß
Thons bestehet von der ersten Vorbringung/ und End derselbigen/so nach dem Platz oder
Weite gemessen wird/ darinn die Stimme für sich und wieder zurück gehet; wann derowegen die distanz nicht weit/so fällt die Stimm auch desto ehender wieder zurück; wann es
aber weit ist/so wider-schall't die Stimm oder Thon desto spahter und langsamer; dahero
auch folget/ daß der Echo in gering- und kurtzer distanz/weniger Sylben wider-hallen und
wider-holen kan/ mehrere aber in einer weiteren/ und obschon alle erste Wort und Sylben
zurück hallen/ so werden sie doch nicht alle gehöret/ dieweil die erste ruffend- oder hallende
Stimm und Thon/ durch ihre Krafft und Stärcke/ die von dem Echo widerschallte/ also
vertuschet und verdunckelt/ so/ daß so lang selbige währet/ diese nicht können gehöret wer-
den/ wann sie aber/ entweder langsamer oder geschwinder aufhöret/ nach dem/ und nach
dem Maß der distanz kan man alsdann das wider-hallte vernehmen.

Schluß-Folge.　Consectarium.

Es aber ist abzunehmen/ warum immerzu nur die letze Sylben eines Worts gehöret
werden/ niemahls aber die erste: Nahmlich weiln die Stimm oder Thon wider-hal-
let/wann die erste noch währet/welche so sie aufhöret/man alsdann die übrige Sylben auch
vernehmen kan.

Es werde gegeben eine Maur A B. die nähste distanz C D. darauß jemand mit starcker
Stimm ruffe das Wort Gelobet; so ist gewiß/die erste Sylbe Ge-fället am ersten an die
Maur oder Wand/darnach die andere/
lob/ brittens et gantz umgekehrt/ und
hinderfich; aber gantz umgekehrt weiset
sich der Gegen- und Wider-Hall/ also/
daß die Sylbe Ge- am ersten ins Gehör fället/ und nachgehends die andere
zwey/ lob/ und et; wann derowegen
die distanz zu einer Sylben gerichtet ist/
so wird man / so das Wort / Gelobet
geruffen wird/ nicht mehr als die Sylbe
et/ darvon hören; dann die erste Sylbe Ge- Wann sie in den Widerhalls-
puncten D. fället/ hallet sie wider in C.
lob/ in e. und et/ in f. darum weiln die

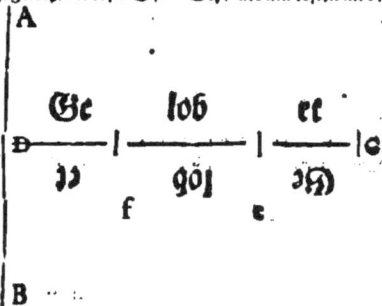

Sylben daſelbſt verwirret werden / ſo geben ſie keinen deütlichen Wider=Hall. Indeſſen
aber / weil die Sylbe Ge/ ſo widerhallet / auß e in C fället ; ſo kommet lob auß D. in
f. von f in e. indeſſen daß die recht und gerade letzte Sylbe er in D. kommet / ſo geſchihet
da wider ein Vermiſch= und Verwirrung / alſo / daß der Echo nicht gehört werden kun/
biß die zwey erſte Sylben Ge / lob / aufhören / ſo wird endlichen die letzte Sylbe er/
ohne Verwirrung / in C. allein gehöret werden.

     Und weiln wir nunmehr die Eigenſchafft deß Thons oder Stimm nach den richtig=
eben und geraden ſchlechten Linien betrachtet / iſt nichts mehr übrig / als daß wir von den
vermiſcht= und vermengten auch etwas ſagen.

§. I.

Von denen zuſammen geſammelten und eingefangen oder eingeſchloſſen Stimm= und Thon=Linien.

     Phoniſmus, wie die Beſchreibung gibet / iſt eine rund=zuſpitzende / keglicht= oder cylin=
driſch und gleiche in dem Stimm= oder Thon=Außbreitt= und Werffung / da die Thon
oder Stimm=Linien nach Art eines Kegels / Waltzen / oder cylinders fallen ; Zu mercken
aber iſt / daß der Thon oder Hall nicht durch Werffung einfacher Stimm=Linien geſche=
he ; dann ſo würde gar nichts zu hören ſeyn / und hierinn iſt der Thon oder Hall von dem
Licht unterſcheiden ; ſondern in Außwerff= und Widerhallung wircket die Stimm= oder
Thon nach Art einer Waltzen/ oder lautenden Kegels ; Hat alſo der Thon oder Stimm/

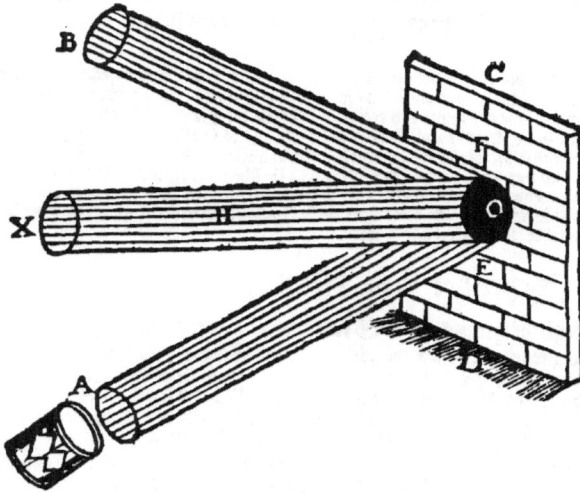

nicht nur eine Mathematiſche oder einbildende Braite / ſondern eine körperlich= und em=
pfindliche/ alſo/ daß in dem Stimm= oder Thon=Haßbreitt und Gegen=Hall nicht nur eine Linie / ſondern dern viel
den Thon / oder Hall machen : Es ſey zum Exempel die werffende Stimm oder Thon A.
der Echo oder Wider=Hall B. der widerhallende Gegenſtand oder Maur C D: der Hall
oder Stim ſahe ſich an in A. ſo ſag ich/ daß nicht nur eine Linie A O. auß O in B den wider=
hallenden Thon mache oder verurſache/ ſondern der gantzen Waltzen oder Stimm=Kegels
A F E. reflexion geſchehe in B. durch die Waltze oder cylinder E F B. Wit wollen aber die
Sach etwas deütlicher und weitläuffiger erweiſen:

Achter Lehr=Satz. Propoſitio VIII.

Ein Waltzen= oder Kegel=gleiche Stimmung oder Thon/ wider= hallet in dem Gegen=Stand mit cylindriſcher oder waltzen=gleichen Strahlung.

ES werde gegeben eine Paucke oder Trummel in A. deren Thon falle an die Fläche
oder Wand DC. so sag ich / daß die Stimmung oder Thon werde seyn / das ist / der
Wider-Hall geschehe nicht durch eine Linie oder Strich / sondern auf cylindrische
Weise wie ein Waltze; dann man bilde sich ein / daß auß A. und allen puncten der Trum-
mel die Stim-linien in die Fläche E F. geführet werden / welche ohne Zweiffel ein Waltzen-
gleiche oder cylindrische Stimmung werden geben / so sag Ich / daß diese Stimmung oder
Thon auf eben solche Weise in B. widerhallen werde; dann weiln in dem Cylinder oder
Waltzen A F E alle Stim-linien einander gleich seyn / so müssen sie alle/ nach dem andern
Lehr-Satz dieses Buchs / und nach dem 6. Artis nostra Anacamptica; in solch gleicher
Weite auch in B. als der Basi dieses cylindrischen Gegen-Halls wider-schallen. Wird also
die Sach deutlich genug bewiesen seyn; Und folget die Wahrheit auß dem vorgesagten.
Ist derowegen zu mercken/ daß wir den Triangel oder Winckel F H E. nennen den Winckel
deß verwirt- oder vermischten Thons / dann so lang das Ohr oder Gehör inner demselbi-
gen sich befindet/ so lang ist die wider-hallende Stimme ohnvernehmlich/ und wird mit der
gerad widerschallenden vermischet; ausser demselbigen aber in dem gantzen spatio oder
Matz B H F. wird sie desto deutlich- und verständlicher gehöret werden/ so viel das Ohr oder
Gehör dem B. wird näher seyn.

Vors Ander ist zu mercken/ daß dieser Triangel in H. desto schärffer werde seyn/ so viel
die Linie A O. mehr gegen der geraden X O, sich nähern wird.

Neundter Lehr-Satz. Propositio IX.

Die zusammen gefaßte Stim-n- oder Thon-linien, so gerad für sich gehen / widerhallen und fallen in sich selbsten zurück.

WAnn aber die zusammen-gefaßte Stimm-linien gegen dem objecto oder Gegen-
Stand recht und eben einfallen / so wird eine Säule / oder gerader cylinder, oder
waltzen-gleiche Stimme sich ereignen; Es sey die Stimme X. die Wand aber o-
der Maur C D. der Stimm parallel- oder gerad-gleich/ so sag Ich / daß die Stimm- und
Thon-linien in sich selbst wieder-hallen werden/ dann weiln die Stimm oder Thon nach unserm Vorsatz und hypothesi; gegen der Wand C. D. schnur-eben und gerad ist / so folget/
daß alle Stimm-linien einander werden gleich seyn / derowegen auch alle/ nach unserm andern Lehr-Satz/ in sich selbst reflectiren oder zurück hallen werden/ und also auch diese Vor-
und Auf-Gaab ihre Richtigkeit haben wird.

Zehender Lehr-Satz. Propositio X.

In einer keglicht-zuspitzenden Stimmung / wird allein die Achse oder das Mittelste zurück geworffen/ die widerhallende Stimm- oder Thönung aber / ist ein abgebrochener Kegel/ gleichwie in den eingefangen Stimm-linien oder in dem Sehen die Gesichts-Strahlung/ die Axe oder das Mittlere die grösste und stärckeste Krafft hat zu er-leuchten/ oder andere Sachen deutlich vorzustellen; eben also verhält sich die Sach auch in der keglichten oder zuspitzenden Stimmung.

ES sey zum Exempel die keglichte Stimm- oder Thönung A B C, gerad für sich lauf-
fend/ der wider-hallende Gegen-Stand C H B. so sag Ich/ daß allein die Axe oder
das Mittel und Würbel A H. in gleichem Winckel wider-halle in D. als das mitlere
deß Kegels; dann weiln diese zwey Linien die Axe oder Würbel und Waltzen des Kegels
gleichsam machen / so müssen nothwendig die Ende oder termin dieser Würbel / die centra
oder mittel-puncten dieser Kegel/ sowohl das fürsich- als auch das zurück- und wider-hallenden seyn: machen also A H B. einen Ein- und Anfalls-Winckel / der dem wider-hallenden
Winckel D H C gleich ist/ und wird also allein dise Linie in D. wider-hallen; die andere aber
alle /werden nach andern Winckeln auch in andern Theilen den Echo geben/ da dann
A B in F. A K. in G. A L in D. A M. in N. und endlichen A C. in I, den Wider-Hall geben
wird.

Dann

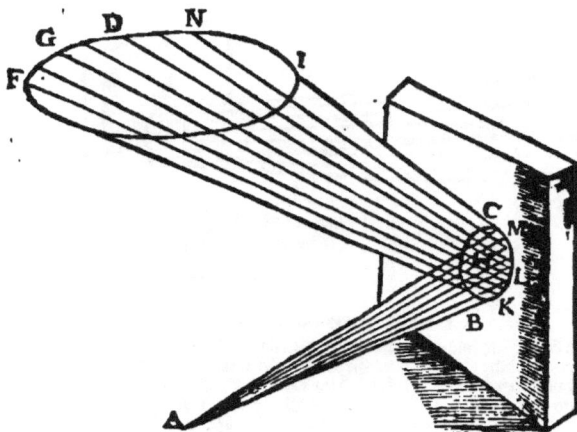

Dann wann die reflexion und Wider-Hall nicht in gedachte puncten geschehe/ so müste es in D seyn/ und allezusammen kommen; so würde folgen/ der Wider- oder Gegen-schallende Winckel einer ieglichen Stimm-Linie dem ein- und anfallenden Winckel ungleich wäre; welches ungereimt und absurd wider unsern Lehr-Satz lauffend; derowegen die einige Mittel-Linie oder axis mitgleichen Winckeln in D. widerhallen kan/ und sonst keine andere; auch deßwegen die widerhallende Stimmung kein Kegel oder zuspitzende Rundung seyn kan; sondern ehender einem abgestutzten oder umgekehrten abgeschnitten Kegel sich gleichen wird.

Eilffter Lehr-Satz. Propositio XI.
Eine zusammen-gefaßte keglichte Stimmung / so gerad an eine Wand oder Maur fället/ wird in der Widerhallung einem abgestutzten umgekehrten Kegel oder Rundung sich vergleichen.

ES sey die keglicht- oder rund-gespitzte Stimmung A. gerad anfallend auf die Wand BDC. so sag ich/ die wider- und gegen-hallende Stimmung werde einen umgekehrten und abgestutzten Kegel machen; dann weilen under allen auß A. an die Wand oder Maur anfallenden oder anschlagenden Linien (nach dem andern Lehr-Satz) nur die einige axis oder Mittel-Linie in sich selbst zurück hallet / derowegen die andere auß A. in anderen puncten und Ort reflectiren und widerhallen werden; weiln aber dieselbige puncta auß dem Umschweiff oder Ring deß Zirkuls/ als dem Understand der eingeschlossen rund- und zuspizenden Kegels-Stimmung in gleichen Winckeln zurück hallen/ so muß der gegen-hallenden Linien End und terminus / nohtwendig der Zirckul V X. seyn/ dessen centrum oder Mittel-punct A. das Stimm-centrum ist / oder welches eben das ist/ der spitz oder anfahende Gipfel der geraden Stimm- oder Thönung/ die abgestutzte Fläche oder Rundung aber wird dem stimmenden Understand oder Basi gleich eingetheilet seyn ABC. der umgekehrt und abgestutzte Stimm-Kegel aber/ gerad zurück fallend / wird seyn V X B C. welchen in D. als in dem Mittel-puncten, die Wand oder Maur B C. gerad durchschneiden und abtheilen wird.

Corolla.

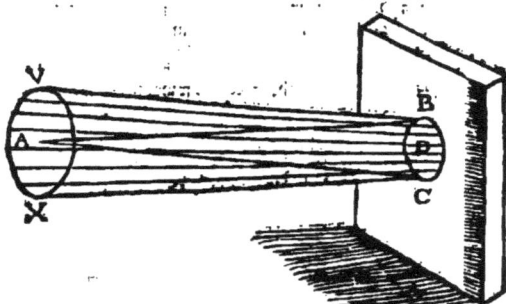

Corollarium oder Zusatz.

Auß diesem Lehr-Satz folget / wann in dem Zirckul V X, an underschiedlichen Orten / auch underschiedliche Ohren / oder Gehör gestellet werden / daß sie alle einerley Thon oder Wider-Hall hören werden; Und wird die Basis oder Understand dieses abgestutzten Kegels V X desto weiter seyn / je näher solche der Maur oder gegenhallenden Wand seyn wird; je kleiner und enger aber /soviel das púncktim A. oder Stimm-Anfang von der Maur oder Wand B C. wird entfernet seyn / wie in der dritten præfusion vor oder Lehr-Satz §. 3. gesaget worden.

§. II.
Von den Vil-Stimmungen / oder wunderbaren Stimm und Thon-Vermehrung.

Gleich wie nun das / in ein höhl instrument eingefangene Liecht desto stärcker wird und sich vermehret / also auch die Stimme oder Thon / daß also / was die licht-einfangend / oder einschliessende instrumenta und organa würcken / eben auch die jenige thun / wo die Stimmen oder Thon eingeschlossen werden; Und zwar die Gehör-instrumenta und Hülff-Mittel also / daß die vermehrt- oder ver-vielfältigte Stimm- und Thonung nichts anders ist / als eine Zusammen-fliessung oder Zusammen-rinnung vielet Stimmen oder Thon / in einen puncten oder centrum: Weiln nun diese vermehrte Stimmungen eigentlich in den hohlen Körpern und instrumenten sich befinden / sie seyn gleich einfach-rund / oder mehr-sässig / und vieleckicht / als hab ich vor eine Nohtwendigkeit erachtet / ein so subtile und herrliche materie etwas weitläuffets (sonderlich / weiln so viel mir wissend / bißhero niemand dieselbig tractiret) abzuhandlen.

Ich setze derowegen erstlich / daß eine Stimm oder Thon in einem weiten und flachen Feld keinen Echo oder Wider-Hall geben könne / sondern rundum seine Linien und Striche auf alle Seiten werffe /iedoch so bald sich ein gerader Gegen-Stand ereignet / sich auch ein gegenhallende Vil-stimmung sich höhren lasse; Wann aber die Stimm oder Thon / sich zwischen zwey Gegenständen / Mauren oder Wänden sich findet / daß sie auf solche weiß zweyerley Stimmung mache; und also ist auch von dem übrigen zu schliessen. Bey disem gethanen Vor- und Lehr-Satz ist nichts mehr übrig / als daß die weisen / wie biel und wiel cherley Stimmungen die Stimm oder Thon in den körperlichen Dingen verursache und mache.

Zwölffter Lehr-Satz. Propositio XII.
Wann die Stimm oder Thon an die Mittel-Linie eines gleich-seitigen Drey-Eckes fället / so da hohl ist so / wird die Stimm oder Thon / durch eine dreyfache Stimm- oder Hällung vermehrt zu dem centro wider zurück fallen.

Es sey das hohle Drey-Eck A B C. das Stimm-Centrum in D. als der Axé oder Mittel-Waltze deß gleich-seitigen hohlen Drey-Eckes / so sag ich / daß die außgelassene Stimm oder Thon dreyfach vermehret widerum seinem centro zufallen / dann weiln die Stimm-Linien D E. D F. D G. gegen den Seiten deß Drey-Ecks / nach dem andern Lehr-Satz / gerad und eben gehen; so müssen Sie nohtwendig dreyfach vermehrt in sich selbst zurück fallen / weiln auch die Neben-Linien alle vor solche gerade genommen werden; und dieweil nach unserer 3. hypothesi oder Lehr-Regul sie alle bey dem centro D. zusammen fallen / so muß nohtwendig auß solcher Stimm-Linien Zusammenfallung der Thon oder Stimm sehr vermehret werden; die nun den perpendicular Linien die nechste / die

Was eine ver-vilfältig- te Stimung oder Erleüch- tung seye.

die kommen zusammen in D. die andere aber werden nach unserm vierdten Lehr-Satz/ durch ander Gegen- und Widerhallungen an die Wände oder Seiten / ein undeutliches Getöß/ Brummen oder Sausen verursachen: Wann derowegen das Stimm-centrum in der Mitte eines hohlen gleich-seittigen Drey-Ecks sich befindet / so wird die außgelassene Stimm oder Thon dreyfach vermehret zu ihrem centro wider falle/ welches zu erweisen war.

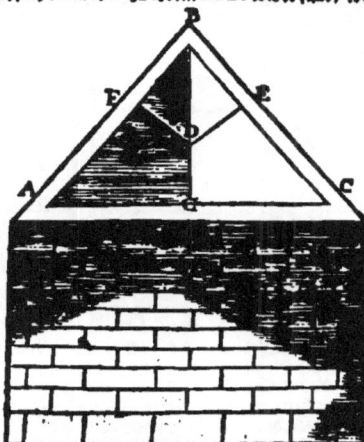

Dreyzehender Lehr-Satz. Propositio XIII.

Wann das Stimm-centrum oder Mittel-punct in die Mitte eines hohlen Vier-Ecks gestellet wird/so wird die außgelaßne Stimm oder Thon vierfach vermehret zu ihrem centro oder Mittel-puncten widerkommen.

Es sey ABCD. ein hohles gleich-seitiges Vier-Eck oder Thurn/ des Stimm- oder Thon-centrum aber in E. so sag ich/daß die außgelaßne Stimm oder Thon/vierfach in E. vermehret/wider zusammen komme. Dann weiln die Stimm-Linien oder radiи EB. EC. ED. EA. gegen den vorstehenden Wänden eben und gerad gehen / so fället die Stime oder Thon nach dem andern Lehr-Satz in sich selbst wider zurück/und weiln sie gleich seyn/so stimmen sie auch auf einmal wider zusammen in E. weiln aber die nechste Linien oder Striche auch vor gerade gehalten werden/ und auch um das E. nach der Außbreitung deß Gehörs reflectiren; so muß folgen/daß von den 4. Wänden oder Seiten deß vier Ecks oder Thurns/ die Stime oder Hall vierfach vermehret in sein centrum, oder Mittel-puncten E. falle/ welches zu erweisen war.

Wie

Wie aber auch die andere Stimm-linien durch verschiedene reflexiones in das centrum
oder Mittel-puncten E. zurück fallen/soll iekt gemeldet werden. Und zwar von den geraden
und eben ist bereits gehandelt worden; nun wollen wir auch von den schlemen oder zwerch-
linien reden: Es seyen derowegen/wie in folgender Figur stehet/EC. und BE. solche Zwerch-
linien/ so sag ich/ daß sie in E. zurück fallen; dann EC. in C. durch gleiche Winckel zurück
fallend alß ECL und VCD. fället in D. dannenher durch solche Gleichheit der Winckel
VDC. und SDO. in O. zurück fallen wird/ und endlich auß O durch eben solche Winckel-
gleiche SOD. und XOE. in das Stimm-centrum E.

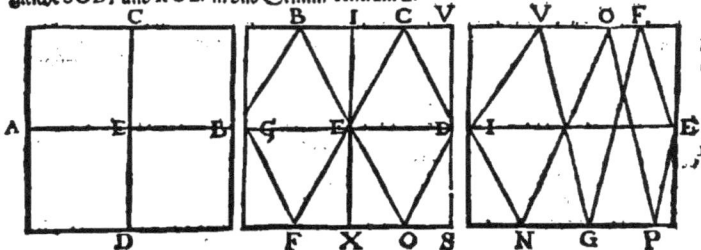

Auf gleiche Weise EB. zurückfallend auß B. in G. und von dannen in F. wird endlichen
in E. EF. ingleichen auß F. den Gegenweg in G. von dannen in B. und endlichen in E wider-
zurück fallen; also auch EO. auß O in D. auß D. in C. und endlichen in E. Widerum die
Stimm-linie EF. wie in der dritten Figur zu sehen/ so auß F. in G. widerhallet/ von dannen in V. nachgehends in I. von darauß in N. nachgehends in O. auß O. in P. und endlichen
in E. immer in gleichem Winckel h zurück fällt/also/daß sie nach 7. reflexionen oder Anschlagen endlichen in E. wieder zurück kommet. Wann aber der Lauff oder Anfall der Stim-
im Gegentheil auß E. in P. angestellet wird/ wird sie eben höch so vielen reflexionen oder hin
und her-anfallen/ endlichen in E. zurück kommen/welches auch von den Zwischen-linien bey
O und F. zusagen ist.

Erste Folge. Consectarium I.

Hierauß erhellet genugsam/ warum die Stimm oder Hall in vier-eckichten Bronnen so starck sey/ und ein so grosses sausen und brausen gehöret werde; dann die so
offtmals anfallend- und anschlagende Stimm-linien, so in ihr Principium oder Anfang
wieder zurück kommen/ pflegen den Hall oder Thon überauß sehr zu vernichten/ es erhellet auch/ und ist da abzunehmen/ der Fleiß und Emsigkeit der Natur/ die Stimm oder
Hall in den hohlen Körpern oder Dingen zu vermehren.

Vierzehender Lehr-Satz. Propositio XIV.

Wann das Stimm-centrum in der Axe oder Mitte eines gleich-seitigen Fünff-Ecks gestellet wird/ so wird die Stimme oder Thon durch 5.
anschlagende Stimmungen vermehret wieder dahin kommen/ wo sie
ihren Anfang genommen.

Es sey das gleich-seitige Fünff-Eck ABCDE. und die Stimm oder Thon/ soauß L.
als dem Mittel-puncten außgelassen/ werde auf allen Seiten fortgeführet: so sag
ich/daß durch 5. Stimmungen oder Stimm-Anschlagung/als LBC. LCD. LDE.
LEA. und LAB. vermehret/ die Stimm oder Hall in L wieder zurück kommen werde.

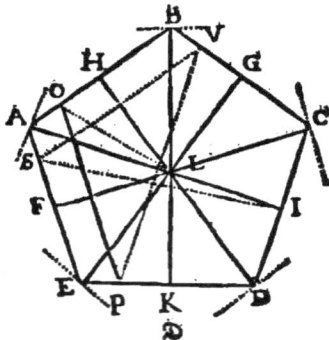

Dann Erstlichen nach der 2. proposition oder Lehr-Satz/ weiln von dem Mittel-puncten oder Axe die Stimm-linien L G. LL. L K. L F. L H. gerad an die Wand oder Gegen-Stände anfallen/ so müssen sie nohtwendig in L. wieder zurück hallen und fallen/ die andere und neben-Linien aber werden durch underschiedliche reflexionen beweget/ endlichen widerum in L. zurück getrieben; dann die Stimm auß L in O fallend/ widerhallt in P. auß P. in V. auß V. in S. auß S. in I. von wannen sie endlichen in L. zurück kommet; und also sihet man/ daß keine anfallende Stimm-Linie zwischen H A. oder H B. seye/ welche nicht endlichen nach verschieden reflexionen und Anschlagungen in L. solte zurück fallen; Eben das muß man auch sagen von den übrigen/ auf jeglich andere Seiten anfallenden Stimm-linien. Wann derotwegen das Ohr oder Gehör gestellet wird in den Mittel-puncten deß gleich-seitigen Fünff-Ecks/ so wird die außgelassene Stimm oder Hall 5. fach verstärcket zu hören seyn; welches zu erweisen war.

Fünffzehender Lehr-Satz. Propositio XV.

Wann das Stimm-centrum in dem Mittel-puncten eines sechs-eckichten gleich-seitigen Orts gestellet wird/ wird die gegebene Stimm oder Hall sechs-fach vermehret in sich selbst zurück fallen.

ES werde gegeben ein gleichseitiges hohles Sechs-Eck A B C. D E F. dessen centrum oder Mittel-punct in O, in welchem die gegebene Stimm oder Hall durch sechserley Stimm- oder Hallung verstecket/ wider an den Ort zurück fället/ wo sie hergekommen/ nemlichen in O. dann weiln alle feglichte Mittel-linien in die mitte der Wand oder Gegen-Stand gerad und eben anschlagen/ oder anfallen/ nemlich in A B C. D E F. so müssen sie nach der andern Proposition oder Lehr-Satz/ in sich selbst/ nemlich in O. zurück fallen. Die übrige aber/ nach dem sie durch mancherley Anschlag- und Anfallung hin und her bewegt worden/ werden endlichen auch in O. zurück fallen/ und also ein grosses sausen und

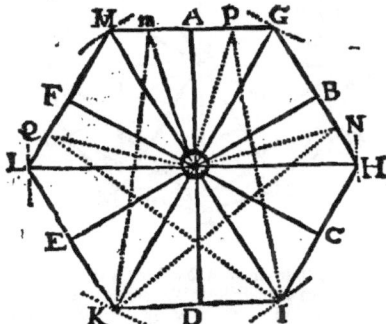

sumsen gehöret werden; dann zum Exempel die auß O anfallende Stimm in M. fället/ und reflectiret sich in K; auß K in N. und dann wider in O. die aber in P. fället/ reflectiret sich in L auß I in Q. und auß Q. endlichen in O. Eben das muß man auch von allen andern/ Stimm-linien sagen/ welche zwischen M A. und A G. aufgefangen werden oder anschlagen.

Und ist zu mercken/ wann man in den puncten G H I K L M, nach den geraden Stimm-linien/ die Fläche setzte/ so sag ich/ daß der Echo oder Wider-Hall mit seinen zurück fallend- und hallenden Stimm-linien ein vollkommenes Sechs-Eck würde machen. Dann die Stimm oder Hall/ so auß A fället in G. auß G. in H. auß H in I. auß I. in K. auß K. in L. auß L. in M. wird nohtwendig nach gleichen Wincklen endlichen in A. zurück fallen. Also in dem vorgehenden Fünff-Eck wird die Stimm auß H in B. reflectiren in C. auß C in D. auß D in E. und auß E in A. und H. Wann nemlichen die puncten A B C D E. nach den geraden Stimm-linien der Figur/ als Fläche oder Breite gesetzt und verstanden würden. Und das ist auch von allen andern Viel-Ecken zu sagen und zu verstehen.

Erste Zugaab. Corollarium I.

AUß besagtem erhellet Sonnen-klar/ daß je mehr die eckichte hohle Dinge Seiten haben/ je mehr auch der Thon oder Hall darinn vermehret und gestärcket werde; dann wann die anschlagende Stim- und Hallungen vermehret werden/ so nimt auch die Stimm oder Thon zu/ nun aber werden die Stimmungen vermehret nach der Zahl der Seiten oder Wänden &c. über das/ je mehr sich Seiten oder Wände finden/ soviel werden auch die ein- und zurück fallende Winckel näher seyn/ und folgends werden die eingeschlossene Stimmungen nach der 3. hypothesi, oder Satz/ desto mehr sich um das centrum oder Mittel-puncten vereinigen; es wird aber genug seyn/ wann die Sach mit einem einigen Exempel erkläret wird. Es sey ein gleichseitiges hohles Zwölff-Eck / wie die folgende Figur weiset / dessen Mittel-punct O. und seye auß solchen zwölff Stimmungen eine A CB O. so sag ich / daß die Stimm oder Thon so von O außgehet / über das / daß die Stimm durch 12. solche Stimmungen vermehret wird / auch auß diesen Linien vers mehret und gestärcket werde / welche den geraden am nächsten seyn / dergleichen Linien seyn all die jenigen/so zwischen A. und B. sich finden O B, als die äusserste Linien einer jeglichen eingeschlessenen Stimmung / werden so weit in der ersten reflexion von dem centro seyn / so weit die Seite deß Viel-Ecks oder eine Breite desselbigen ist / nach vielfältigen reflexionen und anschlägen aber / werden Sie endlichen alle in dem centro zusammen kommen / wie im vorgehenden genugsam gewiesen worden.

Andere Zugaab. Corollarium II.

ES folget daher/wann zum Exempel die Stimme oder Hall in A. wäre/ auch in allen Winckeln gerade und ebene Fläche wären aufgerichtet / daß geschehen würde / daß der Thon oder Stimm mit ihrer reflexion ein Zwölff-Eck würde machen; Wann aber allezeit die über der andern stehende Fläche A H K M O F weggethan würde / so würde die Stimme/ so auß E. in B. fiele/ in I. reflectiren, von dannen in L. weiter in N. von dannen in G. und endlichen in E. zurück fallen/ und also mit umgehenden reflexionen ein Sechs-Eck verursachen ; auß F. aber in B K N F. anschlagend würde es ein Vier-Eck mas chen / wie die Figur klar weiset.

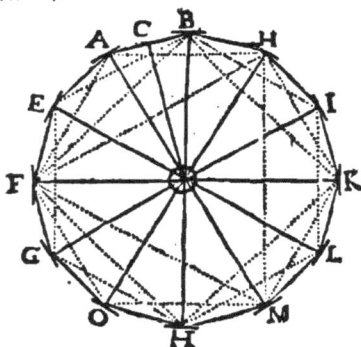

Widerum F. in H. von dannen in M. und widerum in F zurück hallend / würde mit solcher dreyfachen reflexion einen gleich-seitigen Drey-Angel oder Winckel machen. Und sihet man also / wie die Stimm in einem solchen Zwölff-Eck / mit ihrer lautenden oder hallenden reflexion, die Astrologische Aspect-Linien , oder Himmlische Stern-Gegenscheins Abtheilung imitire und nachahme. Es stecken auch noch mehr verwunderliche reflexions-Geheimnussen unter diesen Figuren verborgen / so allein dem jenigen bekandt/ welcher das besagte Recht auß dem Grund undersuchet und verstehet.

Andere Folge. Consectarium II.

JA aber folget ; wann die Vermehrung der Viel-Eck auf fast unzahlbare Weise geschiehet / daß eben auch solche Weis nach allen Enderungen die Vermehrung der eingeschlossen Stimmung wachse und zunehme ; die Vereinigung aber der Stimmen / Thon/ oder Halle/ geschiehet in dem Mittel-puncten deß hohlen Dinges oder Körpers ; dann in diesem werden alle Stimm-linien , so von den Mittel-linien dern Seiten eines Viel-Ecks anschlagen und vertical seyn/ wieder vereiniget / und fallen zusammen. Das sumsen oder sausen aber wird vornehmlich in den hohlen Ecken oder Winckeln solcher hohlen Körper sich hören lassen ; dannenhero leichtlich die Ursach abzunehmen / warum in den Bronnen ein so starcker resonanz und Hall gehöret und befunden werde.

Sechzehender Lehr-Satz. Propositio XVI.

Wann das Stimm-centrum oder Außgang/ in die Axe oder Mittel-puncten einer langlechten Rundung oder cylinder gestellet wird / so wird die außgelassene Stimm oder Hall auß allen puncten deß Umkreises in sich selbsten zurück fallen.

Es sey

ES sey der cylinder oder ablang-hohle Körper XY. die Stimm aber in N. als dem gesetzten Mittel-puncten; so sag Ich/ daß die Stimm / auß allen puncten deß Um-kreises / ABCDEFG. ABGHIKLM. und andern ohnzahlbaren in N zurück falle.

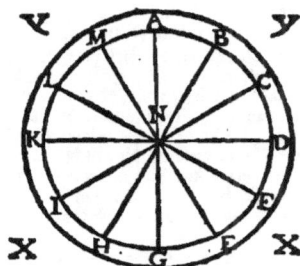

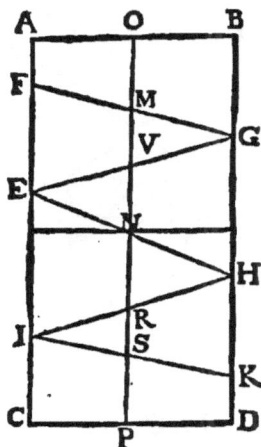

Dann weiln alle/auß dem Mittel-puncten gegen dem Umkreiß lauffende Linien/recht und gerad seyn/ dergleichen Linien aber nach der 2. proposition oder Lehr-Satz/in sich selbst zurück fallen; derowegen so werden alle Stimm-linien auß dem Umkreiß in N zurück fal-len/ da sie auch wiederum zusammen kommen; und dannenher diese proposition klar wird seyn. Weiln aber die Stimm oder Thon/ nicht nur in eines einigen Zirckuls/ oder Run-dungs-puncten, sondern in so viel / als in der Länge der Rundung oder cylinders können eingebildet werden / einfället; diese Linien aber/ gegen der Waltze oder Mittel-Linien ge-rechnet / alle gleich seyn/ so müssen alle / dieser Linien puncta, in der Waltze oder Mittel-Linie an einem Ort anschlagen. Und daher komt auch/ die wundersam- und vielfältige Vermehr- und Verstärckung deß Thons/ oder Halls/ dergleichen wir in den tieffen Bronnen erfahren; Es sey der Bronnen A B C D. die Mittel-Linie oder Are O P. das Stimm-centrum N. auß welchem die außgelassene Stimm oder Thon falle in E. so wird die Stimm auß E. anschlagen in G. auß G. in F. und die Mittel-linien durchschneiden in den puncten M V. gleichertweise die Stimm in H. einfallend / wird zurück fallen in I. auß I. in K. die Mittel-Linie durchschneidend in R S. und dergleichen reflexionen und Gegen-Hallungen geschehen in allen puncten und Linien der Höhe oder Tieffe deß Bronnen/ als da seyn A C. und B D. in vorgehender Figur.

Sieben-

Sibenzehender Lehr=Satz. Propositio XVII.

Wann in einer auf= oder widergespitzten Höhlen / in einer pyramide oder cono und deffen Seiten / das Ohr oder Gehör in den Mittel-puncten gestellet wird / so wird die außgelaffene Stimme oder Thon nicht in sich selbsten / sondern in den puncten L. und M. und nirgends andersiwo zurück fallen.

ZU dem Stimm-centro oder Anfang / wird die Stimm auffer den puncten L M. Inner dem keglicht= oder zuspitzenden hohlen Körpern nicht zurück fallen ; dahero auch so gestalte Körper nicht tauglich seyn/die Stimme und Thon zu vermehren. Dann wann die Stimm oder Thon an die Seiten schlems oder überzwerch anschläget / so fället sie in die Höh wieder zurück. Es sey der hohle Pyramis oder Zuspiß A B C. das Stimm-centrum oder Mittel-puncte K. auß welchem die anschlagende Stimm in G. sich reflectire in E. und auß H. in F. auß N. in O. und von dannen widerum in L, worauß erhellet / daß die reflexion immerzu übersich begehre / und in sich selbsten niemahlen zurück falle / als in den beeden einigen puncten L. und M. wie gesaget worden.

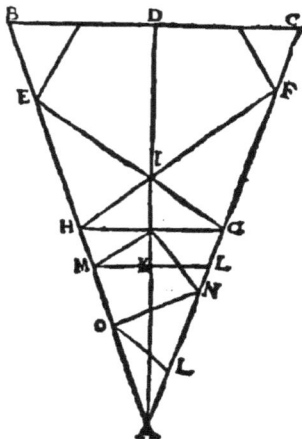

Achzehender Lehr=Satz. Propositio XVIII.

Wann ein Stim̃. centrum den Mittel-puncten fünff hohler rechtse.tiger oder regularer Körper gestellet wird / so wird die widerkommende oder anschlagende Stimm oder Thon so vielmahl vermehret und verstärckt/ als Seiten oder Wände das corpus hat.

ES seyen 5. regulare hohle Körper / als ein vier-seitig oder vier-feldiges / ein sechs-feldiges / ein acht-feitige / ein zwölff-seitig und zwantzig-feldiges / welche regulare corpora genennet werden / weiln sie gleiche Seiten oder Felder haben / und daß sie in einem Zirckul oder Rundung sich einschließen laffen; dern jegliche Seiten oder Feld auch gleichweit von dem centro, oder Mittel-puncten ist. Daher auch auß der bloffen definition und Beschreibung eines jeglichen leichtlich abzunehmen / und zu schlieffen / wie die Stimme oder Thon in denselbigen anschläge oder anfalle; bann in dem Mittel-puncten eines vier-feldigen hohlen Körpers / wird die Stimm vierfach vermehret in sich selbst zurück fallen / in einem acht-feldigen achtmahl/ in einem zwölff feldigen zwölffmahl / und in einem zwantzig-feitigen zwantzigmahl; deffen Erklärung und Beweiß auß vorgehendem leichtlich abzunehmen/ und ist so leicht zu verstehen / daß keines fernern Außführens von nöthen.

Neunzehender Lehr=Satz. Propositio XIX.

Eine hohle Rundung oder Kugel schickt sich den Thon oder Stimm fortzuführen und zu vermehren am allerbesten.

Dann

Ann weiln alle Stimm-Linien auß allen puncten deß Umkreises/gegen dem centro oder Mittel-puncten zurechnen/gleich seyn/auch alle von dem centro gegen dem Umkreiß gerad und eben gehen/ so müssen nohtwendig alle solche Stimm-Linien in sich selbst zurück/und in dem centro zusammen kommen; da dann die Stimm oder Thon sehr wird vermehret werden.   Ist also eine hohle Rundung/oder Kugel-gleiches caput am allertauglichsten/die Stimme und Thon zu vermehren und fortzuführen/ auch am allergefäßigsten oder in sich fassend/ welches zuerweisen war.

Andere Abtheilung.

Sectio II.

Gegen= Stimm= und Echo-Kunst.

das ist:

Wie man Wider=Hall und Echo künstlich könne zuwegen bringen; auch wunderbahrer Würckung der widerhallenden Werck und Instrumenten.

Ach dem wir all das jenige/ was zu der Wissenschafft deß Echo oder Wider=Halls gehöret/ genugsam vorgestellet; wollen wir ietzo alles durch exempla und Aufgaaben im Werck selbsten beybringen/ darmit der Gebrauch und Nutzen dieser unserer speculationen und Erfindung/ Jedermann desto besser und deutlicher vorgestellet werde.

CAPUT PROBLEMATICUM
I.

Erste Vorgaab. Problema I.

Wann die wider=hallende Gegen=Stände/ auß einem gewissen Ort also gestellet werden/ daß sie nicht allein der Stimm oder Thon parallel und gleich/ sondern auf eben und gerad seyn/ so wird die Stimm oder Thon auß einem iegtlichen in sich selbst zurückfallen.

Seyen die wider-hallende Gegen-Stände B C D O E I. die Stimme oder Thon aber in A. über dem Bronnen/ so sag ich/ daß die auf die Gegenstände anfallende Stimm-Linien zurück in A. werden fallen.

Dann weiln gesetzter massen die Stimm oder Thon/ so in die vorstehende Körper oder Gegen-Stände einfället / recht und gerad wieder zurück kommet/ die gerad und ebe-ne Stimm-linie aber nach der propos. 2. in sich selbsten zurück schallet und fället/ so werden sie alle in A. entweder geschwinder / oder langsamer / nach dem die widerhallende Gegen-Stände nah oder weit von dem Stimm-centro seyn/ zurück schlagen.

Folge.   Confectarium.

Jerauß erhellet Sonnen-klar/ warum denen/die auf den Bergen stehen/die Stimme von dem understen oder tieffesten Thal entgegen halle / nemlich weil die Stimm-linie oder Strich an den Felsen C. anfallend/ so gerad und eben ist in A. zurück fället; also wann einer in dem Thal F. stünde/ würde es die Stimm von A. in O anfallend hören/ und im Gegentheil auß D. als dem Grund oder Boden deß Bronnen/ wird die anfallende Stim-me mit vermehrt- und gestärcktem Thon in A. zurück kommen.

Andere Vorgaab. Problema II.

Auß zweyen puncten oder gegebenen Ständen/ so wohl die Stellung deß Gengenstands/ als auch die Winckel zu beschreiben/ nach welchem die zwerch-oder schlems-anfallende Stimm für sich und zurück fället.

ES seyen zwen puncten A B. deren der eine als B das Stimm-centrum oder Anfang/ der ander A. der terminus oder End der an- und zurück hallenden Stimm/ wird ge-fraget/ wie der Gegenstand zu stellen/ daß in A. die von B. außgehende Stimm widerhallend gehöret werde? dieses nun zu wegen zu bringen/ ziehe man auß A. und B. zwey Linien, nach belieben/ wann sie nun endlichen zusammen kommen/ als zum Exempel hier in C. und werde also der Triangel oder Drey-Winckel ABC. darnach theile man den Trian-gel ACB. in zwey gleiche Thiele/ da dann in C. als dem äussersten puncten; die gerad da-hin gezogene Linie. die Stellung der Maur/ oder was die Stimme zurück würfft/anzeigen wird/ dann wann die Stimme auß B. an solche Maur oder Wand anschlägt/ muß sie

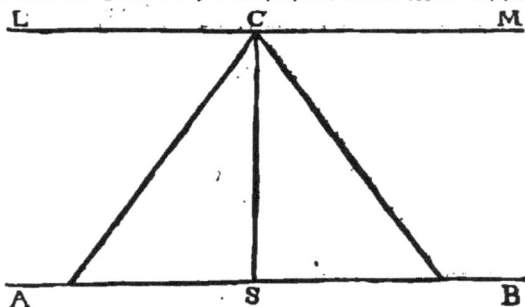

nohtwendig in A. zurück fallen; die Sach wird also erwiesen/ weiln nach dem ersten Lehr-Satz oder proposito L der Echo. oder Wider-Hall under gleichen Winckeln deß anfallens und reflexion oder Gegenhalls geschihet/ hier aber die gerade und den Triangel gleich thei-lende Linie C. S. ist/ auch die Linie L C M. den wider-hallenden Gegen-Stand vorstellet oder bedeutet/ nach der Linie C S. gerad und eben gerichtet; so muß nohtwendig L C A. und M C B. gleiche anfallend- und widerhallende Winckel machen; es seyn aber auch die Winckel nach der aufrechten gleich-theilenden Linie einander gleich. Wann derowegen die Stimm auß B. an den Gegen-Stand L C M. anfället/ so wird sie in gleichen Winckeln wider zurück fallen in A. Und also haben wir auß zweyen puncten oder Ständen/ sowohl die Stelle deß Gegen-Stands/ als auch die Winckel/ nach welchen die zwerch-anfallende Stimm oder Thon fürsich und hindersich gehet beschrieben/ welches unser Vorhaben ge-wesen.

Dritte Vorgaab. Problema III.

Auß mancherley puncten und Ständen/ sie mögen wie sie wollen disponirt und gestellet seyn/ wofern sie nur die gebührende Weite und distanz ha-ben/ einen Echo zu geben; die widerhallende Gegenstände also zu ordnen und zustellen/ daß die reflectirende oder zurückfallende Stimm allein von denen gehöret werde/ welche in den besagten Stellungen oder geraden Stimm-linien sich befinden.

Es wer-

ES werden gegeben die Stellungen ABCDEFG. und sey die erste Stimm oder
Thon A. so fragt sichs / wie nach den gegebenen puncten die widerhallende Gegen-
Stände zu stellen/daß die Stimm von keinem andern/als so in angedeüteten puncten
und Orten sich befindet/gehöret und vernommen werde. Dieses nun zu verrichten/müssen
die puncten durch eben- und gerade Linien aneinander gehänget / oder zusammen gezogen
werden / darnach muß man alle Winckel / nach vorstehendem Lehr-Satz in zwey gleiche
Stück abtheilen. So sag ich/ daß man den wider-hallenden Gegen-Stand zu end der

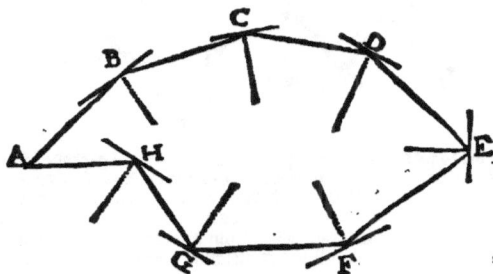

gleich-theilenden Linien , nach der zwerch-ebene der Gegenstand müsse gerad gestellet werden / und daß auch die widerhallende Stimm allein von denen werde vernommen werden/
die an besagtem Ort / oder gerad-reflectirenden Stimm-linie sich befinden. Dann weilen
die Linien/so die Winckel in gleiche theile schneiden/ nichts anders seyn als aufrecht und gerad geführte Linien der flachen widerhallenden Gegenständen/ so machet sie auch allenthalben solche cachetische oder aufrecht gestalte gleiche Winckel nach der 6. proposition. Wann
nun in den letzten puncten gerade Linien gezogen werden/ so machen sie allenthalben zwey
gleiche Winckel / und ein gerad-aufgestellte Linie , von welchen wann man die erste auf-
rechte Winckel abziehet / so werden nach der 6. definition Euclidis die andere Winckel / so
da gerad reflectiren, das ist/ der ein- oder anfallende und der zurück hallende einander gleich
seyn. Derowegen so auß A. in B. anfället/ widerhallet oder reflectiret von
dannen in C. von C. in D. von D. in E. auß E. in F. von F. in G. und von dannen endlichen in H. wird derohalben die Stimm oder Thon/ von allen Gegenständen da sie an-
schlaget/ under gleichen Winckeln auf die gesetzte puncten fallen.

Schluß-Folge.   Consectarium.

WDrauß erhellet/ daß wo das Ohr oder Gehör in einem solchen gegeben puncto sich befindet / daselbsten auch die Echo gehöret werde/ und daß/ wann siben verschiedene
Personen an disen siben puncten-Stellen sich befinden solten/ ein ieglicher absonderlich den
von A. außgehenden Echo vernemmen würde/ ja nicht allein in disen gesetzten puncten , sondern auch in einem ieglichen theil der Linien , so die puncten zusammen fügen/ welche wir gerad und eben reflectirend nennen.

Vierdte Vorgaab. Problema IV.

Auß underschiedlich gesetzten Puncten, die widerhallende Gegenstände
also zu stellen/ daß d e Stimm oder Thon theils von innen / theils von aussen
reflectire, gleichwohl allezeit/ wann das Gehör an einem solchen Ort oder gerad
reflectirenden Linie stehet/ der Echo gehöret werde.

ES seyen die auf beliebige weis gegebene und gestellte puncten ABCDEFGH. mit
geraden Linien AB. BC. CD. DE. EF. FG. GH. zusammen gefüget ; und werden
alle Winckel in zwey gleiche Theil durch aufgesetzte Linien BV. CV. DV. EV. FV.
GV. HV. getheilet / nach welchen gerade und ebene Zwerch-linien in den puncten
BCDEFGH aufgerichtet / auf welche die wider-hallende Gegen-Stände gestellet werden.
So sag ich / daß die wider-hallende auf die gerade Linien gestellte Gegen-Stände / die
Stimm oder Thon/ theils inn= theils außwendig reflectiren werden ; auch die widerhal-
lende Stimme allenthalben in den gleichen Linien werde gehöret werden.

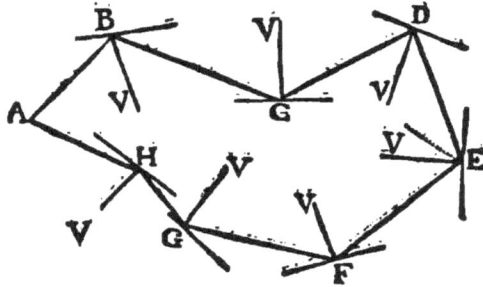

Denn weiln die so wohl durch die auffrecht- als gerad-fürsichgehende Linien gemachte Winckel einander gleich seyn.   So muß nohtwendig nach Propos. 1. oder dem 1. Lehr-
Satz die Stimm oder Thon innerlich anschlagen in C, da sie äusserlich oder von aussen
wird fallen in D. von dannen innerlich in E. und darnach widerum in F. und von dannen
innerlich in G. von woauß der Wider-Hall widerum von aussen oder äusserlich in H. und
endlichen abermahl von aussen in A, allezeit in gleichen Winckeln fallen und widerhallen
wird.

Es heisset aber oder ist äusserlich oder von aussen widerhallen / wann der widerhallende Gegen-Stand seine wider-hallende Fläche mit der auffgerichten oder cathetischen Linie
ausser dem Umzirck der gegeben puncten hat ; oder wann die reflectirende auffgerichte o-
der cathetische Linien sich hinauß sich erstrecken / innerhalb geschiehet die Stimm-reflexion oder Wider-Hall / wann die Wider-Halls auffgerichte Linien , innerhalb oder gegen
die innwendige Seiten sich wenden.   In dem vorgegebenen Exempel seyn die von aussen
wider-hallende Gegen-Stände C. und H. und deroselben auffgerichte Linien ; so sich hinn-
außwerffen CV. und HV.   Die übrige Gegen-Stände seyn / denn auffgerichte Linien sich
ein-warts legen / als BV. DV. EV. FV. die auch den Wider-Hall einwarts werffen.

Fünffte Vorgaab. Problema V.

Einen viel-stimmigen Echo zu machen / oder einen solchen Gegen-
und Wider-Hall / der nach der ersten Stimm / dieselbige / oder andere
vorthönende Sachen/etlich-mahl widerhohle und widergebe.

Allhier muß man sich erinnern dessen / was in der britten Prælusion oder Vor-
Satz von der distanz , oder Zwischen-Platz und Innhalt deß Wider-Halls gemeldet worden.   Dann weiln in diesem gar subtilen und verborgen Werck eine gar
gewisse und mathematische distanz oder Weite , nicht kan gegeben werden ;   So wird
der am allerbesten thun und am sichersten gehen / der solche distanz oder Weite nach
dem Gehör / mit gewissen Instrumenten ;   und also im Werck selbsten versuchen und erforschen wird ;   Es kan aber auf folgende Weise geschehen : man erwöhle sich eine dick-
und glatt-ebene Maur oder Wand / so sich zu dem Wider-Hall am besten schicket ; darnach gehe Er schnur-grad gegen und von der Maur / hin und her / biß Ihm der Wider-Hall eine einige Sylben vollkommen nachspricht / oder wiedergibt / diese Weite
oder Innhalt messe Er wohl mit einem bekandten Maaß / und zeichne sie ; darnach gehe Er zu einer gelegenten und wind-stillen Zeit / eben in solchem geraden Weg weiter zurück / biß der Echo ein zwey-sylbiges Wort vollkommen nachspricht / oder wiedergibt /
und messe aber das spacium oder Innhalt fleissig ; ferner gehe Er so weit zurück / biß der
Echo ein drey-sylbiges Wort nachspricht / und also thue Er fort und fort / und gehe
in solchem schnur-ebenen Weg immer weiter und weiter / biß der Echo zehen Sylben/
oder einen gantzen Vers nachspricht / darbey immerbar die underschiedliche distanz und
Weite muß gemessen werden.   So wird Er auß der Erfahrung finden und lernen / daß
das spacium oder Weite / in welchem der Echo um eine Sylbe vermehret wird / nicht
gleich / sondern immer kürtzer und kürtzer werde ; Also ingleichem auch die biel-stim-
mige Echo, so eine Sylbe etlichmahl nachspricht / die spacia , in welchen die Sylbe siben-
mahl repetirt wird / nicht gleich seyn / sondern immer kleiner und kleiner werden.

Zum Exempel.

Ein Sylbe	— — —	100.
Zwey Sylben	— — —	190.
Drey Sylben	— — —	270.
Vier Sylben	— — —	350.
Fünff Sylben	— — —	430.
Sechs Sylben	— — —	515.
Siben Sylben	— — —	600.

(Schuh.)

Deſſen kein andere Urſach iſt / als die Schwachheit der Stimm / welche / je weiter ſie fortgehet / je mehr ſie abnimmet und geſchwächet wird / biß ſie endlichen gantz erliſchet; dieweiln nun die Stimm immerzu je mehr geſchwächet wird / ſo iſt gewiß / daß die Weite und Innhalt einander nicht gleich ſeyn kan / ſondern die Weiteſte immerzu ihmer näher zuſammen rücken (wie man in der perspectiv-Kunſt die weiteſte Säulen ſihet) jedoch in was proportion, eigentlicher Gleich- oder Ungleichheit ſie abnehmen / iſt ſchwehrlich zu erforſchen / in dem die geſchwinde Bewegung in dem spacio oder Raum / eine gewiſſe und eigentliche proportion, ſchwehrlich machen läſt; derowegen am gewiſſeſt und ſicherſten iſt / man erforſche und explorire dieſe Sach im Werck ſelbſten / und nach den äuſſerlichen Umſtänden / ſo wohl die vielſylbige als auch die vielſtimmige Wider-Halle oder Echo; Es kan aber die Sach künſtlich und mechaniſcher Weiſe alſo erkundiget werden. Es ſey ein Maur A B. von welcher man den Echo machen oder probieren will / ſo weit zurück in gerader Linie gehe / biß der Echo Ihm vollkommen nachſpreche und ruffe:

Arma virumq; cano.

oder. **Ich ſchreib von Mann und Waffen.**

welches geſchehen wird in C. da dann der Erſte ſo den Echo will machen / oder der dieſes außgeruffen / ohnbeweglich an dem Ort ſtehend / ein Zeichen bey wider-hallendem letzten Wort (cano oder Waffen) einem andern / der indeſſen in der Linea C L. ſo weit muß weiter hinauß und zurück gehen / biß nach dem Echo das erſte mahl in C. die Wort nachgeſprochen / dieſelbige zum andernmahl anfahe. Wann der Echo zum andernmahl dieſelbige nachgeruffen / muß man dem dritten ein Zeichen geben / der in dieſer Linie indeſſen noch weiter hinauß gegangen / und nach verrichtetem andern Wider-Hall der dritte anfahe und nachruffe / und alſo immer fort / und je länger je weiter. Wann dieſe spacia und underſchiedliche Stellungen / wo die Wider-Halle oder Echo gehöret worden / fleiſſig gemeſſen und underſchieden werden / ſo werden ſelbige die Ort oder Stellungen geben / wo aufgerichtete Mauren oder Wände / gantze Sprüche und kurtze Reden / etlichmahl durch den Echo oder Wider-Hall werden zurück geben und hören laſſen.

```
A          |       L
           |
B          C
```

Allweiln aber dieſe observationes ſchwer ſeyn / ſo thut einer / der den Echo probieren will / beſſer / wann Er in gleicher weite von einander ſtehende Mauren / ſo zu einem Wider-Hall tauglich ſeyn / erwöhlet / denn ſolche gemeiniglich die Stimme oder Thon etlichmahl vollkommen wieder zurück geben / wie mich denn die Erfahrung / in vielen mit Thürnen beſetzten Stattmauren / genugſam gelehret; Sonderlich die Statt-Maur zu Avignon, in welcher der Echo die Stimme achtmahl gar deutlich widerholet / ob ſchon die widerhallende Gegen-Stände in gleicher Weite voneinander abgelegen. Ingleichem auch in der Statt-Mauren zu Rom / da nach Zahl der Thürne / die Stimm bald zweymahl / bald vier- bald fünff- ſechs- oder ſibenmahl reflectiret und wider-hallet; wir wollen aber ietzo unſer Problema vor die Hand nehmen.

Es werde gegeben eine Maur / ſo in der Länge nacheinander 7. Thürne oder Abſatz hätte / wie folgende Figur weiſet / in ſolcher gleichen Weite / wie X. oder der Stimm Anfang / von dem erſten Thürn A entfernet; es wären alle Thurnfläche gegen der außgehenden Stimm gleich richtig und eben / ſo ſag ich / daß die Stimm auß X. in alle Wände ABCDEFG. anſchlagend / in ſich ſelbſt werde zurück fallen / und einen ſibenfältigen Echo oder Wider-Hall machen. Dann weiln nach unſerm Vorſatz oder supposition, die Stimm in ſich ſelbſt auß allen vorſtehenden Mauren / als gerad- und ebenen Gegenſtänden / in ſich ſelbſt zurück fället; auch deßwegen / je weiter die Mauren oder Thürne von der außgehenden Stimme entfernet / je langſamer die Stimme oder Thon widerhallet / ſo muß nohtwendig folgen / daß der letzte Thurn oder Maur die Stimme langſamer wider-halle / als der letzte ohn ein / oder als der vorſtehende / und alſo immerdar der folgende langſamer als ſein vorgehender.

Wann derowegen das Gehör in X. geſtellet wird / wird daſelbſt ein ſiben-ſtimmiger Echo gehöret werden. Und alſo haben Wir einen ſiben-fachen oder ſiben-ſtimmigen Echo zu bereiten gewieſen / ſo unſer Vorhaben iſt geweſen.

Sechste Vorgaab. Problema VI.

Auß gegebenen puncten eines Zirckuls oder Rundung einen runden Wider-Hall und zugleich viel-stimmiges Echo zu wegen zu bringen.

Seyen die gegen-hallende puncten in dem Zirckul oder Rundung ABCDEFGHI
KLM. nach belieben gesetzet und gestellet/ zu welchen auß dem Stimm-centro A.
die Linien AB. AC. AD &c. gezogen werden.   So sag ich/ daß auß G. der halb-
durchmessenden Linie oder puncten, die Zirckul-linien AB. AC. AD. AF. AG. AH. AI.
AK. AL. AM. die gegen-hallende oder wider-hallende Gegenstände werden anzeigen; und
die auß A. gegen den Gegenständen ABCD &c. werden gerade oder ebene seyn.   Derowegen die Stimm/ so gegen dem wider-hallenden Gegenstand B. ruffet/ wird wider-hallen
in A. und die Linien CDEFGHIKLM. weilen sie gegen denen auß A. gezogenen Stim-
Linien, gleichfalls eben und gerad seyn/ werden die auf solchen puncten stehende oder aufgerichtete wider-hallende Gegen-stände/ in A. den Echo zuruck werffen.   Weiln ferner von
denen auß A. gezogenen Linien immer eine länger ist als die ander/ so folget auch/ daß
die Stimme immer eine langsamer und spahter/ als die ändere/ in A. zurück halle/ daher dann ein vielstimmiger Echo wird zu hören seyn/ so die Wörter und Stimmen
nach und nach so offtmahls widerholen wird/ so viel als puncten in dem Zirckul
sich be-

sich befinden/welche puncten/wann sie in den beeden Halb-zircklen von A. in gleicher Weite oder distantz sich werden befinden / auch zu gleicher Zeit den Echo, und zwar in gedoppelter Stärcke und Krafft geben werden.

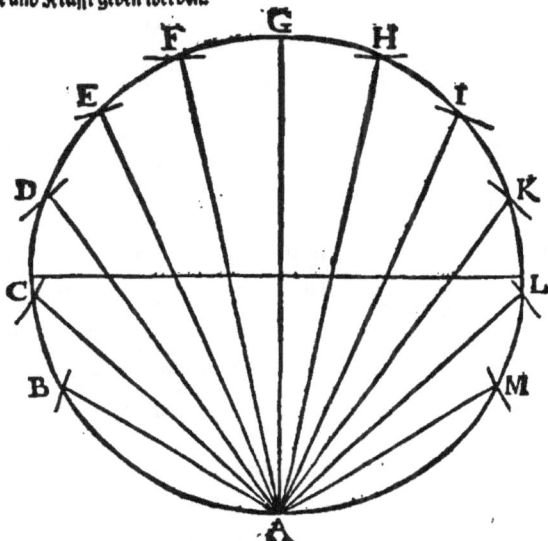

Schluß-Folge. Consectarium.

Auß besagtem erhellet / wie leichtlich man einen viel-stimmigen Wider-Hall in einem Zirckul oder Rundung könne zuwegen bringen / da man zugleich auch sihet die verwunderliche Eigenschafft diser Figur / wie artlich sie die abnehmende Stärcke / und nach und nach folgende Schwächung exprimire; dann die widerhallende Gegen-Stände G H. HL IK. KL. wie gesaget worden/ sind nicht gleich / sondern nehmen immer mehr ab/ und werden kleiner/ je näher sie dem Stimm-würckenden puncten/oder Linie A. kommen/also/ daß wie sich verhält das spatium G H. gegen H L und IK. gegen KL. also verhalten sich auch was die Weite oder spatium betrifft/ die widerhallende Gegenstände/ die Stimm zu widerholen oder zurück zu werffen/kommet auf mit allen Proben und experimenten/so ich vorgenommen/gar schön und eigentlich überein.

Siebende Morgaab. Problema VII.

Einen Chor in einer Kirchen also zuzurichten / und künstlich zubereiten/ daß 3. Musicanten oder Singer/ so viel außrichten/ als sonsten hundert.

Das Mittel oben in dem Chor-Gewölb muß also gemacht werden/daß inwendig eine kugelrunde Fläche seye/ die Orgel aber / oder die Musicanten müssen das centrum dises kugelrunden Gewölb-Mittels sich befinden/so wird man haben/was diß Orts verlanget wird; dann wenn alle Stimm-linien/ so an dises kugelrunde Gewölb-Mittel anschlagen/gerad und eben seyn/ auch an dem Ort zurück hallen/wo sie hergekommen/als müssen sie einen solchen starcken Laut und Thon von sich geben. Ferner / wann man von dem Chor einen so weit gelegen Ort sich erwöhlet/als zu Widerhohlung/oder Echo dreyer Sylben genug ist/ auch an demselbigen Ort in der Maur ein kugel-rund Fläche gemachet/ und zwar nach dem jenigen Ort / wo die Leute in der Kirchen ihre innerlich Andacht verrichten/ als einem centro abgemessen: So werden die Stimmen an solchem Ort sich nicht allein mächtig verstärcken/sondern auch einen gantz absonderlichen/ und von dem andern unterschieden music- oder Stimm-Chor hören lassen; dann wann man das Gesang durch dreyer Sing-noten Clauseln also anordnet/ daß noch immer in einer ieglichen Clausul man so lang pausire oder schweige /als viel dieselbige noten in dem Tact oder Zeit-schlag gelten/ so werden die Menschen/so an besagter Stelle sich befinden/ nicht anderst meinen/ als es seyen zweyerley Chor / und daß eine grosse Mänge Musicanten zusammen singen oder musiciren.

Wann

Wann derowegen der erste oder rechte Chor die erste clausul singet / nachgehends aber pausiret oder schweiget / so wird indessen der andere runde Kunst-Chor das gesungen

widerholen / oder nachsingen ; dieses werck ließ sich überauß wohl in der grossen Kirchen St. Peters zu Rom practiciren, und zuwegen bringen / wann ein Musicus wäre / der dise gehaime und supile Sachen verstünde. Ingleichem schicket sich die Kirch zu St. Jacob allhier zu Rom / so wohl / daß fast scheinet / der Bau-Meister habe / in Erbauung derselbigen / sein Absehen dahin gehabt.

Schluß-Folge.   Confectarium.

AUß diesem und anderem Vorgesetzten erhellet genugsam / wie man mancherley Wider-Hall oder Echo zuwegen bringen könne. Und zwar so können solche künstliche Wider-Halle / nach vorbesagtem / nicht allein in den Kirchen / sondern auch auf dem freyen Feld zuwegen gebracht werden / die solche gewisse Sing- oder music-clausuln nicht nur ein sondern zwey / drey vier- und mehr-mahl / so offt als beliebig ist / widerhohlen und gegen hallen / also / daß man nicht anderst gedencken möchte / es geschehe von mancherley und unterschiedlichen Chören ; was in einem einigen gesungen oder musiciret wird.   Und ist zu mercken / daß man für 2. Chor zu præsentiren / nach gesungener oder musicirter clausul 2. Pausen vor drey Chor, 3. vor Vierte / aber 4. Pausen setzen müsse / wie in folgender Figur zu sehen.

Music durch den Echo.

Für den 1. Chor.   2. Chor.   3. Chor.   4. Chor.   5. Chor.

A.   B.   C.   D.   E.

Da sihet man auß dem vorgegebenem Exempel / daß die erste clausul A. einmahl widerhalle / die ander clausul B. wegen der längeren Stimm-linien zweymahl ; die clausul C. dreymahl / weiln die klingende Stimm-linien noch immer länger werden und weiter gehen / die clausul D. aber wird wegen solcher länge der Stimm-linien vierMahl repetirt / und so ist auch von den übrigen zu schliessen.

Auß welch-besagtem erhellet / wie ein verschiedene Chör præsentirender oder vorstellender Echo müsse und könne zu wegen gebracht werden / wann aber das spatium oder Platz allzulang und weit wäre / daß die Stimm indessen wegen der Weite abnehme oder gar verschwinde / so wäre es rahtsamer / man versuchte das Werck mit Trompeten / Paucken / Trummel / oder andern Instrumenten, so einen starcken Thon und Klang von sich geben / dann weiln solche viel weiter als die Stimmen widerhallen / als werden auch solche Thon viel lieblicher in die Ohren von Ferne / als in der Nähe / fallen.

Frage.   Erotema.

Ob man auf einen solchen Echo zuwegen bringen könne der andere Wort-Widerhalle / als die / welche anfangs geruffen worden?

ES scheinet zwar anfangs / als wann dises ein widerwärtige Rede wäre / und wider einander lauffende Sachen in sich hätte : dann möchte iemand sagen ; Ich kan nicht sehen oder verstehen / wie die Stimm ihr selbst kan entgegen und zu wider seyn ; daß man einanders ruffe / ein anders aber der Echo nachspreche ; in dem der Echo nichts anders ist als gleichsam ein fürsich nach-lauffende oder fliessende Stimme oder Thon / und derowegen nichts anders in dem zurück fallen oder lauffen kan vorbringen / als was erstlichen für sich geflossen oder geloffen / scheinet derowege gar ungereimt / daß der Echo was anders solle nachsprechen / als was erstlich geruffen worden. Hierauf aber ist zu wissen / daß der Echo oder Wider-Hall auf macherley weise könne und müsse betrachtet werden / als entweder gerad und eben wiederhallend / oder zwerchs und schlems ; Item eine oder mehr Sylben nachsprechend.   Dannenhero sag ich / daß der gerad und eben widerhallen-

C iij   De Echo.

de Echo, wie auch der / so nur eine Solben nachrufft / nichts anders zurück führen oder
nach- und gegenlauten können / als was erstlich geruffen oder vorgebracht worden ; Jedoch
daß auch solche zwerch- und schlem: Echo gefunden werden / welche tauglich und bequem
seyn / etwas anders zu wider-hallen / als was Erstlich vorgebracht und geruffen worden. Wiewoln auch etliche darfür halten / man könne auch einen gerad- und ebenen Echo
also disponiren und stellen / daß etwas anders die erste Stimme / und ein anders der antwortende Echo vorbringe ; zum Exempel sie bringen etliche Griechische Wort vor / darauf
der Echo Lateinisch antworte / wie auß folgendem abzunehmen:

 Ὂι ϗαὶ πάντε ωλύω πίνω   bonis.
  ωίλω ωλύω   lusi.
 Ὂι ϗοὶ ἰρϗαϗε   state.

 Auf diese oder gleiche Weise könten auß allerhand Sprachen solche Wörter / die in
dem Ende gleich-lautend außgehen / und doch was anders bedeüten / außgesuchet werden ;
Allein gleich wie solche Sachen gezwungen seyn / also ist auch ein schlechter Verstand oder
Scharffsinnigkeit darhinder / können auch nicht leicht / als mit Verlierung vieler Zeit /
langem Nachsinnen / und grosser Müh zuwegen gebracht werden / und haben doch schlechten oder keinen Nutzen ; derowegen ohne Zweifel es besser und thunlicher ist / wann man
bey einerley Sprach verbleibet / dessen wir etliche exempla vorstellen wollen ; besihe die 2.
vorgehende Figur fol. 35. Es sey zum Exempel ein vier-solbichter Echo anzustellen / die wider-
hallende Gegen-Stände B C D E F. aber also angeordnet und außgetheilet / daß ein jeglicher eine Solben spähter und langsamer wider-halle / als der vorstehende. Die Stimme
aber oder Wort sey das Lateinische dreysolbige CLAMORE. Das Stimm-centrum
aber oder außgehende Stimme sey in A. weiln nun die widerhallende Gegenstände also
gestellet / daß ein jegliche Stelle eine Solben spähter reflectire / so ist gewiß / daß ein jeglicher
solcher Gegen-Stand ein deütliches Wort wird widerhallen / als der Gegen-Stand B.
CLAMORE; AMORE objectum oder der Gegenstand C. MORE der Gegenstand
D. ORE der Gegenstand E. und endlichen R E der Gegenstand F. So wird derowegen
ein viel-stimmiger Echo immer andere und ander Wort gegen-hallen / als wann einer
ruffte: Tibi verò gratias agam, quo clamore? so wird der Echo antworten ; gratias agam
CLAMORE; AMORE. MORE, ORE, R E.
 Also das Wörtlein CONSTABIS, wird auß underschiedlich-widerhallenden Gegenständen immer anderst und anderst reflectiren / oder widerhallen / wie auß besagtem erhellet ; und also könte man noch viel erfinden / daß allezeit nach und nach CONSTABIS
der Echo ein anders Wort gegenruffte / und nichtdas was am ersten ge- STABIS
redet oder geruffen worden / daß also daher ein gerad- und ebener Echo ABIS
auf besagte beede Weis / und nicht anderst / auß verschiedenen Gegenstän- BIS
den / auch verschiedene und andere Wort gegen ruffen oder schallen kan. IS.
 Folget derowegen die Frag / ob ein zwerch- oder schlemer Wider-Hall könne zuwegen
gebracht werden / welcher auf die außgelassene Stimme in einer gantz andern Sprach
antworte?

Achte Vorgaab. Problema VIII.
Einen Echo künstlich also zu wegen zu bringen / daß die widers hallende Stimm / immer anders und anders / in einer jeglichen Sprach antworte.

Zu dem Werck eines solchen Echo gehören zwey Personen / und muß das Werck folgender Gestalt angestellet werden : Erstlich muß man ein spacium oder Platz er-
wöhlen oder determiniren / so da 4. oder 5. Solben vollkommen und verständlich
nachruffe / darnach muß man mit allem Fleiß einen Gegen-Stand außsehen oder bestellen /
und zwar also / daß / wann die Stimm dessen / so in der ersten Stell stehet / an den wider-
hallenden Gegen-Stand anschlaget / der Wider-Hall dem auf den andern Seiten in das
Gehör falle ; es muß aber darbey auch diß in acht genommen werden / daß beede Personen
einander wohl hören / aber nicht sehen können ; muß also der Gegen-Stand / oder wider-
hallendes objectum, gegen zweyen Mauren / so zusammen lauffen / oder solcher gestalten for-
mirten Vorgebürge über seyn oder stehen / wie auß gegenwärtiger Figur zu ersehen / in
welcher E F. die Mauren / so in D. zusammen lauffen / C. der gegenstehend- und widerhallende Fels oder Berg / so von Natur oder Kunst hierzu tauglich bereitet. Das Stimm-
Centrum aber / oder Hall und Wider-Hall / beederseits in beeden puncten A und B. in solcher Weite und spacio von C D. abgelegen / daß / wie gesagt / der Wider-Hall 4. oder 5.
Solben vollkommen nachruffen oder widerhohlen könne.

Diesem nach/ so bald der erste seine Stimme wird höhren lassen in A. wird dieselbige seitwerts oder schlems anfallen in C. und nicht in A. sondern in B. widerhallen/ welche Stimm/ so bald steher in B. stehende höret/ muß Er andere Wort nach belieben/ auch in was Sprach er will/ antworten/ welche antwort dann in C. anfallen/ und dem/ so in A. stehet/ zu Gehör kommen wird; derowegen auch derselbige gantz etwas anders von dem Echo hören wird/ als Er selbst erstlichen geruffen; Also/ wann zum Exempel der erste würde fragen: wie heissest du? und der ander in B. würde antworten: Constantinus; so würde der erste in A. auf seine Frage ohnmittelbahr und alsobald/ von dem Echo nicht seine eigene geruffene/ sondern deß andern antwortende Stimme hören und vernehmen; Und ist gewißlich diß/ wann man mit der Sach recht umgehet/ ein solch artliches Gehaimnuß und verborgene Sach/ daß/ da ich zu Rom auf unserm Land-Gut solches probiret, fast niemand getroffen/ der es bestreiffen hätte können; sondern vielmehr iedermann zum höchsten sich darüber verwunderte und fast erstaunte; in dem Sie den Echo auf alle Fragen mit andern Worten höreten antworten; darmit mans aber destoweniger mercke/ so müssen zween mit einander überein stimmen/ die so viel als möglich einerley Thon und Stimme haben/ so wird auch dise artliche Kurtzweil und Echo-Spiel desto gehaimer und verborgener seyn; Und also haben wir auch einen fremd-stimmigen oder anders-antwortenden Echo zu machen gewisen.

Erste Zugaab. Corollarium I.

Auß besagtem erhellet/ daß zween in A. und B. sich befindende Personen/ durch solchen Fleiß und Kunst/ einander was sie wollen können zu wissen machen/ ja zweyerley Chor mit werlenden Stimmen auf eine wunderbahre weis mit einander concertiren/ auch andere künstliche Sachen nach eines Künstlers fernerer Scharf-Sinnigkeit könnten zuwegen gebracht werden.

Andere Zugaab. Corollarium II.

Es erhellet ferner/ daß/ wie man das Gesicht auf mancherley Künstliche weise betriegen kan/ also auch das Gehör; Dann obgesetzter Massen der in A. stehet/ wird nicht anderst meinet/ als der Echo oder widerhallende Stimm komme auß D. und es sey die Stimm/ so er anfangs geruffen; und wird das Gehaimnuß desto mehr verborgen seyn/ je gleicher die Stimmen seyn werden/ und je weniger der eine von dem andern etwas wissen wird. Es wird aber hiervon in folgendem mehrers zu handlen seyn.

Cap. II.

Cap. II.
Von Trigonometrischer oder Winckel=haffter Abmessung
der Stimm= oder Thon=linien.

Erste Vorgaab. Problema I.

Auß ████ bekandten distanz oder eben Art von einer wider=hallenden ██████ Raum= oder Gegen=Stand / auch bekandt widerhallenden und ein██████ ███████ / aller puncten der zwerch=stimmigen Linien , von dem gera██ puncten B. distanz und Weite zu finden.

█████ werde gegeben die Maur oder Wand FDB. die geb███ distant ████████ ███. Schritten / die Zwerch=Stimm=linien A D. ██ DE. so sag ██ / daß ████████ Winckel entweder CAG. oder CAL oder / ██████ eben sovi el ist / dem wider=h███████ Winckel DAB. oder dem anfallend███ EDF. ███ ██ geraden Stimm= Winckel EDA. so bekandt ist / auch gleich bekandt werden die Linien DB. AD. AC. CD. ED. der ████████ CAD. weil Er dem Winckel ADB. █████ ist / werde mit einem diopt ri= schen oder Gesichts=abmessenden Instrument befunden 76. grad. diese von 90. abgezogen/ bleiben 14. grad. vor GL als dem Winckel deß an█████████████ ██ der geraden Linie C.D.A. Damit nun die Linie DB. oder daß der p███ ██ ███ ████ mm=line D A. be= kandt werde / muß man sagen : Wie sich der Sinus ██████████ █████ line 76. grad b██ gegen dem Innhalt deß cathet lschen St████ ██ ██ ██████ ██ ████hält sich das █████ oder Weite von 25. Schrit / gegen ein████ ████ ██████ ██ der Opera= tion wird herauß kommen DB. oder die Linea der distanz der ██████ ██ ████ von dem puncten B. will man aber die Länge haben von der Zwerch=Stimm ██ D. ████ man sa= gen : wie der Sinus oder Innhalt deß Winckels ADB. sich ████████ ████████ ████ oder Innhalt; also verh████ sich auch die bekandte Abmessung der 25. ██████████ / gegen einem andern / und wird sich finden A D. die gesuchte Zwerch=Stimm=linie / auß welcher auch die Linie deß Wider=Halls E D. weiln sie dieser gleich ist / für sich bekandt wird.

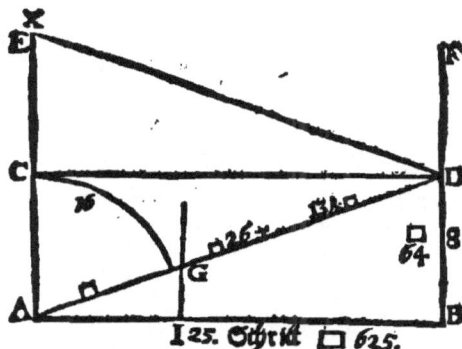

I 25. Schritt ☐ 625.

Will man aber wissen/ in welchem puncten der Linie A X. die Stimm auß D. wider= halle / so mache mans also; Man verdopple die distanz BD. auß dem puncten A. in der Li= nie A X. so wird sich der punct E. finden/ in welchem die Stimm A. auß D. wi derhallend wird gehöret werden/ so da ist gefraget worden; Dann weiln die gerade Linie C D. den Drey=Angel EDA. in zwey gleiche Theile abthellet / so müssen die Winckel EDC: und CDA. einander gleich werden; und müssen auch die zwischen stehende Sinus oder Innhalts= Bögen / nahmlich AC. und CE. einander gleich seyn/ dann diese End A. und E. determi= niren und bemessen diß spacium zwischen A. als wo das Stimm=centrum ist/ und dem puncten E. wo die reflexion oder Wider=Hall aufhöret.

Zugaabe. Corollarium.

Hierauß erhellet erstlichen; daß die Zwerch=Stimm=linien / die zwischen parallel=li= nien gerad lauffen/ allezeit einander gleich seyen. Zum Andern/ daß die gerad und eben gehende Stimm=linie A B. oder C D. gegen dem vor=seyenden widerhallenden Gegen= Stand FDB. allezeit gleich sey der geraden gleichmessenden Stimm=linie C D. so zwischen
den

den beeden parall-lel Linien EA. und FB. stehet. Drittens das spacium BD. es sey wie es wolle/ und auch in was grösse es seyn mag/ wann es duplirt wird/so bemesse und beschreibe es allezeit die distanz A E. bey dessen Ende E. die Stimme auß D. sich schliesse und ende.

Andere Vorgaab. Problema II.

Auß der bekandten distanz deß Stimm-centri von dem determinirenden Widerhalls-puncten die gerade und ebene Stimm-linie bekandt machen.

Es sey bekandt die distanz oder Weite A C, oder C E. wie auch das Widerhall-centrum E. oder A. so kan die ebenhallende Linie A B. oder C D. bekandt werden folgender Gestalt; wie sich verhält der Sinus oder Innhalt deß Winckels G A I. der aufrechten Linie der Stimm-catheti, gegen dem ein- oder an-fallenden Winckel A D B. so ist dem Bogen C G. bekandt ist; also verhält sich auch die bekandte Abmessung D B. gegen andern Linien; Dann auß dieser operation wird bekandt A B. oder C D. Will man aber die Zwerch-Stimm-linien A D. oder D E. bekandt haben und wissen/ so muß man sagen: wie sich der Sinus der aufrechten Stimm-linie C D. dann wie sich hält der gantze sinus gegen dem Innhalt oder sinu deß Winckels A D B. also verhält sich auch die bekandte Maaß A D. gegen andern Stücken/ und wird sich nach gemachter operation die Linia A B. oder C D. finden. als zwerch- oder schleme Stimm-linien, von welchen gefraget werden/ bekandt werden. Die Ursach und Beweiß dessen ist zu nehmen auß der 15. prop. resolutionis triangulorum bey dem Clavio; woselbst dises zu sehen. probl. 1. 2. 3. Geometriæ.

Dritte Vorgaab. Problema III.

Auß einer bekandten zwerch- oder schlemen Stimm-linie die gerade und ebene/ wie auch die distanz deß Stimm-centri von dem geraden puncto oder reflexions- und Widerhalls-centro zu finden.

Es sey gegeben und bekandt die Zwerch-Stimm-linie A D. hierauß kan man erstlichen erfinden die gerade Stimm-linie C D. Dann wie sich hält die gantze sinu gegen dem Innhalt oder sinu deß Winckels A D B. also verhält sich auch die bekandte Maaß A D. gegen andern Stücken/ und wird sich nach gemachter operation die Linia A B. oder C D. finden zu gesuchet worden/ will man aber die Lineam B D. oder deren grösse wissen/ muß es geschehen/ wie sich der gantze sinus gegen dem sinu deß cathetischen Stimm-Winckels G A I. verhält/ also auch die bekandte Abmessung A D. gegen einem andern Stück/ und wird auß der operation die gesuchte Linea B D. sich finden.

Vierdte Vorgaab. Problema IV.

Auß bekandter gerader Stimm-linie, die schleme oder Zwerch-Stimm-linien, wie auch die distanz deß Stimm-centri von dem Widerhalls-centro durch die anstossende und durchschneidende Linien zu finden.

Es sey bekandt die Stim-Linie A B. und man begehrt darauß zu messen und zu wissen die Zwerch-Stimm-linie A D. muß man also prozedirn; wie sich der gantze sinus A L. verhält gegen den sinum A G. als die durchschneidende Linie deß cathetischen Stim-Winckels von 14. grad/ also verhält sich die bewuste Linea A B. von 25. Schritten/ gegen andern Stücken/ und wird sich die grösse oder länge der Zwerch-Stimm-Linie A D. so gesuchet worden/ finden; Ingleichem die Linie B D. zu finden/ muß man also verfahren; wie sich der gantze sinus oder Innhalt A L verhält gegen dem Innhalt 1 G. als die anstossend- oder berührende Linie deß Winckels von 14. Grad. also verhält sich auch die bekandte Abmessung der 25. Schritte gegen andern Stücken/ und wird sich die gesuchte grösse und länge B D. finden. Wann aber B D. bekandt ist/ so werden auch A B. und A D. folgender Gestalt bekandt werden; Wie sich die berührende Linie G I. gegen dem gantzen sinum hält/ also auch verhält sich die bekandte Abmässung B D. gegen andern Stücken/ und wird sich auch die gerad- und eben-hallende Linie A B. finden. Ingleichem die Zwerch-stimmige Linie A D. zu finden/ muß geschehen; wie die anrührende Linie widerumb die Zwerch-linie A D. zu erforschen/ muß man sagen; wie sich die anrührende Linie deß Winckels G I. von 14. Grad. gegen die durchschneidende A G. hält/ also verhält sich auch die bekandte Linie B D. gegen andern Theilen; und wird sich die gesuchte Linie A D. finden.

Drittens wird man auß/ wann die Zwerch-Stimm-linie bekandt/ die gerade Stimm-linie C D. und B D. auf solche weise erforschen können.

Dann wie sich die durchschneidende Linie A G. verhält gegen A I. also verhält sich auch die bekandte Linie A D. gegen andern Theilen/ und wird sich also entweder C D. oder A B. die

A B. die gesuchte gerade Stimm-Linie finden. Widerum/ wie sich die durchschneidende Linie A G. verhält gegen die andere durchschneidende G I. also verhält sich A D. gegen andern theilen/ und wird sich die gesuchte grösse oder länge B D. finden. Auf solche weise nun können alle zur Stimm oder Thon-Kunst behörige Linien erforschet werden.

Fünffte Vorgaab. Problema V.

Auß zwey bekandten Seiten in einem Stimm-Drey-Angel/ die dritte/ durch die quadrat-Wurtzel zu erkundigen.

Es werde in dem Stim-Drey-Eck A D B. gegeben die gerade Stim-Linie oder Seite A B. von 25. Schritt. und A C. die distanz-Linie deß Stimm-centri voh der aufrechten Stimm-Linie g. Schritt. muß man die dritte Seite also finden ; Man ziehe oder theile die zwey gegeben Seiten in sich selbst/ und auß der zusammen gesetzten Zahl der zween Seiten/ ziehe man herauß die quadrat-Wurtzel/ so wird sich die gesuchte Linie A D. nach dem 4. lib. 1. Elem. Euclid. finden.

Es seyn vors ander bekandt die zwey Seiten B D. und A D. so kan man die dritte A B. also erfinden ; wann man die gevierdte Zahl der Linie D B. abziht von dem quadrat oder gevierdten Zahl der gantzen Linie A D. dann die quadrat- oder gevierte Wurtzel deß überbleibenden wird die gesuchte Lineam A B. geben. Es seyen drittens gegeben die zwo Seiten A B. und A D. so kan man die dritte D B. folgender maßen erkundigen. Man subtrahire die gevierdte Zahl A B. von dem quadrat A D. der überbliben Zahl quadrat-Wurtzel wird die gesuchte Lineam B D. geben.

Zugaabe. Corollarium.

Auß diesem kurtz-besagten erhellet/ wie die Stimm-linien/ in all andern Widerhall-fällen und Abtheilungen pflegen abgemessen zu werden; dann weiln in diser gantzen widerhall materia, allezeit der ein- oder anfallende Winckel/ dem widerhallenden gleich ist; So müssen auch/ wann eine Seite und Winckel in einem Stim-Drey-Angel bekandt/ die übrige gefunden werden/ und zwar eben auf die art und weise/ wie ietzo gewisen worden: es geschehe nun der Widerhall oder reflexion in ordenlich- und regularen Körpern/ oder in irregularen, und die keine gleiche masse haben/ so muß man allezeit einerley Art und Abmessung halten/ welches kürtzlich dieses Orts zu melden gewesen/ damit unserer Stimm brechenden Echo- oder Wider-hallkunst nichts abgehe und ermangle.

* * *

Dritte Abtheilung

Wie die Sprach- und Gehör- Röhre/ Trompeten/ Pasaunen und dergleichen/ zu machen.

Vor-rede.

Gehör-instrumenta seyn/ und werden genennet/ durch deren Behülff und Mittel wie die abgelegene und etwas entfernte Stimmen/ laut oder Thon/ so sonsten nicht können gehöret werden/ in die nach dem Exempel und Muster der Natur verfertigte organa eingeschlossen und eingefangen/gantz künstlich und wunderbahrer weise zu Gehör bringen. Gleich wie man durch Behülff der perspectiv und dergleichen Gesichts-instrumenta/ die entlegene Sachen/ so sonsten von dem Gesichte nicht können erreichet werden/ den Augen gantz nah und gleichsam vor der Hand vorstellen kan (darvon weitläuffig in Arte magna Lucis & umbrz. lib. ult. gehandelt worden) Hieher gehöret nun erstlichen; wie man Vorhöfe/ Vorgemächer/ Zimmer/ Schwibbögen/ Gewölbe und dergleichen/künstlich könne machen und bereiten/ daß ein vornehmer Herr/ alle in solchen Gemächern und deren gewisen Stellen vorgebrachte Reden/ Gespräch und Unterredungen/ wann es auch schön still und gar laut geschihet/ hören und vernehmen könne. Darnach/ wie man gewise Gehör-instrumenta verfertigen solle/ den übel- und schlecht-höhrenden zu hülff und besten/ ingleichem eine verborgene Gehör-Kunst/ wie man durch gewise Thon/ Hall/ und Stimm/ einander seine Gedancken und Meinungen gantz heimlich entdecken könne/ auch andere neue/ verborgen- und geheime Kunst-Erfindungen; Eh wir aber zur Sach selbsten schritten/ haben wir nöthig erachtet/ zuvor die Eigenschafften der Tompeten/ Posaunen/ und dergleichen/ wie auch deßen/ was zur Verfertigung solcher Wercke und Kunst-Stücke erfordert wird/ vorzustellen.

Cap. I.

Von Trompeten/ und Posaunen/ auch deren Eigenschafften.

Daß

Aß die Trompette von den ältesten Instrumenten eines seye/ bezeugen die Göttliche Schrifften an vielen Orten; also lesen wir im 4. Buch Mosis/ daß Er auß Göttlichem Befehl/ zwey Trompeten von Silber gemachet; daß dergleichen auch Josua gebrauchet habe/bezeuget das Buch Josuæ. So lehret auch das 1. Buch Samuelis/daß man vor der Lade deß Bundes habe pflegen die Trompetten zu blasen; worvon aber in neunem Tractat von den Musicalischen Instrumenten der Alten ist gehandelt worden. Es seyn aber heut zu Tage diese Instrumenta mancherley; dann etliche geben die underschiedliche Stimmen tieff/ hoch/ mittelmäsig/ so wohl durch Behülff und Anschlag der Zungen deß blasenden/ als auch nach seinem Ansatz deß Mundes/ starcken oder gelinden Athems und blasens/wie die beystehende Figur weiset/und diese werden eigentlich Trompetten genennet. Andere werden gezogen/ und seyn also gemachet/ daß ein Stück in das ander gestecket/ und in denselbigen mit der Hand unter dem blasen gar gehäb auß und ein gezogen wird/ da dann der Underscheid nicht so wohl mit dem Athem und Zungen/ als mit dem Zug/ zuwegen gebracht wird/ und diese werden in gemein Posaunen genennet ; Wir wollen die Eigenschafften der Trompetten erstlich/ und darnach der anderen/ betrachten.

Es hat aber die Trompette/ neben andern verborgen Eigenschafften/ nach dem Zeugnuß und Erfahrung aller Trompeter auch diese/ daß man mit derselbigen nicht von einem Thon oder Stimm-grad zu dem andern in die Höhe steigen kan/ wie mit andern musicalischen Instrumenten geschihet ; Zum Exempel/ es ist unmöglich/ daß man nach dem ersten oder tieffesten Thon; Ut: gleich RE und ML geben könne/ sondern der ander Thon wird allezeit ohnfehlbar die octav/ oder um 8. Stimm-grad oder Thon höher/ der dritte eine

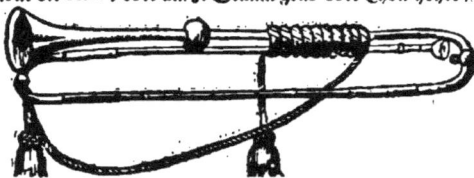

quint oder 5. grad höher/ der vierdt eine quart, oder 4. grad höher/ und also folgends weiter seyn/ und sich befinden/ wie beystehende Tafel weiset und lehret.

Octava. Quinta. Quarta. 3. maj. 3. min. quart.ton. maj. ton. min.ton. maj.ton. min.

Auß vorstehender Tafel ist zu ersehen/daß die Stimm-Zahlen/ ie weiter sie von Eins/ oder der Ersten Zahl/abweichen/ ie ohnvollkommner die consonantien oder zusammen-stimmungen werden/welches auch bey der Trompetten geschihet. Dann zum Trompel/der erste Thon C. sol. fa. ut. gibt einen einfachen Thon; In dem andern Thon aber/ so durch die Zahl 2. benennet ist/wächset nicht nur ein Thon/sondern gibt einen solchen Thon oder consonanz/ welchen zwey Zahlen/ nehmlich 1. gegen 2. in der proportion exprimiret; nehmlich eine octav. Der dritte Thon aber gibt nicht einen solchen zweygedoppelten Thon / sondern eine solche consonanz/ wie die Zahl 3. sich gegen 2. verhält; nehmlich ein quint oder gesünfften Thon; und 3. gegen 1. oder dem ersten Thon/ einen gezwölfften Thon oder duodez. Gleiches falls der vierdte Thon gegen 3. eine quart oder geviderdten Thon/ und gegen dem ersten ein Sechzehenden Thon; also der 5. Thon gegen 4. gibt die grosse terz/ 6. gegen 5. aber / die kleine terz; da dann/ weiln die Zahl 7. außgemustert / als die sich nirgends bey-stimmen läst/ durch ein Sprung gleichsam ein andern Theil suchet; darnach gehet Sie allgemach durch gantze und halbe Thon/ biß zu dem 29. Stim-Grad/ oder gar biß zu einer vierfachen octav/ also/ daß die Trompette fast alle gradus oder Stimmen hat/ so man auf einem in 4. octaven bestehenden clavicymbel oder musicalischen instrument findet. Es ist aber die Stimm- oder Thon-Würckung auf einer Trompetten in disem Exempel so deutlich vor- und außgeleget/ daß fast nichts als nur die Prob selbsten und der unfehlbare Augenschein ermangelt/ was hierbey das schwerste ist/ und bestehet in der Ursach/ solcher Stimmspringe und Thons-mannigfaltigkeit/ selbige deutlich zu beschreiben.

F ij

Folget

Wunderliche Eigenschaffte der Trompetten.

Folget derowegen Erstlichen / nach der Gestalt und Beschaffenheit der Trompetten / daß der Lufft gegen dem andern / oder in dem andern Thon / nohtwendig zweymal geschwinder sich bewege / als in dem ersten Thon / und weiln zwischen 1. und 2. kein andere Zahl sich findet / so muß nohtwendig diß instrument / nach dem ihme von Natur eingegebenen und beywohnenden Verlangen / den Zweck und End zu erreichen / die octav oder achten Thon resoniren; auf den dritten Thon aber folget die quinte / weiln zwischen 2. und 3. kein andere harmonische Zahl kan eingeführet werden / und deßwegen die Lufft-Bewegung sich zu dem dritten Thon also wird verhalten / zu der Lufft-Bewegung bey dem andern Thon / wie sich zwey und drey gegeneinander hält / das ist fast wie eine quint oder gefünffter Thon.

Fast auf gleiche Weise / wird die durch das blasen bewegte Lufft / zu dem vierdten Thon die quart geben / dieweiln durch eine natürliche Folge die in beeden Thonen bewegte Lufft sich verhält wie 3. gegen 4. welche proportion oder Vergleichung die quart machet; und sihet man also / wie die Natur die dissonanzien fliehe / und gleichsam einen Abscheuen vor dergleichen übel- und wider-lautenden Thon habe / daß eh die Trompette in Stücken zerspringe / eh sie sich zu dergleichen zwingen und bringen liesse.

Daher weil sie die 7. Zahl / als dem zusammen- und miteinander übereinstimmenden wohllautenden Thon zu widerlauffend / fliehet / so thut sie einen Sprung biß zu der beliebten octav. Man sihet ferner hierauß / daß je höher die Trompette steiget / daß sie immer weiter von den vollkommen und besten consonanzien und Ubereinstimmungen abweiche / und den Unvollkommenen näher werde / biß sie endlichen auf lauter einfach- gantz- und halbe Thon kommet / daß also die Trompette durchgehends der Ordnung der Natur in Thon und Zahlen folget / dessen dann kein andere Ursach / als wie bereits gesaget worden / das underschiedliche blasen deß Trompeters / als auch die nach den Zahlen proportionirte Lufft-Bewegung / wie sie auf einander folget / und sich gegeneinander verhält.

Worauß auch erhellet / daß in bemeldten 6. Zahlen die gantze Sach der harmonie oder Zusammen-stimmung bestehe / wie zu seiner Zeit weitläuffiger soll dargethan werden. Daß aber die Trompette in dem höchsten Thon / von einem Stimm-grad oder Thon zu dem andern steiget und fällt / geschiehet darum / weiln der starck- scharff- und hochgeführte Lufft oder Athem / nicht anderst / als nur durch kleine und geringe Veränderung oder intervalla / kan gemehret oder vermindert werden.

Dann wann solche intervalla und Veränderung einer durch octaven, quinten, und quarten, das ist über 8. 5. oder 4ten Thon geschehe / so würde die Trompette die natürliche Stimm und Thon-Zahl nohtwendig überschreiten / welches / weiln es nicht seyn kan / und der Natur zuwider läufft / so steiget die Trompette allgemach von den grössest- und weitesten intervallis oder Abständen zu den kleinern mit ihrem Laut und Thon; biß sie endlichen in dem Zahl / so ihr Natur gesetzt / verbleiben muß / welches ist der 29igste Stimm-grad / oder wie andere wollen der 32igste. Worvon aber der weitläuffig-handlende Mersennus in seinem Buch de harmonia universali kan gelesen werden.

Schluß-Folge.   Consectarium.

Annenher ist zu schliessen / und folget / daß die Trompette in Würckung deß Halls und Thons / auch desselben Vermehrung / eben also procedire und handle / wie die musicalische Seiten in ihrer Abtheilung; dann gleichwie eine Seite / wann sie in der Mitte getheilet oder gestimmet wird / so wird der halbe Theil gegen der gantzen zurechnen / in dem Thon eine octav geben / oder über 8. Stimm-grad steigen; also / wann die Trompette nach dem ersten Thon den andern gibet / da die Lufft noch so geschwind und starck beweget wird / so folget auch die octava; widerum weiln durch die abermahlige Halbierung deß halben Theils der Seiten die quint folget / also auch in der Trompette in dem dritten Ansatz oder vermehrten blasen folget die octav mit der quint / oder gleichfalls die quint. Und also muß man auch in dem übrigen urtheilen und sich darnach richten; welches alles kürtzlichen anzuführen und vorzubringen gewesen / die zusammen-treffende Ubereinstimmung und harmonie allerdinge klärlich vorzustellen. Die Posaunen kommen mit den Trompetten fast gäntzlich überein / außgenommen / daß durch das auß- und einziehen deß Posaunen Zugs / alle Thon in der Ordnung nacheinander von einem Stimm-grad zu dem andern können zuwegen gebracht werden / welches mit der Trompette / wie gesaget worden / nicht geschehen kan; und thut der Posaunen-Zug mit dem auß- und einschieben / eben das / was bey den Pfeiffen die Schließ- oder Eröffnung deß Mundlochs verrichtet. Welches / weiln es alles an sich selbsten klar und bekandt / weiteres außführens nicht von nöthen hat.

Cap. II.
Gehör-Proben und Exempel.

Erste Prob. Experimentum I.

Die Röhren / Canäle, Wasser-Teichen / und dergleichen / befördern wundersam den Thon und Hall.

Gleich

Gleichwie das Licht und Schein/ wann es in poliert-und glatte Instrumenta einge-
fangen wird/ sehr vermehrt und gestärcket wird/ also auch der Thon/ so durch
ein Rohr oder Canal geführet wird; Und halt ich gäntzlich darfür/ wann die gantze
Stimm-runde/ in einem cylinder oder hohles Rohr/ das so groß und fäßig wär/ als eine
Meile außträgt/ daß der Thon oder Stimm/ so in der freyen Lufft in der Würck- und
Krafft-linie nicht über 24. Schritt sich erstrecket/ in einem solchen cylindrischen Rohr oder
Höhle/ ihre Würckung über 1000. Schritt weit erstrecken würde. Meine Meinung bekräfftiget auch die Erfahrung selbsten/ dann es bezeugen die/ so die Römische Wasser-lei- **Die Römi-**
tungen in Verwaltung und inspection haben/ daß man die Stimm in solch lang- und **sche Wasser-**
weiten Röhren und Canälen gar weit/ und in einer grossen distantz, auch biß auf 500. **leitungen**
Schuh/ sonderlich wann die Rohr fein glatt und poliret/ als allernächst hören und ver- **führen die**
nehmen könne; so bezeuget auch die Erfahrung/ daß ein solch Rohr oder Canal von 200. **Stimm und**
Schuhen/ auch eine still-und subtile Stimm von einem End biß zu dem andern gar deut- **Hall sehr**
lich zu vernehmen gebe/ worüber sich auch Niemand zu sehr zu verwundern; in deme die **weit.**
in solchem Canal-Teichel oder Rohr eingefangene Stimm/ weil sie sich nicht außbreiten
kan/ in der fortsetzenden Länge hereinzubringen suchet/ was ihr in der freyen und ohngehinderten Lufft durch ihre Außbreitung und dissipation verlohren oder sonsten abgehet;
dann in solcher Enge bekommet die Stimm oder Thon durch vielfältige Anschlagung und
reflexion nicht allein grosse Stärcke und Krafft/ sondern erlanget auch ihrer Fortsetzung
weit und langes Zihl. Ich will aber hier nicht vorbey gehen eine vornehme/ und so viel
mir bewußt/ bißher von Niemand abgehandelte oder entschiedene Frage/ welche ist wie
folget.

Cap. III.

Scharff-sinnige und kunst-subtile Frage.

Ob eine/ in ein Rohr oder Canal wohleingefangene und verschlos-
ne Stimm oder Thon/ eine Zeitlang darinn auf-
behalten werden könne/ und verbleibe?

Es haben sich etliche gefunden/ under welchen auch Joh. Baptista Porta, und Corne- **Falsche Ibei-**
lius Agrippa, welche dieses nicht allein geglaubet/ sondern habens auch andern/ **-rekung Porta**
als ein ohnfehlbare Warheit beybringen und einschwätzen wollen; daß wann eine **und Cornel**
Stimm oder Thon in einen glatt-und polierten Canal gerussen oder geredet **Agrippa.**
werde/ eh auch die Wort oder Stimm wieder außgehe/ zuvor das End wohl verschliessen
und gehäb vermacht werde/ so bleibe die Stimm oder Wort/ in dem wohl verschlossenen
Canal oder Rohr also; daß wann nach etlichen Tagen ein End oder Seiten desselben geöff-
net werde/ und man das Ohr dahin halte/ so lauffe die Stimm oder Wort/ gleichsam als
auß einem Gesängnuß ins Gehör; Und ist dieses Vorgeben so angenehm gewesen/ daß
sich nicht allein viel Patronen dessen gefunden/ sondern die es auch auffs äusserste haben behaupten und bestreiten wollen. Wecherus, Alexius, und andere/ habens nicht allein als
eine gewiß-ohnfehlbar-und unstrittige Sach/ sondern auch als ein gar hertzlich-und in viel
weg nutzlich experiment und Erfindung mit aller Macht zu behaupten sich understanden.
So gehts/ wann man die Erfahrung/ als die aller-best-und sicherste Lehrmeisterin/ auf eine
Seiten setzt/ und im Gegentheil einem ieden Schwindel-Hirn in seinen Einfällen und Gril-
len glaubet/ und mit seiner ohnbedächtsamen Beystimmung übereilet/ auf dise Weise werden allerhand grobe und unleidenliche Irrthum manchesmahl in den Schuhlen auf die
Bahn gebracht und angenommen/ hätten dise Leuthe sein die Sach zuvor probiret/
oder die Eingenschafft deß Thons und Stimm besser undersuchet/ wären sie so grob nie-
mahln angeloffen/ und in solchen schandtlichen Irrthum gerathen. Ich meins theils sage/
daß man ehender mit einem großlöcherten Sib Wasser schöpffen/ als eine Stimm oder
Thon in einem Rohr oder canal eingeschlossen/ aufbehalten könne; die Unmöglichkeit diser
Sach beweiß ich mit disem Schluß.

Entweder lauffet der Thon oder Stimm durch das Rohr oder canal als ein würckliches körperliches Dinge/ oder als ein Intentionales, und von den gedancken auf gewisse
Zweck gerichtete Sachen? keines aber kan man mit Wahrheit sagen. Das erste nicht/
dann die würckliche species deß Thons seyn nichts anders/ als eine beständige und auseinander solgende Bewegung und Trib/ deß Stimm oder Thon-führenden Lufts/ welche/ weil
sie an beeden enden/welche zugemacht und verschlossen/keinen außgang findet/ auch wegen
deß hinder sich gebliebnen Lufts nicht zurück fallen und lauffen kan/so muß nohtwendig augenblicklich die Lufft-Bewegung aufhören/ höret nun die Bewegung auf/ so muß nohtwendig
auch die Stimm oder Thon sich enden und aufhören. Wäre also/wie vorgesaget worden/
eben so viel/ wann einer einen Thon oder Stimm einschliessen und aufbehalten wolte/ als
wann Er Wasser mit einem Sib zu schöffen sich understunde.

Noch besser die Sach zu erklären; Es sey ein canal oder Rohr-Höhle 400. Schuh
lang A B. nehmlich von einer solchen länge/ so zu einem dreysolbigen Echo genug ist; Und
russe oder spreche einer mit genauer Mund-Anhaltung von der Stelle A. zum Exempel

das

Das Wort **Lobsinger/** ein anderer/ der bey der Stelle B. sich findet / so bald Ihme das Zeichen der eingeruffenen Stimm gegeben wird/ mache so balden das End und Loch B. vest

Erklährung dises falschen vorgebens.

zu/ (dann es muß die Verschliessung ihrem vorgeben nach geschehen/ wann die Wort oder Stimm sich noch in dem canal oder Rohr befindet / darum erfordern sie auch eine solche länge) so sagen sie / könne die Stimme oder Wort lange Zeit also eingeschlossen aufbehalten werden / und wann endlichen der canal oder Rohr eröffnet werde / so lauffe die bißher eingeschlossene Stimm oder Wort / als auß einem Gefängnuß / ins Gehör / nicht anders/ als wie in der freyen Lufft die Stimme für sich gehet/ und zurück hallet / ohne daß sie

Widerlegung.

ferner von dem/der sie vorgebracht oder geruffen/dependire oder gebunden seye. Aber O! thöricht- und einfältiges beginnen und vorgeben / indem dise Betrieger die offenbahre und handgreiffliche Widersinnligkeit und contradiction ihrer Meinung nicht sehen/ dann auf solche weise müste folgen : daß die Stimm zugleich/ und zu einer Zeit währe und nicht währe/welches ohngereimt. Dann die Stimm ist und bleibet/ so lang die Lufft/ so die Stimme führet/bewegt wird/ so bald dise Bewegung aufhöret/ hat auch die Stimm ein Ende ; Dann alle Stimm und Thon / wie lib. 1. Musurgiæ gewiesen worden/ dependiret eigentlich und kommet her von der Lufft-Bewegung/ und wird wesentlich als gleichsam auf einem Wagen von selbiger geführet ; derowegen wann beede Ende und Löcher deß canals oder Rohrs vest zugemachet/ als A. und B. so wird die Stimm-führende Lufft entweder noch ferner beweget/oder ist still und ruhet ; daß aber die Stim-führende Lufft nicht könne beweget werden/ beweise ich folgender Gestalt : Es sey die fortlauffende Stim-Lufft in C D. wann bereits beede End oder Löcher zugemacht und verschlossen ; so sag ich/ daß alsdann alle Bewegung aufhöre/in dem weder der vordere Lufft A C. noch der hindere D B. auf einige weise einander außweichen können/ so kan auch keine reflexion auf einige weise geschehen / weiln

A.　　　　　　C.　　　　　　D.　　　　　　B.

Lobsinger.

bey aller reflexion oder Echo die Stimmführende Lufft/so zu erst beweget worden/ in der reflexion zurück getriben wird/ alhier aber kan die Lufft D. B. nicht zurück getriben werden/ wegen der Verstopffung deß vordern Luffts A C. so nirgend außweichen kan. Derowegen in dem Augenblick/ so bald beede Löcher oder End zugemacht und geheb verschlossen/ so ruhet die gesamte eingeschlossene Lufft/ und zugleich auch die mitgeführte Stimme. Sie möchten aber sagen: es bleiben auch die Wörter und stimmende species: Aber gesetzt/ und nicht zugegeben/ daß die Wort und Stimm-species verbleiben/ so sag ich doch/ daß wann das Loch oder End B. aufgemacht wird/daß die ruhende und stille Stimm-species Sylben oder Wörter nicht außlauffen können/ weiln nichts dahinden ist/darvon sie getriben worden/indem/wie gesaget/ der Thon oder Hall wesentlich von der Bewegung dependiret, und wann dise aufhöret/ hat auch der Thon sein Ende: Und was gibt da die Ursach und Vergleich nicht / daß in der freyen Lufft die Stimm und Thon verbleibe ohne dependenz dessen von dem sie kommet / dann in solcher Freyheit und Mittel ruhet die Lufft nicht/ sondern bleibt in ihrer Bewegung/ wie die Natur und Eigenschafft des Widerhalls klar genug außweiset. Können also ohnmöglich die würckliche Stimm-species/ Thon oder Wort in ein Rohr oder canal eingeschlossen/ und darinnen aufbehalten werden / welches zu erweisen

Die Menschliche Gedancken und Absichen / lassen sich nirgends einschliessen.

gewesen. So können also die auch von den Gedancken entsprungene Absehen und intentiones nicht eingeschlossen/ oder aufbehalten werden/ dann weiln ihr Wesen und Art mehr Geistlich als Körperlich ist / auch keine hindernussen deßwegen so starck seyn / daß sie dieselbige aufhalten könten / wie dann auch die Erfahrung bezeuget/ daß der Thon auch die Dickeste Mauren durchdringe ; als ist es gantz Lächerlich/ will nicht sagen Närrisch und Einfältig/ daß man die Stimm oder Thon einschliessen und versperren will/ da dann die Stimm oder Thon / so in ein solchen canal oder Rohr eingeschlossen wird/ eben so leicht hierdurch/ als durch ein Fenster/ Wand/ oder Maur durchdringet.

Es erhellet also auß disem discurs/ wie ohngereimt / und wider alle Vernunfft solch Vorgeben und Meinung lauffe. Weg derohalben mit solchen Fabeln und Gedichten/ daß man die Stimm oder Thon einsperren und aufbehalten könnte/ wormit bißhero so viel sind betrogen und angeführet worden. Wer aber die Wahrheit auß dem Grund erforschen will/ glaubt nicht so leicht alles was er höret / sondern läst sich vielmehr die gesunde Vernunfft und Erfahrung führen und leyten ; nunmehr aber dises gnugsam vorgestellet / als kehren wir jetzo wider zu unserm Vorhaben.

Andere Prob. Experimentum II.

Es ist auch dieses ein sehr wunderlich/ wiewohl gemein= und bekandtes experiment und Stimm=Prob/ den Thon oder Stimm/ vermittelst eines langen Balckens fortzuführen und zu vermehren/ geschiehet folgender massen; Es sey der Balck A B. 200. Schuh/ so sag ich/ daß in dem einen oder andern Ende A. oder B. kein Gereusch/ Gethöß oder Thon und Laut so still könne gemachet werden/ daß mans nicht an dem andern End gar deutlich und wohl solte verneh= men können. Fragt sichs nun; was hier die Ursach sey; dann daß die Stimm oder Thon innerhalb der 200. Schuh/ so lang der Balck ist/ soll unvernemlich und nicht zu hören seyn/ underst zu End deß Balcken solle vernommen und ge= höret werden/ komt vielen gantz unglaublich und unmöglich vor; Allein/ wer das/was in dem ersten Buch meiner Musurgiæ, von der Natur und Eigenschafft deß Thons/ gemeldet worden/ recht und wohl verstehet/ der wird auch in diesem Stuck keine sonderbahre Schwerigkeit finden. Jedennoch die Würckung dieses experiments und Stimm=Prob deutlicher vorzustellen/ muß man zweyer= ley wohl mercken; Erstlich die eigentliche würckende Ursach deß Thons/ welcher wie gesagt/ nichts anders ist/ als ein zittern und beben der zusammen=schlagen= den Körper; darnach das jenige materialische Mittel/ worinn der Thon geschie= het/ das ist die Lufft. Dieweiln nun der höltzerne Balcken sehr poros und lufft= saffend/ als ist er auch sehr tauglich und geschickt/ den Thon fortzuführen/ und solches Beben oder Gezitter einzunehmen/ daher auch das Gethöß oder Knat= ren/ auch nur eines kratzenden Fingers/ so an dem einen Ort/ als B. geschiehet/ an dem andern/ als A. gar vernehmlich wird ins Gehör fallen/ in dem der Balck durch Bewegung auch eines einigen Stimm=Körpers gantz als zitterend oder bebend zu halten/ und daher die gefaßte Stimm/ Thon oder Gethöß/ theils dem innerlichen/ theils dem äussern Balcken=umgebenden Lufft/ mitthei= let/ so muß diesen fortfahrenden Thon oder Lufft=beben/ und Zittern/ als gleich= sam den Stimm= oder Thon=Wagen das Ohr bey dem andern End A. noth= wendig hören; Die Wahrheit dieses Vorgebens bezeüget das experiment, Prob und Erfahrung selbst/ dann wann man sobalden den Balcken an einem Ort theilet/ mit einer Binden oder dergleichen um=bindet/ und verknüpffet/ oder ein Brett und Tafel auf dem einen End vest machet/ so kan man alsdann nichts im geringsten vernehmen/ indem das lautende oder stimm= und klin= gende Beben oder Zittern/ so underbrochen oder aufgehalten wird/ wei= ter fort zu der Lufft nicht kommen kan/ eben wie auch eine/ mit einem Strick oder Seyl umwundene Glock/ wegen deß aufhörenden Bebens oder Zittern/ den gewohnten Thon und Klang nicht geben kan.

Was die ei= gentliche Ur= sach sey/ daß das Gethöß/ so in dem ei= nen End ei= nes langen Balcken ge= machet wird/ an dem an= dern Ende so deütlich ge= höret werdet

Zugaabe. Coröllarium.

Auß besagtem erhellet auch/ warum diese Prob und experiment nicht so wohl an= gehe/ wann der Balcken auf der Erden gantz aufliget/ oder in einer Maur ein= geschlossen; dann von solcher zum Theil umgebender Erden/ Boden oder Maur/ wird solches Beben und Zittern aufgehalten/ hergegen geht die Sach besser an/ wann der Balcken auf zweyen Stützen/ Zwerchhöltzer/ oder dergleichen nicht allzusehr aufliget; am allerbesten aber würde es geschehen/ wann der Balcken in der Lufft frey hienge. Ob aber eben dergleichen auch in eysern oder metallenen Balcken oder Langenstücken sich practiciren lasse/ ist der Zeit noch nicht bekandt; Ich zweiffle nicht/ daß bey einem jeden klingenden Körper/ und also auch bey dem Glas/ dergleichen angehe/ dahin je mehr sie beben und zittern/ je glatter/ je polierter/ ebener und lufft=fäßiger sie seyn/ je besser wird die Sach von stätten gehen; weiln die gantze Ursach dieses experiments und Prob/ wie gesagt/ an dem zittern und beben deß langen Körpers hanget/ dann daß der Thon besser nach der Länge/ als nach der Fort=lauffe/ bezeügen die mu= sicalische Saiten/ dannenhero die dicke Mauren/ weiln sie zu solchem Beben und Zit= tern nicht tauglich/ dergleichen Würckung nicht haben.

Dritte Stimm=Prob. Experiment. III.

Die Stimm und Thon wird durch zirckul=runde Röhren/ Pfeiffen oder Horn besser und schärffer/ auch stärcker fortgeführet/ als durch herab/ und ebene/

SO lehret auch die tägliche Erfahrung / daß der Thon viel stärcker in einem runden oder gebogenen / als eben- und geraden Rohr lauffe / das bezeugen die Trompetten / es beglaubets das weyland gebrauchte Horn Alexandri Magni, so eingebogen war / wormit er sein gantzes Kriegs-Heer zusammen zuruffen pflegte / wie in der historia sonorum prodigiosorum gesaget worden. Ist nun die Frag / was da die Ursach seye? Da nun wohl zu mercken / daß gleich wie die Vermehrung deß Lichts und Wärme geschiehet durch die vielfältige reflexion und gebrochene Strahlen / in Arte magna Lucis & Umbræ gelehret worden / also auch die stärcke und schärffe deß Thons / geschieht in dem krumen oder gebogenen Rohr / durch die vielfältige reflexion, Brech- und Anschlagung; dann in einem ebenen und geraden Rohr geschiehet allein die Fort-führung eines zusammen gezwungenen und zusammen-gesammelten Thons; in einem krummen und gebogenen aber / wird die Stimm und Thon nicht allein zusammen gesammelt / sondern auch wegen der fast unendlich vielen reflexionen und Anschlagungen der Stimm-linien viel schärffer / stärcker und kräfftiger.

Es sey das Rohr A V. so in einen Bogen gekrümmt / so sag ich / daß der in demselbigen viel stärcker sey / als in einem gerad- und ebenen; dann weiln neben der Zusammen-fassung deß Thons oder Stimm / eine vielfältige reflexion und Anschlagung geschiehet / so muß der Thon oder Stimm hierdurch sehr vermehret und gestärcket werden; also sihet man wie die Stim-linie oder Strich auß A. in B. auß B. in C. von dannen in D. auß D. in E. und so fort in andern puncten anschlage / und also immer mehr und mehr gestärcket werde; also der gegenstehende Stimm-Strich oder Linie von X. in Y. von dannen in Z. von Z. in α. von dar auß in ß. zuruck hallend eine andere Ordnung und Gang seiner reflexion habe; weiln nun

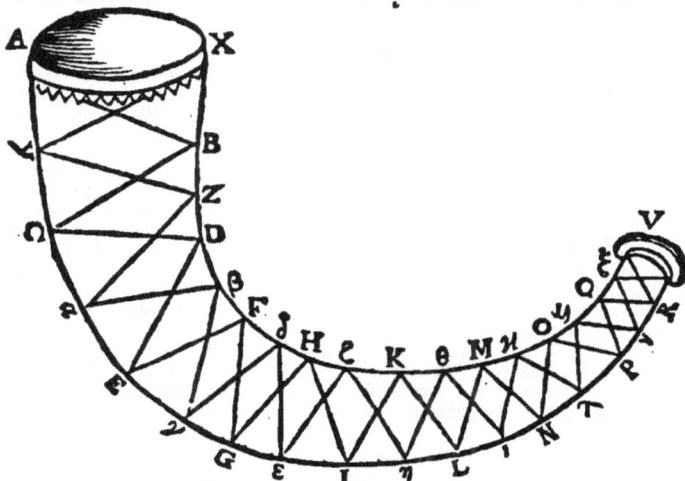

unendlich viel solche Stim-linien in das grosse Mundloch deß Rohrs A X. einfallen / so hält jegliche in der reflexion ihre gewisse Ordnung und Weise / weiln nun ein solche unendliche Mänge der Stimm-linien sich zusammen sammelt / so muß nothwendig auß deren reflexion ein vielvermehrter und vielfacher Thon oder Stimm erwachsen / auch desto schärffer und stärcker / je mehr der Thon gegen V. zusammen getrungen und enger eingehalten wird; und im Gegentheil wird der / so in das Rohr oder Horn A X V. bey dem Mundloch V. blaset / desto weiter gehöret werden / je stärcker der Thon auß der vielfältigen reflexion zunimmet. Welches in einem gerad- und ebenen Rohr nicht geschiehet / dann in demselbigen seyn / wie gesaget / die Thon und Stimme nur zusammen gesammlet und eingezwungen / und gehen ohne solche reflexion oder Anschlagen fort.

Zugaabe. Corollarium.

HIerauß erhellet auch / daß ein zugespitztes oder keglichtes Rohr / die Stimme und Hall vielmehr schärffe und stärcke / als ein gleich-rundes oder cylindrisches / dann jenes ist zu der reflexion viel tauglicher; daher wann man beede / ein zuspitzend- und gleich-rundes Rohr in einen Bogen krümmet / so hat das zuspitzende Rohr vielmehr Krafft und Nachtruck / als das gleich-runde; dann weiln das zuspitzend-gekrümmte Rohr von der Weite zu der Enge gehet / als werden die Stimm- und Thon-linien sehr zusammen gezwungen und eng beysammen gehalten / und dannenher auch sehr geschärffet und gestärcket / gleichwie auch der Wind / wo er eingezwungen ist / viel schärffer und stärcker durchdrin-

get /

get und schneidet.   In einem gleich-weit gebogenen oder cylindrischen Rohr aber ist die Thon-oder Stimzwang und zusamen haltung allenthalben gleich und einerley.   Und ist daher zu schliessen / daß diß Horn *Alexandri magni* also formirt gewesen / daß es vorn eng/ und nachgehends immer weiter und fässiger sich in der runde außgebreitet.   Worvon aber in folgendem Bericht gethan wird.

Vierdte Stim-und Thon-Prob.   *Experiment. IV.*

Der Thon so auff Zirckul-runde Flächen fället / wird gar starck / und vermehrt sich sehr.

Ch hab auß vieler Erfahrung / auch underschiedlichen Kunst-Wercken gelehrnet/ daß wann der Thon oder Stim auf Zirckul-runde Flächen fället/ derselbige sich sehr vermehre und stärcke.   Zu Heydelberg ist ein grosser runder Thurn / also künstlich zugerichtet / daß zwey Personen so *diameraliter* oder gerad in dem halben durchschnitt gegeneinander überstehen / auch mit gar leiser und stiller Stime miteinander reden / gar wohl einander verstehen können ;   Ich höre auch das ein solcher Hof bey dem Hertzog von *Mantua* in seinem Pallast zu finden.   Dergleichen auch in verschidener grosse Brücken-Schwib-bögen befunden ; So hab ich auch dergleichen in der *cupel* oder Kappen der S. Peters Kirchen zu Rom/ mit sehr gutem/ *success* probiret ; Es ist in der innern *cupel* ein rund / oder höhlgemach so weit daß auch ein Karren darinn wohl umbkehrn oder wen-den könte.   Wann in diesem innern Ring zwey Personen gegeneinander *diametraliter* u-ber stehen / so fast eine weite von 100. Schuhen in sich hat / so können sie auch mit still-und leiser Stimme miteinander reden / und einander vernehmen / und werden von dem Ge-räusch/oder auch *music* anderer anwesenden Personen nicht gehindert.   Indessen aber kan mann an anderen Ort-und *puncten* dieser runden Wand nichts darvon hören oder ver-nehmen.   Daß dergleichen in allen solchen runden Werck-und Gebauen geschehe / ist kein Zweifel ;   diese Sach aber zuerweisen und klar zu machen / so müssen wir wissen / daß der Thon oder Stim / gantz anderst als diß licht / diese sonderbahre Eigenschafft an sich habe/ daß sie durch die Lufft-bewegung vermehrt und fortgeführet werden / derowegen wann die Lufft gerad und eben beweget wirdt / so gehet auch der Thon eben / beweget sich die Lufft in die runde / so wird auch der Thon auf solche weise fort-geführet / und also muß mann von allen und allerhand Flächen urtheilen.   Uber daß/weilen in der Zirckul-runden Flächen der Thon oder Stim so sich in der rundung außbreitet/auß zubrechen und zu fliehen suchet/ aber wegen der hindernuß der Mauren keine Außflucht findet / sondern in der Zirckul-runden Fläche also eingefangen gehalten wird / so begegnet sie endlich in der *diameralischen appofuion* der Stim-führenden Lufft / so eben in diesem *moments* auf der ge-genstehenden Maur-Seiten anschläget / und wird sehr geschärffet und gestärcket ; welche stärcke und Vermehrung eben auß solcher *conjunction* und zusamen fliessung der Stim-uñ Thon-linien geschihet/und eben daher kombt es auch / daß allein in diesen gegeneinander u-berstehenden *puncten*, und sonsten nirgends diese stimung geschihet und vernommen wird.   Wir haben aber diese Sach weitläuffig-und deutlicher vor zu stellen vorgenommen.

Es sey der innere runde *Chor* oder *Cupel*-Krantz *AB*, die gegeneinander überstehend stel-len *A C*, So sag ich daß die Person so in *A*, stehet / wann sie auch gantz still und leiß redet/

keinem anderen Ort/gar Verständlich könne vernommen werden. Sintemahln weilen die Stimm oder Thon in der Rundung geführet wird / in solcher Außbreitung aber in die / dem A. gegenüberstehende Theile mit gleicher B:wegung fället / so muß sie auch nothwendig zu gleicher Zeit die beede halb-Zirckul A B C. und C D A. machen/uñ schliessen ; weilen auch die Stimungen oder Stimm-linien daselbst vereiniget werden und zu samen fallen / so muß nothwendig die Stimm / die ohne dem oder vor her/ unvernehmlich war / sehr gestärcket / und in besagten puncten dem Gehör wohl vernehmlich werden. Daß aber die Stimm oder Thon in keinem andern puncten deß Umkreyses als in dem angezeichten A.C. gehört werden könne/beweise ich also. Daß

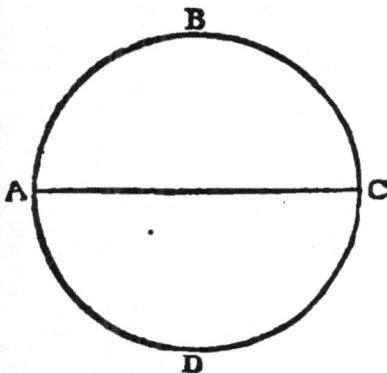

Gehör werde gestellet in B. und der in A. stehende murmle oder spreche leiß die Wort oder Stimm/so sag ich daß in B. nichts werde gehört werden.

Dann weilen der Umkreyß AB. dem Theil A D B C. Ungleich ist/und jehns zu kurtz/deß aber zu lang / so wird geschehen das die Stimm so auß A. in B. fähret / gar zu geschwind weg eilet/die Stimm aber auß A. durch D. und C. in B. gar zu langsam fället; so geschihet es daß die Stimm-und Thon-Vereinigung daselbst nicht geschehen kan/und folgends daselbst nichts zuhören und zu vernehmen ; dieweilen nun alle auf solche Weiß genommene bögen/ ungleich seyn/ auch zu ungleicher Zeit fort-fahren / daß auch die vermehrt und gestärckte Stimm nirgends geschehen kan/ also in dem gegeneinander stehenden puncten A. C. oder D B. da die gleichheit der Stimm-linien und gleiche Bewegungs-Zeit genaw miteinander überein treffen wird.

Erste Zugaabe. Corollar: I.

Auß besagtem erhellet erstlich / daß ein rundes Gewölb / gleich wie der oberschluß oder rundung eines Chors/oder Welschen Kappen ist/hier zu am aller tauglisten. Es sey der halbe Theil einer solchen Rundung oder Gewölbs A B C D. die gegeneinander stehende Theile A B. so sag ich daß die Wort so in A. auch gar zu still vorgebracht worden / in B. gar wohl zuverstehen; dann weilen alle Stimm-linien auß A. in B. halb Zirckul seyn/ und also die Stimme nach vorbesagtem durch ohn zahlbare halb-Zirckul gehet / so müssen die selbige nothwendig in B. da alle halb Zirckul als in einem polo zusamen kommen / gewaltig gestärket und vermehret werden.

Andere Zugaabe. Corollarium II.

Dahero folget vors ander / daß die vermehrte Stimmung in den gegen stehenden Seiten oder Stellen eines/ den halben Himmel praesentirenden Gewölbs oder Gemachs / sonderlich wann es gantz glatt und poliert ist/noch so starck zunehmen werde / weil alle Stimm-linien in dem gantzen Gewölb zu gleicher Zeit in C. zu samen fallen.

Dritte Zugaabe. Corollarium III.

Und bann Drittens erhellet / daß in einem halb-Kugel-Gewölb / dessen diameter oder halber durchschnitt von 90. Schuhen wäre/in solchen gegen einander über stehenden puncten oder Stellen / diese Stimm-und Thon-vermehrung gantz wundersam und unerhört sich finden würde/weiln alle halbrunde Stimm-linien der gantzen runden Fläche / zu gleicher und einer Zeit in dem gegenstehenden polo oder puncto zusamen lauffen.

Fünffte Stim Prob. Experiment. V.

Die Stim oder Thon/so in Schnecken / oder einem Reglichtschnecken-weiß eingebogenen Rohr ist/ als in einem hierzu tauglichsten Cörper / vermehret und stärcket sich am allermesten.

Es ist auch dieses experiment nachdenckens würdig; nehmlich daß die Stim oder Thon in seine Reglichten/uñ Schneckenweiß zusamen gebogen Rohr/vor allen andern bisher erklärten Körpern

Körpern über alle maſſen ſich vermehre ; und hätt ich ſolches nimmermehr geglaubet / wann ichs nicht zum öfftern auß der Erfahrung ſelbſten erlehrnet hätte; Ich hab auch in dergleichen Sach/nichts verwunderlichers geſehen und angetroffen/als die Wunder-höhle deß Königs *Dionyſij*, ſo nach der innern Geſtalt eines Ohrs gemachet / und noch heüt zu Tag / zu *Syracuſa* in *Sicilien* zu ſehen iſt / deren weiter Beſchreibung in *Hiſtoria prodigioſorum ſonorum* zu finden ; Daß auch der Allweiſe Schöpfer bey formirung deß Ohrs / vor allen andern Formen und Geſtalten ſolch Schnecken-Rohr erwöhlet / haben wir in dem 1. Buch *Muſurgic cap. de Anatomia aurium omnis genris animalium*, erklähret/dannenher auch ja beſſer und ſchärpffers Gehör ein Thier hat/je Vollkommner / Weitern/und mehr aufgethanen Schnecken hat Ihm auch die Natur zu den Ohren gegeben/wie an den Schweins-Haſen-Mauß-Hund-und Eſels-Ohren vornehmlich abzunehmen ; In welcher Ohrenformirung die Natur gantz Eigentlich ſolch Schnecken-weiß gebogenes Rohr bereitet. Auß was Urſach aber/oder zu was End und Abſehen dieſes geſchehen / haben wir zu erklären vor nohtwendig erachtet. Daß nun daß Schnecken-Rohr/vor allen andern die Stimm-und Thon ſchärpffet und ſtärcket/halt ich diß vor die Urſach/weilen alles was von den zuſpitzenden/keglichten/auch cylindriſchen oder gleich-runde-Rohr/ ſie ſeyen ietzo gerad und Eben oder Krumm und Gebogen / geſaget werden / bey ſolchem Schnecken-Kegel-Rohr ſich gar Eigentlich und in gröſter Vollkommenheit befindet.   Dann dieſe Geſtalt ſammlet nicht allein gantz Vollkommen alle Stimm-und Thon-*Species*, gibt und wirfft ſie auch Vielfaltig zuruck/ ſondern auch auf alle Seitten / mieſtentheils mit einer recht-liniſchen *reflexion*, und weiln dieſer krum-und eingebogene Schnecken gantz allein durch eine ſubtile Zwiſchen-wand gleichſam / underſchiden wird / und deßwegen an die Seite n anſchläget / ſo vermehret ſich nicht allein der Thon ſehr in der *reflexion*, ſondern in dem er weiter fortgehet und immer anſchlägt nimt die Stimm nur je länger je mehr zu / dieſes aber beſſer zu verſtehen zu geben.

So werde gegeben ein Keglicht oder Zuſpitzend/und auf Schnecken-Art eingebogenes Rohr *A M Q C.* So ſag ich daß die Stimm oder Thon in dem ſelbigen/ vor allen andern Hohl-Körpern oder Röhren/was Geſtalt ſie auch ſeyn mögen / am allermeſten geſchärffet und vermehret werde ; Die ruffende Stimm oder Thon ſeye in *A.* von wo auß die Stimm oder Thon Weiter und Tieffer fort in die Höhle gehe und eingeführet werde/ und weiln durch eine *irregulare* und ungleiche Krumme der Gang ſolchen Schnecken-Rohrs ſich fortſetzet / ſo geſchihet es daß immer fort / eine ſo genandte Stern geſpitzte *reflexion* und Anſchlagung ſich ereignet/welche je Weiter und Tieffer ſie hinein kommet/je ſchärffer und ſchärffer wird ſie *reflectiren*, biß ſie Endtlichen in ſich ſelbſt und in gantz ebener *Linie* mit groſſem und ſehr vermehrten Thon zu ruck fallen und kommen wird ;   Alſo ſihet mann

daß die Stimm oder Thon / ſo da fället in *E.* von dannen *reflective* und anſchlage in *F.* von *F.* in *G.* von darauß in *H.* dar-nach weiter in *K.* uñ *L.* welche *linie* weiln ſie in ſich ſelbſt zuruck fället und Eben iſt / als wird ſie auch die Stim oder Thon ſehr vermehren ; gleicher weiß die Stimm-Linie *A.* ſo in *M.* einfället/ *reflectiret* unnd ſchlägt an in *N. O. P. Q.* und in dé übrige Stern-ſpitzenben *Linien*, biß ſie in *R. S.* als der eben-und ge-zaden in ſich ſelbſt *reflectirenden* linie eine gewaltige

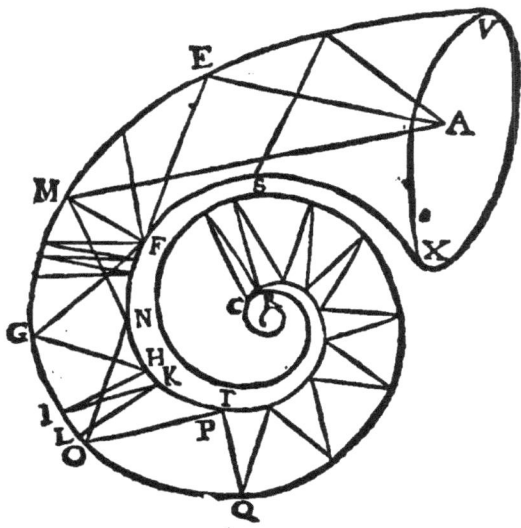

Vermehrung deß Thons und Stimm/zu wegen bringet; Allweilen aber auß *A.* unendlich viel Stimm-linien könten gezogen werden/so wurden sie alle / nachdem sie in verschiedene Punckten und stellen/der innern Fläche anfallen / immer schärffer und schärffer von dannen wider *reflectiren* und abschlagen/biß sie in/einer graden und in sich selbst zurück-fallenden endlich ruhen. Weilen aber daß Stimm-Punctum *A.* kein mathematisches Punctum ist / so mann sich alein einbilden muß sondern ein Punctum *physicum* / so eine zimliche Breite und Weite hat. So werden die auß *V.* und *X.* ausgehende Stimm-linien/auch dergleichen reflexion und gege Hallungen halten;daher komt es/daß die unendlich vil Stimlinien so immer schärffer und schärffer reflectiren und abschlagen / allenthalben einen graden und in sich selbst zurück-fallenden Thon nach sich lassen / auß welcher die starcke Stimm-und Thon-Vermehrung geschicht/darüber mann sich bey solchen krumm-Schnecken-mächtige rohren zu verwunderen hat/dann in anderen Rohren nicht geschicht; weilen auch solche Rohr immer sich enger und enger zu sammen ziehen / so wird neben der grad und ebnen Stimmung/barburch der Thon so sehr vermehrt wird / auch solche beschaffenheit deß Rohrs/zu der vermehr-und schärffung der Stimm sehr viel h.lffen/so bey dem Mummloch *C.* am schärffsten undstärcksten sein wird/es wird auch der auf solche Weis in dem Rohr fortgeführte Thon / auch auserhalb mit seinem Mund-loch vermehrten Stimmungen fohrtgeführt und gehöret werden. Erhöllet also auß besagtem warumb in der gleichen krumm/ Rohren und Hörnern die Stimm oder Thon so sehr geschärffet und gemehret werde. Wor von aber in der folgenden distinction und Beschreibung der Gehör-Instrumenten/ein mehreres zu reden Gelegenheit sich an Hand geben wird.

Zugaabe. Corollarium.

Hierauß erhellet / warumb die sorgfältige Natur/ die ienige Thier so vor anderen ei scharffes Gehör haben/mit solchen Schnecken-ahrtigen organis und Ohren versehen/habe : Sintemahlen diese Gestalt so wohl zu der reflexion und anschlagung der Stimmen und Thon/als auch selbige zu schärffen und zu vermehren/sich am allerbesten schicket.

Vierdte Abtheilung. Sectio IV.

Von Zimmer und Gemächern / zum Gebrauch und Lust hoher Personen/ durch deren Mittel und Hülff sie auch heimlich einander Ihre Consilia, und gehalme Anschläge offenbahren können.

Caput. I.

Von den Widerhallen oder Stimmungen deß Corintischen Schau-Platzes von Vitruvio beschrieben.

Erste Vorgaab. Prælusio. I.

Wie die Wyderhallende Gefäse und Organa, in dem Corintischen Schauplatz gelautet / oder der Thon darein gebracht worden.

ES ist ein grosse Frage und Streit / wie die Gefäse und *Organa* stimmend und lautend gemacht worden / in dem viel nicht begreiffen noch fassen können wie und auf was weise die mit einander wohl-einstimmende Gefäse gelautet haben. Etliche halten dar für es haben diese Gefäse /Hämmerlein oder Schwengel gehabt/mit Eisernen Draht anand vest gemacht/welche wann mann sie angeleget und an die Glocken oder Gefäse angeschlagen/einen Thon und Leut von sich hören lassen/nicht anderst als heut zu Tag mit den Glocken oder Glocken-mässigen *instrumenten* zu geschehen pfleget/in der Meinung ist *Cæsar Cæsarianus* in seinem *Commentario in Vitrivium.* Andere halten dar für/daß diese Gefäse/oder Glocken/allein um die Lufft/so durch die Comoedianten Stimm beweget worden/lautend oder thonend seyen gemacht worden. Aber das kan nicht seyn/in dem keine Stimm so mächtig und starck ist / daß sie eine Glocken solte lautend oder thönend machen können; Welches auch ben unsern Glocken leicht abzunehmen; welche wann sie durch die blosse Lufft-bewegung solten thönend oder lautend gemacht werden / so sag ich daß sie immer lauten und klingen müsten / dieweiln sie immer in der freyen Lufft hangen / und der zu in hohen und erhebenen Orthen / wo der Wind starck und mächtig ist / man weiß aber kein Exempel/daß auch der mächtigste Sturmwind jemahls einen solchen Thon/Laut/oder Klang gemachet und verursachet hätte.

Eigent-

Von Kunst- und Lust-Gebäuen für grosse Herren.　53
Eigentliche Gestalt deß Vitruvianischen Schau-und
Spihl-Platzes.

Damit ich aber in dieser Sach gewiß möchte seyn/ und in gnugsame Erfahrung komen/
hab ich mit gläserne Glocken gießen lassen/und habe dieselbige auf Vitruvianisch manier
hohle gewölbte ohrt auffgehänget/und mit sonderbahren Fleis wohl disponiret / auch mit 　**Prob deß**
stärgiter und mächtigster Stimme geruessen / ich hab aber durch auß kein Thon oder **Widerhal-**
Klang erwecken können / sonderen allein ein solches klingen und sausen wie mann in den **lenden the-**
Brunnen und hohlgewöhlbten Ohrten zu vernehmen pflegt.　Es halten jaber sehr viel **nes.**
darfür/daß die hohl-gewölbte Zellen und Gefäß/ Glocken und der gleichen/ dieses Thea-
tri/allein seyen gemacht worden / einen starcken resonanz und Hall denselbigen zu machen.
Welches ich zwar nit vermeinen will;allein ich kan nit sehen/wor zu mann dann den grosen Fleiß und Mühe angewendet / diß Glocken und Gefäse miteinander übereinstimmend
zumachen/und waß sie genutzet / wan sie nicht gezogen / oder beweget worden.　Zu was
Ende mann diese Glocken oder Gefäse so sinnreich/fleisig und subtil nach der dreyfach
*music-*ahrt und wohl klingenden Stimmung geordnet und disponiret / kan ich nicht sehen ;
in deme ohne den würcklichen Gebrauch;und zusamen-stimmung dieses alles vergebens/
und ohne nutzen gewesen.　Derowegen so muß mann sagen ; Entweder es seye nur geschehen / die Stimm der *Comœdianten* zuverstärcken und zu vermehren / oder es habe diese
Sach noch einen andern Nutzen und Absehen gehabt ; Es ist aber nicht wahr-scheinlich/
daß diese Wider-hall-gewölbe und Höhlen/ auch Gefäse und Glocken / mit solchem Fleiß
und Kunst nach der *Harmonie* oder lieblichen zu samen-stimmung/nur allein um der Stim-
vermehr-und Stärckung willen gemacht und erfunden worden; so kan man auch nicht sa-
gen/ wie zu vor ist bewisen worden / daß allein durch die Stimm und Lufft-bewegung/ dieselbige wohl klingend und zusamen stimmend seye gemacht worden.　Daher hält *Bona-*
ventura Cavallerius in seinem Wercklein um der Brenn-spiegeln/ dar für / daß diese Vitru- **wie diese**
vianische Zellen und Widerhall Gemächer theils nach der *parabolischen/*oder Brechlinien/ **Widerhal-**
theils nach der *hyperbolischen* linie gemacht gewesen/da dann die Stimm so darein gefallen **lende Glo-**
und angeschlagen/ durch ohnendlich viel Stimm-linien vermehret worden ; und damit er **cken thails**
dieses beweise / so beschreibet er des *Theatrum* gantz anderst / als mans bey *Vitruvio* findet/ **und lauter**
dann von der Ort der Stim biß zu den Zellen/macht er lauter *parabolische* Gewölbe/in welche **gemacht**
als gleichsam von der Centro/ solch *parabolischer* weiß eingetiessfter Gewölbe / die außgebrei- **worden.**
tete und sehr vermehrte Stim mit wundersamer Krafft und Stärcke sich vernehmen ließ/

so wohl in ihrem Zunehmen und Vermehrung/als auch in Erweckung deß Echo und Wider-Halls : Allein / weiln hiermit ein neues *Theatrum* erdichtet wird darvon bey *Vitruvio* nichts zufinden/als geschihet hiermit den Baw-Verständigen und Baw-Kunsterfahrnen kein Benügen/in deme leichtlichen ein jeder / wann mann sich an den Text und Wort *Vitruvii* nicht binden will / widerhallende Gemächer und Zimmer auf die Bahn bringen und erdichten kan.   Es fragt sich derowegen wie dieser Schauplatz solch groß-und starcken *resonantz* haben könn/ und wie die Gefäse oder Glocken zu einer solch starcken Würckung bereitet und *disponirt* gewesen/dar von die *Historici* so viel schreiben? Da hat mann nun wohl zu bedencken daß der zusammen-stimmende *harmonische* Thon auf Zweyerley weise könne verstanden werden ; der erste geschehe durch ein *harmonisches* oder zusammen-stimmendes Gekling/Sausen und Brausen/in deme die ausserhalb geschehene Stimm oder Thon/in die gewölbte Zellen eingeloffen/auch durch mannigfaltig Bewegung und Anschlagung/endtlichen nach vermehrtem Thon / und gleichsam mit grossem Gewalt / in die Wider-Hall Glocken oder Gefäse eingefallen/und daselbst den Klang und Thon/so die zitterende Gefäse gegeben / hören lassen ; Der ander Klang oder Thon hat seyn können / wann mann die Hämmerle oder Schwengel mit Eisern Draht oder Stricken gezogen / und dieselbige nachgehends an die Glocken oder Wider-Hall-Gefäse angeschlagen ; Deß ersten Absehen oder Zweck scheint gewesen zuseyn / darmit die Stimm der *Comædianten* und spihlenden Personen / so in solche Gewölb und Zellen eingefallen / und darinnen sehr gestärcket und vermehret worden/ desto stärckern *resonantz* möchte haben und bekommen/ wie gesagt worden / worinn auch alle *Commentatores* und Außleger deß *Vitruvii* mit mir übe rein stimmen ; und ist dieses nichts anders gewesen als ein wohl und lieblich zusamen stimendes Gekling/ so von dem Zittern der Widerhallenden Zellen Gewölb und Gefäsen / so in Harmonischer *proportion* außgetheilet waren/hergekommen ; Des andern Nutz oder Absehen hat können seyn/in der Vor-und Zwischen-Spihlen.   Dann darmit sie die Zuseher und Zuhörer aufmunterten/ auch die Begirde auf die künfftige und Vor-sehende Spihlsachen vermehrten / haben sie diese harmonische Thon-und *Eccho*-Glocken oder Gefäse hören lassen/ eh die spihlende Personen auf daß *Theatrum* getretten ; Sie konten aber kein Thon geben oder klingen / wann nicht mit einem Eisen Draht die Hämmerlein oder Schwengel durch alle Zellen und Gewölbe gezogen worden.   Dann ein solcher Draht ist künstlicher Weiß durch alle Zellen gezogen gewesen / da dann einer wahr/ so hierzu Eigentlich bestimt der alle diese Gefäse oder Glocken oder vielmehr dero Hämmerlein oder Schwengel oder Schlegeben anzeigen und auf solche Weise Thonend und Lautend gemachet ; Welche Glocken oder Gefäse dann/in solchen Gewölben oder Zellen/ einen überauß grossen Thon und Hall gegeben/so mann Weit und Breit hören können / und musste mann sich je mehr und mehr darüber verwundern/ je heimlich-und verborgener dieses *musicalische* Werck angeordnet wahr ; daß auch diß der meiste Nutzen/uñ grösses Absehen gewesen/zeiget *Vitruvius* selbsten an/mit diesen Worten: Es wurde hier durch die Stimm hell und vermehrt/ gab auch eine liebliche und anmuhtige Zusam-stimmung.   Wahr also diese Zusam-stimmung durch dieser Glocken oder Gefäse *musicalischer consonantz* zuwegen gebracht ; baß aber ein solch starcker Klang uñ zusamen stimmender Thon / allein durch Anschlagung einer Stimm geschehen könne / ist schon oben erwehnet worden / bleibt derowegen darbey es muß auf obgedachte Weiß durch solche Eisern angemachte / und durch die Zellen gehende Draht solch klingend-und thonende *Harmonie* geschehen seye/welches ob-angezogener *Cæsar Cæsarianus* auch wohl gemercket.   Und wann es ja auf diese Weiß nicht solte geschehen seyn/so müst ich nicht/wie mann es sonsten hätte zuwegen bringen müssen. Dann eben auf solche Kunst-weise haben die Alte / wie *Plinius* bezeüget / auch Donner und anderes grosses Sausen und Brausen zuwegen gebracht. Daß aber *Vitruvius* von solchen eisern Draht/Hämmerlein und Schlegelen nichts meldet/ und außtrucklich beschreibet / ist geschehen / weiln Er ein solch *Theatrum* oder Schau-Platz wie selbsten gesehen / sondern allein auß der Griechen *relation* und Beschreibung gehabt : Dahero Er auch den *Aristoxenum*/ welcher der Erfünder und Angeber dieses Schauplatzes vermuthet wird / immerzu anziehet / auch sich auf seine *musicalische* regulen / wie wohl noch in Zweifel stehend / beruffet ; Wir finden auch nirgends daß dergleichen ein anders *Theatrum* weder in Griechenland noch zu Rom gewesen/als eben dieses zu Corintho / auß welchem/nach Vitruvii Zeügnuß / *Pericles* dieß Wider-hallende *Echonische instrumenta* solle genommen / und zu Rom in dem Tempel der Glück-Göttin aufgehänget haben ; Und ist ohn schwehr abzunehmen / daß Vitruvius selbsten / wegen dieses Schau-platzes/baw von Verständigen und Kunst-erfahrnen Bawmeistern seiner Zeit ein und andern Einwurff und Gegenrede habe verwerffen lassen müssen/welches Er anzuzeigen/und zugleich genugsam aufzulösen und darauf zu antworten/mit folgenden Worten sich unterstehet.

Es möchte aber einer sagen ; mann habe von Jahre n zu Jahren so viel herrliche und berühmte *Theatra* zu Rom erbauet und aufgeführet/es hab sich aber dergleichen niemahls in und ben den selbigen befunden ; so steckt der Fehler darinn / daß alle öffentliche höltzerne Theatra und Schau-plätze ihre viel und manigfaltige Vertäflung haben/ welche an und vor sich selbsten nothwendig widerhallen und thönen. Welches auf beyden Harpffenisten und Zytherschlägern in acht zunehmen / welche wann sie in hoh-und starcken Thon spihlen wollen/wenden sie sich gegen den Thor-Flügeln deß Tharti/dar von sie dann wegen deß Anschlags und Widerhalls eine zimliche Hülff zu ihrem Thon und Laut bekommen. Wann aber die Theatra von Stein/Quader-stucken/Marmel/dicke Mauren und dergleichen aufgeführt werden/sie an sich selbst thönen oder hallen / so muß man auf solche weise die Sach anstellen; fragt mann aber ferner / in welchem Theatro zu Rom dergleichen gesehen sey? So weiß Ichs nicht zu zeigen und zu weisen / aber wohl in andern vornehmen Welschen orthen/und sonderlich in vielen Griechischen Stätten. So ist solches auch auß einem gewisen Scribenten bekannt nehmlich L. *Mummio,* welcher das Eck von dem nidergerissenen *Theatro Corintho* gen Rom gebracht / auch von solcher Kriegs beyte etliches in den Tempel *Lunæ* gegeben und gestifftet. So haben auch viel fleissige Künstler und Bawmeister/ wegen Mangel deß Verlags / nur von Erden und Letten solche thönende Gefäße gemacht/ und doch darmit viel zuwegen gebracht und außgerichtet. Es hat auch die *Invention* dieses *Theatri, Vitruvio* so wohl gefallen / daß er dessentwegen die *fundamenta* der gantzen *music*-Kunst vorhergesetzet seyn wolle Er selbsten noch in vielem in Zweifel stehende/ die vorfallende und aufflossende *difficultat*en nicht w ahrgenommen; Dann wann Er die *music* auß dem Grund verstanden hätte/so würde Er nimmer mehr in Beschreibung des Ecko,oder widerhallenden Wercken eines kleinern *Theatri,* deß *Enhar*monischen Thons / da mann mit gebrochen und halben Thon steiget oder fället / sich gebrauchet haben / in dem diese Art eine wohl lauttende Stimmung zu machen / wegen Vermischung so mancherley Thon / so in Ehrnen Gefäse zusamen fallen / gantz untauglich / wie in dem 7. Buch meiner *Musurgiæ* weitläuffiger außgeführet und dargethan worden : So hat es nicht seyn können daß solche Metalline oder von Ertz gegossene Gefässe/so künstlich hätten Zugerichtet werden können/ daß sie die gebrochene und halbe Thon/durch so geringe *intervalla,* Eigentlich hätte *exprimi*ret ; Derowegen ist am rahtsamsten wann mann durch grössere *intervalla* gehet sonderlich aber *quart*-uñ *quinten* in Acht nimet. Worauß zuschliessen/wie viel Fehler uñ Irrthum sich auch in der vornehmsten *Authorum* Schrifften noch finden/ welche so mann gar genau underfuchen wolte/würde mann auch so zu reden in der leuchtenden Sonnen/etliche Flecken finden. Und schließ ich daher/ es scheine als ob *Vitruvius* / die Beschreibung und Gebäw dieses *Theatri* auß einer Schrifft deß *Aristoxeni* schlechter Dings abgeschrieben habe; In dem viel in solcher Beschreibung der Dreyfachen music-Art vorkommet/so mit dem ordentlichen music-Reglen nicht überein kommet.

Ich bild mir wohl ein/ es werden etliche einwenden und vorwerffen / die Griechen haben vor Zeiten/viel verwunderliche Dinge gehabt/deren Ursach und Gelegenheit wir jetzo wenig verstehen / und eben dergleichen sey auf das Vitruvianische Theatrum gewesen/ darinn die widerhallende Werck so künstlich zuberaitet gewest/daß sie auch einig und allein durch die Stimm beweget worden. Allein weiln dergleichen mit der Erfahrung streittet/ und selbiger zuwider laufft/als ist nicht der Müh wehrt daß ein gelehrter und Verständiger viel streittens davon mache/es sey dann Sach mann wolte uns überreden/daß ein sonderbahrer verborgener Geist/ auf gedachten Widerhall erwecket/ welches aber lächerlich / will nicht sagen närrisch zu sagen wäre. Dann diß haben gemeiniglich solche Verwunderer dergleichen Griechischen seltsamkeiten uñ verborgene Wercke im Gebrauch/ daß was ihnen nur träumet / und sie erdichten können ihre Meinung zu besteiffen daß geben sie vor und solte es noch so sehr wider die Vernunfft/und alle Erfahrung seyn; Wie wohlen ich nicht laugnen will/wie auch oben gesagt worden/ daß auß der Comoedianten Stimm und Underredung nicht einiger zu sammen stimmender Klang solte gehöret worden seyn/wie wir oben auch auß der Erfahrung gelehrnet. Aber das halt ich darfür/daß die Stimm allein nicht genugsam sey gewesen solches auß zu richten. Es haben etliche in Acht genommen daß in dem Gebaw deß alten Römischen Roß-lauffs / dar von noch einige zerfallene Mauren vor handen / etliche Erdene hohle Gefäse in die Wänden eingemauret gewesen / und haben daher geschlossen ; Diese hohle Gefäse seyen zu jedem andern Ende eingemauret gewesen / als den resonanz und Hall deß Theaters zu stärcken. Sie sehen aber sehr/in deme besagtes Roß-lauffs-gebaw / weder die Gestalt eines Theatri gehabt/ noch auch der Platz / wegen deß Geröß und Gerausch so wohl der lauffenden Pferd als der Zuschenden grosse mänge der Menschen / einer solchen resonanz-oder hall-Stärckeund Vermehrung von nöthen gehabt. Ich halte gänzlich dar für daß solche hohle Erdene Gefäse / die Maur zu erleuchten / seyen gebrauchet worden wie man noch heutiges Tags bey Gewölben von gebranten Steinen / etwan siehet / daß mann dergleichen/die Maur zu erleichtern zu gebrauchen pfleget ; Und so viel hab ich von dem Theatro [...] wollen lassen/müssen uns weiter und zu was anders wenden.

Cap. II.

Caput. II.

Von dem Wunder-würdigen Widerhall deß
Simonettiſchen Hoffs bey Meyland.

Ungefähr ein Meyl wegs von Meyland vor dem Gärtner Thor/ ligt daß berühmte Hauß und Hof/ Simonetta, ſo von den Grafen dieſes Nahmens/ denen es zuſtändig alſo genennet wirdt. In dieſem Hof hat vor Zeiten Ferdinandus Gonzaga, der Meyländiſche Gubernator ein ſonderbahres Gebäw auf führen laſſen/ ſo nicht allein der Baukunſt nach/ allenthalben wohl über einkommet/ ſondern auch einen ſehr verwunderlichen Widerhall gibet; In dieſes gebaues obern Stockwerck iſt ein groß offen Fenſter (wie nachgehends mit mehrerm ſoll vermeldet werden) in welchem die geruffene Stimm oder Thon 24. mahl/ ja nach ſtärck der Stimm und deß Thones noch mehr/ und faſt ohnzehlich offt vermehret und wiederhelet werden ſolle. Welches nach dem es mir von vielen glaubwürdigen leüthen vorgebracht worden/ hab ich ein groß verlangen gehabt / die Urſach eines ſo vielfaltigen Widerhalls zuerforſchen. Habe derowegen die gantz genaue und eigentliche Beſchreibung und Abriß/ ſo wohl deß gantzen Gebäues als auch gelegenheit dieſes Orts/ P. Mattheo Stort / einem Prieſter unſrer Societät auf getragen/ als einem Mann dem nicht nur gewiß zutrauen und zu glauben/ ſondern der ſo wohl wegen groſſer und manigfaltiger geldhrtheit/ als auch aufrichtigen redlichen Gemühts wohl bekannt und berühmt / welcher nicht allein daß gantze Gebäw genaw abgemeſſen/ auch die Beſchreibung und Abriß deſſelbigen/ ſonderlich wiß die umſtände und Gelegenheit diß Echo oder Widerhalls betrifft/ mir ſo halben zu geſchicket. Damit nun auch andere / die Urſach dieſes Wunder-Echo oder widerhalls wiſſen mögen/ ſo will ich Erſtlich die Abmeſſung deß gantzen Gebäues/ nach allen Stücken dem Leſer vor Augen ſtellen.

Die höhe deß Gebaws/ wie die Figur vor Augē ſtellet/ iſt in zwey Stockwerck abgetheilet/ ſo mit einem Gang oder Gallerie unterſcheiden. Diß under Stockwerck iſt ein Gang under Schreib-bögen / und rings um mit hohen Säulen umbgeben/ der Platz K. iſt geplaſtert. Daß obere Stockwerck hat daß ſonderbahre merck-und denckwürdige Stück; Daß Erſte iſt der innere oder mitler und vornehmſte Theil deß Pallaſts FLXM. darnach zwey/ einander gleiche neben-ſeitten X M U N, und G F H L. deren Abtheilung iſt: die breitte FX. oder LM. iſt 62. Meyländiſche Schritt und 4. Zoll; dieſe Sach auch noch deutlicher zu machen / iſt / in der Figur der vierdte Theil eines Meyländiſchen Schrittes oder Ehlen/ mit C Z. bezeichnet/ beygeſetzt worden.

C   Vierdter Theil einer Meyländiſchen Ehlen.   Z

Beſchreibung deß Luſt-Hauſes Simonetta bey Meyland/ wie auch deſſelbigen Wunder-würdigen Echo oder Wieder-Hall.

Die Höhe F L. oder X M. ist 16. Schritt / 4. Zoll / die Länge der Neben-Seiten M N. oder H L. 33. Schritt / 3. Zoll / die Braite deß Ganzes H L. 8. Schritt / 6. Zoll. Das Fenster / auß welchem der Echo gefraget und angesprochen wird / stehet ganz allein / in der Mitte der einen Neben-Seiten in der Wand X V M N. mit R S. bejeichnet / ist auch der einige Ort / wo der Echo gehöret wird / dann andern Orten gibt es keinen Wider-Hall. Und hab ich von vielen vernommen / daß die Stimm / so auß diesem Fenster gerüffen wird / 24. mahl / ja 30. und mehrmahlen / nach dem man starck ruffet / oder schreyet / widerhalle. Ja ich halte dafür / daß der Echo oder Wider-Hall daselbsten keine gewisse und bestimte Zahl habe / sondern ohnzahlbarlich vermehret werden könne / und gehe da zu / wie bey Rührung und Schlagung der Musikalischen Saiten / deren Griff und Schlag zwar Anfangs deutlich erhellet / endlich aber wegen der Geschwindigkeit und grossen Schnelle verschwindet / und der Thon gleichsam erstirbet.

In der reflexion und Gegen-Strahlung der Spiegel ist dieses gleichfalls abzunehmen. Da fragt sich's nun was die eigentliche Ursach dieses Wider-Halles sehe? worauf zu antworten / die Ursach sey die Stellung / der zwey parallel oder gleich-aufgeführten Gebäuen in gebührender und tauglich-proportionirter distanz. Benebens / weiln besagte Wände oder Mauren ganz gleich / eben und glatt / als reflectirt und fällt auch die Stimm oder Thon gar leichtlichen zurück. Ich beweise aber die Sach ferner also.

Es seyn in beystehender Figur die zwey Wänd oder Mauren A C. und B D. ganz glatt parallel und gleich / in der distanz oder Weite voneinander / einen solbigen Wider-Hall zugeben; daher ich dann sage / daß die auß dem Fenster E. gegebene Stimm / nohtwendig zum öfftern wider-hallen müsse; dann die Stimmung so auß E. in I. fället / kommet nach der 1. Proposition oder Vorgaab Echometix, oder Hall-messung / eben denselbigen Weg wie der zurück in E. auß E. widerum in L. und auß I. abermahlen in E. und so fortan immer mit unzählichen Zurück- und Gegen-Prüllung und repercussionen / biß die Stimm oder Thon / durch vielfaltiges anschlagen / endlichen ermüdet / ganz ruhet und still ist.

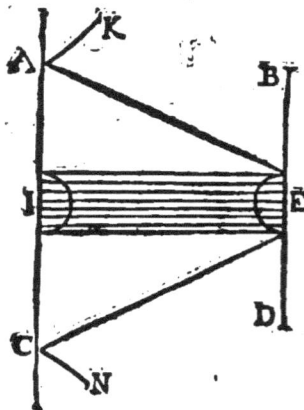

Nicht anders / als wie ein Ball / welcher / wann er zwischen zwey hoch gegeneinander überstehenden Mauren hart und mit Gewalt angeworffen wird / nach 7. oder 8. mahligem hin und her-prüllen / endlichen / wann die Krafft und Trib aufhöret / auch ruhet / und auf den Boden fället. Daß aber in dieser Sach kein andere Ursach sey / als welche bereits angezeiget worden / ist gewiß / dann weiln nach der 1. propos. unserer Echometri oder Wider-Hallmaaß / der Anschlag-Winkel / den reflexions- oder Gegen-Halls-Winckel gleich ist / so kan auch der Wider-Hall auf kein andere Weise geschehen / als durch diese gerad- und ebene Stimmung I E. so in einer gleichweiten oder cylindrischen Rundung / zwischen zwey parallel oder gleichen Wänden und Mauren hin und her fället. Dann wann andere Theile der Maur / als zum Exempel A und C. den Wider-Hall geben / so wären die Winckel E A L. und I C E. nohtwendig rechte Winckel / nun aber seyn sie nach der 15. Vorgaab lib. 1. scharffe Winckel / und würden die Stimm auf andere Seiten / als zum Exempel durch K und N. fortsetzen. Geschiehet derowegen die reflexion oder Wider-Hall auß L und keinem andern Ort / und zwar auf so vielfaltige Weise; wiewoln die unbedeckende Hohl-gänge und Bögen / wie auch der gepflasterte Platz K. auch die Mittel / die hin und herfallende Stimm zu vermehren / Und den Thon heller zu machen / nicht wenig helffen / und beytragen; gleichwie auch von dem Vitruvianischen Schau-Platz gesaget worden.

Und eben das ist die Ursach / daß viel Brönnen und Cisternen einen solchen gewaltigen Wider- und Gegen-Hall geben. Es sey ein Bronn A B C D. das Wasser D E B. das Bronnenloch deß Deckels sey I. der Bronnen-Deckel C A. So sag ich / daß die Stimm durch das Loch I eingeruffen / zum öfftern wider-halle / und zwar auß der Ursach / weiln die Stimmung / so auf die glatt und ebene Wasser-Fläche E B. eingefallen / auß derselbigen zurück an den Bronn-Deckel schläget / von dannen wider auf die Wasser-Fläche / und das so offt hin und wieder / biß sie endlichen ermüdet / ruhet und still ist.

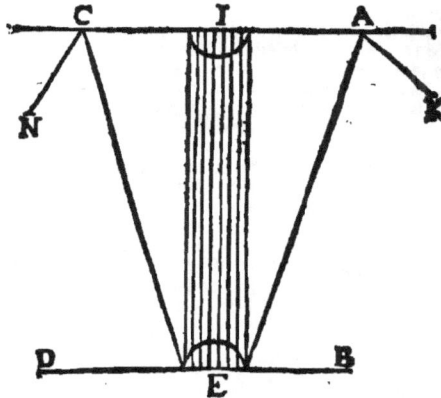

ist; die Sach braucht keiner weitern Erklärung / sondern ist an sich selbst bekandt / und leicht zu verstehen. Ist also nunmehr die Ursach deß vielfältigen Wider-Halls / in dem Hof oder Hause Simonetta deutlich genug angezeiget worden.

Erste Zugaab. Corollarium I.

Auß besagtem erhellet / daß / wann einer dergleichen Gebäu und Werck / nahmlich 2 Wände / beyläuffig 63. Schritt voneinander entlegen/machte/daß er eben dergleichen Wider-Hall wurde zuwegen bringen/ in dem zu Erlangung eines deutlichen Wider-Halls nichts anders / als eine proportionirte distanz erfordert wird / welches eben ohngefähr die 63. Schritt geben werden. Wann auch einer einen Bronnen / eben so viel Schritt hoch würde machen/so wurde auch dergleichen Echo oder Wider-Hall sich finden.

Andere Zugaab. Corollarium II.

Erhellet also hierauß/ daß weder die unden-gebauete Hohl-gänge und Schwib-bögen/ noch auch das gepflasterte Platz / auch nicht das zwischen diesen zweyen Gebäuen stehende Palatium, mit seinen vielen Fenstern / nicht die Gallerien oder etwas anders / diesen verwunderlichen Echo und Wider-Hall mache/sondern wie gesaget/ die Stellung der zwey parallel-gleichen / gantz eben und glatten Mauren oder Wände. So muß auch das Fenster nicht eben nohtwendig bey R S. seyn/ dann wann es auch an einem andern Ort der Wand gemachet würde / so hätte man ohnfehlbar eben dergleichen Wider-Hall zuwarten / und dörffte villeicht in dem Mittel-puncten der Wand I. ein gemachtes Fenster noch eine grössere und stärckere Würckung haben / welches Kunst-Erfahrnen/ Bau-Verständigen/mit mehrerm zubedencken überlassen wird : Und das ist es / was wir von dem Wider-Hall deß Hofs oder Hauses Simonetta mit wenigem beschreiben / und anzeigen wollen.

Cap. III.
Von Dionysii Ohr-Gewölbe/ so noch zu Syracusa zu sehen.

Diß berühmte Werck und Gebäu/ist noch auf den heutigen Tag zu Syracusa vorhanden / so etliche das Gefängnuß deß Königs Dionysii, andere das Ohr Dionysii nennen/andere geben ihm andere Namen/ist mit solcher Kunst zugerichtet/daß/ wann einer gegen der Thür überstehet / er das jenige / was er redet/ gantz vollkommen/ und zwar durch vielfältigen starcken Wider-Hall höret. Weiln ich nun hiervon sehr viel / theils von verschiedenen Authoribus, theils auch auß mündlichem Bericht/von andern vernommen/bin ich endlich/ da ich Anno 1638. zu Syracusa durchgereiset/selbsten an den Ort gegangen/ die Ursach dieses Wunders zu erforschen/und zu durch-suchen. Es beschreibet aber dieses Gebäu mit sonderbahrem Fleiß Mirabella in Ichnographia Syracusana. Und verhält sich also ; Es ist ein Ort ausserhalb der Syracusanischen Statt-Mauren / so insgemein das Gefängnuß Dionysii genennet wird / und wer die Kunst und Scharff-sinnigkeit bey diesem Gebäu und Werck recht betrachtet/ der wird finden/ daß der König oder Tyrann kein ander Absehen oder Zweck gehabt/ als daß die Gefangene/ die daselbst eingesperret worden/ auch nicht recht schnauffen oder Athem hohlen können / daß es von dem Kercker-Meister oder Thurn / und Gefängnuß-Hüter nicht hätte sollen können gehöret werden. Es ist aber der Ort von diesem Tyrannen gantz nach Art und Weise eines natürlichen Ohrs/sehr genau und künstlich erbauet und zugerichtet worden.

Der gantze Bau ist in einen lebendigen harten Felsen eingehauen / so einen canal oder Hohl-Rohr auf Schnecken-Art hat/sich immer in die Höhe mehr zuspitzend/biß es endlichen auß

auß FF. durch einen engen Halß in dem Zimmer oder Gemach A. als wo der Kercker-Meister oder Gefängnuß-Hüter sich aufgehalten / und über den Gefängnussen / oben auf dem
Felsen erbauet ist/sich endet und schliesset : Daher ist es kommen/daß man auch das subtileste
und stilleste Geräusch oder Gethön / so in diesem Schnecken-Werck geschehen / in der Kammer deß Gefängnuß-Wächters so vernehmlich hören können ? als ob es allernechst wär ;
Weiln aber das Gemäur und Gebäu zimlich verfallen und eingegangen / so gibt dieses
Werck heutiges Tags einen gar seltzam und wunderlichen Wider-Hall/ daher es auch heutigs Tags genennet wird : La Grotta della favella. Dann es gibt den Thon oder Stimm
nicht gleich-lautend/ wie andere Wider-Hall/ sondern auch die subtileste und stille Stimm/
erhallet als ein lautes Geschrey/ räuspert man sich/so hallt es/als obs donnerte/ schlägt man
auf einen Mantel oder schüttelt denselbigen / so knallt's als ob man ein Stück losbrennte.
Ja es vermehrt und stärckt die Stimm nicht allein / sondern wiederholts auch etlich mahl.
Wie dann auch Zwey miteinander singen/ so lautet es/als wann ihrer Viere wären/ indem
der Wider-Hall des ersten / auf und mit der Stimm des andern sich hören läst/ gewißlich
eine Sach/ die hörens und wunderens würdig. Und muß ich bekennen / daß mich dieses
Wunder-Gebäu in der verborgenen Thon- und Stimm-Kunst viel gelehret/ und in vielen/
Menschlichen Verstand überschreitenden Dingen/ und dem Wissenschafft /ein grosses Licht
gegeben / welches aber / weiln es in vorgehendem erkläret und außgelegt worden / weiter
nicht zu widerhohlen ist.

Damit es aber nicht das Ansehen habe / als ob ich dem Kunst-begierigen Leser etwas
hinderhalten und verschweigen wolte / so hab ich vor nöthig erachtet die Art und Gestalt/
dieses Gebäues beyzufügen / darmit auch der Figur und Gestalt / dieses wundersamen
Thons und Wider-Hall's Ursach desto besser erkandt und verstanden werde.

Beschreibung der Syrakusanischen Höhle Dionysii deß Königs / wie dieselbige
in einen harten Felsen gehauen und zugerichtet.

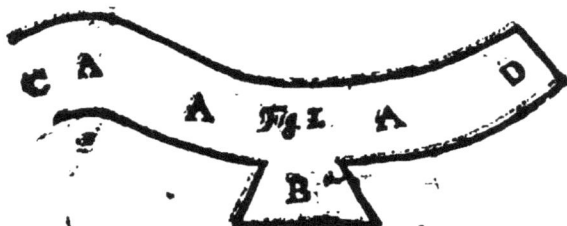

Vierdte Theil einer Syrakusanischen Spannen oder Hand.

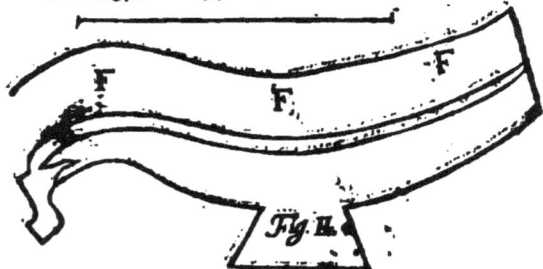

Diesen Abriß haben unsere PP. Syracusani, mit sonderbarem Fleiß von dem Felsen
abgezeichnet/und hieher nacher Rom geschicket. A. bedeutet die Höhle und die Form derselben oder deß Erdbodens. B. bedeutet das innere recept... Cammer oder Abtheilung / so bey 4. Elen und 4. Handbreit hoch/ doch daß das ... je länger je mehr oben
zusammen ziehet/biß auf 1. Elen und 3. Hände. C. ist der Eingang in die Höhle/ oder das
Thor. D. ist das End dieser Höhle ... Länge bey 5. Elen. F. ist das Rohr oder canal
... Handbreit weit / in der obere ... oder Decke der Höhle durch den Felsen / mit höchstem Fleiß auf und biß außgehauen ... ist diß Rohr oder canal von dem Boden Fig. II. 15.
Elen-hoch ; eben in der Krümme ... hier mit FFF. bezeichnet ist. Man muß aber hier
... der/ daß die erste Figur den Erdboden oder das Pflaster der Höhle bedeute/ deren die
... der Figur / was die Krümme oder Bogen bedeutet / mit ihren parallel-Wänden gantz

gleich; jedoch nicht in der Höhe/indem dieselbige zu End oder oben/wie gesagt/eine grössere Höhe als zu Anfang haben. E bedeutet das Fenster deß Zimmers oder Wohnung Dionysii, in welches der canal oder Rohr gereichet / und gelanget.

Darauß man sihet/ daß das Schnecken-Rohr/oder in dem Felsen außgehöhlte canal mit dem Schnecken-Bogen der Höhle / solche Krafft und Macht gehabt / die Stimm/ so auch daselbst leiß und gantz sachte gesprochen worden / vollkommenlich und verständlich in dem Zimmer oder Gemach E. zu Gehör zu bringen.

Worben der Leser noch dieses wohl mercken soll/ daß es gar schwehr/und fast ohnmöglich / die Stimm-Höhle so gar genau und eigentlich zubeschreiben; indem die Gäng solcher Röhren gantz Schlangen-weis gebogen; also / daß ich mich nicht wenig hab verwundern müssen / wie man doch den Felsen auf solche Weise hat außhöhlen und in solch Schnecken-krümme arbeiten können; mit einem Wort/das Werck scheint ein Archimedische invention zu seyn.

Daher/ wie zuvor gemeldet worden/ man über die Würckung und effect dieser Höhe sich nicht genugsam verwundern kan. Und hab ich so balden nach meiner Zuruckkunft nach Rom anfahen der Sach nachzudencken/ ob ich nicht nach meinem geringen Verstand und Wissenschafft / auch dergleichen etwas angeben und zuwegen bringen köndte. Was ich aber durch langes Nachdencken / und Undersuchung dessen / was ich in dergleichen gesehen/begriffen und funden habe/das wird der Leser auß folgendem mehrer zu ersehen haben.

Hier will ich noch ein anders Wunder-Gebäu beyfügen / so noch heutigs Tags zu

Dionysii Hauß- oder Kunst-Gebäu.

Schlaver?

Sclaven-Wohnunge.

Pavy zusehen / welches mit solcher Kunst zugerichtet / daß / wer under der Thür stehet/ einen höchstverwunderlichen Wider-Hall zuvernehmen hat / dann in die 30. mahl einem Fragenden / oder Ruffenden / durch denselbigen geantwortet wird ; und zwar so deut- und vernähmlich nach allen Sylben und Wörtern / daß es viel vor kein Werck und Würckung der Natur / sondern vor ein Spihl eines daselbst eingefangenen oder eingeschlossenen Teuffels oder Gespenstes / gantz albet und einfältig halten. Under welchen so gar auch Hieronymus Cardanus gewesen / worüber sich billich höchlich zu verwundern / indem er sonst ein hochgelahrter scharffsinniger Mann / und in dergleichen Natur-Gehaimnussen wohl erfahren gewest. Wir wollen aber seine deß Cardani Wort selbsten hören in libr. de subtilitate L. 18. de Mirabilib. zu Nürnberg gedruckt/ da Er zu End deß Buchs also schreibet:

Es seyn daselbsten recht verwunderliche Sachen zu observiren ; als ein Echo deß vielmahls widerhallet / geschiehet auch / daß Er manchmahl die Stimme 7fach gibet. Zu Nacht-Zeit ist dieses absonderlich seltzam zu hören / nicht ein so gemein- und bekandte Sach wäre / solte es wohl einen Scheu machen und erschrecken/ so gar deutlich und manchmahl lang hernach gibt der Wider-Hall die Stimme wieder. Die Ursach ist die Lufft / so von glatt- und höhlen Gegen-Ständen zurück fället : dann nichts anders den Wider-Hall gibet als die Höhlen und Mauren oder Wände/ es widerhallt aber auß altem Gemäur / und mehr von Weittem als in der Nähe ; wo nun solche glatte Gegen-Stände sich finden / da muß die Stimm widerhallen / und ein Echo geben. Geschiehet auch vielfältig und mancherley / Ich hab es auf dreyerley Weise / oder in dreyfachem Hall gehöret.

Es haben aber nicht allein die Alte ein vielfaltigen Echo / oder auch wohl eines 7fachen Widerhalls exempla gehabt ; sondern auch in Pavy / gibt der Art / so vor disem das Königliche Hauß gewesen / die Welschen nennen es Sala ; auß einem Thor neben dem Castell / die geruffene Stimme / so offt und viel durch den Widerhall / daß es nicht zu zehlen / und höret man dergleichen manchmahl zu 13. mahlen ; und hab ich dessen viel Zeugen bey mir zu gegen gehabt / darunter auch war der berühmte Professor Medicinæ ; Melchior Malheuser ein Teutscher / so mein Discipulus gewesen. Es hätt einer was grosses verwetten sollen / daß ein hierzu bestalter Mensch antworte / oder man sonsten einen scherzen wolle : die Stimmen vergehen endlichen allgemach und hören auf : Sonderlich das Wörtlein Ahime / welches auf Lateinische Sprach heu heisst/ widerschallet gantz verwunderlich ; als wie die Stimm eines sterbenden / oder kranck- und schwachen Menschen. Das Gebäu an sich selbsten ist viereckicht / und mit vielen groß- und weiten Fenstern versehen / in der Höhe wird es von den Seiten erleuchtet und hell gemachet. Die gegenstehende oder vorstehende Wand oder Maur aber ist gantz / wie auch die erste Wand oder Maur / außgenommen / daß da eine Thür ist / die Länge ist beyläuffig 100. Schuh / die Breite 25. da der Wider-Hall geschiehet / und vernimt man die Stimm sehr offt / wann man bey der Maur gegen der Thür über stehet / und meint man nicht anderst / als die Stimme kommen von oben über dem Thor herab / also höret man den Wider-Hall auch zu beeden Seiten / ja wann man auch ausserhalb deß Thors stehet / in der Mitten aber höret man nichts / daher nicht zu zweiffeln / es sey entweder ein teuflisches Gespenst / oder sonst ein heimlicher Betrug. Dann es kaum möglich / daß es ein natürlich Echo seyn solte / weiln die geruffene Wort so laut / so offt und in ihrer Ordnung gehöret werden. Die höhe dises Gebäues ist meines erachtens / um den halben Theil mehr als die Breite ; dann es ist ziemlich hoch. Ich hab es aber also beschreiben wollen / daß auch andere wissen/ wie man dergleichen verwunderliche Sachen finde / auch dergleichen nachzumachen wisse. Ich hab auch von den Anwesenden vernommen / daß zu alten Zeiten vor diser Thür oder Thor ein gewölbter Bogen oder Vorgebäu gegen übet gestanden / darvon auch noch ein zimlich Stück übrig ist. Und daß man den Widerhall under disem Bogen oder Schupffen am allerbesten und deutlichsten habe können vernehmen / auch vielmehr und offter / also / daß man offt selbigen biß 30. mahl vernehmen können ; das ist gewiß/ je geschwinder und stärcker die Stimme ruffet / je öffter und deutlicher läst sich der Echo hören.

Dieweilen nun ohne längsten ein Priester unserer Societät / so auch der Music zimlich erfahren / so wohlen wegen der Beschaffenheit dises Widerhalls / als auch deß gantzen Gebäues / mir ein genugsamen unterricht gegeben / auch die eigentliche Beschreibung zugeschicket / als hab ichs auch wollen beyfügen / darmit der Kunstbegierige Leser eines solchen wundersamen Widerhalls eigentliche Ursach desto besser erkennen möchte; Und verhält sich die Sach folgender massen. Es ist ein Gebäu in der Statt Ticino, so ins gemein Pavy wird genennet / in dem höchsten Ort der Statt / bey dem Palatio oder Schloß deß Herzogs / so man in gemein Salone, oder Arsenal nennet / vor Zeiten wurde

wurde diser Art zu den öffentlichen Schau-spielen gebrauchet; Heutigs Tags ist es das Zeughauß/ wo das Gewehr aufbehalten wird/ die Gestalt ist viereckicht/ die Höhe 3 ½. Elen biß an die obere Decke oder Bühne/ die länge 124. Elen/ die Breite 24. hat zwey Thor oder Thüren/ eine wie man hinein gehet gegen Mitternacht 6. Elen hoch/ und 4. breit/ soll vor disem 5. Elen breit gewest seyn/ in der gegenstehenden Mittag-Seiten/ seyn drey Fenster/ deren das mittlere grösser als die andere alle/ under welchen Fenstern auch ein Thor oder Thür ist/ der jenigen/ so auf der Mitternacht-Seiten stehet/ gantz gleich/ durch welche man in die von Cardano beschribene Schupffen oder gewölbten Bogen gehet/ ist nunmehr eine Werckstatt; und also hab ich das gantze Gebäu/ so viel als zu unserm Vorhaben dienlich ist/ kürtzlichen vorgestellet/ ist nichts mehr übrig/ als daß auch die Ursach dises so verwunderlichen und vielfaltigen Gegen-halles angezeiget werde. Wann man die beede Thor gegen Mitternacht und Mittag aufmachet/ deren das letztere als mittägige bey 30. Schritt von der Stattmauren entlegen/ so läst sich der Echo Eilffmahl hören/ hörgegen wann diß Thor zugemacht wird/ achtmahl/ thut man dann beede Thore zu/ 6mahl/ und zwar nur von dem/ der in der Mitte stehet/ dessen kein andere Ursach seyn kan/ als die vor den Thoren gegenstehende Wände oder Mauren/ so die Stimm/ bey eröffneten Thoren/ nach ihrer proportion und gewisen distanz 11. mahl zurück werffen; wann aber die Thore zu/ und die distanz geringer/ so gibts auch weniger reflexionen und Gegen-hallungen; wie es dann anderst nicht seyn kan; jedoch hat man observiret/ daß diser Echo oder Widerhall seine grösseste Krafft habe in zwey-sylbigen Wörtern/ wie auch von dem Maylandischen Echo oben gesaget worden; Es schickt sich auch nichts bessers einen Echo daselbst zu formiren, als die natürliche Menschen-Stimm/ dann die durch instrumenta, Trompetten/ Paucken und dergleichen geschihet/ ist gar zu starck und laut/ und confundiret sich zu sehr. Dessen Ursach wir in vorgehendem genugsam vorgeleget; doch werd ich berichtet/ wann man mit einem Cornett oder Zincken/ die intervalla ut, mi, sol, also einsylbig blase/ So mache der Echo einen concent und Hall auf die Art einer Eilfsachen fuga oder music-folge; gewißlich ein recht wunderlich Sach zu hören. So hat auch diser Echo, unterschiedliche Art und Eigenschafften/ nach dem die ruffende oder sprechende Personen stehen; dann anderst laut es dem/ der in der Mitte stehet/ nach dem man von den Seiten oder von vornen ruffet/ anderst hallet die Stimm denen/ die bey den beeden Thüren stehen/ so man in der Mitte ruffet/ da man dann keine andere Ursach geben kan/ als die Stellung der gegenstehenden Mauren/ da entweder durch zufällige oder kunst-gesucht und gemachte distanz, die Stimmen offtmahls anschlagen und zurückfallen/ und mit solcher reflexion dem Gehör solches artliche Spiel und Kurtzweil machen. Dessen alles gewise Ursachen niemand verborgen und unwissend seyn können/ als denen/ die entweder unser vorgehendes von Vervielfaltigung oder Vermehrung der Stimmen nicht gelesen/ oder wann sie es gelesen/ nicht verstanden haben. Daß aber an besagtem Ort heutigs Tags solch wunderliche reflexion und Echo nicht mehr/ als wie vor disem zu Cardani und Blancani Zeiten gehöret wird/ ist die Ursach/ daß heutigs Tags diser Ort und Gebäu mit Kriegs-Waffen und Zurüstungen angefüllet/ so die vielfaltige reflexion der Stimm verhindern. Wie dann dessen ein Augenscheinlicher Beweiß/ daß von denen/ die auf der Abend-Seiten dises Saals oder Gemachs sich befinden/ wo solche Hindernussen am nechsten stehen und seyn/ gantz kein Echo gehöret wird; dann die Stimmen werden zerstreuet/ aufgehalten und eingezogen. Und das ist es auch/ was ich von dem berühmt- und verwunderlichen Echo der Statt Pavy habe melden wollen.

Cap. IV.

Von dem Mantuanischen Hof/ auch einem andern in dem Palatio deß Hertzogs Farnese zu Caprarola/ so noch beßr zu Tag vorhanden/ so auch die Stimmen wundersam stärcket und vermehret.

IN disen zweyen Höfen ist nichts anders zu sehen/ als ein Rohr oder canal, dem gleich/ so in der Syrakusanischen Höhle vorgestellet worden; in beeden Orten gehet das Rohr oder canal mitten durch das Gewölb in gegen einander stehende Winckel/ so mit Gypswerck überzogen und bedecket/ in Form und Gestalt eines halben Zirckul-rings/ etwan einer Hand-breit tieff in dem Gemäur ober bedeckt gemacht; wann nun bey dem einen Theil einer etwas in das Rohr oder canal auch still einmurmelt oder humset/ so kommen solche Stimmungen/ als die immer für sich edlen/ und nirgends einigen Aufgang finden/ nothwendig dem/ der bey dem andern End deß Rohrs oder canals stehet/ in das Gehör; die Kunst ist leicht zu fassen/ kan auch von einem bau-verständigen Werckmeister in einem ieglichen gewölbten Gemach gar leichtlich zu wegen gebracht werden. Wiewohlen aber die Sach mit wenigem besser vorstellen.

Man

Man mache durch das Gewölb eines Gemachs oder Zimmers ein Rohr oder canal halb⸗rund/ wie wir solches gewisen/ auß Kalch oder Gyps/ und seye also das Rohr oder canal ABC. aber nicht verschlossen/ nur daß es seine richtige Höhle habe.　So sag ich/ daß die zwey Personen/ so gegen einander über in A C. sich befinden/ mit einander reden/ und einander verstehen können/ wann sie auch auf das allerstilleste und subti⸗ leste in das Rohr oder canal reden/ hindert auch hieran nicht/ wann schon andere in dem Gemach mit einander reden und laut seyn.　Die Ursach ist leicht zu ergründen/ dann weiln die Stimm oder Thon/ so in das Rohr oder canal eingeredet wird/

ganz/ ohne Zerstreuung für sich lauffet/ und also ganz auß A durch B. in C. gehet/ so kans nicht fehlen/ die völlige Stimm muß dem bey C. stehenden völlig ins Gehör fal⸗ len.　Darff also im geringsten niemand zweiflen/ daß der effect nicht alsofolgen solte.
Es ist noch nicht gar lang/ daß P. Jacobus Bonvicinus, ein vortrefflicher und be⸗ rühmter Mathematicus in unser Societät von einem andern sehr wunderlichen Echo, so in dem Thal deß Bergs Vesuvii sich neulich hören lassen/ an mich geschrieben; der Echo aber ist gekommen auß der Stellung und disposition dises Orts nach dem letzten Brand/ von denen daselbst wartenden/ und durch ihre Arbeit und Fleiß/ aber doch ohngefähr entdecket/ dann indem sie etliche canäle und Röhren zu Abführung deß von den gros⸗ sen und hohen Weinbergen abschiessenden Fluß⸗ und Regen⸗Wassers graben/ hat sichs begeben/ daß als einer oben auf dem Berg bey dem Loch deß canals oder Rohrs etwas geredet/ ist die Stimm so in dem canal fürsich geedlet/ auch durch vielfältige reflexion sehr gestärcket worden/ unden an dem Berg von denen an dem canal arbeitenden Leuthen so breit und deutlich gehöret worden/ als ob die Stimm ihnen an der Seitten träte.
An disem Ort läst sich die gesprächige Natur immer vernehmen/ man höret die Gespräch der Hirten/ auch anderer Leuthe/ und sihet doch darbey nicht einigen Men⸗ schen/ welches schon manchen gar wunderlich und seltsam vorgekommen.　Nun wird einmahl genug von denen wundersam⸗ und abentheurlichen widerhallen gehandelt seyn.

Cap. V.

Von Wunderbahrer Würckung der Stimm⸗ und Thon⸗Kunst an grosser Herren Höfen und Palatien.

Erste Kunst⸗Erfindung. Pragmatia I.

Grosser Herren Höfe also zuzurichten/ daß nichts so still darinn möge vorgebracht werden/ so man nicht eintweder in eben demselbigen oder einem andern Gemach und Zimmer solte hören können.

ES halten etliche mit dem Porta barfür/ daß könne mit heimlich und verborgen Röhren und canälen zuwegen gebracht werden/ wann nehmlich dieselbige auß ver⸗ schidnen Gemächern/ in einen Ort zusamen geführt und gefügt werden/ wann man

Die canal und Röhre haben eine sonderbahre Krafft die Stimm zu samlen und dann zu stärcken.

dann das Ohr an das offene Mundloch halte/ wo die Röhre oder canal zusammen ge=
h:n/ so könne man alle Reden vernehmen/ die in solchen unterschiedlichen Zimmern von
gebracht werden; welche / wann man es also will verstehen/ daß was in solchen Zim=
mern und Gemächern auch still geredet wird/ zu deß aufmerckenden oder horchenden
Gehör komme/ so ist es falsch; sintmahlen die Stimmen und Wörter/ so in solchen Ge=
mächern vorgebracht werden/ sich in dem Mundloch deß Rohrs oder cänals nicht zusam=
men samlen; sondern in der freyen Lufft zerstreuen/ zertheilen/ zerreissen sich und vergehen/
ehe sie zu dem Rohr oder canal kommen; aber wann man den Mund an das Rohr oder
canal hält/ und die Wort hinein redet/ so ist kein Zweiffel/ daß man auf solche Weiß
alles deutlich hören und vernehmen kan/ was in das Rohr oder canal also gesprochen
oder geredet wird.

Ein Rohr
von 500.
schuhen gibt
die Wort
und Stimen
deutlich.

Wie dann ich/ durch ein solch lang bleyern Rohr oder Teichel/ und ein andermahl ne=
ben andern/ so bey mir waren/ durch [...] aber 500. Schuh lang die Wort
und Stimm gar deutlich gehöret [...] Es muß aber [...] Rohr oder Teichel nicht gar zu
weit/ auch nicht zu eng seyn/ sondern die eigentliche [...] fortzuführen bey sol=
chen Rohr= und canalen oder der Diameter und [...] oder Daumenbreit
seyn.

Warum die
eingemaurte
Röhre die
Stimm und
Thon besser
geben / als
die in freyer
Lufft sich be=
finden.

Wann mans aber zu Paucken und Trom [...] wolte/ so müssen sie et=
was weiters gemacht werden. Und solche Rohr oder canal [...] sie eingemauret seyn/
so haben sie ihre Wirckung besser/ als wann sie in freyer Lufft/ [...] deckt seyn/ dessen dann
keine andere Ursach seyn kan/ als daß die eingemaurte [...] zittern und schüttern
underworffen/als die in freyer Lufft sich befinden; nun [...] verhindert/ [...] die fort=lauf=
sende Stimm nicht wenig/ dann dardurch wird sie gar leicht ver[...]tret und confundiret/

Das Gegen=
theil findet
sich bey den
freyen Bälk=
ken und Höl=
zern.

Gantz das Gegentheil findet sich bey den Balcken/ oder dergleichen langlecht und dichten
Körpern/ welche keine Krafft haben die an= oder eingerührte und [...]mste Stimme fort=
zuführen/ iedoch bekommen und erlangen sie solche Krafft/ ie mehr sie in der freyen Lufft
schweben/ wie bereits oben erwisen worden; dann [...] das Beben und Zittern deß gantzen
Bodens/ das zittern deß einen Endes bey dem andern End stellet uns fortführet/ der Bode
aber/ so in die Erden eingegraben/ oder sonst eingemauret ist/ solch freyes Zittern und Be=
ben verlieret/ so folget/ daß Er auch zugleich die Macht und Krafft die Stimme fortzufüh=
ren/ verlieren müsse.

Wiewoln nun diese Sach durch canal und Rohr sich am allerbesten practiciren lässet/
auch bekandt und leicht zu verstehen/ so kan man doch nicht in Abred seyn/ daß durch solche
heimlich geführte Rohr und canal gantz wunderliche und fast unglaubliche Sachen könne
zuwegen gebracht werden. Wann anderst ein Künstlicher Echo=Meister und Erfinder/ sei=

Proß und
Kunst= stück
deß *Authoris*,
die in der Er=
den geführte
Röhre und
***canal* betref=**
fend.

nen Fleiß und Verstand gebührend anwenden will. Den Grund und Wahrheit dieser
Sach hab Ich in eines Alchomisten Werckstatt oder laboratorio gelehrnet/ so under der
Erden war/ ohn einiges Loch oder Fenster/ allein mit Rauchfang und einem kleinen Thür=
lein versehen/ da kann die eingeschlossene und eingefangene Stimmen und Wörter bey dem
End oder Mundloch deß Rauchfangs/ mit höchster Verwunderung/ gantz deutlich zu ver=
nehmen gewesen/ dardurch ich dann der Sachen weiter nachzudencken bewogen worden/
daß ich nun gäntzlich dafür halte/ daß dergleichen auch in grosser Herren Höfen und Pal=
lästen gar wohl köndte zuwegen gebracht werden.

Man mache z. kleine Zimmer oder Gewölblein/ 8. Spänen ohngefähr lang/ auch eben
in solcher Breite/ und Höhe/ die Breite bezeichnet in der Figur R X. 8. Spannen/ die Höhe
H V. ebenmässig 8. Spannen/ darbey ein klein und niedere Thürlein A. so man gantz gebuckt
und knapp zumachen könne/ ingleichen zur Seiten ein Fensterlein von Christall/ also einge=
mauret/ daß die lautende Stimmen/ weder durch das Fenster noch durch die Thür auswei=
chen können/ sondern durch die canal und Röhre DE. ZE. SE. so durch verborgene Leitung
in das Zimmer oder Gemach F. geführet werden/ gehen müsse/ welches Rohr oder canal
man mit dem Gewölb und Bögen deß Zimmers D. (so wie ein bäuchender Kegel gantz glatt
seyn muß/ wie die Figur weiset) also vereinigen muß/ daß mans nun für eine und einerley
Fläche halte; zu End aber soll das Rohr/ ein übersich stehendes offenes Mundloch haben in
E. daß der aufgehende Thon oder Stimm sich gantz frey außbraiten könne/ so ist dann das
gantze Wort fertig. Dann wann einer in dem Zimmer oder Gewölb AD. sich befindet

Auch

Auch die Thür und Fenster gehäb verschlossen; was er da reden/ schreyen oder sagen wird/ wird in der bauchichten Kegel-fläche D. hin und her getrieben/ anschlagen; und weiln der Thon sonsten nirgends kein Außgang hat/wird sich die Stimm endlichen in das Rohr D E. einziehen/und in E. außgehen/also/ daß wer in dem Gemach F. sich findet/solch Stimm und Thon gar eigentlich hören und vernehmen wird.   Darvon besihe unden die Figur Sect. VII. Cap. XI.

Folge.   Consectarium.

Hier erhellet/daß eine music/ so in dem Zimmer oder Gewölblein A D. geschiehet/durch den verborgenen Gang oder Rohr D E. in dem Gemach F. gar eigentlich und wohl gehöret werde.   Wolte man aber mancherley Stimm- und Thon-Kurtzweil und Spihl anstellen/: wurde solches durch mancherley dergleichen heimlich-geführte Röhren und canal auß solchen Gewölblein in das Zimmer F. sich gar leicht zu Werck richten lassen.   Die absgesonderte Gewölblein seyn Z. S. D. auß welchen solche Sprach-Röhre in das Gemach F. verborgen geführet werden; wie auß obstehender Figur besser wird zuersehen seyn.

Andere Kunst-Erfindung. Pragmatia II.

Einen Ort oder Gebäu also zuzurichten/ daß der Thon oder Stimm
so in demselbigen geschiehet/ allein an zweyen gegeneinander überstehenden Seiten/ und sonst nirgend könne gehöret werden.

IN Fürstlichen Höfen und Palatien finden sich mancherley solche Thon- und Stimm-Kurtzweil; darvon in der Historia Echonica oder Widerhalls-Historien gehandelt worden.   Wie aber ein Fürst oder anderer grosser Herr/ dergleichen Gebäu und Zimmer nachmachen und verfertigen lassen könne/darvon soll jetzo Meldung geschehen.

Erstlichen nun/ so muß das Gemach oder Gebäu rund oder gewölbet seyn/ wie eine welsche Kappen oder Capel: wie nachstehende Figur weiset/ in einer gleichweiten Zirckel-runde/ mit einer gantz glatten Fläche/ der Grund oder Boden muß vollkommen rund seyn/ wie auch die Maur/ so zwischen dem Boden und dem Gewölb ist; dergleichen nach der Widerhall-Kunst gebauten Thurn/ erinnere mich vor diesem zu Heydelberg in dem Schloß deß Pfaltz-Grafen und Chur-Fürsten gesehen zu haben.

Ein Wunder-Echo in dem Heydelbergischen Schloß-Thurn.

Dieser

Dieser Thurn oder Gebäu hat diese Wunder-Art an sich/ daß/wann Jemand hinein gehet/und ein wenig hart auf den Boden tritt / er nicht anderst meint / als daß ein gantzer Schwarm von Leuten ihme nachfolge; stehet aber einer in der Mitten / so kan er ein gar starcken und lauten Wider-Hall machen.   In denen gegeneinander überstehenden Stel-

len aber F G. deß Umkreyses C E F G. kan nichts so leiß und still gesaget werden / welches der andere in F. oder G. stehende nicht deutlich hören und verstehen solte / welches sich dann bey allen runden Gebäuen findet / wie auch zuvor von der Capel oder Thurn S. Petri zu Rom gesaget worden.   Eben dergleichen hör ich / soll auch zu Mantua in einem Vor-Werck oder Land-Hauß und Pallast deß Hertzogs/ in einem sonderlichen Zimmer anzutreffen seyn/darvon aber anderswo zu melden.   Ist also bey solchen Gebäuen und Wercken kein anders Kunst/ oder Vortheil verborgen / als daß sie nach vorgestelltem modell und Art gemachet werden ; es muß aber in einem solchen Gebäu oder Gewölb mit keinem Bild/ Zierd oder dergleichen gehindert werden / sondern es muß die gantze runde Fläche gleich/ glatt und aneinander seyn/ so wird auch der Thon und Stimm auf solche Weise viel besser fort-geführet.

Echo in der Capell oder welsche Kappen der St. Peters-Kirche zu Rom.

Dritte Kunst-Erfindung. Pragmata III.

Ein Zimmer oder Saal / so nach parabolischer oder brenn-linischer Fläche gebauet / also zubereitet / daß man an einem sonderbähren und gewissen Ort stehend/ alles/ auch das still und leiß geredet wird/ verstehen könne.

WJewoln von der Brenn-linie oder parabole Natur und Eigenschafft oben genugsame Meldung geschehen / jedoch/ damit in der praxi und Werck selber keinen Fehler begehe; so wird es nohtwendig seyn/die schwerste Sachen zuvor zu erörtern: Muß man derowegen wissen / daß die parabolische oder brenn-linische Fläche auf zweyerley Weise zu betrachten seye/nahmlich eine scharffe und eine stumpffe/ je stumpffer nun die hohle Fläche ist / je näher wird auch der Gehör-punct und Stelle dem Wirbel oder centro der Brenn-linie seyn/ je schärffer aber und spitziger solche Fläche ist/ je weiter wird auch der Gehör-punct von der Scheittel solcher Brenn-linie seyn.   Der punct aber/ oder Zusammenlauff der Linien ist allezeit in der Mitte oder Waltzen solcher Brenn-linien.

Darnach muß man wissen; damit alle Stimm- oder Thon-linien in einem Gehör-puncten zusammen kommen/ so sey nohtwendig / daß die Stimm-linien innerhalb der hohlen parabolischen Fläche einfallend/ gegen der Waltzen oder Mittel-puncten alle parallel oder gleich seyen/ wann die parabolische oder brenn-linische Höhle ziemlich weit / werden die Stimmen oder Thon auch die geringste und wenigste in einem puncten zusammen kommen.

Wir wollen aber die Sach etwas deutlicher und verständlicher vorstellen. Es sey die parabolische oder brenn-linische Höhle/Gewölb oder Bogen A B C. Die Mitte oder Schluß desselbigen D. so sag ich/ daß die Stimm und Thon nicht in D. strahlen oder fallen werden/ es sey

es sey dann/ daß sie alle gegen der Waltzen oder Mittel-linie B D E. parallel und gleich geführet werden.

Dann die Stimm auß E. wird in O. und L strahlen und fallen (wie dann auch
oben gewiesen worden/ daß die Stimm/ durch feglichte/ oder sich rund außbreitende
Stimmung fortgeführet werde) ist also gewiß/ daß nach den obangeführten reflexions-

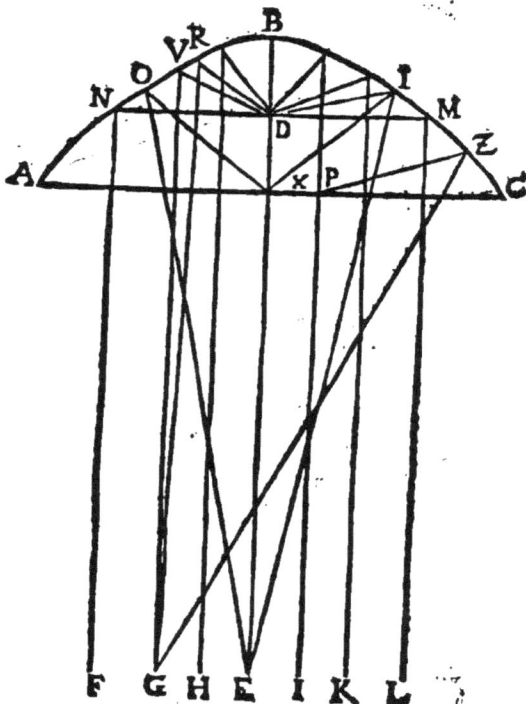

und Anschlags-Regeln/ die Linien auß E. in O. und L. anfallend/ nicht in D. sondern
X. zuruck schlagen werden ; dann hierinn wird der anfallende Winckel dem refecti-
renden oder zuruck-fallenden gleich.   Wiederum/ wann die Stimm/ so ausser der
Waltzen sich befindet/ in der hohlen Fläche anschlägt/ so ist zwar wahr/ daß ein
Strich oder Linie in D. reflectiren und zuruck fallen werde/ die andere Striche und
Linien aber/ werden ausser der Waltzen oder Mittel-Linie andere centra suchen/ als
die Linie oder Stimm-Strahl auß G. in V. anfallend/ und in D. reflectirend. erwei-
set ; die Stimm-linien aber/ so auß G. in R. und Z. strahlen/ die werden weder in
D. noch in X. sondern in P. zuruck fallen/ und ihren Winckel machen.

Also siehet man/ daß die Stimm so innerhalb dern parabolischen oder brennlinischen
Gewölb anschlägt/ nichts sonders thue und würcke/ mit ihren feglichten linien, wann sie
nicht in der Waltzen oder Mitte sich befindet; alsdann werden der einigen feglichten Stimmung ihre Linien in einem puncten zusammen fallen oder strahlen; Es sey in folgender Figur die Stimmung A B C. die Brenn-linie B D C. die Stimm oder Thon in der Waltzen
oder Mittel-linie A D. so sag ich/ daß die feglichte Stimm-linien A B C. so um das parabolische oder brenn-linische Gewölb und Bogen anfallen/ in D. reflectiren oder zuruck fallen werden.   Dann weiln alle Linien. an der hohl oder gewölbten Fläche einen effeel ma-
chen/ so mit dem Grund-Satz oder basi deß Regels oder Spitzen-Rundung überein kommen

Die feglichen
Stimmunge
suchen und
findt in der
Waltzen ei-
nes brenn
linischen Ge-
wölbes dern
schlechterexe-
tra und re-
flexionen.

J ij

J ij

men / so ist gewiß / daß sie auch alle / mit gleichen Wincklen in ein gewisses und determinirten puncten reflectiren oder anschlagen werden/ und zwar in der Waltzen oder Mittel.

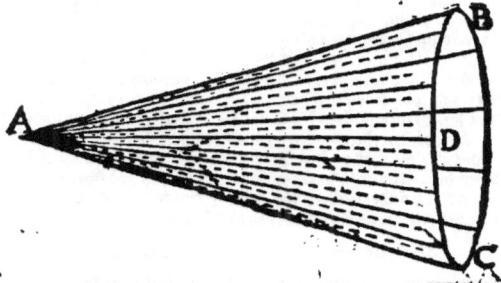

Dieweiln aber solcher Kegel nicht einfach oder einig ist / sondern fast ohnzehlich viel andere/ immer kleiner und kleinere in sich schliesset / so werden sie nicht alle in einen puncten fallen / sondern ein jeglicher wird sein/ besondern Gehör-puncten oder centrum in der Are oder Waltzen suchen und machen / nicht anderst/ als in einem rund-hohlen Brenn-Spiegel geschiehet / allwo die einfallende Licht-Strahlen / nicht nur in einem einigen puncten die Brenn-Krafft haben / sondern die besondere Strahlungen werden auch in der Waltzen ihre besondere Brenn-centra und puncten machen.

Die Stimm-linien einer cylindrischen und gleich-runde Stimmung/ fallen in dem breit-linischen Ge-wölbe/alle in einen puncten zusammen. Wann aber die Stimmung nicht zuspitzend / rund oder keglicht / sondern cylindrisch und gleich-lang-rund ist / so sage ich / daß alle Stimm-linien, so da parallel und einander gleich seyn / zu der Waltzen oder Mitten in einem puncten zusammen-fallen werden / die Ursach und Beweiß dessen kan in meinem Buch de Arte magna Lucis & Umbræ gelesen werden.   So nun nach genügsamer Betrachtung dieser materien, jemanden in einem Palatio oder grossen Hof der Lust kommen solte/ dergleichen werck-stellig zu machen / so könnte es am aller-füglichsten in einem langen Gang oder galerie geschehen / und zwar auf diese Weise ; Es müste an beeden Seiten oder Enden / durch eine brenn-linische Form eine solche parabolische oder brenn-linische Fläche zubereitet werden / also / daß wann da in der Mitten eine Stang oder Waltze wäre / dieselbige durch beeder parabolischer Flächen centra gienge.

Es werde ein doppelte brenn-linische runde Höhle / oder Gewölb gegeben zu beeden Enden deß Ganges: die erste ABC. die andere GEF. die gemeine Waltze oder Mittel-strich seye EB. die beede Mittel oder Schluß-stellen HL die Stimm oder Thon sey in O. als dem Mittel-puncten der Waltzen EB. Wann nun die Stimm mit einer kegelhafften Stimmung anschlägt/ so hat sie zwar einige Würckung/ aber nicht so starck/ wie sonsten bey den Brenn-linischen Gewölben geschiehet / und zwar um vorangeregter Ursachen willen; wann aber die Stimmung in einer ablangen Gleich-Rundung / oder cylinder auß POR. an beede Ende fället / so wird das Ohr in der einen Schluß-stelle entweder H. oder I. sich befindend/ finden und hören/was es verlanget ; dann alle Stimm-linien, wann sie auch schon schwach und gelind seyn / werden sie doch in H. und L. anfallend sich mächtig stärcken.

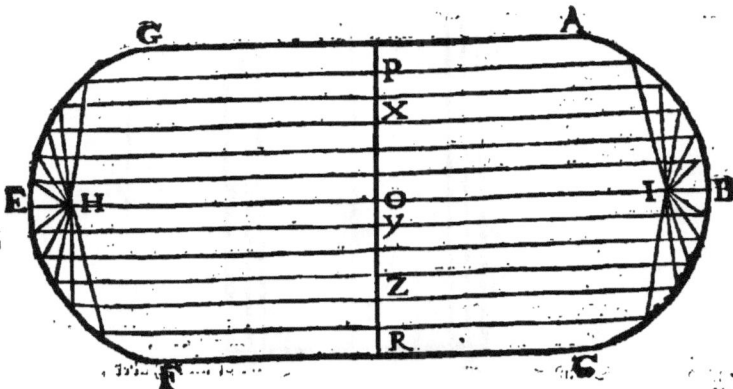

Und wird man also in H. oder L. vernehmen und verstehen / was in der Mitte deß Ganges P O R. auch still und leise gemurmelt oder gesaget worden. Und wird dieses Kunst-Stück desto verborgener seyn / je stumpffer die parabolische oder brenn-linische Gewölbe seyn werden / dann daher wirds geschehen / daß die zwen Schluß-Stellen oder Mittel-puncten der Brenn-linien / ziemlich ausserhalb der Höhle oder concavität sich befinden werden; da dann die gegenwärtige Zuschauer und Zuhörer sich höchlich verwundern werden / daß man an dem bestimmten Ort / in freyer Lufft ein solch starcke Stimm und Thon hört / da doch weder Bogen / Gewölb / oder andere dergleichen verursachende Fläche / in dem Gang zu sehen. Ja es wird sich solch starcker Thon und Stimm in ᴇ. underschiedlichen Orten hören und vernehmen lassen / nahmlich in P X O Y Z R. Wolte man aber under diesen ᴇ. Stellen / nur absonderlich einen anreden wollen / zum Exempel / der in P. stünde / so müste es durch ein Rohr geschehen / welches in den Brenn-linien oder parabola auf den puncten G. gerichtet wäre; dann die Stimm so in G. einfället / muß sich nohtwendig dem Gehör dessen / so in dem puncten P. sich findet / stellen / weiln die Stimm-linie eben auf solche Art / wie sie an- und einfället / auch reflectiren und wieder zurück fallen muß.

Ein andere Kunst-Art dergleichen zu practiciren.

M Ersennus in seiner Harmonia universali gibt ein andere Ursach und Art zu practiciren / so ich beyfügen will / damit man darvon zu urtheilen wisse. Dann weiln Er gesehen / daß die cylindrische oder gleich-ablang-runde Stimmung schwer zu wegen zu bringen / die Peglichte aber schwach und nicht genugsam / hat er vermeint mit doppelten Brenn-linien oder einer doppelten parabola mehrers außzurichten / dann er hat der grösser hohlen Brenn-linie / noch eine andere kleinere beygefüget / doch daß sie beede einerley Zusammen-fallung oder Schluß-Stelle hätten / auch der grössern also entgegen gesetzt / daß die in die grosse parabole einfallende Stimmung / von dannen und durch die Schluß-stelle an die kleinere reflectire und zurück falle / und von dannen entlich in gleichweiten Linien / oder durch einen parallelismum ausser der Fläche der grössern parabola (welche nach proportion und grösser der kleinern muß außgehauen seyn) sich in das Gehör deß zurückstehenden begebe und einfalle.

Es werde gegeben die grosse parabole oder Brenn-linie A B C. die kleinere aber D E F. Also und der Gestalt mit einander vereiniget / daß die Schluß-Stelle oder Zusammen-fallung G. beeden gemein sey; es sey aber die grosse parabole oder Brenn-linie von V. biß A

außgehauen ; darnach so seye die Stimm oder Thon in X und Y. die Stimm-linien aber
XT. XV. YP. YQ. welche in die hohle Fläche der großen parabole einfallen / und von
dannen reflectiren und zurück schlagen / durch G. in L und R. aber X T. und XV. in N
und O. einfallend / reflectiren von dannen in L M. und H L biß sie endlichen durch einen
cylindrischen oder gleich-runden Anfall / dem in H I L M befindenden Gehör sich stellen.

Nun das hat gewißlich dem ersten Ansehen nach einen feinen Schein/aber im Werck
selbsten wird sich wenig außrichten lassen. Dann wie die größere parabola oder Brenn-
linie wenig Linien annimt und fasset / also wird auch die kleinere gar wenig- und durch den
parallelismum und Vergleichung sehr geschwächte Linien endlichen zurück fallen lassen/
also / daß ich wohl sagen darff ; die Art und Weis/ so vorher von mir beschrieben/ hundert
mahl besser und gewisser ist als diese.

Ja Mersennus selbsten/ weiln er wohl gesehen/ wie übel sich die Sache practiciren lasse/
und daß dieses nicht wohl angehe/ komt auf eine andere weise/ die aber auch nicht viel besser
ist. Dann es ist leicht zu schließen / daß dieses Werck keine Würckung und Krafft haben
könne / so wohl um vorgesetzter Ursachen willen / als auch wegen der Schluß-stelle/ welche/
weiln sie beederley Brenn-Linien gemein/ man gewißlich mehr als einen Archimedischen
Fleiß und Wissenschafft haben müste / diselbige genugsam und richtig zu vergleichen
zu bereiten.

Es sey die größere parabola oder Brenn-linie A B C. dern werde die kleinere D. also
beygefüget / wie in der Figur stehet / es sey aber deroselben Fläche hohl-außgebogen oder in
convexo, und die Schluß-Stelle beeden gemein in E. Wann nun das Gemach also disponirt, so werden die Stimm- und Thon-linien auß G. und F. in die hohle Fläche der größern
parabolæ einfallen / und auß den puncten o n x h. nicht in die Schluß-Stelle E. sondern
vielmehr in die außgebogene Fläche der kleinen parabolæ D. reflectiren, auch endlichen den
empfangenen Thon oder Stimm mit einer cylindrischen oder gleich-runden Stimmung
zurück schlagen in I. und K. und daselbst zu Gehör fallen. Wer siehet aber nicht / daß auch
dieses außer der bloßen speculation nichts sonders hinder sich habe? Dann die kleine parabola oder Brenn-linie, benebens / daß sie schwerlich zu der Schluß-Stelle der größern sich
schicket / wird so wenig reflexiones, und darzu so matt und schwach an den Bogen der kleinern werffen/ daß der in I und R. sich befindende / schwerlich einige Vermehrung und
Stärcke der Stimm oder Thons / wird meines erachtens erlangen können / jedoch gesetzt/

nicht aber zugegeben / daß einige Vermehrung der Stimm da zu hoffen / ſo halt ich doch darfür / daß diſes Werck ſo ſchwer zu practiciren / daß es kaum zuwegen gebracht werden könne. Dann es lauten und ſeyn viel Sachen in der Theoria; und bloſſen Lehr-Kunſt ſchön und fein ; welche doch mehrmahlen in der praxi gar nicht oder ſchwerlich angehen / noch ſich zu Werck bringen laſſen ; derowegen nach Nothwendigkeit alle Vorſehung gethan worden / damit man nicht diſes auch von unſern Kunſt-Erfindungen / Sprach- und Gehör-Wercken und Gemächten ſagen möge / welcher Urſachen halben wir uns befliſſen / nichts hierein zu ſetzen noch zu ſchreiben / was nicht zuvor im Werck ſelbſten probiret worden.

Wer nun ſolte belieben haben / durch ſolche Brenn-linien ein Sprach und Gehör-Kunſt-werck zu machen / der procedire nur auf keine andere / als vorgeſagte Weiſe / ſo wird das Werck ohnfehlbar gerathen / und wohl von ſtatten gehen. Es iſt auch nicht nöthig ; daß die parabolische oder Brenn-liniſche Fläche bey ſolch Kunſt- und Echoniſchen Werck / ſo gar genau nach der Mathematischen Wiſſenſchafft gemachet werde / als wie in den Brenn-Spiegeln erfordert wird. Sondern genug wird es ſeyn / wann man mit möglichem Fleiß eine ſolche paraboliſche Form und Muſter machen läſt. Dann weiln die Stimm-linien ihre genugſame merckliche Breite haben / ſo iſt leicht zu erachten / daß das parabolische oder Brenn-liniſche centrum nicht ein Mathematisches / ſondern ein natührliches und ſeine gewiſſe Weite habendes centrum ſeye / ſo dem allein verborgen iſt / ſo das vorgehende nicht genug zu verſtehet.

Vierdte Kunſt-Erfindung. Pragmatia IV.

Ein Hyperbolisches / die Stimmen und Thon zuſammen ſamlendes Werck und Gebäu zuzurichten.

ALs wir von der Brenn-linie oder parabola geſaget haben / kan man auch von den hyperbolischen Flächen ſagen / und verſtehen / alſo iſt von dergleichen Flächen nichts ſonders zu melden mehr übrig. Dann wann man ein ſolch hyperbolische Form hat / ſo ſich zu der weite und capität deß Ort ſchicket / ſo kan man in einem Gang / zwey ſolche hyperboliſche Flächen / mit denen gebührenden Gehör-centris / verfertigen / da dann das Gehör an ſolchem Ort und Stelle ſich befindend / nicht anderſt / als bey den parabolischen Flächen / alle / auch leiß und ſtill vorgebrachte Wort und Reden vernehmen wird. Weiln aber diſes alles leicht zu verſtehen / als eylen wir zu andern Sachen und materien.

Fünffte Kunſt-Erfindung. Pragmatia V.

Elliptische oder ungleichs- und ablangs- runde Werck zu führen / ſo die Stimm und Thon ſehr ſchärpffen und ſtärcken.

VOr allen andern ſeglichten Abtheilungen ſchicket ſich am allerbeſten zu diſem unſerm Werck und Echo-Kunſt / die Ellipſis / oder ungleich- und ablange Rundung / darvon wir auch ietz etwas mehrers handlen wollen ; was aber Ellipſis oder eine ſolche ablange Rundung ſeye / iſt oben gemeldet worden. Wir ſchreitten nunmehr zum Werck ſelbſten. Die Elliptische oder ablangs- und oval-runde Gewölb oder Bögen haben diſe Eigenſchafft / daß ſie / wo ſie frey ſtehen / allezeit zwey centra, oder Haupt-puncta machen. Da muß man nun erſtlichen ein ſolch oval-Form oder modell haben / in ſolcher länge / als zu einem ſolchen oval-Gewölb erfordert wird.

Es ſey ein gypſenes Gewölb A H B. bey dem muß man in beeden polis oder Anglen A B. die ablangs-runde oder oval-Form anſchlagen und appliciren ; die Gehör-centra ſeyen C und D. ſo fleiſſig müſſen in acht genommen werden / und da muß man die ablangs-runde oder oval-Form in dem weichen Gyps ſo lang mit einer halben Umtrehung bewegen und eindrücken / biß die oval-Fläche recht und eigentlich ſich präſentiret ; ſo iſt das Werck fertig ; wann dann einer in D. ſtehet / was er auch auf das leiſeſte und ſtilleſte außſpricht / wird der in C. ſich befindende alles deütlich und wohl vernehmen können ; dann weiln die Stimm in D. wo ſie auch in diſem oval-Gewölb anſchlägt / allezeit in C. reverberiret, und derwegen unzehlich viel Stimmungen daſelbſten zu einer Zeit geſchehen / als werden ſie daſelbſt ſehr geſtärckt und vermehrt zu Gehör kommen.

Das aber muß man wohl mercken / daß die Fläche ſo viel als möglich iſt gantz glatt und faſt ſpiegel-gleich polirt ſey / und derowegen mit Leim- oder Gummi-waſſer überfahren werden / damit auch die geringſte Spalt oder Raue / glatt und gleich gemachet werden

Sechste Kunst-Erfindung. Pragmatia VI.

Ein oval-Gewölb und Sprach-Kunst-Werck in einem Palatio also ordnen / daß zwey Personen in absonderlichen zweyen Gemächern sich befindend/ von etwas sich mit einander underreden können/ als wann sie gegenwärtig bey einander wären.

Kunstwerck/ dadurch an-dern seine Heimlichkei-ten zu offen-bahren.

Es ist dieses ein schöne Erfindung/ so sonderlich in communication und vertreulichee Under-redung allerhand Anschlag und consilien grossen Nutzen hat; wie dann sehr viel daran gelegen/ daß wichtige Sachen und Vorhaben geheim und verborgen gehalten werden/ damit sie nicht vor der Zeit dem Feind oder Spionen bekandt werden; und um dieser einigen Ursach willen/ seyn solche verborgene und geheime Wege und Stege gemachet und erfunden/ daß man um wichtigen Vorhaben und Anschlägen/ desto ver-borgener/ wie auch sicherer/ sich miteinander underreden und communiciren könne.

Kunstgebäu durch dessen beheiff zwey grosse Herren in zwey ver-schiedtGemä-chern / gantz verborgen / vertraulich sich mit eins-ander under-reden könen.

Wie derowegen ein solch Sprach- und Gehör-Kunstwerck könne erfunden/ und nach-gemachet werden/ wird jetzo zu erörtern seyn. Daß nun zwey Fürsten oder grosse Herren in zweyen abgesonderten Zimmern und Gemächern sicher und ingeheim miteinander com-municiren und ihr Vorhaben wissend machen können; muß das Werck auff folgende Weise angeordnet und gemachet werden. Man erwähle einen Platz zwischen zweyen Zimmern und Gemächern/ wie groß auch dieselbige seyn/ der Platz sey 100. oder mehrer Schuß lang/ dann daran so hoch gelegen / innerhalb dieses Platz/ so mit zweyen Mauren muß bedeckt und verschlossen seyn / muß ein Oval-Gewölb oder Höhle gemachet werden/ und zwar also / daß die zwey zuspitzende Ende dieser Ablang-rundung oder Oval-Gewölb in beede Zimmer und Gemächer geführet werden/ durch hierzu gemachte Fensterlein oder Löcher; so ist das Werck fertig/ es wird aber die Sach deutlicher auß dem vor Augen ste-henden Abriß zu ersehen seyn.

Es seyn zwey Gemächer oder Zimmer D. und F. der Platz zwischen denenselben mit Maur-Werck bedeckt und verschlossen/ sehe G E. innerhalb dieser Maur muß man mit der ablangs-runden oder Oval-Form und modell in weichem Gyps ein solch hohl Oval-Ge-

wölb

wölb machen/ auf das allerglattiste und wohl polirt, hier mit A. bezeichnet/ die zwey centra oder Ende zu der Sprach und Gehör seyn BC. so gar eigentlich in die Fenster oder Läcker BC sich schicken/ die darzu müssen gemachet werden/ so ist das Werck verfertiget.

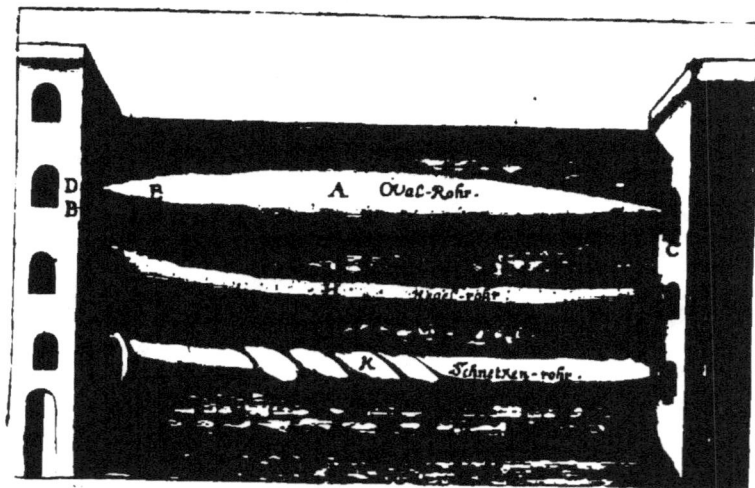

Wann nun eine Person bey dem Fenster oder Laden b. auch gantz still und leise etwas redet/ so wirds die andere so in C. sich befindet/ so deutlich und wohl vernehmen/ als wann es allernechst wäre. Dann es ist fast nicht auszusprechen/ was die Stimm in einer solchen hohlen Oval-Form und Rundung für Krafft bekomme/ und gestärcket werde; dann die Stimm und Thon schlage gleich über/ oder undersich/ bey einer oder andern Seitten an/ so werden solche Stimm-Linien in C. reflectiren und so scharff vereiniget werden/ daß die in B. vorgebrachte still und leise Wort/ in C. nicht anders als ein grosses Geschrey lauten werden. Ich ersuche alle kunsterfahrne Bau- und Werck-Meister/ daß sie in diesem so wunderbahren Werck ein Prob und Versuch thun/ so werden sie desto eyender Beyfall geben/ und das jenige glauben/ was sie etwan zuvor vor ungereimt/ und fast ohnmöglich gehalten. Weilen es auch scheint/ daß man schwerlich ein solches Gewölb zu erwünschtem effect bringen könne/ so kan es villeicht ehender und leichter durch eines von den vorgeschriebenen Sprach-Rohren/ es sey ietzt Cylindrisch oder zuspitzend/ gleich- oder ungleich-rund/ oder auch durch ein Schnecken-Rohr geschehen/ jedoch so muß der Platz näher beysammen seyn/ wie in nachstehender Figur Pragmat. VI. Die Rohr H. und K. anzeigen.

Sibendes Kunst-Werck. Technasma VII.

Auf ein andere und weit künstlichere Weise/ eben dergleichem Werck zuzurichten/ auch die Stimm und Thon noch weiter zu führen.

WO aber Jemand auf eine weitere distanz dergleichen zu Werck richten wolte/ müste es also angeordnet werden; Innerhalb der zweyen Mauren/ so zwischen den Zimmer- oder Gemächern stehet/ mache man 4. 5. 6. oder 7. Oval-Formen/ Höhlen oder Gewölbe/ eben auf die Weis/ wie in vorgehender Figur gewisen worden/ es müssen aber diese Oval-Formen also gemachet werden/ daß sie nach ordenlich und in gleichem Maß geführten Linien bey den Löchern ihre Abschnitte und Fugen haben/ wie diese beystehende Figur weiset.

S   Ihr

In dieſer Figur und zwar zwiſchen den zweyen Mauren FG. und HI. ſollen die oval-

Anweiſung/ wie oval-for-men und Ge-wölb zube-reiten.

Formen alſo geordnet ſeyn / daß die Sprach- und Gehör-centra allezeit bey zweyen ovalen ſollen einerley ſeyn / und dieſelbige zuſammen halten ; Alſo das ovals A B. Gehör-centrum B. gehört auch zu dem oval D. und das centrum D. deß ovals C D. iſt auch gemein dem oval D E. Müſſen alſo dieſe oval nach den Linien V X. ſo durch die centra gehet / abgeſchnitten oder zuſammen gezogen und gefüget werden / alſo / daß alle oval, faſt wie Fäſſer mit auß-geſtoſſenen Böden anzuſehen ſeyen ; ſo wird auch dieſes ſchöne und verwunderliche Kunſt-Werck verfertiget ſeyn. Da dann der in A. ſtehet / und etwas auch gar leiſ und ſtill re-det / wird von dem in E. ſich befindenden / auch auf die 500. Schuh weit ſo deutlich unvernehmlich gehört und verſtanden werden / als ob man in aller Nähe Ihme ... ſagte. Sintemahlen alle Stimm-linien in dem Oval-Gewölb A B. wo ſie anſchlagen / reverberiren / fallen zuſammen in B. als in dem centro, da ſie dann vermehrt und geſtärckt weiter fort ... / und in das oval C. einfallen / auch in C. abermahlen eine neue reflexion machen / von dannen abermahlen vermehrt, geſtärckt und vereiniget / werden ſie einfallen in C D. und ſich ... verſammlen und vereinigen in D. von dannen werden ſolche Stimm-linien endlich auch in dem ... oval anſchlagen und reverberiren , auch abermah-len ſehr geſtärckt und vermehrt zu dem Gehör der in der E. ſtehenden Perſon kommen / ſo dieſe Stimm und Thon ſo deutlich und verſtändlich vernehmen wird / als ob ſie ſich auch in A. befinde.

Die Erweiſung dieſes Wercks iſt ... und klar / daß weiter zu dem völligen Verſtand deß ganzen Wercks nichts, als die fleiſſige Betracht- und Beſchauung der bey-ſtehenden Figur wird erfordert werden.

Zugaabe. Corollarium.

Auß beſagtem erhellet / was vor wunderliche und ſchöne Echo-Kunſt-Wercke / auß dem fundament dieſer einigen Kunſt-Erfindung können zuwegen gebracht werden ; Sonderlich aber kan man durch dieſe Kunſt-Erfindung mancherley muſic præſenti-ren , da doch Niemand wiſſen kan / wie es zugehet / oder woher ſie komme. Dieſes aber ſoll dem ſcharffſinnigen Leſer genug ſeyn / noch vielmehr dergleichen Sachen hier-auß zu erſinnen / und ins Werck zurichten.

Fünffte Abtheilung. Sectio V.

Von verwunderlichen Sprach- und Gehör-Wercken / und Organis, durch deren Behülff man auf eine groſſe diſtanz und Weite / ſo wohl die Sprach und Wörter / als anderen undeütlichen Thon und Hall / fortführen kan.

Cap. I.

Von der keglichten durchſchnitt- oder Linien Nutzen und Gebrauch in der Stimm- und Thon-Kunſt.

Auß Ab- und Ein-theilung/ auch durch Schnitt etlicher Körper/ kommen und entſte-hen etliche Flächen/ deren Würckung und Eigenſchafften ſo geheim/ verborgen und wunderlich ſeyn / daß es ſcheint / die Natur einig und allein ſelbige ſich vorbehalten habe / Wunder darmit anzuſtellen. Und darmit ich anderer vor dieſesmahl geſchweige/ wer weiß nicht die verwunderliche und ſeltzame Sachen / ſo von der keglichten Form Ab- und Ein-theilung entſtehen? deren ſonderlich dreyerley Arten ſeyn / ſo ihre wunderbahre Krafft und Würckung haben / als die Ellipſis oder ungleich-ablange oder Oval-Rundung/ darnach die paraboliſche oder Brenn-linie / und drittens die hyperboliſche / deren verwun-derſame Eigenſchafft vornehmlich iſt/ daß wann man ſolche Figuren in eine materie einfüh-ret/ und hohle Körper oder Gewölbe darnach machet/ daß ſich gewiſſe puncten in dem Mit-tel und Weg / ſo man ſich einbilden muß/ finden / in welchen alle in ſolche Höhle einfallende Linien reverberiren und anſchlagen/ oder zurück fallen in ſolchem reflexions-puncten vereiniget werden / recht verwunderliche Würckung haben / ſowohl in dem erleüchten/ als auch in dem brennen und anzünden; dannenher auch die Brenn-Spie-gel ihren Anfang haben. Weiln wir aber hiervon in dem Tractat de Arte magna Lucis & Umbræ gehandlet haben / als wird der Leſer dahin gewieſen. Dann hier allein das jenige ſoll widerholet werden / was vornehmlich zu unſerm Vorhaben ſich ſchicken wird ; Wie nun in beſagten Körpern / die vereinigte und zuſammen-geſammlete Strahlen deß Lichtes

ein

ein recht verwunderlich: Anzündungs- und Brenn-Krafft haben; also auch die Stimm-
und Thon-linien, haben ihre Wunder- und sonderbahre Würckung in solchen hohlen Körpern / wie dann hieran Niemand zweiflen wird / welcher das vorgehende recht verstehet.
Wie man nun solche keglichte Ein- und Abtheilung in den Sprach- und Gehör-Wercken /
mit ihrer verwunderlichen Würckung zuwegen bringen und machen solle / soll bald gesaget
werden / wann Wir nur zuvor / wie solche Abtheilungen in die materie zu bringen und zu
formiren, werden gewiesen haben.   Sey demnach

Die Erste Vorgaab. Problema I.
Eine oval-Rundung mit einem Schnur- oder Faden-Zug beschreiben und machen.

WEiln wir in dem 3. und 10. Buch Artis magnæ Lucis & Umbræ verschiedene Arten /
Die oval und andere dergleichen Ein- und Abtheilung zu machen gewiesen haben /
als wollen wirs hier nicht widerhohlen / sondern allein die Lehr-Art zeigen / welche
sich den Echo-verständigen und Bau-Künstlern am anständigsten zusein scheinet; und also
kan man ein oval-Rundung oder Höhle mit einem einigen Schnur oder Faden-Zug beschreiben und machen.

Ein jede oval-Form hat zwey diameter oder halb-durchmässen ein grossen / und einen kleinern.   Dann wann dise diameter gleich ein ander wären / so gebs eine Zirkul und
keine oval-Runde; und derwegen je kleiner der kleinere diameter ist / je schärffer wird auch
das Oval oder Ablangs-runde / je grösser aber der kleinere diameter ist / je stumpffer und
zirculgleicher wird auch das Oval, biß endlichen / wann die diametri einander gleich seyn /
eine vollkommene Rundung darauß wird.   Fornen ist zu mercken / daß bey einer ieden ungleichen Rundung zwey puncten gefunden werden / welche man gemeiniglich wegen etwas
Vergleichs / in der Maß-Kunst einen Heerd nennet / weiln in denselbigen oder von denselbigen die Entzündung der Brenn-Spiegel geschihet.   Dise zwey puncta haben ihre Stelle
in dem grossen semidiametro oder halb-mässer / und je schärffer die oval-Rundung / ist je weiter werden sie auch von einander seyn / und desto weniger sich einer Zirkul-Rundung vergleichen; gleich wie sie im Gegentheil desto näher werden zusammen kommen / je näher sie
bey dem mitlern puncto als dem centro deß Zirkuls sich bereinigen werden.   Es seyen derowegen / ersagtem gemäß / die Halbmässer oder diametri diser oval-Rundung / und zwar
die grössere A B. die kleinere aber C D. und lauffe die kleinere C D. in rechten Winckeln durch

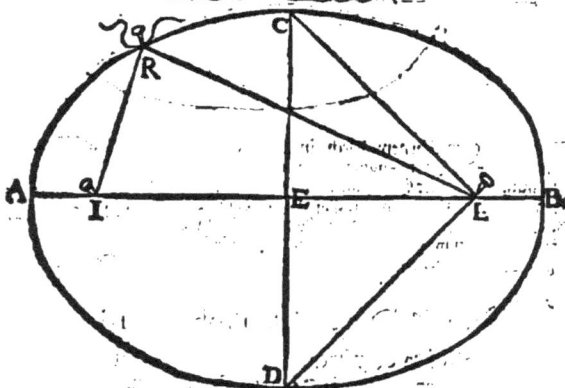

den Mittel-punct der grössern E. jedoch also / daß die End-puncten der kleinen gleich weit
von E. als dem Mittel-puncten abstehen; wann diß also geschehen / so kan man die Heerd
oder Brenn-puncten also finden; die puncten in A E. oder B E. müssen auß C oder D. als
einem deß kleinern diametri End-puncten gesucht / und mit dem Zirkul auß E. auf den
grössern diameter A B. oder B E. aufgetragen werden / wo nun der Zirkul die Linie A E. oder
B E. durchschneidet / da seyn die zwey Heerd / oder Brenn-puncten in L und L.   Wann man
nun also dise puncten gefunden / steckt man an beeden Orten ein Stefft oder Häcklein ein
in L und L. und nimt einen doppelten Faden in der Länge L C. und L D. dann der Zug dieses
Fadens wird / das oval innerhalb diser Weite bezeichnen / den Faden stellen uns vor die
zwey Linien L R. und R L. so in den zweyen puncten I L. angebunden / und die Beschreibung
oder Zug muß auß R in A. genau mit einem Griffel oder Rötel geschehen / darnach auß A.
innerhalb dieses Zugs in R. wird dise oval-Form vorstellen oder bezeichnen.

Wo ruß

Worauß erhellet / daß die zwey Ende deß Fadens auß R. gegen beede Heerd / oder Brenn-puncten RL. und RL. allezeit gleich seye dem grössern diametro A B. den Beweiß und demonstration kan man sehen in Arte Lucis & Umbra L 4. tract. de sect. cohich.

Andere Vorgaab. Problema II.

Ein oval-Form / oder modell in einer harten materia zubezeichnen.

In Ellipsioplasten, oder ablange Rundungs-Form oder oval-modell heissen wir ein solch instrument und modell / durch dessen Umtreh- oder Wendung / in welchem Gyps / Letten oder dergleichen / ein solch ablange Rundung oder oval-Gewölb kan gemachet werden; dann gleichwie ein Häfner / Gypser oder anderer dergleichen Werck-Meister / verschiedene Formen und instrumenta hat / darmit er mancherley Formen machet; also / wann man solche oval-Gewölbe und ungleich-ablange Rundungen machen will / es sey jetzo in Gyps oder anderer weichen materie, muß man hierzu auch ein gewisses instrument und modell haben / durch dessen Zug und Wendung man dergleichen könne zu wegen bringen / solch Form oder modell nennen wir Ellipsioplasten gleichsam ein ungleich-ablang-runde Häfners Form; also auch die parabolische oder hyperbolische Gewölbe zu machen / gebrauchen wir solche hyperbolische oder parabolische und Brenn-linische modell und Formen.

Ein ungleich-ablang-runbungs oder oval-modell und Form aber / muß man also machen und zubereiten. Man macht auf einem glatt und eben Boden oder Pflaster / nach vorgehender Aufgaab / nach grösse dern gegebenen diameter, ein solch oval, oder ungleich-änglichte Rundung; darnach muß man / nach dieser oval-Form entweder auß zusammen

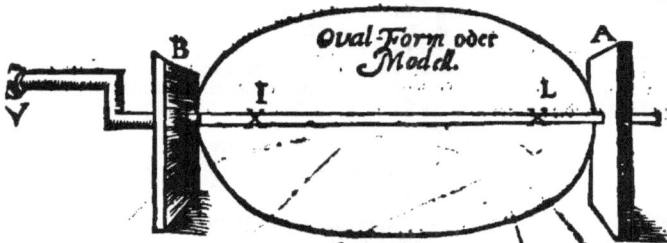

Oval-Form oder Model.

gefugten Brettern / oder eisernem Blech ein solche Form oder modell außschreiben / und sonderlich die Heerd oder Brenn-puncten darbey wohl mercken; in ein von dem End-puncten deß Oval muß ein eiserner Spitz / als in A. in dem andern aber als B. die Hand-hebe oder Hefft V. darunter müssen zwey scharffe Eisen gestellet werden / darmit die Wältze deß ovals in A. und B. als auf zweyen Gablen oder in Löchern gehe / welche ein jeder Künstler selbsten am füglichsten zu machen wissen wird / darmit das modell füglich / und in einer gleichen umgedrehet oder umgewendet werden; so ist das oval-modell oder Form fertig.

Dritte Aufgaab. Problema III

Ein parabolisches oder brenn-linisches modell mit einem einigen Faden- oder Schnur-Zug machen.

Die parabole ist durch Schnitt und Theilung eines Kegels / so den Seitten desselbigen gleich lauffet / ein puncten in sich haltend / in welchem alle Linien so nach der innner Fläche einander gleich und parallel einfallend / reflectiren und vereiniget werden / oder zusammen kommen; wie dises alles / in angezogen Ort / deß tractats, Artis magnæ Lucis & Umbræ weit läuffig erwisen worden / dahin auch der Leser gewisen wird / da man zugleich underschiedliche Beschreibungen der parabolischen Gewölbe finden wird / wir auch deßwegen an disem Ort nur ein einige / und zwar leichte und zu unserm vorhaben tauglich fürstellen wollen. Man richte ein glattes Brett oder Tafel zu X Y. daran oder darauf lege man ein Richt-Scheitt oder Lineal in rechten Winckeln D E. also das deß Winckel maß oder Richt-Scheitt E G. angeleget / die Seiten der Tafel E G. gantz gerad schreibe und gleich lauffe / auch wann es gerucket wird / der Wältzen diser parabolischen Form gleich-weit immergehe; wann nun jemand durch behülff dises instruments eine parabole

machen

machen will/ so mache Er an das centrum L. einen subtilen Faden/ darnach legt man
das Richt-Scheitt oder Winckelmas/ Lineal oder dergleichen auf LB. folgends muß man
den Faden um den Griffel der Figur in D. umwinden/ und in E. als den Grund oder End
des Lineals den Faden fest machen/ daß also der Faden von LB. die doppelte länge habe.
Dann weilen nach der 10. proposi: von den seglichten Figuren in dem Buch Artis magnæ
Lucis & Umbræ, bewisen worden/ daß alle Linien von dem centro, gegen dem Umkreiß oder
Bogen/ mit denen/ welche von darauß von der halb-ordinirten oder gebogenen fallen/ gleich
seyn/ so von der Griffel D. nicht anderst/ als nach und mit der Bewegung deß Lineals und
Fadens/ den Bogen FBG. machen/ dessen Stimm oder reflexions-punct und centrum O.
man findet ; so man ein Lineal über die Waltze BL. gerad und eben leget / auch so lang
rucket/ biß man in der Linie oder Waltze BL. den 4ten Theil deß Bogens N R. ordenlich
angeleget / oder einer rechten Seiten hat/ dann diser punct wird der Heerd/ oder reflexions-
punct seyn / gleich wie in der Figur OR. der vierdte Theil der rechten Seiten oder Bogen
N R. ist/ und O. der gesuchte reflexions-punct; Man thut aber besser/ wann man den reflexions-puncten am ersten machet und beschreibet/ darnach die gerade Seiten einer jeden
länge/ dern ein sechsteil von O. gibt OB. als die Scheittel oder Höhe der parabolischen
Figur/ und ist das reflexion-centrum O.

Vierdte Vorgaab. Problema IV.
Ein parabolisch oder Brenn-linische Figur und
modell zu machen.

AUf einem eben Boden oder Pflaster / mache und zeichne man nach verschriebner
Weiß eine parabole oder Brenn-linische Figur / so groß und lang/ als mans verlangt / und die sich zu dem vorhabenden Werck schicket/ nach diser aufgerißnen Figur schneide man das modell auß/ entweder auf einer brettern Tafel oder eisern Blech/ mit
daß die Form mit der aufgerißnen Figur genau zutreffe / so ist die Form oder modell fertig/
in der Gestalt wie beystehende Figur weiset/ in welcher die Wirbel oder Scheittel muß ein
spitziges Eisen haben/ mit A. bezeichnet ; CD. aber muß bey und angemachte Handhebe
IMP, an/ oder in einem eisern halben Ring oder Loch umgehend haben ; das spitzige Eisen
in der Waltzen oder Würbel muß in die Maus oder Wand vest gemacht werden/ darmit

die Fläche / wegen hin und her Bewegung der Walzen / nicht abweiche und geändert wer= de ; die Hand=hebe aber / so auf dem Sattel=Eisen / Gabel / Halb=loch oder dergleichen auf= liget / muß in dem umher angehäufften oder gefülten Kalck / Gyps / oder dergleichen wei= chen materie, umgetrehet und umgewendet werden / so lang / biß es die behörige Form nach dem modell bekomme.

Fünffte Vorgaab. Problema V.
Ein Hyperbolischen Bogen mit einem Fadenzug bezeichnen /
auß solchem Riß eine hyperbolische Form oder
modell machen.

ES sey das reflexions-centrum A. das gegenstehend centrum aber B. der hyperboli= sche Wirbel oder Scheittel aber C. auß disen dreyen puncten oder Stellen kan man mit seinem Fadenzug eine hyperbolen folgender Weise machen. In beeden nach proportion und Vergleichung gemachten centris oder puncten A. B. sollen häfftlein oder Reiß=nablen gesteckt werden / an jegliche aber wird ein Faden angebunden ; darnach muß man einen Griffel unden wie ein Nadel=ohr durchlöchert haben / wie in F. zu sehen / durch dises Löchlein müssen die beede in A. und B. angemachte Fäden gezogen wer= den / darnach muß man den Griffel von dem Wirbel C. an auf beeben Seiten führen und bewegen / und zwar also / daß beede Fäden zugleich nachgeben / und auf solche weise wird die hyperbole außgezeichnet seyn.

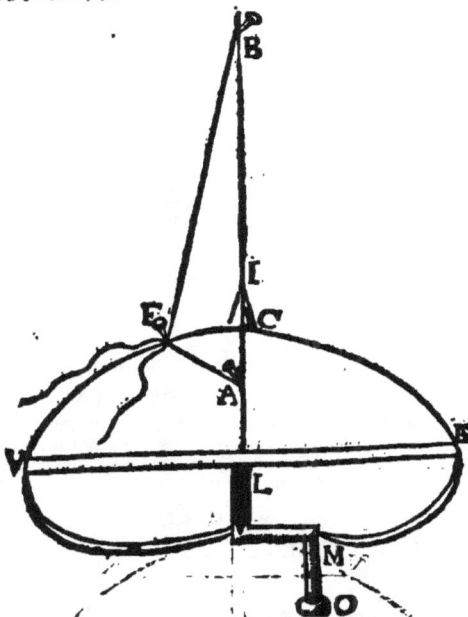

Das modell oder hyperbolisch Form aber kan also gemachet werden. Auf einem glatten Boden oder Pflaster / zeichnet man auf vorgeschribene Weise eine hyperbole. so nachgehends auf einer hölzern Tafel oder eisern Blech gar eigentlich und genau muß auß= geschnitten und nachgemachet werden ; wann man nun oben an der Scheittel oder Win= kel ein spitziges Eisen / in EV. aber die Hand=hebe machet / so ist das hyperbolische modell oder Form fertig / wie die vorstehende Figur weiset ; in welcher I C. deß spitzigern Eisen EVLMO, die auf der Gabel oder Träger L. auf=ligende Hand=hebe. ECV. aber ist die Fläche / so in dem Kalch / Letten / oder Gyps muß eingetruckt werden. Wer aber ein meh= rere Wissenschafft der keglichten Formen oder conischen Abtheilungen haben will / der be= sehe unsern tractat, Artis magnæ Lucis & Umbræ, worin lib. 3. & 10. weitläuffig gehandelt worden. Dann hier alles widerhöhlen / will weder dises Buch noch auch dise Schreib=Art vor diß=mahl zulassen. Sechste

Sechste Vorgaab. Problema VI

Eine Zirckul-Form oder modell zu machen.

Man mache ein halb-runde Form ABC. auf eine harte materi von Holtz oder Eisen / dern Waltze sey CL oben mit einem spitzigen Eisen versehen C. die Hand-hebe OL. so ist die runde Zirckul-Form oder modell fertig / und kan darmit eine fuglicht oder runde Fläche gemachet werden.

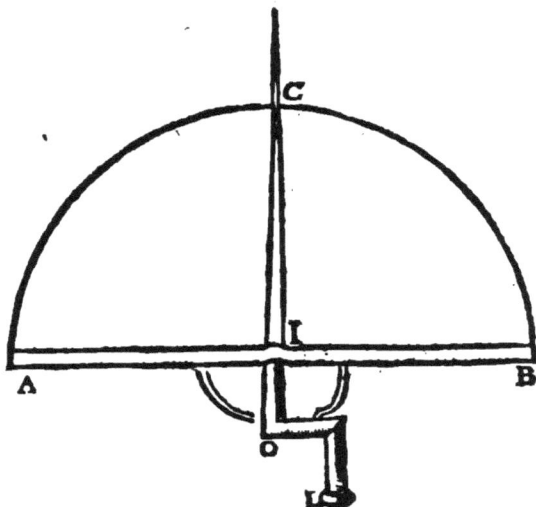

Siebende Vorgaab. Problema VII.

Eine Schnecken-linie zubeschreiben.

Eine Schnecken oder Kringel-linie zu beschreiben/nehme man zwey puncten I K, nach beliebiger Weite / durch diese zwey puncten soll eine gerad- und ebene Linie gezogen werden A B. nach der Weite der Schnecken-linie. Sodann setzt man den Zirckul ein in I. und ziehet auß A. den halben Zirckul A C B. darnach setzt man den Zirckul ein in K. und ziehet den halben Zirckul A G D. nach dem setzt man den Zirckul wider in I. und ziehet auß D. den Halb-Zirckul D F E. so dann den Zirckul wieder einge-setzt in K. und auß E. abermahlen ein Halb-Zirckul gezogen/ und so fort an/ das wird eine vollkommene Schnecken-linie geben/ wie die Figur weiset. Wann nun diese Figur auß Blech nach solcher Krümme gemachet / und das centrum L. nach der Länge überzwerch durch angemachet und gezogen wird / so hat man die Basin oder Grund-linie dieses Schnecken-Körpers / um welche das hohle Schnecken-Rohr gezogen und gebogen / so eine wunderbahre Krafft hat den Thon und Hall zu vermehren und zu stärcken. Weiln aber dieses etwas schwehr auf der ebenen Fläche recht vorzustellen/ wird ein mehrers auß folgenden Figuren zu ersehen seyn.

Hierbey

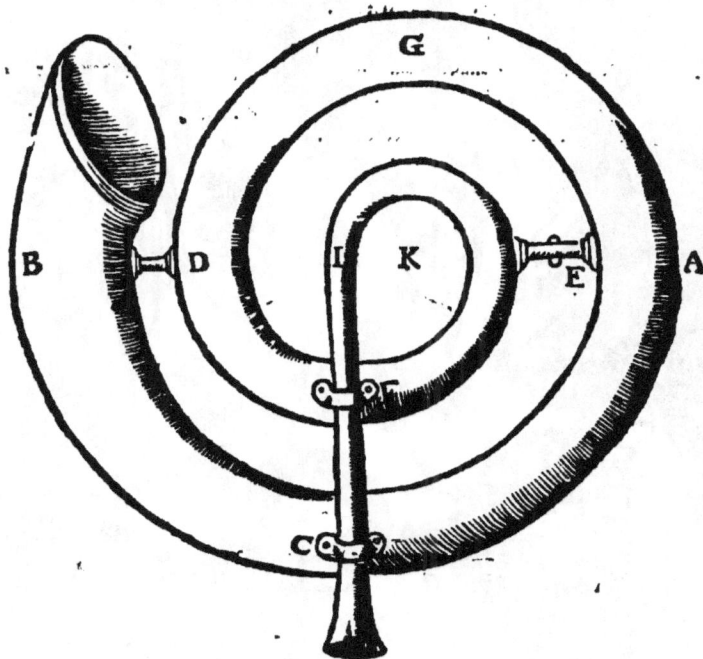

Hierbey hat man aber wohl zu mercken / daß zwar ein solch Schneckensormiges Krum=
Horn / eine unglaubliche Krafft habe / den Hall und Thon auch auf ein weiten Weg zu füh=
ren und zu stärcken ; allein erfordert das Werck ein erfahrnen Künstler / darvon in folgen=
dem mit mehrerm bey dem Schnecken=Rohr wird zu ersehen seyn.

Sechste Abtheilung. Sectio VI.

Künstliche Zubereitung mancherley Gehör=instrumenten, durch be=
ten Behülff man entweder mit vernehmlicher Stimm und Worten / oder undeut=
lich=en Thon und Klang / auf eine zimliche Weite und distanz , seine Gemüths=
Meinung / nach Erweisung der experienz , endecken und offen=
bahren kan.

Cap. I.

Von dem Ursprung der Gehör=Kunst.

S ist nunmehr fast 25. Jahr / daß Ich das Buch / Artem magnam Cohsoni &
Dissoni, under dem Titul Musurgia außgehen lassen / in welchem under anderm
lib. 9. de Echonica arte, oder von der Stimmen reflexion und Wider=Hall / auch
deroselben Stärck= und Vermehrung / weitläuffig gehandelt wird.   Dieweiln ich
nun in acht genommen / in Außbreit= und Vermehrung deß Lichts und Thons ei=
ne grosse Gleichheit und Ubereinstimmung sich besinde / bin Ich den Opticis oder Ge=
sichts=Künstlern nachgefolget / und was dieselbige mit ihren Sonnen= und Fernglä=
sern / Brenn=spieglen / so nach der Lichts=reflexion=Kunst zugerichtet / zuwegen brin=
gen / häb Ich mit der Stimm / Thon / oder Hall vorgenommen.   Nun diesem Ariad=
neischen Anweisungs=Faden / der Licht=reflexion oder Brechung (so in künstlicher Zu=
bereitung / so wohl der ein= als außgebögen hohl und bucklichten Gläsern / Lensen=
formiger Gläser und dergleichen / bestehet / darzu vornehmlich auch die proportionir=
application und Beyfügung deß Rohrs ersodert wird) bin Ich gefolget / ob Ich nicht
in Fortführung der Stimm / Verstärck= und Vermehrung deß Thons und Gehörs/
auch

Occidens

Siciliano

Stromboli

Tirgitta

2. mill.

mill.

Ceroli

Laguna

Anatolia

Ecclesia S.Maria de Montretta

AUSTER

S. Eustachij 4 mill

Siciliano

2. mill.

1. mill.

1. mill.

Michaou Halmars.

Guadagnolo

S. Vito

ORIENS

Pragmatia Phonologia peracta in monte S. Eustachy.

Pag. 81.

auch dergleichen zu Werck richten könte/in dem ich nun dieses versuchen wolte / haben sich
unüberschreibliche Weise und Arthe solcher Stimm-und Thon-vermehrung an Hand gegeben ; weiln ich aber gesehen daß des ein gefährlich und weit außsehendes Werck / als habe
einig und allen dahin getrachtet ; daß was ich hierinn in der *Speculation* und *Theorica* ver-
fasset / nachgehends im Werck selbsten erweisen köndte / und eh es andern communiciret
würde/zu vor eine genugsame *experientz* darvon zunehmen/wie ich daß alles fleisses mich be-
mühete durch macherley *organa, instrumenta* , und Röhre / theils gerade theils krumme Cylindrische / ablangs-gleich-und ungleich-runde / keglichte Oval-und Schnecken-Rohr/ als
die ordenlich-und benöhtigte Mittel zu meinem Zweck und Vorhaben zugelangen.

Allererstens aber hab ich ein Versuch mit dem langlecht-gleich runden oder *cylindrischen*
Rohren gethan; welche / ob sie wohl nicht ehn sein sich dar zu anliessen / so hat doch die
Stimm und Thon an das verlangte *Spatium* sich *distantz* . wie ich verhoffet / sich nicht wollen bringen und führen lassen / deßwegen ich die Sach mit einem keglichten / oder zu End
weit-außlauffenden Rohr versuchet/welches auch so wohl abgelossen/daß ich die Hoffnung
geschöpft /mit beygefügter proportionirter Länge/ meinen Zweck und Absehen zuerreichen.
Ich hatte in meiner studir-Stuben einen Wandbehälter / zu dessen ende ein Oval-form-
ges Fenster war / so gegen dem Garten deß Römischen *Collegii* gienge / der zimlich breit
und lang war/und zwar bey 300. Hand oder Spanen breit ; innerhalb dieses Behälters
hab ich nach der länge deß Orths/ein keglicht Rohr/von eisern Blech gemacht / und in die
22. Spann lang gestellet / dessen zu dem reden behörigtes Mundloch über ein viertel einer
Spannen breit nicht gewesen /daß Rohr aber/ so wie ein Trichter gestaltet war / war in
der weite oder *diametro* einer Hand oder Spanen breitt / so von dem Mundloch gegen den
End / immer weiter und weiter auff liesse / also das es bey dem End-loch auf 3. Spannen
weit in dem *diametro* hatte / welches Endloch zu dem Oval-Fenster hinaus nach dem obge-
dachten Garten sich erstreckte. Nun haben wir das Sprach Rohr betrachtet/wollen jetzo weiter auch um dessen Krafft und Würckung etwas hören. Wann unsere Thorwart
eine Sach/entweder fremdter Gäste ankunfft/oder was anders anzubringen hatten/nicht
aber erst lang im Hauß hin und wider umlauffen / und in mein studir Stuben kommen
dörfften/seyn sie nur under das Hoff Thor gestanden und gerufft/ da ich sie dann in meinem Zimmer so deütlich und klar vernehmen und verstehen können / als ob sie mir nechst an
den Ohren wären / den ich auch so balden nach beschaffenheit der Sach geantwortet durch
dieses Rohr/ja es konte niemand nichts in dem gantzen Garten reden/wann mann ein wenig laut gewesen / so ich nicht in meinem Zimer hätte hören können ; welches manchem der
mich besuchet / seltzam wunderlich und seltzam gewesen / als etwas neües und unerhörtes / in
dem sie reden hören/und doch nicht gewust war/oder wo mann redete/ damit aber die Leüte
nicht etwas ohnrechts und verbottenes ergwohnten / hab ich ihn die verborgen und heimliche Kunst geoffenbahret/und gewiesen ; da dann nicht zusagen/ wie viel vornehmer Leüte
in der Statt bewegt worden diß Wunder-Ding zu sehen und zu hören ; welches ich dem
Leser alhier darum habe bedeüten wollen / damit er nicht meine es seye dieses etwas new-
Erfundenes/und erst auß Engelland zu uns gebracht worden ; sonder wie gemeldet / es ist
schon vor 24. Jahren in dem *Collegio* zu Rom auf erst erzehlte weis practicirt worden/auch
in Druck außgangen/wie sehr viel von den noch lebenden/so wohl unser *Patrum* , als auch
fremder / welche mein / mit vielen rahren Sachen angefüllte Studier-Stuben zu besehen
gewürdiget / bezeigen können. Eben dasselbige oder der gleichen Rohr ist auch nachgehends mit höchster Verwunderung befunden worden / daß mann dardurch auf eine zimliche weite und *distantz* . hat zu anderen reden / und dieselbige alles beutlich vernehmen und
verstehen können. So hat sich auch nachgehends begeben/ daß ich mein *Musæum privatum*
an ein ander viel tauglicher-und weit lauffiger Ort des *Collegii* verändern müste / welcher
Ort die *Gallerie* genennet wird / dahin ich auch mein Sprach-und Gehör-Rohr bringen
und einmachen lassen / so noch heut zu Tag von allen Fremden / under dem Titul und benennung deß *Delfischen Oraculi* oder Sprach-Geistes gesehen / und gehöret wird ; Jedoch
mit dem Underscheid ; daß was erstlich dieses Sprach-Rohr laut und hell / wie die Wort
eingeruffen worden auch zimlich weit geführet und getragen ; jetzo gantz still und mit leiser
Stimm/die Spihlweis angerichtet *oracula* und beschednet Fragen/ mit solcher verborgener Kunst vorbringet / daß niemand von andern Umbstehenden / etwas von dem murmeln
uñ sumsen der sich miteinander under-redenten im geringsten vernehmen kan / so manchem
Fremden / dem es gewissen wird / und Verdächtig vorkommet / als ob es nicht wohl ohne
eines bösen Geistes *collusion* und bey-Hülff geschehen könte / sonderlich dem dieses gehaime
Kunstwerck nicht bekant ; dann das/mit Fleis hier zu gemachte Bild/thut das Maul auf
und zu/und beweget die Augen ; welches Kunst-stuck / ich vornemlich darum gemacht/da-
mit ich den Betrug und Falschheit der alten Heydnischen Priestern/so sie bey ihren *oraculis*
gebrauchet/desto besser vorstellen möchte. Dann in dem sie durch solche heimliche Röhren
(davon in meinem *Oedipo* gehandlet worden) ihre *oracula* und Antwort gegeben / haben
sie darmit das Volck zu über auß grosser Freygebigkeit und hauffigem Opfer angereitzet/

dann

§

Fleiß und Unverdros-
senheit des Authoris in
überlei-
tung der
gleichen in-
strumen-
ten.

Wann und
mit was ge-
legenheit
die sprach-
und gehör-
Rohr erfun-
den worden.

Wunderli-
che und ge-
brauch deß
sprach- und
gehör-
Rohrs.

das sprach
und Gehör-
Rohr ist
schon etlich
Jahre in der
übung ehe er
in dieser Zeit
geschehen zu
seyn vor et-
lich Jahren
under dem Au-
thore der
Musurgiæ.

Buch be-
schriben und
in Druck
auß gelassen
worden.

dann so sie wolten Antwort und Beschaid haben/musten sie nur dapfer und fleissig bringen/ daß sie also durch diese List und Betrug sehr viel Guts und Nutzen an sich gezogen ; wie wohln/daß der Teuffel sein Spihl auch darmit gehabt/und das seinige bey der Sach red-lich gethan/ich gar nicht in Abred seyn will. Wir wollen aber zu unserm keglichten Sprach-Rohr wider kommen.

Prob des Sprach- und Gehör Rohrs auf dem Berg Eustachii
Mich hat immer verlanget zuwissen/und gewis zuerfahren / wie fern und weit sich wohl die Würckung und Krafft eines solchen Sprach-Rohrs erstrecken möchte : Nun hat es sich begeben / da ich in diesem Jahr von Rom auß wolte verreisen / ich auf ein hohen Berg und Fellsen kommen/so des Heil. Eustachii Berg genennet/ worauf vor Zeiten Constanti-nus Magnus eine Kirchen gebauet / welche von S. Silvestro der Mutter Gottes einge-weyhet worden/ aber wegen langer Zeit fast gantz zerfallen und eingegangen / doch durch deß Kaysers und anderer Teutschen Fürsten Freygebigkeit in dessen wider zimlich zugerich-tet und besuchet worden (wor von die Leser dasi Büchlein: Historia Eustachio Mariana lesen mag / woselbst / von dem Ursprung dieses berühmten Ohrts gehandlet wird.) Auf diesen Berg nun die wol von Liebe und Lust der Einsamkeit/als auch seinige Andacht ge-trieben/gegangen/in eine jährliche Devotion daselbst zu halten; als ich nun diese Art vor vie-len andern zu einer solchen Sprach-Rohrs-Prob sehr bequem und überaus tauglich be-funden; hab ich ein solches/mit sonderbarem Fleiß zugerichtetes / und 15. Spannen lan-ges Rohr mit mir genommen; so ich zu tauglich/und Windstiller Zeit / Tags und Nachts probiret / auch so mit solch gutem effect und Würckung befunden / daß mans besser nicht hätte wünschen und verlangen können. Sintemahlen bey so sehr vielen umligenden Schlössern und Gebärten/so von diesem sehr hohen Fellsen übersehen werden/da ich zu vor mit den Innwohnern wegen der Zeit deß Gebrauchs und redens durch das Sprach-Rohr wohl und eigentlich abgeredet / hab ich auf 2. 3. 4. und 5. Welsche Meylen mit starck-und lauter Stimm ansehen mit den Leuthen zu sprachen / welche auch alle Wort deutlich und wohl vernommen zu haben/deß Tags mit dem wehen eines weisen Lein-Tuchs/des Nachts aber mit einem Feür-Zeichen bezeuget; auf diese Weise hab ich auch zu dem Heil. Pfingst-Fest/ und Heil. Nachtmahl / die Leuthe mit ordenlicher/hier zu concipirter Rede eingeladen/ die Lytanien durch das Rohr gesungen/auch die nothwendige Lebens-Mittel begehret/wel-ches alles/das es genugsam verstanden worden/ die Leüthe mit ihrem überflüssigen herbey-bringen/allerhand/genugsam geglaubet haben. Und ist sonderlich dieses mänig-lich wunderlich vorgekommen/daß durch diesen Wunder-Hall und Schall/und also gleich als von einer Stimme vom Himmel / die erstaunte und gleichsam entzückte Leüthe durch
2200. Men-schen von durch ein Sprach-Rohr zum H. Abend-mahl in die Kirchen der H. Mutter Gottes auf den Berg Eustachii bewegt näch gebracht worden.
Behülff dieses Sprach-Rohres/in die 2200. Menschen / auf die Nacht wie sie eingeladen werden / zu solcher Andacht wurden zusamen gebracht ; Ja da dieses laut und kundbar worden/seyn noch viel andere/ auch weit entlegene und vornehme Leüthe/nicht so wohl auß Andacht/als Begierde und Fürwitz/diese Kunst zu sehen und zu hören angetrieben / in grö-ster Mänge kommen / daß mann sich verwundern muste : Da ich zugleich auch eine neue Uhrt und Weise entdecket / wie ein anderer / ohne Behülff und Gebrauch eines eigen und absonderlichen Rohrs / allein durch laut und starcke Stimm antworten könte. so ich durch Gottes Genade erfunden.Die operation. un wie disesdurch das Sprach und Gehör-Rohr sey geschehen/hab ich um bessern Verstand willen/ in beystehender Figur bedeuten wollen.

Ich will hier beyfugen was R. P. Philippus Müller dero Keyserl. Majestät Beichtva-tet (deme ich/dergleichen Sprach-Roh ju verfertigen und ju gebrauchen in schreiben Un-derricht gegeben) an mich schrifftlich gelangen lassen. Ich hab mir ein solch Rohr/ durch den General Wertmüller einen Schweizer bestellt und machen lassen/ auf die weise wie K. V. an mich geschrieben und in zimlicher länge. Durch dessen Behülff Ihr Meyestät. der Keyser von dem Schloß Ebersdorff (nur nach dero gewöhnlichen Sprach und Rede) die Herrn Schäffenberg und à S. Juliano. so sich damals in Neügebaw aufgehalten / angere-det und nach beliebten Befelch ertheilet/jebne aber alles wohl vernommen/ und die empfan-gene Befelch daselbst bestens verrichtet haben. Weil ich nun gar fleissig/und eiferig die-ser Sach mich angenommen/und auf alle Weiß und Wege nach gedacht/ so sehe ich / daß gar wohl könne bejahet und behauptet / auch zu Werck gerichtet werden/was ich schon vor diesem lib. 9. Musurgia von hem Herrn Alexandri, darmit er sein Kriegs-Heer / auf die 100. stadia oder bey 12. Welsche Meyle konte zu samen rueffen/ auch anderen neüen Erfindun-gen sonderlich der Schnecken förmigen Sprach-Rohr / so auf eine sehr weite Distantz die Rede und Sprach führen / angezeuget worden / wie ein General
Gehaime Stimkunst so sonder-lich in Be-lägerung nutzlich zu gebraucht.
und Kriegs Oberster in wichtigen occasionen seine Meinung seinen Officiern oder wem da-ran gelegen/ heimlich könne zu wissen machen; welches verborgene und schöne Geheim-nus aber Ihro Röm. Kais.Man.als meinem Allergnädigsten Herren und Wohlthäter ich vor zuebehalten gesonnen / damit nicht daß jenige waß in wichtigen Sachen und geheime consilis einem und anderem guentdecken und zu essenbahren / iedermann bekandt / und also die Sach gar zu gemein werde. Nachdem ich nun dieses alles auß trewem Gemüeth und redlichen Hertzen/ ohn einig überflüssig Wort-Schminck/ oder gesuchten selbst-Ruhm vorgebracht/ ist nichts mehr übrig / als daß der Gründ und principia dieser Kunst / durch nachfolgende propositiones und Lehr-Sätze dargethan underwisen werde.

Caput II.

Von der Krafft / Würckung auch Ursachen der Schlecht-und geräden Sprach-und Gehör-Rohren.

Vorgaab Propositio.

In den Cylindrischen / das ist gleichweit ablangen / viel-Eck-oder Settigen Röhren / geschiehet keine reflexion der Stim / sondern allein eine Vereinigung der Sprach-und Gehör-linien so doch auf zimliche Weite fort geführet werden kan.

ES sey ein ablang-gleich rundes / oder gleich-Seitig-oder Eckichtes Rohr / was Form und Gestalt es auch an sich habe ; das Cylindrische sey hier bezeichnet mit *A.B.* das reglicht oder Eckichte aber mit *C. D.* So sag ich daß die Stimm oder Thon in den selbigen / nicht durch eine wahre und eigentliche *reflexion* und dannenher ent-stehenden Vermehrung geschehe / sondern das solche Stimm oder Thon allein durch die

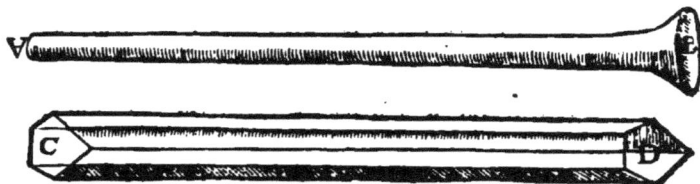

Vereinigung und ein Zwang der Sprach-und Gehör-linien oder Strahlen / in die ferne fort geführet werde. Dann weilen alle Gehör-linien ein ander gleich und *parallel* in ihrer Außbreitung gehen und geschen/so muß folgen daß wie sie in das Rohr hinein getrungen/ eben also müssen sie auch / wider außgehen ; und weilen sie nirgends auß weichen oder neben-auß brechen können / so werden auch die so durch die gleiche Rohr-Seiten fortgeführet und vereiniget / auf eine zimliche Weite oder distanz / nach dem die Stimm und Thon starck und laut ist/doch nicht verstanden. Ich rede aber allhier von denen gleich-rund-oder Cy-lindrischen Rohren / nicht aber von denen beschlossenen / und auf sehr weiten Weg und distanz geführten und zusamen gefügten Wasser-Röhren oder Wasser-leitungen/ wie zu vor von dergleichen Römischen Wasser-Canalen geredet worden / inn und durch welche die römi-mann/wie ich von den Wasser-und Bronnen vorgesetzten berichtet worden / auf die 500. sche Wasser-Schritt/dar zu mit nicht eben gar lauter Stimm/einander deutlich verstehen und verneh-leitungen menkan ; So haben mich auch die Neapolitaner berichtet / daß in dem Durchgang deß führen den durch grabenen Bergs *Pausilipi*/ so fast auf ein Meyl Wegs / in ebener linie währet / alle Thon und Wort so mit lauter Stimm/und zu oder gegen die Wände oder Seiten gekehrten Mund Stim sehr geredet werden / an dem Ende dieses Gewölbes oder Höhle gar wohl gehöret werden ; stard fort. Wer siehet aber nicht / daß eben der gleichen durch unser vor beschribenes Sprach-Rohr könne zu wegen gebracht werden ? weilen/ wann die Stimm an die Seiten / außschlaget/ und die fortgesetzte stimmungen nirgends außweichen können/daß sie derowegen in diesem Gewölb und Höhle vereiniget endlichen den vorgesetzten Zweck erreichen müssen.

Folge. Consectarium.

Auß besagtem erfolget / daß wann ein Fürst oder reicher Herr/ein Canal oder Rohr 2. oder mehr Hand breit in dem Diameter/auf etliche Meylen Weges weit verfertigen liesse (wie vor Zeiten die Egyptische Könige um ihren Pyramiden/ biß zu dem *Oraculo Ammonis* in Lybien/under der Erden in heimliche Gäng gehabt / wie ich in meinem *Oedipo* erwiesen) so sag ich/daß ohn allen Zweiffel mann solch vorgesetzten Zweck und Würckung auch wür-de erreichen ; das nehmlich das darinn stehende und sich befindende/ allein durch Behülff ei-ner starckern und lauten Stimm/oder durch den Gebrauch eines Sprach-Rohrs/der Ca-nal möchte auch so lang seyn / als er immer wolte/vernehmlich und verständlich mit einan-der sich würden underreden können/wie auß besagtem leicht ab zunehmen. Welches aber in dem wincklichten/ oder eingebogen under der Erden zu Rom sich befindenden Gängen/ wie ich im Werck selbsten erfahren/nicht angehet/und ist die Ursach leicht zu erachten; wei-len die Stimmen so an so vielerley hindernussen der Gängen angeschlagen/ endtlichen ver-gangen / oder von der lucken und *porosen* Erden eingeschucket / und aufgehalten worden. Das aber die Stimmen durch die Seiten/ fortgeführt werden / bezeiget die Erfahrung/ wie dem Exempel eines langen balken oben bewisen worden/ da dann der geringste Thon

und Klang/den einer mit stoßen/schlagen oder dergleichen an dem einen Ende veru:sachet/
von einem andern bey dem übrigen End sich befindenden so er das Ohr dahin hält/ gar ei=
gentlich vernommen wird/wie ich dann dieses zum öftern/mit 100. Schuh oder Hand lan=
gen Balcken probiret/und also befunden habe.

Caput III.
Von der Eigenschafft eines keglicht / oder zuspitzenden Rohrs / deß= sen Würckung / auch Ursach der Stim̄:vermehr:und Stärckung.

ALs die Cylindrische gleich-weit:runde oder gleich Seitt=und Eckichte Rohr / nicht die
Krafft und Würckung haben/wie die ungleich=und keglichte / wann man sie in freyer
Lufft zu einiger Unterredung gebrauchen wolte/ist bekant; die Ursach dessen ist in vorgehen=
der *Proposition* bedeutet und erwiesen worden. Was aber ein keglicht oder zuspitzendes Rohr
vor andern zu vermehr:und stärckung deß Thons vor grosse Krafft und Würckung habe/
will ich mit wenigem anzeigen. Viel stehen in denen Gedancken / als geschehe durch die
würckliche *reflexion* und anschlagung der stimmung an den Wänden uñ Seiten des Rohrs/
weilen aber in einem keglichten Rohr keine Stimm=*reflexion* geschehen kan / als worinn die
Stimm=linien für sich in gerader und ebner Richtigkeit für sich lauffen / und auß der Enge je län=
ger und weiter sie kommen in die Weite sich außtheilen und außbreitten / als werden sie
auch hierdurch in die Weite geführet und gebracht.

Ein schlecht keglicht Rohr. 15. Handbreit:lang.

Es sey ein keglicht Rohr A B. so sich auß der Enge A. in die breitte B. vergrössert und
erweitert / die starcke Stimm geschehe bey dem Mundloch A. da wird die Stimm in A.
nicht anderst als mit den werffenden Licht=und Schein=Stralen geschihet / durch die keg=
licht sich je länger je mehr außbreittende Stimm=linien auß B. in eine gute Weite und
distanz fortgeführet werden da bald auf keiner Seiten / einige *reflexion* oder Stimm=bruch
nicht geschihet/und folglich auch keine Stimm=vermehrung / als die jenige so der keglichten
Stimm=linien außbruch und aufgang verursachet wird / kan beygemessen werden ; muß
derowegen in einem solchen Kegel=Rohr was anders seyn / so den Thon und Hall stärcket/
so ich jetzo mit wenigem will vorstellen.   Sage derowegen daß dieser Stimm=verviel=
faltigungs=Stärck und Krafft durch die Form und Arth deß Rohrs verursachet werde / so
von der Enge C. nach proportion im̄er weiter und weiter wird und in grössere Zirckul oder
runde außlauffet; dahero gekhichts/ daß so bald die starcke Stimm und Thon/in das enge
Mundloch deß Rohrs sich eintringet / und die beschlossene Lufft=bewegung dar zu kom̄et/
dieselbige das gantze Rohr zittern machet/und die hin und her vielfaltige Anschlagungen/
und *reflectionen*, so auß den erstgedachten zittern erwecket werden / und allenthalben gegen
die gegenstehende *puncta* anschlagen / eine solche vermehr=und stärckung deß Thons und
Stimm entstehet/wie die 9. *Proposition* oder Vorgaab erweiset ; nicht anderst als wann
man eine gespante Saiten / auch nur ein wenig rühret oder greiffet / so resoniren und klin=
gen alle theile der gantzen Saiten / dergleichen bey dem Glockenklang / und andern hohlen
keglichten Dingen in acht zunehmen ; und wie die Saiten wann sie um ein solch hohlen ke=
gel auffwendig geleget werden/ solch Thon:Zittern viel auffhalten und verhindern / also
hindert solches auch die Stim̄:vermehr und stärckung um ein mercklichs ; Obwohln auch
in den Cylindrischen gleichweitrunden / oder gleich seittig und eckichten Rohren / fast der=
gleichen geschihet/doch weilen der Anfang deß Rohrs zu weit ist/ und die Stim̄ oder Thon
nicht zusam̄en zwinget/ so können solche Rohr auch nicht wie die keglichte oder zuspitzende/ein
solch starck:und scharffen Thon von sich geben.

(Marginal note:) Die Ursach der vermehr=ten starcke Stimm in einem Ke=gel-Rohr.

Caput IV.
Von der grösse des Sprach=und Gehör=Rohrs.

DAs ein Kegel:Rohr/je länger es ist/je mehr Krafft und Würckung es auch in dem *re=
*soni*ren oder thonen haben/ je weiter auch den Thon und Stim̄ führe (wann anderst
keine sonderbahre hindernussen sich finden/ und die gebührende proportion in acht genom̄en
wird) darff niemand zweiffeln ; dann es beglaubet die tägliche Erfahrung / je mehr die
Stim̄ und Thon sich ver:vielfaltige und stärcke/je weiter könne solche sich auch erstr:ecken
und außbreiten / jedoch mit diesem unterscheid / und Anmerckung / daß je länger ein Rohr
ist / je stärcker wird auch die Stim̄ erfordert und der Thon / wann sie in die Weite solle
geführet werden ; gleich wie ich oben angezeiget / daß mit keglichten 21. Spannen langen
                                                                                    Rohrs

Rohrs/ſo ich eh deſſen zu Rom verfertiget/ probiert und erwieſen habe/ doch haben die gar lange Rohr auch dieſe Beſchwehrnus und Ungelegenheit / daß ſie ſo wohl zu dem über-Land tragen/als auch Gebrauch etwas unbeſchwer und ungemuhtſam/ es ſey dann ſach/ das man an dem ienigen Ort ſo zu einiger Underredung geſtimet/ ſelbige feſt mache unnd auch ſtelle ; welche Ohngelegenheit ſich auch bey den allzu groſſen Perſpectiv oder Fern-Gläſſern findet/wie die ienige müſten beklagen ſo damit umbgehen. Was aber das End oder weite Loch des Rohrs betrifft/ſo iſt ſo hoch nicht daran gelegen/es ſey ſo weit als woll nach der gröſſe und proportion deß Rohrs; Mein mehr erwehntes Rohr iſt zu End bey 3. Ehlen-bogen weit geweſen.   Diß aber wird neben andern dergleichen dem Gutduncken/ Erfahrung und Wiſſenſchafft eines guten Künſtlers überlaſſen und anbefohlen/ wie auß folgendem mit mehrerm wird zu erſehen ſeyn.

Folge. Conſectarium.

Hierauß iſt zu erſehen ; daß mann die Waſſerleytungen der alten Römer ſo vor Zeiten durch allerhand krumme Weege/ und zwiſchen den Bergen ; alſo von Tybur nacher Rom / in einer geraden Linie/ von *Claudio Cæſare* wären zugerichtet worden ; daß einer durch Behülff unſers Sprach-und Kegel-Rohrs/ innerhalb ſolcher Waſſer-Leyt oder Führung/ zu Rom oder von Rom auß mit den Tyburtinern/ und von dannen hieher nach Rom mit einem deütlich und vernehmlich hätte reden können/ darmit aber dieſes nicht iemand ohnmög-oder unglaublich vorkomme/ erweiſe ich die Sach alſo. Erſtlich ſetzen wir die Weite zwiſchen Tybur und Rom/nach der gemeinen Meinung 16. Meylen Weegs/ daß iſt. 16000. Schritt ; und ſo lang und weit / muß die Waſſer-Leyt-und Führung allenthalben wohl beſchloſſen ſeyn/ wie die Figur weiſet. Es hat auch die Er-fahrung auf dem Berg *Euſtachii* erwieſen/ daß die Sprach und Rede durch unſer Rohr auf 5. Meylen Weegs oder 5000. Schritt weit/vernommen/ und verſtanden worden/ und zwar nicht durch eine verſchloſſene Waſſer-Leytung oder ſolchen zugemachten lan-gen Canal/ ſondern durch die freye Lufft ; daher ohnſchwehr abzunehmen/ wie weit einer durch Behuff ſolchen Sprach-Rohrs deütlich reden könte / zum Exempel : mann wolte wiſſen/ waß vor eine Stärcke der Stimm erfordert würde/ ſo mann von Rom auß biß nacher Tybur/ daß iſt wie gemeldet worden in die 16. Meylen Weegs reden wolte / und zwar alſo daß es wohl zu verſtehen und zu vernehmen wäre / daß wollen wir ietzo Augen-Schein-und Handgreifflich erweiſen. Iſt derowegen gewiß und auß der Erfahrung probiret/ daß ſich ein ſtarcke Stimm oder Thon gegen einem noch ſtärckern halte / gleich wie ſich ein zwiſchen-Platz oder Diſtantz zwiſchen den Under-Redenden gegen einem an-dern verhält ; derowegen muß mann da nach der *proportions*-Rechnungs Regul alſo ſa-gen; der Hall einer Sprach-Rohrs oder ſtarcke Stimm als 4. gibt die Wort zu 5. Meylen/ wie die Erfahrung beweiſet/ wie Weit wird die ſtarcke Stimm als 13. geben? auß der vorgeſchrieben *operation* wird kommen 16. Meylen ein Viertel innerhalb welcher Diſtantz eine deütlich-und vernehmliche ſtarcke Rede als 13. könte gehöret werden. Wann aber iemand wolte wiſſen/ auf wie viel Meylen Weegs/ der gedachte Hall/ Stim oder Thon ſich führen und bringen lieſſe / nuß die *operation* alſo geſchehen ; der beneldte Thon laſt ſich auf 5. Merl Weegs hören/ und verhält ſich wie vier ; waß vor eine Stim-Stärcke wird dann erfordert zu 16. Meylen Weeas / da dann nach der operation wird herauß kommen 16. ein viertel. Und auf ſolche Weiſe kan mann iede Diſtantz oder Ferne/ und Thon-oder Stimm-Stärcke auß rechnen und nach Proportion finden/iedoch daß die Lufft ohne Sturm und Wind und in einem gleichen Temperament ſeye.

das mann von Rom biß nach Ti-bur durch behülff der Sprach-Rohr re-den könne.

Weilen nun erwieſen und dargethan worden/daß die Stimm und Wörter auch in der freyen und ohngehinderten Lufft/ auf ſehr weite Diſtantz und Ferne durch die Sprach-Rohr könne geführet werden/wie viel gröſere Krafft und Nachdruck wird ſich dann finde/ wann in einer ſolchen/ allenthalb-beſchloſſenen Waſſer-Leytung oder Canal ein ſolches Inſtrument ſolte gebraucht werden/ und ſolte es auch auff die 16. teütſche Meylen ſeyen. Dann weilen die Stimm und Wörter/ nirgends außfallen oder außweichen/ auch durch den ſtill-und ſanften Waſſer-Durch-Fluß/ſo in gleichem Gewichte gehet / nicht turbiret/ oder ſonſten durch einige Lufft-Gewalt oder Wind / verun-ruehiget und aufgehalten werde/ ſo iſt gewieß / daß durch Behülff eines ſolchen Rohrs ohne ſonderbahre Müehe/ eine Under-Redung zwiſchen einem zu Tybur/ und einem zu Rom ſich befindenden/ könte angeſtellet werden. Worvon aber in folgendem mit mehrerem wird zuhandlen ſeyn.

Caput V.

Wie Zween oder mehr / in einer zimlichen Weite/ und an ſolchen Orthen/ wo ſie einander nicht ſehen können / doch miteinander ſich un-der-reden/ und vernehmlich ihre Meinung entdecken könten.

Hiervon

Jer von haben wir eine Prob auf dem Berg Euſtachij genomen / und zwar folgender weiſe: Es ſey der Berg N. in zwey Thal ſich ergebend / und ſey die ſtelle beyder
Stände E. F. 1200. Schritt; Es befinde ſich aber *Titus* in dem Thal / oder Orth
deß Thals H. *Sempronius* aber in G. auß welchen beeden Ohrten ſie einander nicht
ſehen könten / und doch wünſchten mit einander zu reden ; weiln nun ein ſolches nicht an-

derſt als durch die gebrochene Stimm geſchehen kan / als muß mann auf folgende Weiſe
die Sach anſtellen. Es ſey beylauffig deß Stimm-brechende *objectum* , oder *reflectirende*
Gegenſtand O. von dem gegenſtehenden Berg bey 1000. Schritt entlegen / und bey einer
Meylen von dem Orth da die Stimm oder Thon außgehet ; So ſag ich das *Sempronius*
ſo ſich in G. befindet / was er nur will / dem in H. ſich befindenden *Tito* , durch diß Sprach-
Rohr I. ſo gegen dem ſtimm brechenden Gegenſtand O. muß gerichtet ſeyn / zuverſtehen
geben könne. Dann weiln das Rohr gerad gegen die Mauer O. als den Gegenſtand gerichtet iſt / ſo wird geſchehen / daß die Stimm ſo von darauß recht-wincklicht gebrochen wird/
dem Gehör deſſin H. ſich befindenden *Titi* ſich ſtelle / ohn angeſehen daß ſie auch auf eine
gantze Meyl Wegs von einander underſcheiden/ einer den andern nicht ſehen könne.

Weu zwey Perſonen die einander nit ſe-hen / doch durch be-hülff deß Echo mit einander ſich under-reden kön-nen.

Zugaabe. Corollarium.

Hierauß iſt abzunehmen : Wie Zwen ſich mite nander auch in zimlichenr *diſtanz* under-
reden könten/ ob ſie gleich e na.ider nicht ſehen / nehmlich durch die Stimm-brechung oder
reflexion einer Wand / Maur / oder dergleichen / ſo aber von beeden under-redenden muß
ohn hinderlich geſehen wert en. Und der gleichen könte mann ohnzehlich-viel Dinges erfinden. Darmit ich mich al er in den leicht-verſtändlichen Kunſt-erfindungen nicht zu lang
aufhalte ; So will ich der gleichen dem Scharff-Sinnigen und Kunſt-erfahrnen Leſer
überlaſſen.

Caput VI.

Von dem Hall und Schall deß Donners / Felb-Stück und Glocken.

JN ſeem gantzen Natur-weſen findet ſich kein ſtärckerer und ſchärfferer Thon und
Hall / als der Donner-Knall / er geſchehe gleich in der Lufft / oder in den verborgen
Höhlen der Erden I. ſo gemeiniglich ein grauſamer Vorbott eines ſchröcklichen Erd-
bebens/

bebend.   Jener / als der Donner-Knall/ wie ich auß der Erfahrung gelehrnet / kan auf 24. Meylen Weegs gehöret werden ; den Erden-Knall und Schall aber / hab ich selbst auf 60. Meylen Weegs gehöret / sonderlich da ich A. 1638. in Calabria gewesen / da die grausame Erd-beben sich ereignet. Dañ da ich zu Lopiz einer Statt in Calabria/zu Feld mich aufgehalten / hab ich den brennenden und Feür-speüenden Berg *Strongylo* / so auf 60000. Schritt entlegen immerzu gespühret/als ob ob er ein starckes brummen und hummen von sich geben/mit solcher Starcke und Macht/daß es auch auf 100000. Schritt gar leicht können gehöret werden.   Wor von aber der Leser meinen *mundum subterraneum* lesen kan.   Diesem Donner-Knall komt am nächsten/ der starcke Thon und deß Krachen/ so bey Loß-brennung der grosen Stück und Carthaunen gehöret wird.   Welches Stück Knallen und Krachen/weilen es eben auß der Ursach/ als der Donner seine Starcke und Krafft bekommet / als kan es auch sehr weit gehöret werden.   Daß ist gewiß daß mans so wohl zu Tusculo als auch zu Tybur gar wohl hören kan/ wan mann zu Rom die Stücke löst/sonderlich und destomehr / wann der Wind darnach gehet.   Zu Neapoli soll mann wie die Innwohner bey glauben/ auß der Insul Caprina/ 30. Meylen entlegen die Loß-brennung der Stück hören : ob mann aber die zu Gräßlingen in Niederland loßge-brandte Stück/in Engelland/wie etliche behaubten wolle gehöret : steh ich noch im Zweifel/ biß ich gewiesere Kundschafft hiervon bekomme.   Dann es hat wohl können seyn / daß mann irgends die Schuß von den Schiffen auf der hohen See gehöret.   Nach den Stücken / kommen die grose Glocken: darvon eine von den berühmtesten so sich zu Erfurt befindet / welche auch in gantz Europa vor die grösseste gehalten wird / darvon zu sehen *tom. 1, musurgiæ* / allwo ich sie gar umständlich beschrieben. Diese Glocken soll mann/nach dem der Wind wehet / auf die 24000. Schritt / oder 24. welsche Meylen(so 6, teütsche machen) wie die Innwohner bezeügen/ hören können.   Und vieleicht könte mann sie auf 10. Meylen Weegs leichtlich hören / wann sie in freyer Lufft hienge / und nicht mit so starck-und dicken Mauren umschlossen wäre.   Wann es war ist / waß in dem buch von Geheimnussen *Alexandri* auch von desen Feld-und Kriegs-Horn stehet / daß er sein Heer auf die 100. *stadia*/daß ist über 3. teütsche Meylen weit/habe können zusamen berueffen/ wolt ich fast sagen / daß es nicht viel schwächer gewesen / als besagte Glocke / nemlich in Werffung und geben deß Thons oder Hals.   Es ist aber von diesem allem in vorgehendẽ genuegsamer Bericht geschehen. Eines aber ist noch zuerklären übrig / nemli ch : Weillen daß Liecht und Schein sich äugenblicklich weiset und erzeigt / der Hall und Thon aber langsamer und nach und nach ; so kan mann fueglich fragen : wie viel Zeit der Hall und Thon langsamer zu Ohren und ins Gehör falle / als daß Liecht und Schein ins Gesicht kommet.   Diese Sach kan am allerbesten bey Lösung der Stück / durch Behülff eines in freyer Lufft hängenden Gewichts / Uhr-Wercks oder dergleichen / auf folgende Weise/ *observiret* und abgemessen werden.

Kunst-Erfindung.   Experimentum.

Wie lang der Thon und Hall spather und langsamer zu Gehör / als das Liecht und Schein ins Gesicht komme ?

MAnn mueß ein hierzu bereitetes *instrument* / perpendicul oder dergleichen bewegliches Ding bey der Hand haben/ desen Eingang / hin und her-Bewegung einer Minuten sich genaw vergleiche.   Darnach so bald als mann den Klanck und Schein deß angezün-den Pulvers sihet / soll mann daß Instrument gehen / drehen / oder sich bewegen laßen ; so bald mann aber den Schuß oder Knall höret / soll mans wieder innhalten oder stellen/ und wohl mercken/ wie offt daß Instrument hin und her geschwungen / getrehet oder bewegt worden / so wird mann daher die Grösse deß *spacii* / und die Stund-Minuten wissen können.   Wann mann nachgehends nach der *proportion* Regul / die Beweg-und An-schlagungen deß Instruments/ in Schritt *resolvirt* / wie Weit mann von den losgebran-den Stück abgestanden / hat mann auch die Distantz / und Underschied / wie viel lang-samer der Hall und Knall zu Gehör/ als der Schein und Glantz zu Gesicht komme.   So mann nachgehends die Schritt oder Meylen in Stund und Minuten *resolvirt* / wird mann leicht finden/ wie viel Minuten der Knall langsamer zu Ohren falle ; zum Exempel/ wann mann durch genaw. *observation* befunden/ daß auf eine Bawegung und *vibration* deß Instruments 100. Schritt kommen / so hat mann nach der gülden Regul-Rech-nung die Schritt / da nach dem ordentlich Lauff und Bewegung / auf iegliche solche *vibration* zu 100. Schritt / zu rechnen / also daß 10. *vibrationes* oder Bewe-gungen 1000. Schritt / daß ist einer Welschen Meyle sich gleichen / wann mann nun hierzu ein viertel Theil einer Stunden zu 15. Minuten machet / so hat mann man auch genaw die Zeit ein-und Abtheilung/worinnen der Thon langsamer ins Gehöhr/ als der Schein ins Gesicht fället.   Welches alles aber nach obstehenden Lehr-Sachen/ und also *ex hypothesi* Ich will verstanden haben. Dann gleichwie bißher noch von niemand gewiß bewisen oder beschrieben worden/ob der Thon auff einerley Ahrt und Weise/oder in einer gleichen Ungleicheit(so zu reden)bewehrt werde.   Oder welcher eben so viel/ob der Thon immer in einer Weite oder *distanz*/oder in ungleichen/ und also immer zu durch kleinere und kleinere *spatia* fort gehe;also kan auch nichts gantz gewises hierinn ge-schlossen und gesaget werden;biß die subtile und sehr mißliche Sach/durch die Erfahrung/ genawer undersuchet werde/so bereits die *florentinische Accademi* solle gethan/ und den Grund erforschet haben.   Dann wie in vorgehenden gesaget worden / so finden sich ohn-zehlich viel Hindernussen / welche die geschwinden Fortgang deß Thons hemmen/oder aufhalten können; als da ist der Wind/ trübe Lufft/ Nebel/Dünste/Regen/Schnee und dergleichen/so die Lufft mercklich ändern.   So seyn auch die ungleiche Zeiten deß Jahrs/ als Winter/Sommer/Frühling und Herbst.   Ja es seyn die Zeiten deß Tages einander nicht gleich und findet sich ein Underschied / under der Tag-Nacht-Morgen-und Abend-Zeit/welche wie sie ihre sonderbahre Beschaffenheiten haben / also auch den in der Lufft fahrenden Thon um ein zimliches änderen können / wie dann die Erfahrung mich hierin/ viel gelehret.   Nun folgen endlich die Thon-stärckend-vermehrend-und fortführende *or-gana*/welche wann sie nach gegebenem Underricht recht zue gerichtet werden; gewißlich den Stück-und Carthaunen knallen nicht viel werden nachgeben / wie die Erfahrung selbsten bezeugen wird ; ist derowegen nichts übrigs / als daß die Feder ferner ansetzen / und diese Kunst-Werck und *instrumenta* nacheinander beschreiben.

●◆●◆●◆●◆●◆●◆●◆●◆●◆●◆●◆●◆●◆●◆●◆●◆●.

Sibende Abtheilung. Sectio VII.

Von: verfertig-und zurüstung verschidener Instrumenten wormit der Thon oder Hall in die Weite kan gebracht und fort-geführet werden.

Caput. I.

Von Zubereitung deß keglecht-oder zuspitzenden Sprach-Rohrs.

Ein Cylin-der / oder gleich-weit rohr ist nit tauglich / der thon und Stimm weit zu führn.   DAß ein gleich-weit-rundes od cylindrisches Rohr / zur Underredung von entfern-ten Ohrten/durch die freye Lufft sich nicht schicke/ist bereits erwisen worden: und derowegen so haben wir hiezu ein keglecht-oder ungleich-weites/und wie eine Trompett gestaltes Rohr erwöhlet / dessen Zubereitung aber auf mancherley Weiß geschehen kan. Wir haben ihm erstlich die Läng um 21. darnach um 15. Spannen gegeben/darmit daß Instrument nicht all zu groß / und ungeschikt werde;dann daß ober-wehnte 21. Spannen-lange wahr fest gemachet/so zur Underredung/ Frag und Antwort sehr tauglich und bequem wahr / wie eben in der Ver-Rede vorgestellet worden. Es ist aber ein Rohr von 15. Hand oder Spannen lang / genugsam zu solchem vorhaben/inson-derheit wann eine starcke und kräfftige Stimm/den Abgang der Länge ersetzen kan.   daß kleine/oder Mund-Loch solle daß Viertel einer Hand / und also formiret und mit einem Rand umgeben/ daß mann füglich den Mund könne hinein bringen und die Stim/ wann mann redet/nicht neben außgehe; es soll auch daß Rohr in der Länge nach *proportion* sich immer weiter außdehnen und voneinander gehen / ohngefehr biß auf 13. Handbreit/ biß zu dem Anfang deß weit-offenen Lochs und Außgangs / so zu Außstreittung und völli-ger Außlassung deß Thons gemachet ist / wie die Figur am Blatt aufweiset   Dieses hat der Leser noch daben zu merck.n / daß eine solche Trompette oder Rohr / aus mancherley materi nach mancherley Gebrauch könne gemachet werden ; Wann mann nun die *opera-tion* oder Gebrauch in der freyen Lufft anstellen will / so müssen solche Rohr von eisern oder messing Blech / oder dinnem Holtz gemachet werden ; es müssen aber solche Blech auffs beste geglättet und poliret seyn / auch in einer vollkommnen Rundung bereitet / von aller unebene oder rauhe gentzlich befreyet ; dann es ist nicht zu sagen / wie sehr eine solche raue und unebene die fortführung der Stimm verhindere.   Mann pfleget aber gemeiniglich solche Sprach-Rohr heütiges Tags in 4. oder 5. stuck abzutheilen / damit mann selbige nachwachendts um besserer bequemlichkeit willen in einander stecken / oder zusamen fügen könne / und so dann durch die zusamen gefügte gantze länge / der verlangte Zweck und *in-tention* erreichet werde ; dann ich habe durch lange Erfahrung gelehrnet / daß wann nicht die stück gantz genaw und genaw zusamen gefüget werden / mann deß verlangte Werck nicht zuwegen bringen können; Ferner/ wie nachgehends soll erkläret werden / wann die

Die fugen in dß sprach Rohr ver-hindern dß thon merck-lich.

gegen

wann die Gegen-Antwort nur durch die Stimm allein geschehen soll / so ist gewiß / daß die Sach nicht werde angehen / indem der Hall oder Thon in den Falß der zusammen ge-fügten Stücke einfallend / viel von seiner Krafft und Würckung verlieren wird ; wann man aber dergleichen Rohr und Instrument entweder in eine Maur einschliessen / oder son-sten in einem Zimmer vest machen wolte / so müste mans entweder auß einem Stein auß-hauen / und wohl poliren / oder auß eisernem Blech machen / und innwendig mit heissem Pech wohl verpichen lassen / so würde die Würckung und operation nach Wunsch erfol-gen ; dann auß einem solchen wohl polirten / oder verpichten Kegel-Rohr / können sich die Hall und Thon ohne Hindernuß / an den begehrten Ort und Stelle begeben und fort-fahren.

<h2 style="text-align:center">Cap. II.</h2>

Die Sprach-Rohr also anzuordnen / daß man ohne ein anders dergleichen Rohr / nur mit der blossen Stimm allein / auf die Fragen antworten könne.

Weyerley Mängel ereigen sich beydergleichen Rohren ; der erste ist / daß man auf die Fragen oder Reden ohn ein anders Rohr nicht antworten kan. Der andere / daß man nichts Geheimes durch solche laute Stimm einem andern sagen kan / daß nicht alle / so zwischen dem Rohr und dem der es hören soll / sich befinden / es nicht alle ver-nehmen solten können / also / daß man sich dieses instruments zu Kriegs-Zeiten / und in wichtigen geheimen Anschlägen nicht viel bedienen kan. Weilen Ich nun / schon vorlängst diesen Fehler gemercket / hab ich eben deßwegen gedachte Sprach-Rohr nicht sonders hoch geachtet / hab aber dieses vor das Vornehmste gehalten / daß man sie also anordne und stelle / daß man auch ohne ein anderes Rohr antworten könne / und Niemand / als der so im Gemach sich befindet / das jenige / was man saget / verstehen könne / davon unden mit mehrerm zu handlen sich Gelegenheit an die Hand geben wird ; das allein hab Ich zu er-klären vor nohtwendig erachtet / wie man ein Rohr zurichten und anordnen könne / daß einer ohne Beyhülff eines andern Rohrs / nur mit blosser starcker Stimm auf die Fragen und Reden Antwort geben könne.

So hat man nun keine Ursach in Zweiffel zu ziehen / ob man auch eben durch das Rohr / wordurch man redet / die Antwort einnehmen und hören könne / so ich schon längst im Werck selbsten erfahren und practiciret. Sage also / daß dergleichen zu Werck zu-richten / man fleissige und gute Achtung geben müsse : Erstlichen auf die Weise und distant deß redenden und antwortenden zum Andern / daß das Sprach-Rohr gerad und eben gerichtet seye gegen dem Ort / wohin man reden will ; Drittens / auf die bequeme Zeit und reine ohn-verwirrte stille Lufft ; daß die Stimm bey dem mit blosser Rede antwor-tenden stärcker seyn müsse / als bey dem der durch das Rohr redet. Die distanz und Wei-te muß nach dem / was oben gemeldet worden / das erste seyn / so man betrachten muß / darnach die stärcke der Stimm deß durch das Rohr redenden. Es sey zum Exempel die Weite oder distanz 2. Meilen / und die gestärckte Stimm sey von der gewohnt : und ge-meinen Redens-Art / wie 3. setzt man die Regul also : 2. Meilen erfordern durch das Rohr / die Stimm stärckung wie 1. Was vor eine Stärcke erfordert dann 3. Meilen ? so wird die operation geben / die Stimm-stärcke wie anderhalb / und also auch von den übrigen der-gleichen Fragen zu schliessen ; wiewohln Ich nun diese Regul nicht eben so genau allezeit in acht zu nehmen / oder sich daran zu binden vor rahtsam halte / in dem ein jegliche stärckere und mächtigere Stimm / als die so durch das Rohr geschicht / genugsam ist / die Antwort ohne ein anderes Rohr / auf die Fragen und Reden zu geben : die Ursach dessen ist / weiln der Thon / so auß dem Rohr gehet / eben in solcher proportion zu dem Gegenstand / durch die in dem Rohr zusammen gesämmelte Stimm-linien / und deren Außbreitung fähret / in welcher die starcke Stimm durch die Lufft lauffet / welche / so bald sie in das weite Rohr-Loch oder End-Loch einfället / sich daselbsten vermehret / auch endlichen nach allen geschehe-henen Worten in das Ohr / deß durch das Sprach-Rohr redenden ankommet / sonder-lich / wo man das Ohr gantz genau zu dem Mund-Loch hebet ; dann was man an- oder ein nehmet / daß wird nach der Art / Weis und Fässigkeit deß einnehmenden empfangen / wel-ches Ich auf dem Berg Eustachii durch vielfaltige operation im Werck selbsten erfahren ; die Sach aber wird sich durch ein Exempel / noch deutlicher vorlegen lassen.

Es seyen zwar under-redende Personen Sempronius und Titius ; das Sprach-Rohr / so gebrauchet wird A B. der vor Vor- oder Gegenstand / zu welchem man reden will / sey C. und der gegenredende oder antwortende Titius stehe genau in I. seye das Sprach-Rohr schnuren und gerad / durch die Waltze oder Stimm-linie A I. gerichtet. So sag ich / daß der in I stehende Titius / von dem in A. stehenden Sempronio, (jedoch durch angehaltenes Ohr an das Mundloch A. könne gehöret und verstanden werden ; Dann

wie

wie die Stimm auß A. durch das Rohr gehet / also auch umgekehret / und mit gleicher Geschwindigkeit / wird die Antwort auf das Rohr B.A. zufallen / als sie zuvor auß A.B. gefahren ist; allein wie vorgemeldet worden / daß Titius etwas stärckere Stimme gebrauche / und daß es bey still= und ruhiger Lufft geschehe: dann daß mit solchen Rohren bey trübem Wetter und unstehter Lufft / oder bey wehrendem Wind / nichts außzurichten / hat man bißher genugsam auß der Erfahrung erlehrnet. Muß also der ohne Rohr antwortende etwas stärckere Stimme gebrauchen / darmit die Stimm und Thon sich durch die Lufft reisse / und also desto besser zu dem Rohr B A. hinzukommen / und durch selbiges bringen möge / so bald nun die Stimm=linien dahin kommen / vermehr:

ren und stärcken sie sich alsobalden in dem Sprach=Rohr / daß sie dem in A. stehenden Sempronio gar deutlich und klar ins Gehör fallen ; dann die Stärcke und Gewalt der Stimm wird leichtlich den Mangel eines andern Rohrs ersetzen / die Antwort zu ertheilen. Die Zeit belangend / hielte ich eine stille / ruhige / heytere Nacht=Zeit / vor die allertauglichste und bequemeste ; und darmit ich auch das nicht verschweige / so viel bey der Sach thut ; so ist rathsam und nutzlich / daß das End=Loch und Krantz B. eine zimliche Weite habe.

Also wird ein anderer / ohne Beyhülff eines andern Sprach=Rohrs / mit blosser lauter Stimm / gar wohl und füglich / dem / so das Sprach=Rohr führet / antworten können.

Wie man durch Sprach=Rohr in geheim reden könne. Welcher Gestalt aber die Sprach=Rohr müssen zugerichtet werden / daß man durch dieselbige einander geheime Sachen entdecken könne / daß doch Niemand / der darzwischen sich befindet / was da geredet wird / vernehmen möge / wollen wir in folgendem lehren; die jenige Sprach=Rohr aber / durch welche man auch die Antwort ohne anderes Rohr / durch die blosse Stimm vernehmen kan / thun besser gut / wann sie eingemaurt oder sonsten vest=gemacht / durch ein Zimmer in ein anders geheimes Gemach geführet werden / wie Ich viel Jahr lang in meiner Kammer / mit höchster Verwunderung und Bestürtzung der Zuhörenden/ gehabt habe/ und im Werck selbsten erweisen können.

Cap. III.

Von vielfaltiger Vermehrung daß Thons in besagten Sprach= Rohren / oder von den wundersamen Thon= und Hall= Rohren/ dern verschiedenen Arten und Gestalten.

Es ist

ES ist gewiß / und Ich habs auß der Erfahrung / daß der Thon oder Hall eines solchen / zum Exempel 15. Hand- oder Spann-langen Sprach-Rohrs / so an sich selbsten starcke Würckung hat / fast unglaublich könne vermehret werden / also / daß
wann einer erstlich mit seiner Stimm auf 2. 3. oder 4. Meil Wegs weit geraichet/wohl auf
15. oder 20. Meilen könne fort-geführet werden.　Wie aber dieses möglich sey/wollen wir
nachgehends durch Beyfügung anderer instrumenten weisen/ wann wir zuvor von den verschiedenen Arten der Sprach-Rohren werden gehandelt haben.

Von dem Kugel-runden Sprach-Rohr.

DAs kugel-runde Sprach-Rohr / ist so viel als eine hohle Kugel.　Wann Ihme derowegen jemanden eine Kugel machen liesse / die im diametro oder Durch-messer 10. oder
15. Hand- oder Spannen hätte / wie wir in folgendem von dem Rohr Alexandri Magni
melden wollen / so würde hierdurch ohne zweiffel / eine gewaltige Vermehrung deß Thons
oder Stimm gemachet werden/ wie auß der obigen proposition zu ersehen ; dann der Thon
und Hall/ in der runden Höhle/wegen vielfältiger reflexion und Stimmbruch/ so darinnen
geschiehet / viel eine grössere Krafft und Stärcke an sich nimt / als in einem eben- und geraden Rohr/ da eine gleichmässige Fort-führung der Stimm-linien geschiehet.

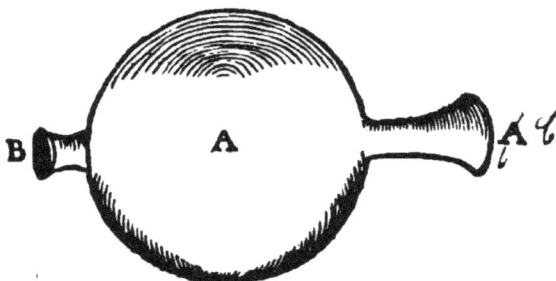

Es sey die hohle Kugel A. das zu der Stimm destinirte Munbloch B. das andere aber
zum Außlassung der Stimm weitere Loch C. da wird es nun geschehen / daß die eingeruffe-
ne Stimme / an so viel puncten der runden hohlen Fläche sie anschlagen wird/ so viel reflexionen und Stimmbrechungen wird es auch geben/ welche sich nachgehends in die Rundung
außbreiten / und mit grossem Krachen durch C. außbrechen werden.　Welches alles aber
der Leser viel besser auß gegenwärtiger Figur vernehmen wird / als Ich mit vielen Worten
werde beschreiben können.

Cap. IV.
Von dem Elliptischen oder ablange-ohngleich-run-
den und oval-Rohr.

WAs ein Ellipsis/und ein Elliptisches Rohr sey/ist in vorgehendem erkläret worden;
wie auch eine solche Form müsse gemachet werden / ist gleichfalls sect. 1. gelehret
worden.　Es hat aber diese Figur in dem grössern diametro zwen puncten, so nach
proportion und Vergleichung also genennet werden/ so man auch sonsten Feur-Heerde heis-
set/ dieweiln/ wann die Sonnen-Strahlen in diesen zweyen puncten vereiniget werden/ selbige zu dem brennen und anzünden / ein wunder-grosse Krafft und Würckung haben; also
auch die reflexion der Stimm-linien, wann selbige in diesen puncten geschiehet/ hat vor
allen andern eine grosse Krafft die Stimm zu stärcken und zu vermehren.　Wir wollen
aber die Sach noch ferner vorstellen.

Es sey eine solche Elliptische Rundung in dieser Figur CEFD. die zwey auß Vergleichung gemachte Stimm- oder Heerd-puncten AB. so sag ich / daß die Stimm oder
Wörter / so auß dem puncten A. oder B. vorgebracht werden / durch ohnzehlich viel
Anschlagung- und reflexionen in der Elliptischen Fläche / sich in B. vereinigen.　Solcher
Gestalt / daß die Stimm / so in O gebrochen wird / von bannen reflectiret in B. widerum auß A. in V. und von bannen in B. widerum auß S. und T. in B. und auf solche Weise
werden auß allen puncten der Fläche CEFD. reflexiones geschehen / welche sich nirgends
als in B. oder auß B. in A. vereinigen werden/ da dann eine starcke und hefftige Stimm
und Thon-Vermehrung wird gehöret werden.

M ij　　　　　　　　Weilen

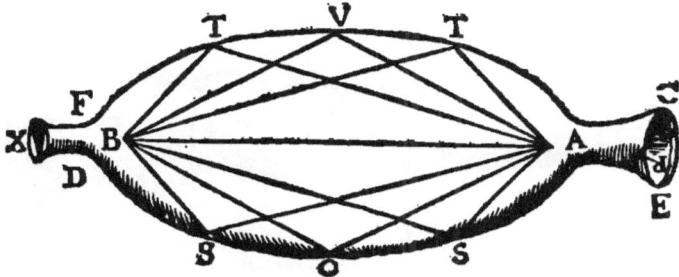

Weilen aber in all-solchen oval- oder ablengs-runden Figuren/ sie seyen gleich stumpf/ oder scharff/ einerley Eigenschafft der Stimm-brechung sich findet/ als kan man/ auß was materia man auch will/ die tauglich darzu ist/ ein solch Rohr etwan zehen oder mehr Spannen lang/ in solcher Elliptischen Figur/ dessen Brenn-Heerde seyen A.B. machen lassen/ so ist das wunder-vermehrend und Stimm-stärckende Rohr fertig/ wie beygesetzte Figur weiset; und um so viel besser/ wenn es ein kunst-erfahrner und fleissiger Künstler gemachet. Dann es ist schwehr/ auß Metall eine solche Figur genau zu machen/ sonderlich wann mans soll mit sich tragen können; leichter aber kompt man darzu/ warin man mit der oval-Form oder Müster/ wie oben beschrieben worden/ solche Figur in Gyps/ Letten/ oder dergleichen linde und weiche materiam trucket; Und muß Ich gestehen/ daß dise Sach absonderlich einen guten und fleissigen Künstler erfordere/ wann aber das instrument richtig und beschriebener massen solte verfertiget werden/ würde sich gewiß der Künstler selbsten über die wunder-grosse Würckung und Krafft nicht genugsam verwundern können/ in dem auch eine schwache Stimm/ ja die man kaum vernehmen kan/ wann sie bey X. in das Mundloch eingesumset wird/ in R. sehr starck und gewaltig sich wird hören lassen/ solte man aber starck in das Mundloch einschreyen oder ruffen/ wird es ein solchen Thon und Hall geben/ so auch auf etliche Meilen Wegs würde zuvernehmen seyn.

Cap. V.
Von dem Schnecken-formigen Sprach-Rohr.

WAs ein Schnecken-Sprach-Rohr/ oder Schnecken-Form seye/ ist zum öfftern bereits angezeiget worden; Es soll aber um deß Lesers willen die Beschreibung nochmahlen repetiret werden. So ist nun ein Schnecken-Rohr nichts anders/ als ein hohles Rohr/ so wie eine Schnecke gewunden; Und ist zwenerley oder zylindrisch- oder gleich-rundes; und ein ohngleich-rundes oder zuspitzendes/ Das Zylindrische ist/ so durchauß gleich ist/ und an einem Ort die Seitenfläche so weit von der Waltzen/ als wie an dem andern abstehet/ dergleichen fast alle Schnecken-Stiegen seyn/ bey welchen wir offt in acht genommen/ daß Unden/ oder am Boden/ niemand etwas so still und leise könne reden/ wan man den Mund an die Schnecken-Fläche hält/ welches zu oberst an der Schnecken-Fläche nicht solte können gar wohl gehöret und verstanden werden; wann nur die Schnecken-Fläche also continuiret und gantz hinauf fein glatt und eben ist/ also/ daß sich keine Hindernuß findet/ so die fort-lauffende Stimm solte aufhalten können; welches ich denen jenigen entgegen setze und sage/ die da zweiffeln/ ob man auch durch ein solch Rohr eine deutliche Wort-Rede könne fort-führen.

Ein zugespitztes Schnecken-Rohr aber ist/ so zwar auch auf Schnecken-Art gewunden/ oben aber eng/ und nach proportion immer weiter und weiter sich außeinander gibet/ wie die Natur/ in den Erd- und Meer-Schnecken/ sonderlich denen/ die unden weit oder aber spitzig seyn/ weiset/ und gleichsam vorbildet. Ein zylindrisch- oder gleich-weites Schnecken-Sprach-Rohr zu machen ist nicht sonderlich schwehr/ dann es ist genug/ daß man die gleich-weite Rundung/ auf Schnecken-Art winde und drehe/ wie bey dem Archimedischen Instrument oder Wende/ so man eine Wasser-Schnecken nennet/ zu sehen/ dessen verschiedene Arten in meinem Musæo können gewisen werden. Ein keglicht Schnecken-Sprach-Rohr aber ist/ wann das Rohr auf kegelweise/ das ist in ungleicher und zuspitzender/ oder außbreitender Rundung/ wie kurtz zuvor gesaget worden/ auf Schnecken-Art gewunden wird/ dieses Gemächt aber erfordert einen grossen Fleiß/ Kunst-Erfahrung und Wissenschafft/ daß es in gziemend- und proportionirter Weite/ Breite/ und wohl-polierter inwendiger Glätte gemachet werde.

Die Figuren werden in mancherley Gestalten und Arten folgen.

Ein

Ein Schnecken-Sprach-Rohr.

Dergleichen Schnecken-Rohr ist billich allen andern Rohren vorzuziehen/ dann es wegen allseitiger/ ja unzehlicher reflexionen und Anschlag von allen puncten der Schnecken-Flächen/aller anderer Krafft/ und Würckung weit übertrifft/wie solches bey dem starcken Hall und Schall der See-Hörner abzunehmen. Wann nun in den wenigen und kleinen Krümmungen der Hörner/ der Hall und Schall eine so grosse Krafft hat/ wie vielmehr wird sich ein solches in unserm vorbeschriebenen Rohr finden? Sonderlich/wie wir in vorgehenden gewisen haben/ weiln eine solche Schnecken-Form eine sonderbahre parabolische oder Brenn-linische Krafft in den innern Flächen hat/ wodurch die Stimm und Thon wundersam vermehret und gestärcket wird.

Cap. VI.

Von den jenigen Rohren/ die zwar einen starcken Hall und Schall/ aber keinen verständlichen Wort-Klang von sich geben können.

ES gibt vielerley Rohr/die zwar einen sehr starcken Hall und Schall auf etlich Meilen Wegs/aber keinen deütlichen- und verständlichen Wort-klang von sich geben könen/ dergleichen seyn/ die Feld-Trompeten/ Posaunen/Zincken/ Krum-Hörner oder cornean; Paucken/Trommel/und aller Pfeiffer und Bläser/wie sie Frontinus nennet/ihre instrumenten, auß welchem man nicht anderst als mit Zusamenziehung der Lippen/ und behöriger Mund-Formirung durch das Mund-Stück/welches bey den Trompetten/ Zincken/Cornetten, Posaunen und Krumhörnern nohtwendig seyn muß/ einen Thon oder Hall machen kan. Nun wollen wir auch betrachten/was solche instrumenta vor Krafft und Würckung haben.

Cap. VII.

Von der anmäßlich- und wundersamen Vermehrung der Thon und Stimmen/ in denen bißher erklährten instrumenten, allein durch Auf- und Einsteckung der Mund-Stück und organorum/ so zu dem Thon und Hall gehören/ darvon anietzo soll gehandelt werden.

§. I.

Von dem Horn Alexandri Magni.

ES ist nuhmehr viel Jahr/ daß ich in der Vaticanischen Bibliotheca die alte Hieroglyphische Sinn-Bilder/ als ein anderer Oedipus, nach einander zu erläutern durchgesucht/ daß mir ohngefehr auch ein Buch vorkommen/ dessen Tittul: Secreta Aristotelis ad Alexandrum Magnum; oder: Gehäimnussen Aristotelis an den grossen Alexander geschrieben; Da under andern von disem Alexandri auch dises gelesen wird: Es hat disem Wunderhorn einen solchen starcken Thon und Laut von sich gegeben/ daß er darmit sein Kriegs-Heer auf 100. stadia (deren achte eine Welsche Meile machen) auseinander zerstreüet/ hat können zusammen ruffen: es hätte aber/ wie das Büchlein weiset 5. Elen/ oder 15. Spannen in dem diametro; und wie ich erachte/ hienge es an einem Ring und Gerüste/ in der freyen Lufft/ dessen Form aber das Buch nicht beschreibet. Die Figur aber deß Horns/ will ich selbige hieher setzen/wie ich in dem Büchlein funden habe/ mit der Überschrifft: Cornu Alexandri Magni, das Horn deß grossen Alexanders. Und wiewohl ich bißher dergleichen im Werck selbsten nicht probiret/ so geben doch die Umstände und rationes solcher Stimmungen und Thons/ daß ohne zweifel dises Rohr einen grausam- und schröcklichen Thon und Hall musse von sich gegeben haben/ so wohl wegen der grösse deß Rohrs selbsten/ als auch wegen den vielfältigen reflexionen und Anschlägen an der innern krum- und glatten Flächen.

Dann

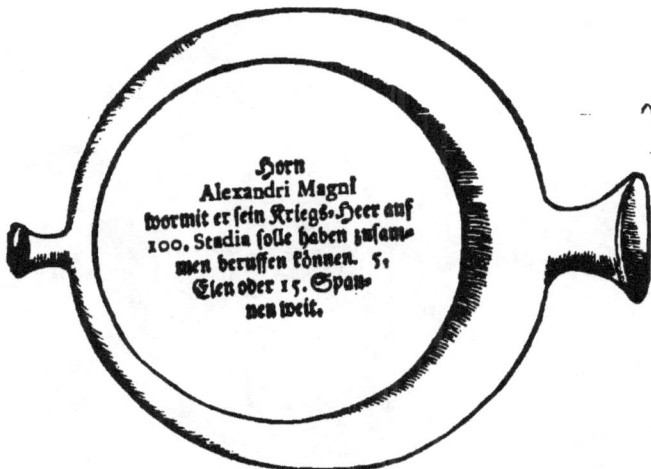

Horn
Alexandri Magni
wormit er sein Kriegs-Heer auf
100. Stadia solle haben zusammen beruffen können. 5.
Elen oder 15. Span-
nen weit.

Dann ich hab von Kindheit an auß der Erfahrung gelehrnet / daß die Schwein- und
Küh-Hirten in Teutschland / mehrstentheils mit Küh- und Ochsen-Hörnern blasen / die auch
einen so lauten Thon / daß mans biß auf 1000. und mehr Schritt leichtlichen hören kan ;
Und ist dises wunder-würdig / daß wann man an einem Ort mit solchen Hörnern blaset /
so geht das Viech / so dern schon gewohnt / selbsten auß den Ställen / und auf die Wende;
auch Abends wann er wider zusammen bläset / gehen sie wider heim / ieglichen seinem Stall
zu.

Wann nun das Horn Alexandri Magni seinen Hall auch über 100. stadia erstrecket;
auch ein solches Küh- und Hirten-Horn auf ein und andere Meil-Wegs den Hall werffen
kan ; Wer wolte nicht von dem kleinern auf das grössere schliessen / und von dem grössern
auf das kleinere / daß Alexandri-Horn in einer solchen grösse / auch grossen Hall und Schall
von sich gegeben habe? und zwar nicht ohn vernunfft-mässige Reguln / dann weilns in dem
diametro 15. Elen oder 15. Spannen gehabt / muß das Rohr nohtwendig nach proportion
deß diameters in dem Umkreiß bey 45. Spanen aussenher gewesen seyn ; Wie aber der / so
das Rohr gebrauchen wolte / es mit Händen halten / oder ob es aufgehangen worden / meldet der Author deß Büchleins nicht : Ich bin der gäntzlichen Meinung / und sage / daß das
Rohr auf einem dreyfüssigen Gestell oben sey angemacht gewesen / so man zusammen legen
können / welche dreyfüssige Stütze mit S T V bezeichnet ist / und ist ohne zweifel in einem
Ring gehangen / daß mans in der freyen Lufft auf alle Seitten trehen und wenden können /
wie beystehende Figur weiset.

Dem

Dem sey nün wie ihm wolle / so halt Ich gäntzlich dárfür / wann Jemand das Horn halbierte / und auf 10. Spannen außstreckte / wie in dieser beystehenden Figur das Horn ABCD. weiset ; daß solches keinen geringern / wo nicht gar gröffern und deütlichern Thon und Hall würde von sich geben / dann das ist gewiß / daß in dem vorgehenden / die Stimmungen / nicht so genau und gantz / wegen der alluvielen Vermischung deß Thons / sich werden hören laffen / so aber in dem getheilten oder halbierten Rohr nicht geschiehet ; wiewohl Ich nicht in Abred seyn will / daß in dem Horn Alexandri, der Thon bey dem weiten Enb-Loch / wegen der beederseits vereinigten Stimm-linien und Zusammenlauff derselbigen / bey dem spatio I, doppelt so starck sey / als in dem Horn ABCD. so wir jetzo beschrieben haben / wiewohl / als erst gemeldet worden / nicht in solcher Ordnung und Richtigkeit.

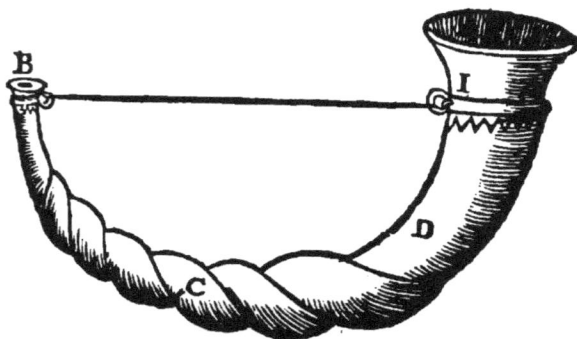

Corolla.

Corollarium. Zugaabe.

HJer ist zu wissen; daß das Schnecken-Sprach-Rohr/so eine neue Art von Rohren ist/
den Thon in ohnglaublicher Stärcke und Macht fortführe/ und deßwegen ohnzweiflich
viler reflexionen, so in dem schneckichten Bäuchen und Höhlen geschihet/ es will aber das
Instrument einen geschickten und wohlgeübten Künstler haben; in dem Gebrauch aber/ muß
man das Rohr also richten und halten/ daß auß dem grossen Endloch A. die Wörter und
Thon/ so bey dem Mund-Stück B. eingeblasen und eingeredet worden/ gerad und richtig
gegen dem vorhabenden Ort und Stelle fallen.

Wann auch das Horn Alexandri auf eine solche gewundene Schnecken-Form und
Art solte zubereitet werden/ wie in folgender Figur zu sehen/ wurde es ohne zweifel fast einen ohnglaublichen Thon und Hall von sich geben/ so man wohl auf 20. Meylen Wegs
würde hören und vernehmen können.

Andere Zugaabe. Corollarium II.

WJr wissen so wol auß Geist- als Weltlichen Geschichten/daß die Hebreer vor alten Zeiten in ihren Kriegen/ mancherley Rohr/ Hörner/ und dergleichen/ die auf unterschid-
liche Weise/ und auf mancherley Art gebogen/ gewunden/ geflochten und gekrümmet ge-
wesen/ gebrauchet haben; wie in den alten Monumenten-Büchern und Bildern von den
Juden zu finden; Ja es ist bekandt/ daß auch die alte Römer dergleichen Rohr/ Hörner/
Pfeiffen/ Trompeten/ so wohl in ihren Feld-Schlachten / als auch bey Triumfirlichen Ein-
zügen gebrauchet haben/ wie auß allerhand monumenten, antiquitäten/ Begräbnussen-
Triumf-Gemäld- und Bildnussen zu ersehen; dann daß dise einen überauß grossen Hall
und Schall von sich gegeben/ hat niemand zu zweiflen; wie deßwegen auch unsere postilio-
nen und ordinari-Botten/ wiewohl in kleiner Form/ zu gebrauchen pflegen. Wormit sie
auch einen zimlichen Weg ihren Heerbergen ihre Ankunfft bedeuten können. Welches
alles aber vorhin wohl bekandt / und derowegen eines fernern außführens nicht bedürfftig
ist.

§. II.
Von dem Trommel- oder Paucken-Rohr.

Es ist männiglich bekandt / daß die Trumlen und Heer-Paucken/ einen gewaltigen
starcken Thon und Hall von sich geben/ so man weit und breit hören kan; wann man nun
disen Hall und Laut aufs höchste bringen und vermehren wolte / müste man die Sach also
anstellen. Man mache ein Zylindrisches oder gleich weites Rohr zehen Spannen lang/
in dem diametro soll es drey Spannen breit haben; da soll man/wie bey gemeinen Trumlen
und Paucken zu geschehen pfleget/auf der einen Seiten ein Fell oder Pergament überziehen
und spannen/ und von dannen auf 4. oder 5. flache Hand lang wiederum dergleichen Fell/
wie man bey den gemeine Trumlen sihet; darnach das Rohr/es sey jetzo gleich- oder ungleich-
rund/ noch 5. 6. oder 7. Hand lang seyn/ und zu ein ein zweites Loch haben/ man muß auch
mit Schnieren oder Seiten das Fell wohl spannen und anziehen/ so ist das Wunder-
Trummel-rohr fertig; wann es nun auf subtile Träger oder Stützen geleget wird / und
man es mit den Schlegeln rühret / so theilet sich der Thon und Hall in das gantze Rohr/
und gibt ein gewaltiges auf weiten Weg sich erstreckendes Gethös und Hall von sich/ worüber man sich zu verwundern; dann der Hall geht von dem ersten Fell gleich in das andere/
von dar auß aber theilt es sich/ und laufft durch das gantze übrige Rohr/ und machet die

Seitten/

Seitten/ Riemen/ Schnüre der Trummel/ ja das gantze Rohr zittern/ dannenher auch
der vermerckte starcke Schall/ auf weiten Weg fort-lauffet: die Ursachen werden auß
oben-bemeldtem genugsam bekandt seyn.

Wir wollen aber die Figur auch beysetzen/ worauß der Leser unsere Meinung besser
verstehen wird.

Das Rohr ist AB. zehen Hand- oder Spannen lang/A. bezeichnet/ bey der Paucken
oder Trummel das obere Fell/ C. das undere; der Hall D. laufft und führet weiter fort
den Hall C. und wird der gantze Schall in CDE. einen unglaublichen Laut geben/ auch
durch das weit-offene Loch E. auf einen weiten Weg fort-führen/ zu dessen Stärck- und
Vermehrung auch viel hilfft und thut das zittern der mit Riemen oder Seitten hart-ge-
spanten Trummel/ wie in vorgehendem gewiesen worden.

§. III.
Von dem Schlangen-formigen Rohr.

Diß instrument ist in Franckreich wohl bekandt/ und wird viel gebraucht/ und insgemein (serpent) genandt/ gibt einen zimlich starcken Thon/ so wohl vor einen Baß zuge-
brauchen/ es hat in der Länge 3. Spannen; solte es auf 10. oder 15. Spannen-lang
außgestreckt und erlängert werden/ zweisle ich nicht/ es solte in dem Thon und Schall
wohl einem Schnecken-formigen Rohr gleich kommen.

Schlangen-Rohr.

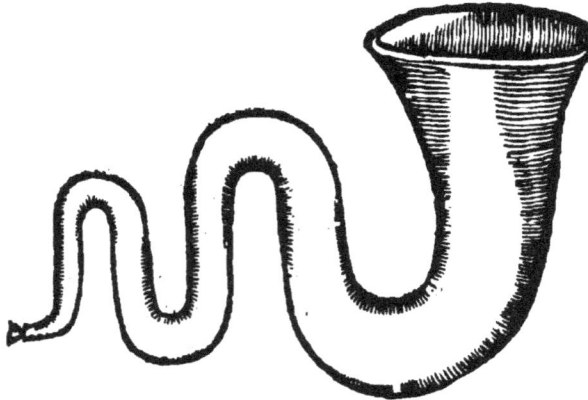

Cap. VIII.
Von Behälff deß Gehörs/ durch mancherley instrumenta, was Form
und Gestalt sie auch seyn mögen/ wann die Ohren an die
Rohr gehalten und recht appliciret werden.

Gleich wie/ wann Licht zu Licht kommet/ dasselbige nach seiner Art und Krafft zimlich vermehret; als zum Exempel: Es sey eine Lampe/ so die gegen-stehende Wand
gantz beleuchtet; wann man diese Lampen in ein Rohr stellet/ so wird sie durch
Vereinigung der Licht-Strahlen/ und Scheist-linien; besagte Wand noch mehr und
heller beleuchten; wann man über das einen Hohl-Spiegel/ in behöriger proportion und
distanz vorsetzt/ wird man nicht allein die Wand erleuchten/ sondern auch was daran ge-
bildet/ gemählt oder geschrieben/ gar hell und klar sehen können/ wie in dem 10. Buch
Artis magnæ Lucis & Umbræ, da gehandelt worden/ wie man eine höchst-wundersame
und fast zauberische Lucern zurichten solle/ man weitläuffige Anweisung findet.

Was

Was nun da von Vermehrung deß Lichts gesaget worden / das ist auch von Vermehr- und Stärckung deß in einem Rohr eingefangenen Thons oder Halls zu verstehen; in deme die Stimm-linien / den Licht- und Schein-Strahlen gäntzlichen nacharten / wie in vorgehendem gelehret worden.

Ich rede aber allhier von dem undeutlichen und un-wörtlichen Thon und Hall / wie selbiger auf weiten Weg zu führen / wormit man gleichwohl / an statt der Wort / heimlich und verborgen / in geheimen Sachen seine Gemüths-Meinung entdecken und offenbahren kan.

Es finden sich aber mancherley Art- und Weisen/ den Thon mächtig zu vermehren: Und erstlich finden sich gewisse instrumenta die an sich selbst einen starck- und scharffen Thon von sich geben / welche / wann sie denen in vorgehendem / erklärten Stimm-Roh-ren recht und wohl appliciret und angeführt werden / die verlangte Würckung der Stimm- und Thon-Vermehrung geben / welche wir itzo ordentlich nacheinander be-trachten wollen.

Erstlich zwar / so mache man eine hohle Kugel / mit denen behörigern Löchern / Mund- und End-Stucken / die kan man nachgehends einem jeglichen / von beschriebe-nen Rohren anfügen / wie die beystehende Figur weiset.

Es sey ein Hohl-Kugel auß Glas / Holtz / Metall und dergleichen / verfertiget ABCD. die orificia oder Mund-Löcher seyen AC. das Rohr aber / entweder gleich- oder

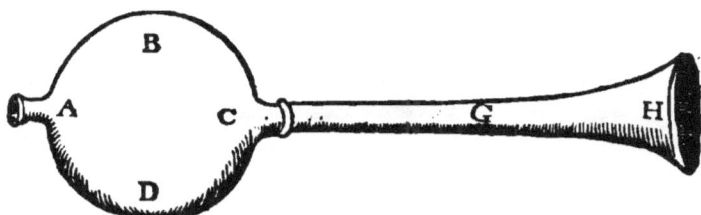

ungleich rund oder auf Schnecken-weiß gewunden CGH. So sag ich / daß der Thon und Stimm/ so durch das Mund-Loch A. eingeblasen wird / sich überauß sehr vermehret und stärcken werde/ nachdem das Rohr und die Stimme ist; dann der Thon in der hohlen kuglichen Rundung ABCD. wird sich durch vielfaltigen Umkreiß und Zirckul-Bewegung sehr vermehren / auch also in das Rohr den Hall werffen / und zwar so wohl ein Wort- und deutliche/ als eine undeutliche Stimme / wie es dann auf beede Theile tauglich und bequem ist.

Zum Andern / wann man solchen Rohren ein Trompetten- oder Posaunen Mund-Stuck aufstecket / oder gar die Trompette gehäb ein- und anfüget / wie die Figur A. weiset / und man also mit eingezwungen Lippen und starcker Lufft / nach Trompetter-weise blaset / ist kein Zweiffel/ es wird ein solch Rohr einen schröcklichen Thon und Hall von sich geben / darüber alle/ die es hören/ sich höchst werden verwundern müssen; dann wann eine ordentliche und gemeine Trompette / auf so weiten Weg / auch biß auf 1000. Schritt kan gehöret werden / wie weit wird dann der Thon und Schall gehen / wann solche / an sich selbst-starck-lautende Trompett / erst einem solchen Rohr angefüget wird?

Drittens / gibt es auch oval- und elliptische Figuren / wie in B. zusehen / welche Form / wann sie einem langen Rohr beygefüget wird / ingleichem den Thon und Stimm mächtig stärcket und vermehret ; welches auch thut diß angefügte See-Hörn-kin oder schnecken-artige Form C. so sie in das Rohr gestecket wird / oder auch nur ein krummes Hirten- und Ochsen-Horn D. durch welches alles die instrumenta und Rohre über lautend und thönend gemachet werden. Weiln aber dieses und dergleichen mehr dem nachdencklichen und scharff-sinnigen Leser überlassen wird / als ist es nicht so wohl zu erzehlen / als nur bestens zu recommendiren und anzubefehlen/ rahtsam gewesen.

Thon= und Sprach=Rohr/so durch ein eingesteckte Trompetten hallet.

Rohr/ so durch ein eingesteckte oval-Form den Thon würfft.

Schnecken-Rohr/ so durch ein eingesteckt Horn schallet.

Rohr/ so durch ein eingesteckt Ochsen= oder Küh=Horn den Hall gibet.

Cap. IX.

Wie man durch einen un=wort= oder undeütlichen Thon/ andern seine Geheimnüssen entdecken und offenbahren könne.

Je Rohr/ so wir bißher beschrieben haben / seyn offentlich/ und kundbar/ also/ daß was auß denselbigen geredet oder geblasen wird/ von Jedermann kan verstanden werden; dannenhero viel von mir verlanget / wie man doch an die jenige Ort / da man mit Worten und deütlicher Stimm nicht langen kan / durch den blossen Thon der vorgestellten und erklärten instrumenten, seine Gemüths-Meinung einem andern wissen machen / und dessen verstandigen könne; also / daß zwar den Hall und Schall Jedermann höre / was aber solcher bedeüte / doch nicht wissen und begreiffen könne. Ist eine Wissenschafft/ so gewißlich in Kriegs-Läufften wohl zu gebrauchen/ und manch grossen Nutzen bringen kan. Dann was ist vortraglichers / ja nohtwendigers / als durch den Thon oder Hall/ das jenige / was ohne geheime Schreiben / ja auch nicht durch dieselbige / kan wissend gemachet werden (sonderlich wo Freund und Feind nah beysammen / und man wegen der Spionen, Kundschaffter und dergleichen/ Niemanden trauen darff /) sicher / heklich und ohngescheuet / auch gantz verborgen / einem andern bekandt und wissend machen könne? Dienen derowegen solche laut=thönende und hallende instrumenta nicht allein die Armeen und Soldaten zusammen zu bringen; sondern auch darzu / daß ein General und Kriegs=Oberster seine geheime Anschlage/ consilia und Vorhaben / durch dergleichen Thon und Hall seinen Officirern und Bedienten wissend machen könne.

So köndte man auch ein Türckisches oder Barbarisches Kriegs=Heer / gantz in confusion, Bestürtzung / oder wohl gar in die Flucht bringen/ wann man etliche Arabische oder Türckische Wort / die man zuvor außzusprechen gelehrnet / auß einem solchen Sprach=Rohr solchem Heer zuschreyen würde / indem Sie nicht wissen würden / woher eine solche Stimme komme / und nicht wohl Ihnen anders einbilden können / als daß es vom Himmel geschehen. Noch viel dergleichen Sachen köndte man mit solchen Sprach=Rohren zuwegen bringen / so Ich aber denen überlassen und anbefohlen haben will / die Nutz darvon haben.

Wir nehmen jetzo vor / was zuerst zu weisen versprochen worden / nahmlich wie man durch Stimm und Thon / heimlich und verborgene Underredung pflegen könne.

Kriegs=List/ ein Türckisch und Barbarisches Kriegs=Heer in grosse Bestürtzung zubringen.

N ij   Es wer=

Es werden fast ohn-zählich viel Arth- und Weisen von verschiedenen vorgebracht/ wie man die heimliche und verborgene Meinungen und Vorhaben/ einander künstlich und sicher könne benachrichtigen/ welche Arthen wir weitläuffig in dem dritten Syntagmate Polygraphiæ Universalis beschrieben; So wir vor dißmahl außlassen/ und allein von dem jenigen Meldung thun wollen/ was zu der Eröffnung der Geheimnüssen auf einen weiten Weg/ durch den Thon oder Hall/ gehöret.

Da ist nun leicht zuerachten und wohl zubedencken/ daß die Sach gar langweilig/ schwehr und verdrießlich würde fallen/ wann mans durch die Buchstaben deß Alphabets, wie etliche pflegen/ verrichten wolte; weiln in einer gantzen Stund Zeit allein etlich wenige Wörtlein/ wegen der offtmahligen operation nach den Buchstaben/ könten zuwegen gebracht werden/ auch darbey noch viel Irrthuin sich gar leicht begeben köndten. Muß derowegen eine leichte Arth und Weise/ und die sich practiciren läst/ vorgenommen werden/ dergleichen zu Werck zu richten/ wir auch jetzo weisen wollen; nicht zwar allgemein und universal, sondern allein/ die sich zu Kriegs-Zeiten bey unterschiedlichen vorfallenden Begebenheiten wohl anbringen und gebrauchen lassen. Zum Exempel/ es köndte zwischen Belägerten und andern eine solche Unterredung und Verständnuß angestellet werden/ wie folget.

Der Belägerten/ und in einer Statt oder Festung Verschlossenen begehren.	Antwort darauf.
1. Wir seyn hart belägert/ und gäntzlich eingesperret.	1. Wöhrt Euch nach Möglichkeit es soll Succurs gewiß folgen.
2. Wir haben wenig Vorrath mehr/ und fehlt an Proviant. Die Soldaten krancken sehr/ und gehen genau zusammen.	2. Wir wollen Euch Pulver/ Proviant, und Succurs zu Wasser zuschicken.
3. Der Feind hat biß Morgen ein Sturm vor.	3. Wir wollen sehen/ daß wir Ihm in Rücken gehen/ und daran verhindern.
4. Wann dem Feind kein Einfall geschiehet/ so müssen wir uns ergeben.	4. Haltet mit dem accordiren ein/ biß wir Euch succuriren.
5. Wir können über 8. Tag nicht mehr außthauren.	5. Sehet zu wie Ihr Euch haltet/ wir wollen Euch gewiß helffen.
6. Die Bürger seyn gantz verzagt/ und wollen nicht fechten.	6. Wir wollen die Rebellen und Widerspänstige/ bey unserer Ankunfft/ gebührend abstraffen.
7. Die gemeine Meinung gehet dahin/ daß wir accordiren und den Ort übergeben sollen.	7. Wann Ihr je anderst nicht mehr könd/ so sehet/ daß Ihr einen guten und leidenlichen Accord bekommet.

Ich habe hier nur die Arth und Weiß zeigen wollen/ wie die Sach in solchem Fall anzustellen: Es kan aber ein jeglicher Capitein oder Kriegs-Obrister selbsten mehrer- und mancherley Fragen und Antworten auf erzehlte Weise abfassen und ordnen; nach welchen man nachgehends die correspondenz und Unterredung anstellen kan.

Zum Exempel/ wann ein Ort belägert ist/ wie der erste punct anzeiget/ so bläset man durch das Stimm-Rohr ein einiges mahl/ da dann abgeredter massen man schon die Bedeutung dessen wissen kan.

Wann es an Pulver/ Proviant oder Soldaten fehlet/ muß man zum zweyten mahl/ und also doppelt blasen. Ist ein Sturm vor/ muß man dreymahl blasen; und also fort an/ biß auf die 7. Zahl/ da dann/ wann man 7. mahl auf einander blaset/ wird abzunehmen seyn/ ob man sich ergeben/ und accordiren solle; die Antwort muß allezeit auch nach den Zahlen der Fragen gegeben werden/ wie man miteinander abgeredet; Zum Exempel/ wann die Belägerten zweymahl hören blasen/ ist es anzeigen/ daß Sie Succurs zuhoffen/ und also von den übrigen Theilen. Und also halte ich/ daß dieses zu einer geheimen correspondenz der beste und auch leichteste Weg seye.

Zugaabe. Corollarium.

Herauß folget: wie man auf einer Insul/ dergleichen Sicilia, Sardinia, Malta und dergleichen seyn/ was auf der anstossenden See (sonderlich der Türcken und See-Räuber streiffen und kreutzen belangend) feindliches sich erweiset; einander nicht nur mit stummen Zeichen/ sondern mit lebendiger Stimm/ durch solche Stimm- und

Gehör-

Gehör-instrumenta, von Thürnen oder Hohen-Warten/ wie sie genennet werden/ könde te zuverstehen geben/ und zuwissen machen. Wie Ich dann nicht allein gehöret/ sondern mit Augen gesehen/ wie auf dem Sicilianischen Gestad und Ufer viel solcher hohen Thürnen gebauet stehen/ nicht weiter als z. oder aufs höchste 5. Meilen von einander entlegen ; und als die Ursach dessen Ich erforschet/ haben die Schiff-Leûte mir geantwortet/ sie seyen deswegen so nah zusammen gebauet/ daß/ wann etwan feindliche Schiffe sich weisen/ und von den Thurnern oder Wächtern gesehen werden/ Sie einander sein nach der Ordnung/ deß Tags durch gewissen Rauch/ deß Nachts aber durch Feûr/ von deß Feindes Gegenwart und Ankunfft verständigen können ; und also auf diese Weise die gantze Insul/ innerhalb weniger Stunden/ wie es zur See stehe/ und was vorgehe/ wissen können.

Darmit aber die Sach besser verstanden werde/ hab Ich die gantze Insul in ihrem Umkreiß/ mit ihren Thürnen und Hohen Warten/ abgebildet vorstellen wollen.

Es sey zum Exempel die drey-eckichte Insul Trinacria, oder wie sie genennet wird/ Sicilia A B C. so in drey Vorgebürge ab- und eingetheilet ; deren das erste A. Lylibæum; daß andere B. Pelorum ; das dritte C. Pachinum von den Geographis genennet wird. Die Thürne aber/ so in der Ordnung nacheinander stehen mit O. bezeichnet/ 3. 4. oder zum höchsten 5. Meilen von einander entlegen : Derowegen/ wann die Wächter/ so auf dem Vorgebürge Peloro darzu bestellet seyn/ und die Wacht halten/ Freundes-Schiffe ansichtig werden/ so zünden sie eine mit Pech-Kräntzen und Hartz angefüllte Pech-Pfannen an/ so ingleichem sie brennet/ das ist dann ein Zeichen deß Friedens und Sicherheit/ Seyn aber feindliche Schiffe vorhanden/ so heben Sie die brennende Pech-Pfannen oder See-Fackel/ so offtmahls in die Höhe/ und lassens wieder hernieder/ oder bedecken selbige so offt/ so viel Sie Schiffe gesehen/ auf solche Weise geben sie von einem Thurn zu dem andern das gewise Zeichen/ biß innerhalb weniger Stunden durch dise Zeichen die gantze Insul hiervon benachrichtiget worden/ dergleichen auch/ wie ich berichtet bin/ an andern Orten geschehen solle. Es ist aber leicht zu schliessen/ daß dergleichen Zeichen viel besser durch den starcken Thon unserer Stimm-Rohre können gegeben werden ; Sintemahlen auf solche Weise man nicht mit stummen Zeichen/ dergleichen der Rauch und Feûr ist/ sondern durch lebendige Stimme von einem Thurn zu dem andern/ alle Umstände einer feindlichen Flotte einander zu wissen machen kan/ auf solche/ oder gleichmässige Rede: Wir sehen auf dem Liparitanischen Meer 12. Schiff oder Galleen/ was sie aber wollen oder suchen/ ist uns nicht bekandt/ derwegen rüstet Euch/ und seid bereit; damit/ wann sie irgend anländen/ oder was die feindliches vornehmen möchten/ man mit genusamer/ auß den benachbarten Orten zusammen gezogener Macht/ Ihnen under Augen gehen/ und Gewalt mit Gegen-Gewalt abtreiben möge.

Formula nachwelchem die Thurn-wächter/ mit Sprach-rohren/ ihren benachbarten deß Feindes Ankunfft können wissend machen.

Andere Zugaabe. Corollarium II.

Folget derowegen: daß man durch Beyhülff solcher Stimm-Rohre auch an weit entlegene Ort/ einen guten Verstand und nutzliche corespondentz anstellen könte; wann man sein taugliche Ort und Stellen hiertzu erwöhlete/ es möchten ietzo gleiche hohe Berge/ Städte/ oder hohe Thürne seyn/ wie dann dergleichen fast auf allen Strassen in Italien gefunden werden. Zum Exempel: Man könte auf ietzerzehlte Weise von Rom auß biß nach Florentz oder. Loretto. und von dar. biß nach Venedig/ grosse/ wüchtige/ und geheime Sachen einander zu wissen machen. Wann allein die zwischen Ort und Wachten recht ab- und eingetheilet würden/ da dann auch die jenige/ so auf dise Weise mit einander corespondiren wolten/ sich der Zeit und Gelegenheit halben zuvor wohl miteinander underreden müsten; Weiln aber dergleichen leicht zu verstehen und zu fassen/ als ist nicht noth/ mehr Wort darvon zu machen.

R iij   Caput

Cap. X.

Von verschiedenen Kunst-Wunder-Wercken / so durch und mit beschriebenen Stimm-Rohren / köndten zuwegen-gebracht werden; wird sonst genennet die natürliche Stimm- und Thon-Zauberey.

Erstes Wunder-Kunst-Werck.
Technasma I.

Eine liebliche so wohl Stimm- als instrument-music auf 2. oder 3. Meilen Wegs præsentiren, also/ daß niemand wissen möge/ woher selbige komme.

Diese Music erfordert einen sonderlichen Platz oder Zimmer in eines kunst-liebhabenden Fürsten oder grossen Herrn Palatio mit Fleiß zugerichtet. Das Palatium sey ABCD. darinnen werde ein absonderlich/ und verborgenes Zimmer bereitet EFGH. in demselbigen aber/ ein Gewölb auß Gyps in Form einer Hohlen-Kugel-Fläche/ mit einer solchen Form gantz glatt und polirt außgearbeitet / wie FGSH anzeiget/ so in FIH. abgeschnitten und getheilet seye/ das undere sparium oder Platz FIGP. werde denen bestellten Musicanten überlassen; Es muß auch dieses Zimmer eine heimliche und verborgene Thür haben K. wie ingleichem ein gläsern Fenster / dardurch man Licht und Schein / als vonnöhten ist/ haben könne. Wann diß alles nun also zugerüstet / so mache und lege man eines von ob-beschriebenen Rohren / bey 22. Spannen lang / wie das Rohr so mit ILMN bezeichnet ist / weiset / so in L und L mit dem Kugel-hohlen Gewölb und Fläche / ohne Eck/ unebene/ räue/ und dergleichen / genau und gehäb

muß

muß vereiniget werden/ unb durch das gantze Gebäu durchlangen/ da dann das weite / oder End loch NO gegen einem gewissen hierzu bestellten Ort muß gerichtet werden/
woselbst mit jedermanns höchster Verwunderung die Music wird zu hören seyn: Dann
so bald die Musicanten in das gewölbte Zimmer IFGH. durch das verborgene Thürlein K: werden können seyn/ auch die Thür vest und wohl zumachen; unb zu singen /
oder zu musiciren anfahen werden/ so wird in dem verschlossenen Ort so balden der Thon
und Hall mächtig gestärcket und vermehret werden/ wegen der vilfältigen Anschlagung-
und reflexionen ; unb weiln solche Stimmungen und Thon nirgends Außgang wissen
zu finden/ als durch das Rohr LIMNO. werden solche mit noch grösserer und immer
zunehmender und vermehrender stärcke und Krafft/ durch das weite End-loch NO.
außbrechen/ unb an den bestimten Ort/ auch wohl auf 2. oder 3. Meilen-Wegs zu
eylen und sich hören lassen/ da dann niemand ist/ so darzwischen sich befindet/ der es ·
nicht solte hören/ unb mit höchster Verwunderung vernehmen/ und doch nicht wissen

oder sich einbilden können/ ob diese music vom Himmel/ auß der Lufft/ oder wo sie her: Wie man
komme. Eben auf dise Weise hab ich durch meinen rubum oder Rohr / schon vor vie- mancherley
len Jahren in dem cabinet meines Zimmers manche music andern præsentiren lassen / Instrumental
die es dann mit höchster Verwunderung angehöret; Welches ich darum melde/ dar- musk in die
mit der Leser wisse und versichert sey/ daß ich hier solche nichts schreibe/ was ich nicht vor Weite auch
wohl probirt/ und als practicabel richtig befunden. Man kan aber dise music bestel- zu Gehör
len mit Trompetten/ Seittenspiel/ Zincken/ Posaunen; da man dann sonderlich Trom- bringen kön-
petet/ Paucken/ Zincken: und Posaunen-Bläser überauß weit wird hören und verneh- ne,
men können; welches alles einem verständigen Kunstliebhaber zu Werck zu richten überlassen wird. Doch ist diß darbey zu mercken/ daß man dergleichen nicht/ als an einem
gewissen/ darzu bereiten und unbeweglichen Ort/ zuwegen bringen könne.

Anderes Kunst-Werck. Technafma II.

Ein Kegel-Rohr alfo zuzurichten / daß man eine neue / fremde/ und männiglich ohnbekandte Harmonie , auch auf eine zimliche Weite darburch führen könne.

DAs Rohr fey EAFLM. in zwey Theil abgetheilet / deren der eine Theil auf 6. Schuh lang / alfo muß bereitet nugemachet werden / daß der andere etwas längere Theil bequem / gehäb und genau könne daran geftoffen werden : Weiter/ müffen diefe beede Theil auch alfo angeordnet und gemachet feyn ; daß ein Spalt oder Plaß IKGH. bleibe 3. Finger lang; Darburch muß man ein mit Seitten bezogenes inftru-ment hinein fchieben / wie in dem 3. Kunft-Werck oder Technafmate befchrieben wird / die Seitten feyen uuglercher Dicke oder Gröbe / fie müffen zwar angezogen / aber nicht eben nach der Kunft geftimmet feyn.   Diefes inftrumentlein muß in dem hohlen Rohr / wie die Figur weifet / aufgerichtet und verborgen werden / man muß es auch veft machen / daß es fich nicht bewegen könne.   Und alfo haben Wir die Zubereitung deß Rohrs befehen/ wol-len nun von deffen Gebrauch auch etwas melden.

Wann man nun diefe Muffc præfentiren und hören laffen will / fo muß man das orificium oder Wind-Loch deß Rohrs EAF. auf dem Fuß (in welchem die gantze machi-na muß beweglich können umgewandet werden) gegen dem Wind / fo aber fehr ftarck

Eine Winds-mufic auf ei-ne zimliche Weite zu præfentiren.

feyn muß / kehren und trehen / welcher dann/ wann er mit ungeftümm in das Rohr und Loch EAF. einfüllet / die Seitten auf dem inftrument IKGH. aufgefpannt / wird klingend und lautend machen ; welcher Laut und Hall nachgehends in dem andern Rohr fehr geftärcket und vermehret / enblichen durch das Mund-Loch LM. auf einen weiten Weg / als ein feltzam und wunderliches Geheul und Gefchrey / mit Jederinanns höch-fter Verwunderung fich præfentiren wird ; Indem die es von Ferne hören / aber die Urfach und Gelegenheit deß inftruments nicht wiffen / Ihnen nicht einbilden können/ wo ein folch Klag- und Traur-mufic herkomme / und wohl Ihnen werden einbilden/ daß es vom Himmel oder auß der Lufft gefchehe ; die Gegenwärtige aber / werden die machinam und das gantze Werck wohl anfehen / und doch nicht wiffen / wie Sie dar-an feyn / oder wie dergleichen Thon und Hall zuwegen gebracht werde ; welches Kunft-Stück / fampt dem andern / wie ich durch lange Erfahrung und Ubung wohl probiert und zum Offtern practicirt ; alfo hab Ich dem kunftliebenden und begierigen Lefer be-ftens recommendiren wollen.   Benebens wollen Wir auß unferer Mufurgia die Sach noch etwas weitläuffigers außziehen und vorftellen.   Wie es alles in vielfältiger prax und Ubung von mir befunden worden / und jedes recht anzuftellen feye.

Drittes

Drittes Kunst=Werck. Technasma III.

Ein anders von sich selbst klingend= und thönend=s instrument zuzu=
richten / so weder von Rädern / Blaßbälgen / oder dergleichen beweget / son=
dern allein durch Trieb deß Windes und Lufts / so lang derselbige wehet /
ein beständig= und zusammen=stimmenden Thon von sich
gebe.

WJe nun dieses instrument eine neüe Erfindung / also ist es gantz leicht und lieb=
lich / und wird zum öfftern in meinem Musæo mit höchster Verwunderung
von vielen gehöret ; So lang das Fenster zugemacht bleibt / ist das instrument
still / so bald man es aber aufthut / so bald hört man einen lieblichen Thon und Klang /
der alle / die es hören / und nicht die eigentliche Beschaffenheit wissen / bestürtzt macht ;
in dem sie nicht wissen können / wo dieser Klang und Thon herkommet / oder was es
vor ein instrument sey / dann es lautet nicht eigentlich wie die Saitten=instrumenta, auch
nicht wie die so durch den Wind thönend gemachet werden / sondern es hat einen ver=
mengten und gantz frembden unbekandten Thon und Hall. Das instrument aber muß
also gemachet werden. Man bereite auß Fiechten=Holtz / (als so am besten resoniret,
worvon auch sonsten die resonantz=Böden der musicalischen instrumenten gemachet wer=
den) ein Kästlein oder instrument 5. Hand oder Spannen lang / zwey breit / die Tieffe
oder Höhle eine Hand ; dieses instrument beziehe man mit 15. mehr= oder wenigern
gleichen Saitten / nahmlich Geigen=Saitten / wie die Figur weiset.

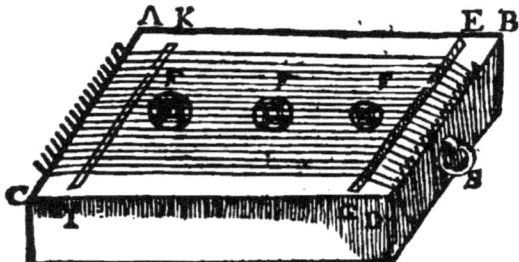

Das instrument ist ABCD. die Saitten=Würbel oder Nägel AC. die zwey Sait=
ten=Steg IK. und GE. über welche die Saitten gezogen und gespannet werden DP.
die andere Steft oder Nägel / woran die Saitten vest angemachet seyn. Die resonantz=
oder Hall=Rosen FFF. und S. die Handhebe oder Ring / darbey das instrument kan auf=
gehangen werden.

Ist jetzo noch übrig die concordanz oder Zusammen=stimmung ; welche nicht / wie
in andern instrumenten nöthig / durch die terz, quart, quint oder octav geschicht / son=
dern man muß die Saitten alle gleich=lautend / oder allein in der octav stimmen / wann
anderst ein einstimmender und zusammenklingender Thon folgen soll. Und ist dieses
höchst=verwunderlich / und gleichsam ohngereimt / daß alle Saitten gleich=lautend oder
in der octav allein gestimmet unterschiedliche Stimmen und Thon von sich geben sollen.
Darum / darmit diese invention, so meines erachtens bißher von Niemand in acht ge=
nommen / oder selbiger nachgeforschet worden / recht auß dem Grund untersuchet und
verstanden werde / auch die Ursachen solches Wunder=Thons mögen bewust seyn ; wol=
len wir dieses gantze Kunst=Werck umständlich und gründlich betrachten / zuvor aber
die Gelegenheit deß instruments, und wohin es müsse gestellet werden / besehen.

Der Ort nun deß instruments, muß nicht in freyer Lufft / sondern verschlossen seyn ;
jedoch also / daß der Lufft einen frey= und ohn=gehinderten Zu= und Durch=gang habe.
Der Wind aber kan auf verschiedene Weise zusammen= und eingefangen werden ; ent=
weder durch obbeschriebene Kegel= oder Schnecken=Rohr / darmit wir die Stimm in
einem Zimmer einzuzwingen oben gelehret ; oder es kan der Lufft und Wind zusammen
gezwungen werden durch Flügel : Man mache zween höltzerne Flügel EF. und BVCD.
in F. und VD. also angehänget / daß sie gleichwohl dem Wind einen freyen Zugang las=
sen bey dem Platz F. und K. zwischen den zwey gleichen Flüglen / In das gleich=seitige
Kästlein einfallend. Die beede Flügel müssen ausserhalb deß Zimmers / das Kästlein

oder
O

oder Tasten aber in demselbigen seyn ; in welchem Kästlein zu End oder dem Rücken
S N. ein offener Spalt oder breiter Falz und Schnitt seyn soll / worbey man das instrument aufhängen / oder sonst vest anmachen soll / daß es nach der Schmähle oder

Schräge gegen dem Falz S N. gewandt werde / damit der durch die zwey aussere Flügel eingeleitete / auch durch das innere Kästlein eintringende und schneidende Wind /
alle Seitten deß instruments S O N R. berühre und bewege.   Dann wann das instrument der Breitte nach dem Kästlein solte gleich gestellet werden ; wird die Sach nicht
so wohl angehen ; wann aber / wie gesaget / selbiges nach der Schmähle oder Schräge gestellet wird / daß der Wind alle Seitten berühren und schneiden kan / wird man
das Begehren nach Wunsch erlangen ; dann nach starck= oder gelindem Wind / wird
sich ein verwunderlicher Thon und Hall in dem Gemach und Zimmer hören lassen / da
die Seitten immer einen zitterenden Thon werden von sich geben / bißweilen wie ein
Vogel=Gsang / bald wie eine Wasser=Orgel / bald wie ein Pfeiffen=Werck / und andere frembde Thon mehr / da Niemand / der es höret und nicht sihet / wird wissen können / was dieses vor ein instrument seye / oder durch was vor eine Hand / Blaßbalg /
oder Kunst=Griff dieser Thon zuwegen gebracht werde ; Und wird dieses instrumens
desto verwunderlicher seyn / je mehr man es verborgen und versteckt wird haben und
halten können.   Benebens / wann alle Fenster deß Gemachs werden zugeschlossen seyn /
so wird auch der geringste Thon und Hall sich nicht hören lassen / thut man aber nur
eines auf / wird die Wunder=music sich alsobalden wieder finden.

Erste Zugaab. Corollarium I.

Ein solches instrument zuzurichten / welches allezeit resonire und ein Thon von sich gebe.

Wolte aber Jemand einen solchen immer continuirenden resonanz und Thon haben/
müste man in einem freyen Ort eines offenen Thurns / eine solche machinam oder
instrument, wie einen Wind=Fang oder Wind=Fahnen hin= und her=beweglich aufhängen oder anmachen / daß es nach dem Wind sich kehrete und trehete / so würde dann
der einfallende Wind und Lufft selbiges immerzu lautend und thönend machen ; es
möchte auch herkommen wo er wolte.

Andere Zugaabe. Corollarium II.

Daß man eine solche Wunder=music auß frey= und hoher Lufft höre.

Will

WJll man aber machen / daß man einen solchen Wunder=Thon und Hall auß frey= und hoher Lufft höre / und mit Bestürtzung vernehme ; So formire und mache man einen fliegenden Drachen oder Fisch (dessen Zubereitung in Magia Parastatica Artis Magnæ Lucis & Umbræ weitläuffig beschrieben worden) daß auf beeden Seitten die gleich=lautende Seitten aufgezogen werden / welchen / so bald man denselbigen in freye Lufft hänget / und das Sail / woran das instrument hanget / entweder anziehet / oder nachlässet / so werden immerdar die Seitten einen starcken Laut und resonantz von sich geben.

Machte man denn an statt eines fliegenden Drachen / ein fliegenden Engel / so würde das Werck noch verwunderlicher kommen / je ohngewohnter der Thon und Hall ist.   Unzehlich viel dergleichen Kunst=Wercke liessen sich erfinden und practiciren / so man fast vor Zauberey halten möchte ; so wir einem verständigen Künstler überlassen.   Hier aber ist nichts mehr zu erörtern übrig / als daß wir jetzo weisen / warum die Seitten / die in gleichem Thon gestimmet seyn / doch gleichwohl ungleichen Thon und Stimm von sich geben. Diß nun zu verstehen / so stell Jch Erstlichen folgendes experiment vor.

Kunst= und Erfahrungs=Prob. Experimentum.

WAnn man eine Darm=Seitten aufspannet / und oberzehlter Massen und Arten gegen dem Wind stellet / so wird man finden / daß die Seitt alsobalden lauten wird / und zwar nicht in dem gebührenden Thon und Stimm / wie sie angezogen und gestimmet ist / sondern gantz anderst / und wird man bald eine tertz, bald eine quint, bald eine gebritte quint oder 15. bald 22 / meistentheil tertz, quart und sext hören ; weiln nun dieses Underschaids Ursach bißher Niemand geben können / als hab Jch erachtet / es werde eine nöhtige Obligenheit seyn / die eigentliche und gründliche Ursach dessen zu entdecken.

Ich setze derowegen Erstlich / daß der Wind nicht immerzu mit gleicher Gewalt die Seitten bestreiche / sondern gleichsam mit verschiedenen Strahlen / bald diesen / bald einen anderen Theil / bald mit starckerm bald schwächerm Gewalt / bewege / und derowegen solch ungleiche Bewegung der Lufft und deß Windes / die gewisse Ursach solch ungleichen Thons und Stimm seye / erweise ich also.

Es sey die aufgespannt Seitte A F. Der Wind G. welcher / wann er die gantze Seitten A F. auf einmahl und mit einerley Gewalt begreiffet / so ist gewiß / daß die Seitte ihren eigen Thon / so die Stimmung gibet / thönen und lauten werde. Wann aber nur der Strich und Linie C. solche begreiffet / und also in der Mitte theilet / so ist gewiß / daß die andere Stuck CA. und CF. gegen der gantzen Seitten / eine octav geben werden / wie wir in Abtheilung der Seitten erwiesen haben.   Dann da ist der Wind=Strich oder Strahl / gleichsam der Bogen / welcher / so er die Seitten in C. berühret / das zittern oder beben der Seitten in den Theilen CA. und CF. noch so geschwind hallen wird / und dahero die Seitte um eine octav oder 8. Thon höher stimmen und lauten wird.

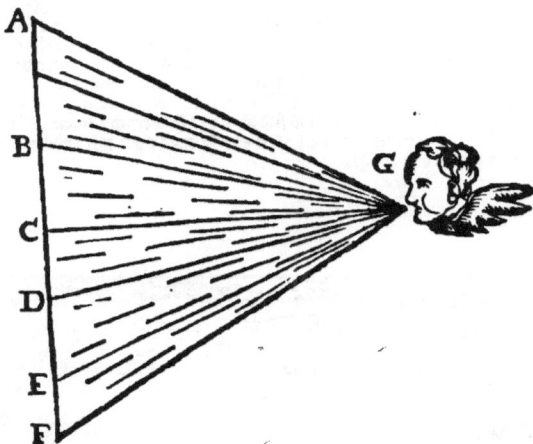

Warum eine vom Wind berührte Seiten verschiedene Thon von sich gebe.
Wann aber der Wind-Strich A B. beweget / so wird der übrige Theil der Seiten B F. nohtwendig eine quint geben / obangezeigter Ursachen in Abtheilung der Seiten. Widerum wann der Wind den Theil A D. beweget / so wird der übrige Theil D F. nohtwendig ein 15. geben ; und also ist auch von den übrigen Theilen zuschliessen ; Nach dem bewegen der Wind-Strich an die Seiten bey einem oder anderem Ort fället / nach dem wird es auch einen Thon oder resonanz geben. Dannenher / je grössern Theil der Seiten der Wind-Strich ohnberühret läßt / je leichtern Thon wird die Seitte geben / je mehrern Theil aber solcher Wind-Strich beweget wird / je höhern und schärffern Thon wird die Seitte geben. Was nun der Wind thut bey einer Seitten / daß wird er auch ebenfalls in andern gleich gespannten verrichten / und das ist eben die gewisse und eigentliche Ursach solch verschiedenen Thons / so bey diesem instrument in acht zunehmen. Dann da geschiehet immerfort ein zitterendes hallen / so überaus lieblich in die Ohren fället / so ge- wiß keinen andern Ursprung hat / als den anschlagenden Wind / welcher nicht immerdar mit eben- und gleicher Bewegung / sondern wie die Wasser-wellen ungleich anfället / und folglich auch die Seitten auf solche Weise lautend machet / wie er anschlägt.

Zugaabe. Corollarium.

Auß diesem ist auch abzunehmen / daß eine und einerley Seitte verschiedene Thon und Hall von sich geben könne ; und weiln der Wind an einem Ort stärcker als an dem andern an die Seitte schläget / so gibts immerdar andere und neue Stimm-Veränderun- gen. Dann zum Exempel / wann der Wind in C stärcker / in B. aber schwächer anschlä- get / so ist gewiß / daß C A. nicht gar eine völlige octav / sondern einen Mittel- und Zwi- schen-Thon geben werde. Und diß sey nun genug / von der Ursach mancherley Stimm und Laut auf einer oder einerley Seitten.

Vierdtes Kunst-Werck. Technasma IV.
Wohl zusammen stimmende vocal-music auf 1. 2. 3. oder mehr Meilen Wegs anzustellen.

Eine Feld- music künst- lich gegen ein Thal zurich- ten.
Dergleichen Werck und experiment / hab Ich zu Rom angestellet / kan auch auf fol- gende Weise zuwegen gebracht werden. Wann man etwa fremden Abgesand- ten / oder anderen grossen Fürsten und Herren / so auf einem oder anderem Land- Gut und Lust-Hauß sich aufhielten / eine sonderbahre recreation und Lust wolte anstellen/ so kan das Werck also angeordnet werden. Man laß 4. Sprach-Rohr oder Kegel-Rohr in einerley Länge und Grösse verfertigen/ durch dieselbige sollen vier Sänger oder Musican- ten in A. als einem tauglichen und hierzu bequemen Ort/ nach beygesetzter oder anderer der- gleichen melodia / nach den 4. verschiedenen Stimm-Arten / als Baß. Tenor, Alt und Discant, mit gegen dem Lust-Hauß gerichteten Rohren / mit allen Stimm-Kräfften und Vermögen einsingen oder einschreyen. Worzu man aber auch eine gelegene Zeit erwöh- len muß/

len muß/ nahmlich/ wann die Lufft still/ ohne Wind/ ohne Nebel/ Regen und dergleichen.   So werden dann die Frembde/ in dem Lust-Hauß sich befindende Gäste/ die zusammen-stimmende musice mit höchster Verwunderung vernehmen/ weiln sie nicht wissen/ wo
selbige eigentlich ist oder herkömmet ; Werden sich auch destomehr verwundern/ je mehr
das Werck verborgen und geheim gehalten wird.   Vornehmlich aber würde ein solche
Kurtzweil und Lust/ zu Barbarischen Abgesandten/ als Türckischen/ Arabischen/ Per-
sianischen und dergleichen/ gar artlich sich schicken/ sonderlich/ wann sie in solchen Sprachen solten können zuwegen gebracht werden/ so man auch mit andern obbeschriebenen
instrumenten practiciren köndte.

Vierstimmigen Concert.

Fünfftes Kunst-Werck. Technasma V.
Mancherley zusammen-stimmende Sympathische music-Kunst-Stücke vorstellend.

Sympathische Kunst-Stück und experimenta nennen wir/ wann instrumenta ohnbe-
rührt/ allein auf Bewegung und Hall anderer Werck und instrumenten, einen Laut
und Hall von sich geben/ und zwar mit einer höchst-verwunderlichen proportion und
Gleichheit/ wordurch geschiehet/ daß auf Bewegung und Klang eines instruments, auch
das andere resoniret, ob es schon nicht berühret wird : Welche proportion sich nicht allein
in gleichmäffigen instrumenten, sondern auch in Ungleichen findet.   Dannenhero viel
Wunder in der Natur geschehen/ deren Ursach doch nicht bald Jemand/ Er sey dann
ein wohlerfahrner Kunst-Musicus, wird geben und sagen können.   Und zwar/ daß eine
ohnberührte Seitte von einer andern klingenden/ nicht nur in gleichem Thon/ sondern
auch die in die octav und quint gestimmet seyn/ könne beweget und lautend gemachet
werden/ ist bekandt und gemein ; wiewohlen allezeit die ohnberührte Seitt desto heller
lauten wird/ wie näher sie in dem Thon zusammen kommen ; Wir wollen uns weiter/
mit Beybringung der Ursachen dieser Würckung/ nicht aufhalten/ in dem wir in folgendem Buch weitläuffig darvon werden zu handlen haben/ sondern wollen allein die
Arth und Weis zeigen/ nach welcher in der natürlichen Magia und Geheim-Kunst/ viel
wunderliches und seltzames zuwegen könne gebracht werden.

Cap. XI.
Von geheim- und verborgenen Kunstwercken.

Erste Kunst-Prob. Experimentum I.

Ein Sympathische music præsentiren; das ist ein solch instrument zu bereiten/ so durch nichts anders als die verborgene natürliche Zuneigung und gleich-mässige Natur beweget/ einen klingenden Thon und Hall von sich gebe.

Alhier nun wollen wir nicht dise Harmoni in einerley instrumentalischen Körpern vorstellen/ wie die mit gleichen Saitten gezogene instrumenta seyn/ sondern in Ungleichem/ als da ist ein Orgel und mit Saitten bezogenes instrument. da man dann zugleich den Thon und Harmoni desto mercklicher wird underscheiden können. Man nehme ein mit Saitten-bezogenes instrument, so von einem solchen Holtz gemachet sey/ daß guten und hellen resonanz gibet/ dergleichen wir in dem dritten Kunst-Werck/ oder Technasmate gewisen haben/ die Saitten dises instruments nun müssen eigentlich nach den Orgelpfeiffen gestimmet werden. Wann dises geschehen/ so muß man mit dem instrument von der Orgel so weit zurück tretten/ biß man die Saitten sich bewegen sihet und klingen höret/ und das wird alsdann die proportionirte Weite seyn; Wann aber etliche Saitten sich nicht bewegen/ so ist es ein Zeichen/ daß die Saitte und Pfeiff nicht zusammen stimme/ oder eine octav von einander seyen. Noch besser und rathsamer kan man das Werck also anstellen; Man hänge die instrumenta an die innere Wand der nechsten Zimmer/oder lege sie auf einen Balcken bey der Orgel/da mans so lang hin und wieder legen und bewegen solle/ biß man die Bewegung und den Hall vernimt/ so hat man/ was man in disem Fall verleget hat. Dann das mit Saitten bezogene instrument, wird all den Thon und resonanz in dem nechsten Zimmer vollkommentlich geben/ so die Orgel von sich hören läßt; und damit man nicht vermeine/ ich schreibe ohn-probirte und ohn-practicable Dinge/ so mag der Leser mercken / was ich an einem andern Ort von der Meintzischen Orgel geschrieben/ wie dieselbige/ eine ohngefehr in dem Chor aufgehengete Lautte klingend gemachet/ so wird kein Ursach mehr zu zweiffen überbleiben. Nun darinn bestehet das mehrste und schwehreste/ daß man gleich-proportionirte instrumenta bekomme/ wie auch die behörige distanz und Weite/ welche/ so he iemand findet/ der darf sich gewißlich rühmen/ daß er ein grosses Geheimnuß und verborgenes Ding in der Natur gefunden. Dann es findet sich under den klingenden und resonirenden instrumenten manchesmahl eine solch gleich-mässige Ubereinstimmung/ daß so bald das eine hallet/ das andere sich auch gleich hören lasse/ wie ich gar eigentlich in meiner Musurgia erwisen. Welches alles uns nach-glaublicher/ ein anderes Kunst-Werck oder experiment vor Augen stellet. Nähmlich wann einer Lautten/ Harpffen/ Dulcken/ Pharen/ Clavicymbel, und dergleichen mit Saitten bezogene instrumenta, in einem Gemach (woraus man zubor alle Thon- und Hall-aufhaltende Tapetten muß wegnehmen) aufhänget/ das einen guten und starcken Hall an sich selbsten hat/ so wird man auch nur auf das starcke Reden der anwesenden Personen/ auß blossem anschlagenden Lufft/ eine erweckte Harmoni/ Thon und Hall mit höchster verwunderung hören.

Folge.
Von einigen/ nach gewisem Thon und Hall sich bewegenden Bildern.

Ich hab in der Musurgia erwehnet/ daß in einer gewisen Kirchen Bilder seyen gewesen/ welche auf den Hull der benachbarten Glocken/ auch nach einer gewisen Orgelpfeiffen (mit aller anwesenden höchsten Verwunderung/ die es auch fast für Bezauberung gehalten) sich beweget/ Und ist dannenher auch auß vorbesagtem bekandt / wie man in einer Kirchen Bilder könde machen und zuwegen bringen/ die eben dise Würckung hatten. Dann wann man auß einem lucken und lufft-fassenden Holtz ein Bild machte/ auch selbiges nach gebührender proportion, auf ein hallendes um eben dergleichen Holtz gemachtes instrument, auf ein luckes Holtz/ nahe bey der Orgel oder Glocken/ in gleichem Gewicht stellete/ würde solches ohne zweifel die Würckung haben. Von dergleichen Egyptischen Zauber-Bildern/ so sie zum Betrug gemeiner Leute machet/ kan man meinen Egyptischen Oedipum lesen/ da man viel dergleichen wunderliche und seltzame Sachen finden wird.

Andere Kunst-Prob. Experimentum II.
Von der Sympathischen Harmoni und Zusammen-Stimmung durch seglichte Abtheilung.

Wer

WER einen parabolischen oder hyperbolischen Cylinder weiß recht zu machen / der gedencke nun köstlich / daß er in der Music-Kunst ein grosses Geheimnuß begriffen und erlehrnet. Wir wollen aber diß Geheimnuß mit mehrerm entdecken. Man mache mit dem parabolischen modell oder Form einen halben / oder halb-hohlen parabolischen cylinder / welches geschiehet / so man mit der parabolischen Form / mit einer rechten und ebenen Bewegung / in einer weichen materia als Gyps / oder dergleichen ist / nach der Länge herunder führet ; dann durch diese Bewegung / wird man in einer solchen weichen und linden materia einen parabolischen halben cylinder leichtlich zuwegen bringen ; So ist Erweckung einer Sympathischen Harmoni, sonderbahre grosse Krafft und Würckung hat. Das Werck aber muß also angeordnet werden :

Man gebe gute und fleissige acht auf die zwey Brenn-puncten oder Brenn-Heerde in der parabola, wann auß dem einen eine Seitte gezogen / und biß an den andern geführt / und gespannet wird / so ist das instrument zu einem Sympathischen Thon fertig. Wir wollen aber die Sach noch mehrers mit Buchstaben und Figuren vorstellen. Der parabolische Cylinder sey A B C D E F. die zwey parabolische Ende deß Cylinders A B C. als das oberste D E F. aber / das underste H G. seyn / die zween Brenn-puncten oder Brenn-Heerde dergleichen hohlen parabole. Auf solche Weise wird die durch beede Brenn-puncten aufgespannte Saitte / auch durch die geringste Bewegung berühret und klingend gemacht werden. Dann weilen eine jede Abtheilung deß halb-hohlen cylinders / so gegen der Waltze richtig geschiehet / parabolisch ist ; in solcher Form aber ohnendlich viel solche Abtheilungen geschehen / und man sich einbilden kan ; so geschiehet / daß die Stimm / Lufft-Bewegung oder Hall / so in solchen halb-hohlen cylinder einfället / wann sie anderst in gleichen Wincklen an die hohle Fläche anschlagen / so viel parabolische Stimm-linien-Würckung machen / so viel man sich gleich-lauffende parabolen in solchem cylinder einbilden kan.

Weiln auch die Saitte durch H G. als die Brenn-Heerde gespannet / als wird folglich auch durch alle übrige Brenn-puncten, so man in dem cylinder concipiren kan / nach proportion gehen. Und dieweiln in solchen centris oder puncten die Vereinigung und das zusammen fallen der Stimm-linien geschiehet / so geschiehet zugleich auch die Stärck- und Vermehrung deß Thons in denselbigen. Und wird folglich die gantze Saitte wegen vielfaltiger Stimm- und Thon-Vereinigung beweget / zittern / lautten und hallen.

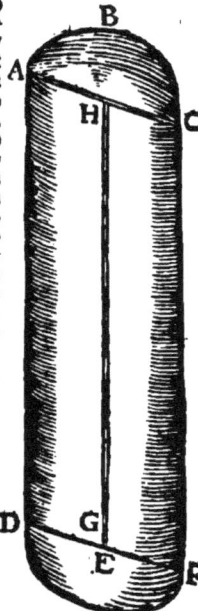

Eine Saitte
so hier hället
und thönet.

Erste Zugaabe. Corollarium I.

ES aber ist zu schliessen / daß wann einer 3. oder 4. Saitten nah beyeinander um solch / Brenn-puncten, nach der consonanz oder Stimmung in die terz, quint, und octav stimmen würde / daß ein solch instrument einen immerwehrenden lieblich klingenden Thon oder sausen würde von sich geben / sonderlich wann es an einem bequemen / und der freye Lufft und Wind entgegen stehenden Ort würde gestellet werden. Dann es hat diese klingende Saitte oder vielmehr Linie H G. ihre natürliche Breitte und Raum / innerhalb dessen die Würckung und Hall der Thon und Stimm-linien geschiehet / und gewürcket wird.

Einen immerwehrenden Thon zu machen.

Andere Zugaabe. Corollarium II.
Wie ein stehes-bewegliches Bild zu machen.

ES der ander folget auß besagteem / wann man an der Saitten statt eine leicht-bewegliche eiserne oder stählerne Feder bey dem Brenn-puncten G. würde mit Fleiß anmachen / und ein proportionirtes Gewicht bey V. würde anhängen / oben aber ein Bild mit leicht-beweglichen Gliedern einstecken oder anfügen / so würde ein solches Bild mit seiner Feder / der sich immer bewegen; dann weilen die Lufft-Bewegungs-Vereinigung allein in der Linie V Q. geschiehet / selbige aber auß oberzehlten Ursachen fort und fort beweget wird / als wird

Ein stets-bewegendes Bild zu fertigen.

sie auch

sie auch immerzu das obstehende Bildlein bewegen und mit sich herum führen/ und zwar je stärcker die Bewegung ist/ je mehr sich auch das Bild wenden wird.

Dritter Zusatz. Corollarium III.

Hierauß ist abzunehmen/ wie viel und grosse Kunst-Wunder die Wissenschafft der seglichen Abtheilung könne zuwegen bringen.
Weiln aber hiervon/ in meinem tractat de Magia Lucis & Umbræ weitläuffig gehandelt worden/ als wollen wir uns darmit länger und weiter nicht aufhalten.

Dritte Kunst=Prob. Experimentum III.

Ohnberührte Saitten durch den Thon eines
Glases klingend machen.

Wann man mit einem genetzten Finger auf dem Rand eines Trinck-Glases herum fähret/ wird man bald einen Klang und Thon hören; wann man aber über das Glas auch eine Saitte/ in gleicher Stimm-höhe spannet und stimmet; so wird man nicht allein das zittern und bewegen der Saitten/ sondern auch einen Klang und Hall vernehmen; Wann man derowegen etliche solche Gläser nehme/ und gleichgestimte Saitten darüber spannete/ würde man eine artliche music, eines wunderlichen Klangs deß Glases und der Saitten hören; von welchem Kunst-stück aber man weitere Nachricht findet im dem ersten Theil meiner Musurgia.

Vierdte Kunst=Prob. Experimentum IV.

Machen/ daß einer meint/ er höre ein grosses
Glocken-sausen und Humsen.

Es ist auch dises ein sonderliches/ und viel Leuthe in höchste Verwunderung setzendes Kunstwerck. Man nimt eine grosse Violon- oder Baß-Saitten/ daran hänget man in die mitten einen Stahl oder Eisen/ oder ein anderes klingendes und thönendes Ding; darnach muß man die zwey Ende der Saitten nehmen/ und in jeglicher Hand eines um ein Finger winden/ solchen Finger nachgehends mit der umwickelten Saitten in die Ohren einschieben/ und dann das an der Saitten hangende Eisen oder Stahl an ein Wand/ Banck/ Balcken/ oder dergleichen anschlagen/ so wird man ein solchen Thon/ sumsen und brummen hören/ daß man sich zum höchsten verwundern wird/ viel stärcker als von den grössesten Glocken; wann man aber ein eiserne Elen oder messing Lineal nimt/ (je länger je bequemer und tauglicher) wird man einen schröcklich- und grausamen Hall vernehmen/ auch je länger die Saitte ist/ je stärcker wird auch der Thon seyn.
Dessen dann keine andere Ursach ist/ als der Zitter deß klingenden Metalles/ welches/ in dem es den Klang der Saitten mittheilet/ so führet nachgehends die Saitte den mitgetheilten Hall zu Gehör/ da dann der einfallende und eingeschlossene Lufft innerlich durch die Gehör-musculos oder Mäuse hart beweget/ auch ein grausames Gethös und Gesums in den Ohren verursachen wird. Worbey dieses zu verwundern/ daß es andere Körper und Sachen nicht thun/ sondern allein die einen Klang und Schall geben/ als Eisen/ Metall/ Stahl/ ꝛc.

Zugabe. Corollarium.

Wann man dergleichen in einem tieffen Bronnen/ oder andern starck-hallenden Ort und Gewölb an der Saitten last abhangen und anschlagen/ auch erzehlter massen die Saitte mit den Fingern in die Ohren hält; wird man ein so starck- und grausames hallen und brummen hören/ daß nicht zu sagen noch fast zu glauben ist.

Fünffte Kunst=Prob. Experimentum V.

Mit macherley Holtz/ Metall oder Gläsern
eine Music anzustellen.

Wie man ein Holtz-Orgel oder Höltzern-Gelächter/ wie mans nennet/ auß verschieden zusammen-gestimmten Höltzen oder Gläsern in underschiedlicher Grösse nacheinander geordnet/ zurichten müsse? darvon ist in meiner Musica Organica weitläuffig gehandelt worden/ und kan man daselbsten mehrern Bericht einhohlen.

Sechste

Sechste Kunst-Prob. Experimentum VI.
Von verschiedener Thon-änderung der Saitten.

JE Saitte gibt den Thon von sich nach Beschaffenheit deß Stegs oder Sattels/ worauf sie ruhet und liget; also/ wann man einer gespannten aufgezogenen grossen Saitten/ eine mit kleinen Steinlein oder Erbsen angefüllt- und aufgeblasene Blatter oder Blasen unterleget/ und mit roß-härin Bogen darauf streichet/ wird man ein sehr wunderlich- und seltzamen Thon vernehmen/ so sich bey Comœdien gar artlich in die interscenia und Bossen-spihl schicket; thut man dann ein hohles Glas darunter/ so wird man einem gantz fremd- und unbekandten Thon hören/ und also möchte mans noch mit andern Sachen probieren; welches alles materi genug gibet/ der Sachen weiter nachzudencken/ und unbekandte neue musicalische Instrumenten zu erfinden.

Siebende Kunst-Prob. Experimentum VII.
Etwan Halb-tauben oder Ubel-hörenden die music zu Gehör zu bringen.

DJeses läßt sich mit einer lang-halsichten Lauten zu Werck richten. Man nehme eine solche/ mit Saitten bezogene Lautte/ so man ingemein Colachone nennet; da muß der Ubel-hörende das Ende deß Lautten-Halses mit den Zähnen anfassen/ und ins Maul nehmen/ und so mag nachgehends ein anderer darauf nach belieben schlagen. Da sag ich/ daß auch ein Halb-tauber und Recht-übelhörender/ den Thon und Hall der Laut/ werde fühlen und vernehmen; welches Ich selbst nicht geglaubet hätte/ wann Ichs nicht an einer solchen Person hätte probiret. Dann der Thon der Lautten/ so durch den Lautten-Halß in den Mund gehet/ erwecket durch die Nerven oder Sehn-Adern in dem Ohr eine verwunderliche Gehör-Krafft. Und halt Ich auch gäntzlich darfür/ daß man durch die vierdte Kunst-Prob oder Experiment, einem Tauben den daselbst beschriebenen starcken Glocken-Hall auf solche Weise könne zu Gehör bringen.

Zugaabe. Corollarium.

HJerauß erhellet; daß/ wann man ein langen Halß eines musicalischen Instruments, es sey gleich was Arth es wölle/ weit außdehnet oder führet/ auch durch Wände und Mauren (doch daß er solche nicht berühre) und einer das End solchen Halses ins Maul zwischen die Zähne nimmet/ daß er den Thon und Hall so gut hören werde/ als ob er allernechstens darbey stünde. Dann daß ein solcher langer musicalischer Instruments-Halß eben die Krafft und Eigenschafft habe/ den Thon und Hall/ wie ein langer Balcken fort-zuführen/ ist in vorgehendem gesaget worden; dann weiln der Halß an dem instrument ist/ so wird gewiß bey berührt- geschlagen- oder gestrichener Saitten/ so wohl das nechste als weiteste/ und also das gantze corpus und instrument zittern/ welcher Zitter- und Bewegung/ weiln dardurch die hallende Lufft fort-geführet wird/ nohtwendig solchen Thon dem Gehör/ durch die Zähn und Mund/ so deutlich vorstellen wird/ als ob man zugegen und allernechst darbey wäre.

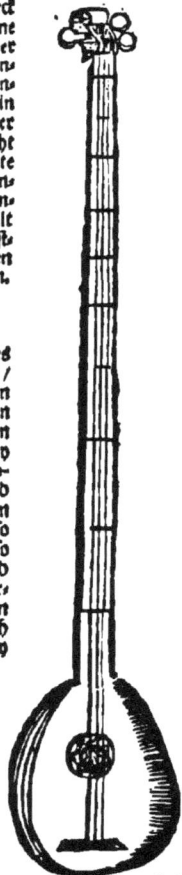

Erstes Kunst-Werck. Technasma I.

Wie man durch die Gesichts-Gläser die sichtbarlische Sachen ins Aug bringet / also durch die Gehör-instrumenta und Rohr die Thon und Stimmen.

Gleichwie man heütigs Tags solche Kunst-Gläser und Spiegel machet / welche alles in einem Gemach an der Wand præsentiren, was auf der Gassen oder Strassen geschiehet / und dasselbige rechts / lincks / übersich / undersich / auf mancherley Weise; da dann das gantze Kunst-Werck bestehet in mancherley reflexionen, dern ausserhalb sich befindenden Dinge / so in den Spiegel / oder Glas / nach dem man das Gesichts-Rohr wendet / einfallen. Also / wann einer zu sehen und zu wissen verlangt / was ausserhalb deß Hauses und Gemach auf der Strassen oder Gassen geschiehet / der wende das künstlich-gemachte Rohr / sampt dem Spiegel oder Glas deß Kästleins / so eingeschlossen ist / darmit nicht zuviel und übriges Licht oder Helle darein falle / gegen solchem Ort. So werden die Menschen in ihrer Stellung / Kleid / Gebärden / oder was sich auf der Gassen befindet / durch die reflexion sich in dem Rohr / dem der darein sihet / sich so natürlich und artlich weisen / als ob Er gegenwärtig selbst auf der Strassen wäre. Wird also der in das Rohr sihet / alles was auf der Gassen geschiehet / wahrnehmen / Ihn aber kan Niemand sehen / oder wissen / daß Ers sihet : gewißlich ein schöne und neue invention, wormit auch vor diesem Ich meine Lust und Kurtzweil vielmals gehabt. Eben auf solche Weise will Ich lehren ein Gehör-Rohr bereiten / wordurch man in einem Gemach und Zimmer / alles das jenige / was die Leut entweder auf der Strassen / oder Hof und Vor-Saal eines Palatii schwätzen und reden / gar deutlich hören und vernehmen kan. Das Palatium sey ABCD. der Marckt / Gassen oder Hof seye CH. das Gehör-Rohr EFG. so innerhalb deß Hauses in ein sonderbahres Gemach und Zimmer muß geführt und gerichtet werden ; So werden alle die / so in dem Gemach GL. sich befinden / deutlich und vernehmlich / alle Wort / Gezänck / Streit / Geldächter / Geschwätz / was da vorgehet / und auf dem Marckt oder Hof under den Leüten geschiehet / hören können: dann die Wort / so in das Rohr-Gewölb oder Bauch E. einfallen / und durch den canal oder Halß EFG. fort-geführet werden / wird man in dem Gemach GL. deutlich hören. Welches auch im Werck selbsten probirt und richtig befunden worden.

Anderes Kunst-Werck. Technasma II.

Wie die Gehör-instrumenta zu machen.

Die jenige instrumenta, welche nach der Form und Muster der natürlichen Ohren gemacht werden / sonderlich deren Thiere die gar scharff und wohl hören / haben eine grosse und sonderliche Krafft und Würckung dem Gehör zu helffen.

Das

Das beste und schärffeste Gehör aber findet sich bey den Hirschen/ Hunden/ Wölffen/ und allen denen/ so grosse und weite Ohren haben; Under andern ist insonderheit die Form der Hasen-Ohren wunder-würdig; dann weilen dieses Thier eines von den blödesten und forchtsamsten/ auch von der Natur gantz ohnbewehrt gelassen/ als hat sie dasselbige mit einem überauß scharffen Gehör versehen/ darmit es gleichsam seine Feinde und Nachsteller außspähet und bey Zeiten erwittert/ dannenhero auch der Gefahr durch seine schnelle und geschwinde Läuffe sich ent-reissen kan. Wann man nun nach solcher Arth und Form eines Hasen-Ohrs ein Rohr solte machen/ würde man gewiß ein grosses/ das Gehör mercklich helffendes Geheimnuß haben; Es hat dieses Ohr erstlichen ein lang- und gleichsam halb-hohles Elliptisches knorsplichtes Vor-Gewölb/ so sich auf alle Saiten wenden und trehen kan/ die Stimm/ Hall und Laut hin und wieder einzufassen/ darnach so endet sich dasselbe von der Enge in ein langes/ hohles/ und Schnecken-artiges spatium, vor dieser Schnecken-Höhle aber findet sich das jenige Häutlein/ so man in der Anatomi das Fell oder Paucken/ oder auch Glöcklen nennet/ mit seinem Hämmerlen/ Amboßlen und Füßlen; Wann nun die Stimm oder Hall in das hohle lang- und knorsplichte Theil deß Ohrs einfället/ da dann/ wann ein einige reflexion vermehret wird/ selbige mit grosser Macht und Stärck in den Schnecken-Gang oder Rohr laufft/ und wann die Stimm an das Fell oder Häutlen anschläget/ so wird die innere Lufft darburch beweget/ daher dann endlich die scharffe Fühl- und Empfindung deß Gehörs bey den Hasen/ worüber wir uns/ verwundern müssen/ herkommet. Wann man nun nach dem Fleiß der Natur/ ein solch Gehör-Rohr solt machen/ wird man/ wie gesaget/ ein grosses/ das Gehör stärckend- und vermehrendes Geheimnuß haben.

Darmit man auch in solcher Nach-ahmung der Natur desto sicherer und gewisser zugehen wisse/ hab Ich etlicher am schärffsten hörenden Thiere Ohren/ durch die berühmteste Anatomicos nachmachen lassen/ welche in dem 2. Iconismo meiner Musurgiæ zu sehen seyn/ darmit man nach denen in dem Ohr verborgen Gliederlen und Arten das instrument und Rohr recht und eigentlich nachmachen könne.

Kunst-gemächt. Pragmatia.

Wie man Gehör-Rohr machen solle.

Mancherley instrumenta und Gehör-Zeüge zu machen/ so man bey Ubel-hörenden nutzlich gebrauchen kan.

WEr das vorgehende alles wohl und eigentlich verstanden/ dem wirds nicht schwehr fallen/ allerhand Gehör-instrumenta zuwegen zu bringen/ indem alle/ sowohl Zirckul-ründe/ als oval, ablange Ründungen/ parabolische/ hyperbolische/ Elliptische/ und dergleichen Rohr/ nach dem verjüngten Maaß gemachet/ wann sie an die Ohren gehalten werden/ das Gehör über die Massen starck schärffen; und scheint/ daß unter andern Arten allen/ die oval- und Schnecken-Form den Preiß behalte. Man mache das oval-formige Rohr O. mit solcher Kunst-observation, daß der eine Brenn-punct genau an deß Ubel-hörenden Ohr SC. der andere aber/ dem Mund

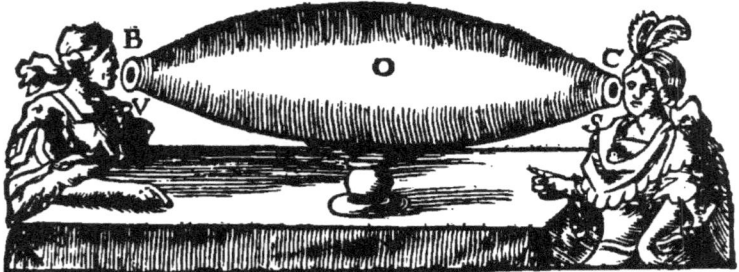

deß Redenden BV. zugefüget werde/ wie in beystehender Figur zu sehen. Das ander Instrument ist ein Schnecken-Rohr/ welches/ wann es nach der Form und Arth eines Ohrs gemachet ist/ grosse Krafft und Würckung hat/ den Thon und Hall zu sämlen und zusammen zu bringen. Die Figur stehet hierbey.

Ein Schnecken=formiges Gehör=Rohr.

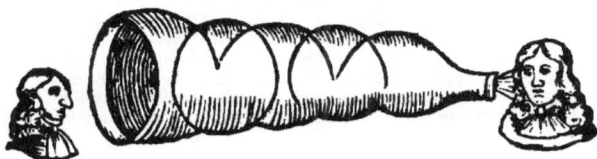

Gewunden= oder gebogenes Gehör=Rohr.

Drittes Kunst=Werck. Technasma III.

Auß natürlicher Geheim=Kunst / ein Bild machen / welches allerhand Thon / Stimmen und Wörter rede und außspräche.

ES haben verschiedene Authores auch verschiedene Meinungen von diesem Kunst=Werck / die jenige / welche die natürliche Geheimnussen und verborgene Eigenschafften wissen / halten darfür / daß es gar wohl seyn könne. Indem sie auch sagen : daß Albertus Magnus ein Bild eines Menschenkopffs so künstlich zugerichtet / daß es alle Wort deütlich außreden können ; daß auch die Egypter underschiedliche Bildnussen zugerichtet / die vernehmlich geredet / haben wir in unserm Oedipo mit mancherley Arten und Exempeln dargethan. Etliche aber halten darfür / daß dieses der Natur nicht gemäß / glauben auch nicht / daß ein solches Bild natürlicher Weise also könne zugerichtet werden.

Was aber Alberti Magni und der Egypter Bildnussen anlange / so seyen es entweder nur erdichtete Falschheiten / oder durch Hülff und List deß Teüffels zuwegen gebracht worden / auf die Weise / wie der Sathan auch vor Zeiten seine oracula und Antworten durch solche Bilder under den Heyden zugeben pflegen. Viel halten darfür / man könne ein solch Bild oder statuam zuwegen bringen / so da deütliche Wörter rede ; dann man könne das Lufft=Rohr und Zunge / wie auch andere zu der Sprach gehörige organa, in dem Bild also zurichten / daß / wann sie von dem Wind angeblasen und beweget werden / sie deütliche Wörter und Sprache von sich hören lassen. Wir lassen alles dahin gestellet seyn / und wollen jetzo von dem beruffenen und bekandten Menschen=Haupt Alberti Magni, auch andern dergleichen Kunst=Wercken der Egypter nicht disputiren, welches auch bloß unmöglich / daß man die eigentliche Wahrheit und Grund darinnen solte erforschen können. Wir wollen aber hier eine gantz andere Arth und Weise / solche Bilder zu verfertigen / an die Hand geben ; und darmit es nicht das Ansehen habe / als wolte Ich dieses nur mit groß=sprechenden Worten und Reden vorgeben ; so will Ich hier weisen ein Bild zu machen / so nicht allein vernehmlich und verständlich solle reden / sondern auch allerley Thon und Stimmen / Gesang / ja richtige Antwort auf das was man fraget / gebe / mancherley unvernünfftige Thiere / Geschrey und Stimm nach=ahme / und noch viel andere wunderliche ja unglaubliche Dinge præstire.

Man führe ein Schnecken=artiges / in vorgehendem beschriebenes Rohr / in das Gemach ABCD. wo nun das Rohr eingeleytet ist / als in E. stelle man an das Mund= Loch deß Rohrs ein Kopff oder Bild / mit beweglichen Augen und Mund / je mehr auch diß Bild nach dem Leben wohl gemachet / je besser kommt auch dieses Werck / wie man aber ein solches Bild zuwegen bringen könne / hab Ich in meiner Statica Taumaturga eigentlich berichtet ; man setze nun solch Bild an einen gewissen und zubereiteten tauglichen Ort / daß das Mund=Loch deß Rohrs gerad in den Mund deß Bildes durch den Kopff / verborgener Weise gehe / so ist das Bild fertig / so obgesetztes præstiren wird. Dieses Bild nun wird immerzu reden / bald Menschliche Gespräch vorbringen / bald wie ein Hund oder anders Thier bellen und schreyen / bald lachen / bald singet / bald ein gewaltiges Wind=blasen von sich hören lassen. Dann weiln das grosse und weite End=Loch deß Rohrs auf ein Marckt oder andern offentlichen Platz gerichtet ist / da sich immerzu Leute finden / so werden sich alle solche aussen vorgebrachte Wort und

Wunder=bild / so allerhand Stimm und Thon von sich gibt.

Reden

Reden in das Schnecken-Rohr einziehen / und nachgehends auß dem offenen Mund
sich hören lassen ; billt ein Hund / so wird das Bild auch bellen / singt Jemand / wird
das Bild auch singen ; Wehet dann ein starcker Wind / so wird derselbige sich in das
Rohr einziehen / und mit Gewalt durch den Mund deß Bildes schneiden und blasen;
daher auch / wann man eine Pfeiffe vor den Mund hält / wird man meinen / das
Bild pfeiffe ; und noch viel wunderliche seltzame Kurtzweilen können durch das verborgene Rohr und mit dergleichen Bild angestellet werden. Man besehe hiervon beystehende Figur / in welcher das gehaime / und von gemeinem und täglichem Gebrauch

abgesonderte Zimmer seye ABCD. das Bild E. das Schnecken-Rohr / so in dicke
Maur soll eingemauret seyn DE. das weite Loch deß Rohrs IHK. Was nun auf dem
Platz / wohin dieses Loch deß Rohrs gehet / vorgebracht wird / und sich in das Schnecken-
Rohr einsammlet / das wird man von dem Bild in dem Gemach hören. Richtet
man aber dieses Schnecken-Rohr gerad übersich / so gehet das Werck noch besser an/
nach dem / was bereits ist in vorgehendem beygebracht worden. Es sey ein anders
Gemach (wie in der Figur mit MNOV bemercket ist) in welchem das Bild S. das
Schnecken-Rohr / so durch das hohle Bild in Mund gehet POQ. das weite Loch deß
Rohrs T. der gemeine Saal oder Gang / so vielfaltig mit Menschen angefüllet QR.
deren Reden und Gespräch werden in das Rohr bey T. sich einziehen / und also in das
Bild fortlauffen / auch sich vernehmlich den Anwesenden auß dem Bilde hören lassen.
Darvon die Figur den Augenschein gibet ; worauß auch ohnzehlich viel dergleichen künst-
liche inventiones werden abzunehmen und leichtlichen anzuordnen seyn.

Viertes Kunst-Werck. Technasma IV.

In einem Gebäu ein Kegel-gewunden / geflochten / oder Schnecken-
Rohr also zurichten / daß man alle Wort und Reden/ so auf einem Marckt oder
offen-gemeinen Platz geredet werden/ so deutlich und vernehmlich höre/ als wann man
allernechst darbey wäre/da dann niemand/ dem das Gehaimnüß nicht be-
wust/ wissen kan/ wie dises geschihet oder zugehet.

Als vollkommneste auch verwunderlichste Hall und Stimm-führende Kunst-Werck/
hab ich billich biß hieher gesparret ; da ich dann auch nicht achte / daß in der
natürlichen Geheim-Kunst etwas wunderlichers und seltzamers könne erfunden
werden ; damit Ich aber den kunst-begierigen Leser nicht lang aufhalte und umführe/
will ich die gantze Sach kurtz entdecken und vorstellen. Man haue in einen Stein/

oder

oder natürlichen Felsen / oder wo diß nicht nöthig / mache man in Gyps / Letten / Mertell und dergleichen / ein schlechtes oder Schnecken-artig-gewundenes Rohr / oder sonst auf andere taugliche Weise gedrehet und gekrümmet / also gestellet und angeordnet / daß es aussen gegen einem öffentlichen Ort / Marckt oder Platz / da viel Leute zusammen kommen / ein weit und grosses Mund-Loch habe ; das andere End aber soll auf ein eng- und kleines Loch außgehen / und zwar in ein absonderliches und geheimes Gemach eingeführet ; die innere lichte / cylindrische oder Schnecken-weiß-gewundene Fläche / soll / so viel als man in Stein / Gyps / Blech / Eisen und dergleichen / zuwegen bringen kan / gantz glatt eben und wohl-poliret seyn ; oder / wann der Stein an sich selbst zu rauh oder zu grob wäre / müste man mit Gyps oder Mertell denselbigen inwendig bewerffen und glatt machen.   Wann nun dieses also verfertiget / wird gewißlich auf dem Marckt oder Platz nichts so still und verborgen können geschehen oder geredet werden / wohin nahmlichen das grosse End-Loch deß Rohrs gerichtet ist / so man nicht in dem Gemach aus dem Rohr hören können : Wird man derowegen / mancherley Geschrey und Stimmen der Thier / gemurmel und rede der Menschen / singen / weinen / heulen / jancken und dergleichen / so deutlich und vernehmlich hören / als ob es alles in dem Gemach geschähe / da dann / die es nicht wissen / Ihnen nimmermehr einbilden können / wie doch diese Wunder-Sach zugehen müsse ; das Werck und Gemächte selbsten kan man in vorgehender Figur betrachten ; das Palatium oder Hauß ist bemercket mit ABCD. das eingemaurte / oder in Stein und Felsen gehauene Schnecken-Rohr SIK. dessen weites End-Loch H. das Mund- oder Ange-Loch L. der Marckt oder Platz L. auf welchem / ob er wohl ziemlich von dem Gemach abgelegt / nichts so heimlich kan vorgebracht werden / daß mans in dem Zimmer und Gemach nicht hören solte ;. Und das ist das Kunst-Werck / welches nicht allein die parabolische / sondern auch ablang-runde oval- und alle bißher beschriebene Formen / und Gehör-Kunst-Wercke / weit übertrifft ; weiln es die Natur in den Ohren-Form und Arten nachahmet / und sich ohnzehlich viel reflexionen an- und widerschlagender Stimm und Thon (wie in dem vorgehenden problemate ist angezeiget worden) dardurch selbige auch gestärcket und vermehret wird / finden.

Und kan dergleichen Gehör-Rohr auf zweyerley Weise gemachet werden / entweder Horizontal und eben ligend / oder Seitwerts und abhangend HE. darnach auch Vertical und gerad übersich wie PO. beede Art hat ihre starcke Würckung ; doch ist die gerade besser und stärcker / weiln die Stimm viel leichter und eher über- als undersich steiget ; beede Arten seyn in vorstehender Figur vorgestellet worden.   Wir haben aber dieses Wunder-Gemächte erfunden durch Gelegenheit der wunderbahren Ohr-Höhle Dionysii / so noch zu Syracusa zu sehen / so auch oben weitläuffig beschrieben und vorgestellet worden.

Zwischen-Rede und kurtze Abweichung von dem keglichten Schnecken-Rohr.

ES möchte aber nicht unbillich sich Jemand verwundern / warum in dem Schnecken-Rohr / oder sonst krumm und eingebogen gewundenen Hörnern / sich so grosse Krafft und Vermehrung deß Thons finde.   Ich hab gewißlich der Sachen offt und viel bey mir selbsten nach-gedacht / und endlichen befunden / daß ein gebogen- gekrümt- oder gewundener Kegel oder conus, etwas parabolisches in sich habe / worinn eine so vielfaltige Versammlung und Anhäuffung deß Thons und der Stimme sich findet / daher es dann kein wunder / daß in demselbigen eine solch gewaltige Stimm-Vermehrung geschiehet.

Daß man nun eine krum-gebogene Linie , der parabolischen / oder Brenn-linie gleich / geben könne / ist bekandt / welches / damit es von dem Kunst-begierigen Leser desto besser verstanden werde / mit wenigem vorzustellen.   Es sey die krumm- und eingebogene Linie inner dem Zirckul oder Ring N g n o. mit a b c d e f n. bemerckt ; wann man nun die Waltze der Brenn-linie GS. gleich nimt dem halben Kreiß / um-mässer n g N. deß Zirckuls n ONg. und die halbe gerade Linie der parabolz oder Brenn-linie TS. gleich genommen werde / dem halben Durch-mässer deß Zirckuls a g. darnach durch die Schettel oder oberst Theil der parabolischen Waltze G. ein Brenn-linie oder parabola gezogen wird GT. so bey dem Ende der halben Mitten- und Zwischen-linie ST. fortlauffe ; So wird GT. als die Brenn-linie der krumm-eingebogenen Linie a b c d e f n. gleich werden.   Welches alles herkommet und geschiehet / auß verschiedenen und mancherley Bewegung / darmit beede Linien einander gleich und gleich-mässig gezogen werden.

Dann

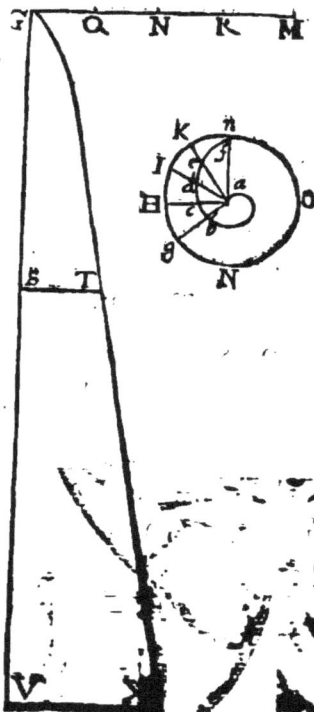

Dann so man die berührende Linie, tangentem G M. in mancherley Theile / dem halb-Durch-mässer a g. gleich theilet ; so werden die Bewegungen auß G. in Q. und die Bewegung auß N. durch g H I K n: als dem halben Zirckul-Umb oder Kraiß-mässer / nach gemachtem Lehr-Satz wird gleich seyn der Bewegung auß G. in S. durch die Waltze oder Mittel-Linie der parabolæ. Worauß dann erhellet ; daß / wann man die halbe Eben- oder Durch-linie S T. gleich nimt/ dem Zirckul-Theil G n. oder die Linie S T. gedoppelt / und selbige an der fort-geführten oder verlängten parabola X V. applicirt / zwischen G V. und G X. daß die Brenn-linie oder parabola G T X. zweymahl werde grösser seyn als die eingebogene krumie Linie a b c d e f n. oder wann dieselbige doppelt genommen wird / werde sie dieser gleich seyn.   Nimt man aber die halbe gerad-linie S T. dreymahl grösser als den halben Zirckul-durch-mässer a g. so hat man eine Brenn-linie die dreymahl grösser ist / als die krumm eingebogene Linie / und so fort an ; welches alles ich mit mehrerm hier darthun wolte / wann Ichs nicht auf einen andern Ort spahrete.

Ist also zu unserm Vorhaben genug/ wann man weiß / daß die Schnecken-Rohr mit den parabolischen .... / etwas gemein habe / so ich deßwegen hie .... wollen. Damit ich die Kunst-begierige .... möchte / dem ober-............... Schatz der Natur etwas ...... nach zu gehen und zu erforschen.

Kurtze Widerholung der natürlichen Geheim-Kunst / oder Magiæ Naturalis.

Daß man ein Bild könne verfärtigen / in frener Lufft hangend/ da mancherley Stimm und Thon / als auch .... und Wetter von sich hören lasse.

Ich nenne billich diese Vorgab eine Widerhohlung deß vörigen Theiln alle vorgesetzte Beschreibungen der .... und Kunst-Wercke / hierinnen gleichsam als in einen kurtzen Begriff enthalten seyn.   Daß ich nun sage / daß man ein solch Bild könne zuwegen bringen / so in frener Lufft hänge / auch alle obbeschriebene Wercke und Würckung verrichte/ ist gewiß/ und im Werck selbsten dar gethan worden ; also daß mit höchster Verwunderung die Zuseher und Anwesende zwar das Bild reden hören / aber durchauß das Gehaimnuß nicht begreiffen können/ sie werden sehen die Augen bewegen/ wie auch Mund und Zungen / ja nicht anderst meinen / als daß der gantze Leib / und das Bild lebe/ sich rege und bewege ; Aber mit was Kunst das Bild zugerichtet / oder was die eigentliche Ursach diser Bewegung seye/ werden sie nicht begreiffen oder ersinnen können ; in dem das Bild in frener Lufft hänget / auf nichts gestellet/ an nichts vestgemachet/ von nichts getragen/ durch kein Räder- oder Gericht- und Uhrwerck zugerichtet ; sondern durch eine blosse Natur-Kunst und sinnreiche erfindüng also zu gerichtet seye.   Und darff sich da niemand einbilden / daß ich unmögliche Sachen verheisse ; sondern ich versichere/ was ich da schreibe/ kan auch zu Werck gerichtet werden ; jedoch die Art und Weiß (damit solche Natur-Gehaimnuß nicht zu gemein und verächtlich werden / als welche allein grossen Herren zu offenbahren / bey dergleichen zumachen / hab ich vor räthsamer gehalten zu verschweigen.

Wann es war ist/was von Alberti Bild-Kopf vorgegeben wird / wolt ich sagen/ daß auf der gantzen Welt kein weitere Kunst/ dergleichen Bild nachzumachen erfordert werde/ als darvon bereits Meldung geschehen.

Zubereitung eines verwundersamen Zauber-Bildes.

Ein

Ein solche Kunst ist die Zusammenfügungs- und Vereinigungs-Kunst / durch welche allein alle Geheimnuß der Welt entdecket werden / auch was in allen Künsten und Wissenschafften verborgen und verwunderlich ist/geoffenbahret wird ; welche Kunst/ so jemand recht fasset und begreiffet / wird gewißlich nichts in allen verborgen Gehaimnussen und Heimlichkeiten finden / so er nicht verstehen / auß dem Grund wissen / und in mancherley Kunst-Wercken nutzlichen anbringen köndte. Sintemahlen alle Natur-gehainnussen bestehen in einer gewisen application , anbring- oder Zusammenfügung / und sind darunter verborgen ; gleich wie die heimliche und verborgene Meinung und Verstand / under gewissen Wörtern und Namen verborgen ligen ; Welches alles / so jemand Scharffsinnig und wohl zu untersuchen und zu finden weiß : von dem kan man gewißlich gar recht den Spruch Phocylidis fagen und gebrauchen : Er sey den Göttern nah ; das ist voll erleuchteten über menschlichen Verstandes und Lichtes.

Anhang.
Von den wunderkünstlichen Stimm-Wercken.
oder
Von dem berühmten und höchst-verwunderlichen Orgel-Werck
Michaëlis Todini von Savoyen / eines berühmten
Römischen Musici,

WAnn Ich Zeit Lebens etwas sonderliches / ungewohntes / künstlich und wunderwürdiges in der Music-und Stimm-Kunst gesehen / und in acht genommen / so ist es gewißlich dieses / von allerhand musicalischen instrumenten bestehendes Kunst Werck / welches auch unerhörte und wunder-würdige Würckung und Krafft hat ; so bereits vor 18. Jahren / von Michael Todin von Savoyen / einem berühmten / und in aller Music-Kunst vor andern erfahrnen Römischen Musico in seinem Hause nach dem Ort / so man ingemein nennet l' Arco della Sciambella angefangen / und nunmehr zu völliger perfection gebracht ; der sonsten auch ein ehrlich-auffrichtiger Mann / und wegen seiner vortrefflichen Music-Kunst und Erfahrenheit mir sehr familiar und höchstangenehm. Damit ich aber den Leser nicht länger mit Worten abspeise und auffhalte ; als will Ich dieses herliche und wunder-würdige Kunst-Werck / weiln es hier gute Gelegenheit darzu gibet/ mit wenigem beschreiben und vorstellen. Es weiset aber bemeldter Herr Todin sein über auß künstlich- und herrliches Werck / zwischen zweyen überauß schön und prächtigst- außgezierten Kammern oder Gemächern / dahermahlen sowohln die vornehmste Geist- und
Welt-

Weltliche Personen zu Rom / als auch außländische Fürsten und grosse Herren mit höchster Bestürtz- und Verwunderung zuhören / und in grosser Mänge die Leuthe sich versammlen.

In dem ersten Gemach oder Kammer / sihet man Erstlich ein Orgel-Werck / nach aller Zier und Kunst gemachet / mit seinen underschiedlichen Pfeiffen und Registern an geordnet / auch auf die Zierde gar schön und köstlich vergüldet / auf den Saitten dieser Orgel stehen vier Clavicymbel / wie man sie nennet / oder Saitten-Instrument / deren das Erste das Grösseste / auf das aller-künstlichste zugerichtet / und mit mancherley Kunst-Wercken angefüllet / von welchem auch / als auß einer Bronn-Quell / die Hall und Bewegungs-Krafft / in die kleinere Clavicymbel gleichsam geleittet wird / wie auß bey-stehender Figur abzunehmen / worinn das grosse Clavicymbel bemercket ist mit A. die zwey kleinere mit B. und C. das mittlere / so etwas grösser als die zwey andere / mit D. in einer solchen Ordnung gestellet und gesetzet / daß jegliches in gebuhrender Weite von dem andern auf seinem eignen Fuß oder Gestell ruhet / in freyer ohngehinderter Lufft/ an keiner Wand / auch nicht einiger anderer Hab oder Haltung angemachet oder befestiget.

Wann nun der Herr und Author dieses Wunder-Music-Wercks eine Kurtzweil *Wie und* machen / und sich hören lassen will / so geht Er zu seinem grösten Instrument oder Cla- *in was Ord-* vicymbel A. ziehet und ordnet daselbsten seine Register / auf eine gantz geheime und *nung der* verborgene Weise / und fahet an so lieblich und anmuhtig zu spiblen / daß Er darmit *Author seine* gleichsam aller Zuhörer Ohren bezaubert und ent-zücket : Nach diesem fuhet auch das *Kunst-Ma-* Clavicymbel B. überauß lieblich an zuklingen / darauf das Clavicymbel D. folget / so dem *sie bestelle.* Clavicymbel B. an Lieblichkeit nichts nachgibt / und Letzlich folget das Instrument oder Clavicymbel C. endlich fallen alle drey Clavicymbel in einen lieblichen Music-Thon zu sammen ; worbey dieses die Zuhörer am meisten verwundern / und gleichsam erstaunen machet / daß in den dreyen Clavicymbel B C D. die Döcklen / bald in dem Instrument B. bald in C. bald in allen dreyen nacheinander und Wexel-weise / sich bewegen und auf springen / da sie doch mit keiner Hand angeruhret / durch keine heimliche und verborgene Fäden / Draht / oder dergleichen verborgene Künsten / gezogen oder beweget werden / der Klang aber und Thon / so sie von sich geben / ist über die Massen lieblich und wohl-lautend / mit sonderbahrem Fleiß und Kunst von dem Authore gesetzet / so nicht allein die Ohren. der Zuhörer an sich ziehet ; sondern auch die Augen mit dem auffspringenden und hupffenden Instrument-Döcklen gantz bestürtzt machet / daß man fast schwören solte / es wäre Zauberey. Indem nun dieses geschiehet / ziehet der Author ein verborgenen Register / und præsentiret eine liebliche Music von Lautten und Geigen / dar under auch die Zymbaln spihlen. Wo aber die Laut verborgen seye / oder wie sie künstlicher Weis in dem grossen Clavicymbel geordnet / auch auf was Arth und Weise sie beweget werde / wie diese zweyerley Saitten von Stahl / Meß und Gedärm / thönend gemachet werden / ist nach dem Urtheil der Music-Künstler gantz etwas neües / und bißher ohnbekandtes Kunst-Stück. Es ist aber noch nicht gar und auß ; wann die Lautten und Violin-Music aufhöret / so præsentiret der Author ohnversehens ein Leyr Music , die so artlich in die Clavicymbel lautet und stimmet / daß man sich nicht genug darüber verwundern kan ; sonderlich / weiln der Author auf dem grossen Clavicymbel immer einerley clavier greiffet / und doch bald eine Lautten- bald eine Leyer-Music in die Clavicymbel spihlend sich hören läßt. Nach diesem / ändert der Author immer zu seine vielfältige Register / und spihlet allerhand melodien, bald traur-beweglich / bald lustige tripel / bald machet Er Lermen/ wie zu einer Feld-Schlacht / und dergleichen mehr.

Wie aber dieses herrliche Werck gemachet / und mit was grosse und verborgenen Kunst es in einander gerichtet / und angeordnet / will Ich hier nicht beschreiben / dar mit ich dem unvergleichlichen Author/ und Künstler nicht ein- oder vorgreiffe ; dann es gewiß eine grosse Unbilligkeit wäre / das jenige zu entdecken /- was von Ihm auß höchst-verwunderlicher Kunst / inventiret / auch mit grossem Kosten / Müh und Arbeit fast mit Zubringung 18. gantzer Jahr zurwegen gebracht worden : Und hat Er mir offtmahls geklaget / daß Er mehrmahlen wegen vieler vorkommenen difficultäten und fast Ohnmöglichkeiten das Werck außzuführen /- dem Muht sincken lassen / und das Werck gäntzlich auf Saitten zusetzen sich vorgenommen ; gleich wie aber die ohnverdrossene Müh und Arbeit endlichen alle Beschwehrlichkeit überwindet / und dem ersten Ansehen nach / ohnmögliche Dinge / möglich machet ; also seye Er auch durch mein offters aufmuntern und zusprechen wieder angefrischet worden. Dieses herrliche Werck und kunst-schwehre invention aufs neüe wiederum underhanden zu nehmen / biß es endlichen zu solcher Vollkommenheit/ wie ietzo beschrieben habe / gebracht worden.

Weiln es aber mit solchen Künstlern also bewandt / daß sie nicht wohl ruhen können / sondern immer weiter gehen / und neüen inventionen nachdencken / so gieng auch mit diesem vortrefflichen Künstler / Er hatte bey sich ein musicalisch Instrument, so von dreyen Pfeiffen / und einem ledern Sack oder Blasen bestehet / welches man Musette

Q   bey

bey uns / bey den Teütschen aber eine Sackpfeiffe nennet. Da dann der Pfeiffer mit
dem lincken Arm / under welchem Er den Sack hat / solchen aufgeblasenen Sack drük-
ket / mit den Fingern aber die Löcher der Pfeiffen / wie bey anderm Pfeiffen-Werck/
greiffet / und also keine unangenehme Music machet. In Betrachtung nun dieses instrumens, kam unser Author auf die Gedancken / ob nicht dergleichen auch mit einem
Instrument und clavier köndte zuwegen gebracht werden ; indem das jenige / so man
mit grosser Müh und Ungemächlichkeit auf der Sackpfeiffe spihlet / etwan mit den Fingern auf dem clavier, und mit Fuß-tretten köndte geschehen ; hat es auch nach langem
Nachsinnen dahin gebracht / und endlichen die Sach glücklich erfunden / so Er auch in
seinem andern Zimmer / welches mit mancherley schönen Sinn-Bildern und Kunst-
Stücken außgezieret ist / weiset. Gewißlich / Augen und Ohren ist dieses ein rechtes
Wunder-Kunst-Stück / daß man da eine Person das clavier sihet greiffen und schlagen / und höret darbey eine nach der Music wohl-klingende Sack-Pfeiffe ; und wohl-
lautende melodi.

Wie aber die Register-Züge den Pfeiffen-Löchern also haben können accommodi-
ret und zugeordnet werden / daß sie die verlangte melodie oder Lied spihleten ; durch
was Kunst / so wohl mit greiffen und schlagen deß Claviers / als auch mit dem eingefangenen Wind / die Mund-Löcher der Pfeiffen bald aufgethan / bald zugeschlossen werden / und das gantze Werck zu einem solchen fremden ohnbekandten Thon habe gebracht
werden können / hat bißher noch Niemand können ersinnen oder begreiffen / und ist
da alles mit einer solch-verborgen- und geheimen Kunst zugerichtet / daß auch die aller-
berühmteste Organisten und Orgelmacher sich nicht darein finden / weniger aber dergleichen nachzumachen wissen. Ein recht wunderwürdiges Instrument / und das vorige / wegen der subtilen disposition, und Zusammen-Ordnung so mancherley Sachen /
villeicht noch übertreffend : dann was ist wunderlichers / als ein instrument oder clavicymbel greiffen und schlagen / und doch an statt dessen gewohnlichen Thons / ein gantz
anders und gar nicht zusammen reimendes instrument, einer Sackpfeiffen hören ? Dannenhero auch viel Einfältige / die auf solche subtilitäten und Kunst-Erfindungen sich
nichts verstehen / nicht anders vermeinen / als daß dieses mit Zauberey und Teüffels-
Werck zugehe.

Und das habe dem Leser mit wenigem vorstellen wollen / theils darmit diesen tractat von der Stimm- und Thon-Kunst / an rahren / verborgen / ohnbekandt- und un-
erhörten Kunst-Stücken / bey so viel und mannigfaltiger Thon-Würckung / zur Be-
lustigung nichts abgehe ; andern Theils ists geschehen auß sonderbahrer Liebe / affection
und Ehre / so Ich zu dieser Person / als meinem sonderbahren Freund habe / seine
Scharff-sinnigkeit / Fleiß / und Kunst andern zu commendiren, und zu seinem sonderbahren Ruhm bekandt zu machen ; zugleich auch Ihne hiermit zu locken und anzureitzen/
die Zubereitung und Eigenschafft deß gantzen Werck's ordenlich zu entdecken / und den
Music-verständigen und Thon-habern durch ein eigenes Buch / und fleißige Beschreibung
zu communiciren ; darmit nicht / wann der Herr und Author dieses herrlichen Werck's
sterben solte / zugleich auch die Kunst und das Werck mit vergienge und begraben
würde ; wie nach Zeugnuß der Historien, in vielen dergleichen herrlichen
Kunst-Wercken / neüen und sonderbahren Erfindungen
bißher geschehen.

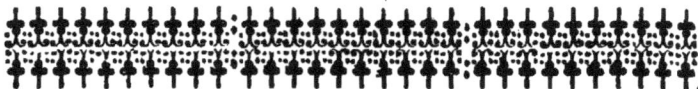

Laut- oder Thon-Kunst

Anderes Buch.

Neue Thon- und Stimm-Wissenschafft / in welcher die verborgene und geheime Ursachen und Eigenschafften durch Zahlen und Rechnung vorgestellet werden.

Vor-rede.

Wie Ich mir leicht einbilden kan / daß ein und anderer die Würckung und eigentliche Ursach deß Thons gründlich zu wissen verlanget ; als hab Ich / selbsten ein Genügen hierinnen zu thun / das jenige / so Ich ehdessen in meiner Musurgia abgehandelt / hier etwas weitläuffiger außzuführen vorgenommen. Dann was die Music- und Thon-Kunst vor Krafft und Würckung/ nicht nur in den Menschlichen Gemühtern / sondern wohl gar die Bestien und unvernünfftige Thieren selbige zu bewegen und zu zwingen habe / darvon seyn die Historien-Bücher und andere Schrifften überflüssig zu lesen. Was nun die eigentliche Ursach solcher Krafft und Bewegung seye / soll jetzo vermeldet werden / da wir dann von dem Grund den Anfang machen wollen. Worauß auch der kunst-begierige Leser eigentlich erkennen wird / wie es komme/ daß eine berührte Saitte eine ohnberührte klingend und thönend mache ; wie auch dannenher / so wohl die vocal- als instrumental-Musik die Lebens-Geister und Sinne bewege/ und wunderliche Krafft in Würckung deß Zorns / Liebe / Mitleiden und Grausamkeit / so wohl in der lieblichen Übereinstimmung / als auch in der Beweg- und Berührung der lautenden und klingenden Körper / die Natur erweise ; wie auch endlichen die Menschen/ durch vielfaltige Stimmung / Thon und Hall / dern in vorgehendem beschriebenen Trompetten und Rohren / wann sie schon weit von einander entfernt / zu allerley Gemüht-Bewegung (so allenthalben desto grösseres wundern verursachet / je weiter und verborgener sich etwa solche Stimm / Thon / und Music dem Gehör præsentirt) können gebracht werden ; Wir wollen aber jetzo ohne fernern Umschweiff zur Sach selbsten schreitten/ und auf unser Vorhaben kommen.

Erste Abtheilung. Sectio I.

Von der wundersamen Krafft und Würckung etlicher Thon und Stimmen.

Cap. I.

Von der wunder-würckenden Music-Krafft und Macht.

Die Geheim-Würckung deß zusammenstimmenden / oder wider-sinnischen Thons/ consonanz oder dissonanz, ist nichts anders ; als die Krafft und Wissenschafft/ solch wunderlich-würckende Thon zu wegen zu bringen ; welche Wissenschafft gewißlich unter denen Natürlichen-Geheim-Künsten / nicht die geringste ist ; dann in manchem Thon und Hall eine solch- ziehend- und bewegende Krafft sich findet und verborgen ist / daß es fast manchmahl ohnmöglich / daß Menschlicher Verstand die rechte und eigentliche Ursach solcher verborgenen Krafft solte ergründen können.

Was in der Music vor eine Magnetisch-ziehende Krafft verborgen stecke / ist Jedermann bekannt / daß deßwegen die Alten nicht vergebens oder ohne Ursach / ihren Orpheum, als einen Music-Zauberer / der mit seiner Music und musicalischen Instrumenten, die unvernünfftige Thiere / Wälder / ja gar die unempfindliche Steine und Felsen habe bewegen können / aufgeführet ; von welchen insonderheit der Poet Claudianus, in seiner Vorred über das andere Buch von der Entführung Proserpinæ, sehr schön geschrieben:

Wann sich auf grossem Fest wolt' Orpheus lustig machen;
So nahm Er seine Leyr/ und spihlte lieblich auf;
Er satzte sich in'o grün'/ und machte Wunder=Sachen
Durch seine Finger=Kunst/ und seinem Griffels=Lauff.
Kaum fieng das Lied sich an/ da legten sich die Winde;
Die Flüsse strichen sacht/ auch Hebrus bliebe steh'n;
Der hohe Berg Rhodop' der stell'te sich geschwinde;
Und Ossa liesse mehr die kalte Schnee=Woll geh'n;
Der hohe Pappel=Baum von Æmus kam gegangen;
Die Fichte kam und brach' Ihr' Nachbarin die Aich;
Den Lorbeer=Baum kont zwar der Pyrrhæ Kunst nicht fangen/
Doch da Er Orpheus hört/ da kam Er auch zugleich;
Den Hund sah' man im Gras mit Hasen freundlich wühlen;
Der Wolff gieng mit dem Schaaf und ließ' es ohnverscheh't;
Den schüchtern Gemß sah' man mit bunten Tigern spihlen;
Der sonst verzagte Hirsch scheut' nicht Massyl'sche Pferde.

Welche Kunst=Bezauberung und starcke Bewegung/ der Thier/ Stein/ Wälder/ Bäum und Felder/ theils verblümter Weis/ theils nach einem anderen und sonderbahren Wort=Verstand muß genommen werden/ und haben die Alte absonderlich hiermit bedeuten wollen/ daß die Music und Thon=Kunst eine absonderliche grosse Gemühts=bewegende Krafft in sich habe/ so sich nach denen verschiedenen und manigfaltigen Thon= und Stimm= Arten richtet und ändert/ und gleichsam als ein Wax/ wohin/ und wie man will/ das Gemüht ziehe und formire; darum auch etliche die Sing= und Thon=Kunst/ den Anfang und Grund aller Sachen genennet/ und Psellus sagt in seiner Musica: Die Alte haben pflegen

Was die Or-
pheische Stein=
und Felsen=
Bewegung
eigentlich
seye.

zu sagen; die Music begreiff alles in sich/ oder könn alles zwingen. Zu dem haben sie auch in acht genommen/ daß die Music die Sitten und mores der Menschen ändern/ und nach ihrer Art einrichten könne/ weiln nichts so bald in die zarte und weich=bewegliche Gemühter bringet/ als die verschiedene Sing= Stimm= und Thon=Arten/ da gewißlich kaum auß zu sprechen/ was vor Stärcke und Krafft man da allerseits findet/ dann sie ermuntert die Schwache und Traurige; und machet traurig und gleichsam schwach die Muhtige und Muntere/ bald macht sie das Gemüht lustig/ bald betrübt/ wie nachgehends mit mehrerm wird gesaget werden. Ist also dieses von dem Orpheo also zu verstehen/ daß Er die Stein/ Wälder/ wilde Thier/ an= und zu sich gezogen; nahmlich/ daß Er die grobe/ wilde/ unbändige/ grausame und fast bestialische Menschen/ mit seinem lieblichen instrument und vortrefflichen music gantz mild/ zahm/ sittsam/ freundlich gemachet/ und zu einem ordenlichen und tugentlichen Leben gebracht; andere verstehens verblümt und Sinn=bildischer Weise; dann/ weilen Orpheus ein vortrefflicher Musicus und auch berühmter Stern=verständiger und Astronomus gewesen/ auch beede Künsten und Wissenschafften auß dem Grund verstanden/ so habe Er sein instrument nach der Himmlischen und Stern=harmonie wissen zu stimmen und zu schlagen/ also/ daß Er hierdurch die Himmlische Stern=Einflüsse/ Krafft und Würckung/ nach seinem belieben und gefallen/ an sich/ und nach seinem Wunsch bringen und gebrauchen können. Etlich setzen noch zu/ weiln Orpheus gewust/ in was vor einer proportion, Vergleichung/ und Zusammen=stimmung/ jegliches zu seiner Art geschaffen/ welchem Stern jegliches Ding undergeben wäre/ so habe Er seine musicalische Thon und Stimmungen also anzuordnen wissen/ daß dardurch auch die leblose Dinge haben können beweget/ und nach belieben gezogen werden; nicht anderst/ als man auf einem Stahl mit einem gewissen Stein/ ein gewisses Feür schlägt/ und zu wegen bringet; oder aber durch den Wind eines Blaßbalgs das verborgene Feür erwecket wird; Sintemahlen es finden/ so zu reden/ sich allenthalben und in allen Dingen/ verborgene Feür=Flämlen/ und/ Grund=Satz einer Harmonischen Zusammen=stimmung der leiblichen Sinnen und Fühlung/ also/ daß auch die Alten GOTT selbst genennet und beschrieben haben/ als eine Harmonie und Zusamm=stimmung aller Dinge.

Daher auch nach Procli Meynung alle Dinge ihre sonderbahre Thon und Laut/ nach der Art ihrer Führer und Vorsteher von sich geben; jedoch etliche nur nach der Einbildung/ etliche nach natürlichen Ursachen; etliche in der Natur/ und nach Fühl= und Empfindung der äusserlichen Sinne. Und gewißlich (sagt Er ferner) wann Jemand den Klang und Thon solte hören/ so alle Sachen in der Lufft und Rundung machen/ und von sich geben/ als die Sennische oder Sonnen=geartete nach der Sonnen/ die Mond=geartete aber nach dem Mond/ der wurde wunder=wohl=lautende und mit ihrem König und Herren wohl= einstimmende Thon und Klang hören/ nach dem ein jeder geschickt und tauglich ist dergleichen zu machen. Derowegen was die Magnetische Music=Krafft/ so alles ziehet/ auch in Bewegung der Menschen vor grosse Macht habe/ ist bekandt; Wie dann kein Hertz und

und Gemüht so wild und grausam zu finden ; so nicht durch liebliche und anmuhtige Lieder
und Gesänge solten können bezähmet und besänffliget werden ; hergegen wird es auch
leichtlich durch Ubel-lautende und Ungeziemende gleichsam zusammen gezogen und gedny-
stiget ; Musæus konte ein Lied spihlen von Himmlischen Sachen oder dem Gestirn/ das Jedermann erweichen konte ; Die Trommel und Paucken machen den Söldaten einen Muht
den Feind anzugreiffen ; Die Trompetten machen beherzt und freudig/ Mann und Pferdt ;
Timotheus der berühmte Musicant , konte so offt es Ihme beliebte mit seinem Frogischen
Heroischen Thon den grossen Alexander also aufbringen/ daß Er fast gantz ertwilbet/ und
mit höchster furi die Waffen ergriffen ; hergegen mit einer andern Thon-Art konte Er seine
Gemühts-Ungestümme gantz legen/ und ihne sanfft und mild zu den panquetien und Frö-
lichkeiten machen ; dergleichen auch von einem Lauttenisten deß Königs in Denniemarck ne-
lesen wird.   Bezeuget nicht Cicero, daß Pythagoras einen von unsinniger Liebe gantz entzün-
deten und brennenden Jüngling/ mit wohlklingenden Spondeischen Reimen oder Versen
gantz zufrieden gestellet/ und sein Gemüth besänftiget? So ist auch bekandt/ daß der berühmte Theophrastus , die Gemühts-starcke Bewegungen und Verwirrung durch die Music mehrmals gehemmet und gedämmet habe. Clitemnestra, so sonst von Natur zur Zucht
und Sittsamkeit geneigt wahr/ konte durch einen Musicum aufgebracht werden/ alle Anwesende mit den nechsten Wöhr und Waffen mit grosser furi anzufallen/ daß Niemand
sicher wahr.   Ja die Music kan nicht allein die Menschen/ sondern so gar auch die Bestien
bezwingen.   Strabo schreibet/ daß die Elefanten mit Paucken und Tromlen/ die Schwa-
nen mit Lautten oder Cythern/ können herbey gelocket und gebracht werden ; der Vers ist
bekandt :

Fistula dulce canis, volucrem dum decipit auceps.

Deß Voglers Lock und Pfeiff fein lieblich lock't und sing't ;
Wormit sie auf den Heerd/ die Vögel leichtlich bring't.

Die wilde und murzende Beeten sollen nicht ehender als durch das pfeiffen können bezähmet werden ; so liset man/ daß Pythagoras mit pfeiffen die Wölffe auf und abgehalten ;
Letzlich ist die Music ein herrlich Mittel die Kranckheiten zu vertreiben/ damit kan man
die Miltz-süchtige/ Melancholische/ Rasende/ Besessene/ vergifftete Patienten/ nach
Zeugnuß der Geisti- und Weltlichen Historien/ mehrmahlen heylen und glücklich curiren ,
wie in folgendem soll gesaget werden. Daß aber Asclepiades , wie von etlich
dieser Kunst unerfahrnen Authoribus geschrieben und angezogen wird/ mit einer Trompetten die Taube soll hörend gemachet haben/ muß man nicht verstehen/ als ob es durch einen
sonderlichen Klang/ Lieder oder Thon geschehen wäre ; sondern/ weiln Er ein Rohr oder
Instrument , so/ wie eine Trompette formiret/ dem Tauben oder Ubel-hörenden/ ins Ohr
gelassen/ (dergleichen Sprach- und Gehör-Rohr/ noch heutigs Tages viel Ubel-hörende
und Halb-Taube gebrauchen/ von welcher instrumenten Zubereitung oben Meldung ge-
schehen/) worinn die Stimmungen und Worte sich zusammen gefasset/ und durch vielfältige reflexion gestärcket und vermehret/ dem Gehör deß Ubel-hörenden sich gleichsam eingetrungen ; weiln nun diese invention bey dergleichen Leüten grosse Würckung und wunderlichen effect gethan/ als hat man endlichen auß ohnrechtem Verstand fabelhafft vorge-
geben/ Asclepiades könne den Tauben und Ubel-hörenden mit Trompetten-Klang helffen.

Auß diesem besagten wollen wir nun besehen/worinn die Magnetische an sich ziehende
Krafft bestehe/ oder woher sie komme? Was da vor eine Verwandtnuß und Zuneigung
zwischen den Ohren und dem wohl-laut oder zusammen-stimmenden consonanz seye/ daß
man darduch also könne afficiret und belustiget werden? ingleichem was die Zahl/Gewicht
und Maaß/ so wohl bey dem Thon und Hall/ als auch in den Ohren/ oder dem Gemüht
und Seele seye/ daß man darduch also kan auf mancherley Weise/ und zu mancherley
affecten und Bewegungen gebracht werden? dan es finden sich solche rauhe/unangenehme
und widerwertige Thon/ daß es fast scheinet/ durch deren Gröbe und Unannehmlichkeit
die Zähne knarrend und kirrend können gemachet werden ; hergegen seyn etliche so lieblich
und angenehm/ daß sie durch ihr süsse einfliessen fast gantz entzucket können.   Indem Ich
nun dieser wunder-würckenden Krafft eigentlichen Ursachen nachforsche/ kan Ich kaum sa-
gen/ was vor ein grossen Underscheid und Widersinnigkeit bey dem Authoribus , so hiervon
geschrieben/ angetroffen/ und wie ungleicher Meinungen sie von der Thon- und Stimm-
Würckung seyn ; Indem etliche/ die Ursach auf GOtt/ als aller Ubereinstimmung einigen Ursprung und Anfang legen/ oder schreiben es der auß übereinstimmenden Zahlen bestehenden Seele zu/ etliche suchen die eigentliche Ursach bey/ weiß nicht was vor Himmli-
schen/ und Stern-würckenden Einflüssen/ andere bey einem cabalistischen und wunder-
würckenden zehen-saittigen instrument, andere schreibens einer geheimen Sympathi und Zuneigung der Seel zu den musicalischen Zahlen zu/ andere suchen geometrische/ Erd-mässige
Ursachen.   Welches alles aber/ als falsch/ ungereimt/ und von dem Warheits-Grund ab-
weichend/ wir auf eine Seitte setzen/ und im Gegentheil gründlich darthun und eröffnen
wollen ; was wir von dieser an sich-ziehenden Music-Krafft/ und Gemühts-Zwang halten/
wie und auf was Weiß dieselbige so mancherley starcke Würckung/ so wohl bey den Men-
schen/ als auch bey den unvernünfftigen Thieren habe.

Music-krafft und Gewalt bey dem menschlichen Gemüthe und Sinnen.

Music kan auch Krancks heiten vertreiben.

Wie es zu verstehe/ daß Asclepiades die Taube mit Trompetten hörend ge-machet worden.

Verschiedene Meinungen von der Mu-sic-krafft und Würckung.

Cap. II.

Von der Eigenschaffe und wirckenden Ursach deß Ein- und Zusammen-stimmenden als auch wider- sinnischen Thons.

MAn hat sich billich zu verwundern / warum doch das Gemüth und die Seel so gerne etwas zusammen-stimmet höre/ im Gegentheil einen solchen abscheuen an übel- und wider-sinnischen-lautenden Dingen habe; die eigentliche Ursachen und den Grund hier-inn zu erfahren und zu wissen;

Die Stärcke und Schwäche deß Thons kompt her von der Geschwind- oder Langsamkeit.

So muß man erstlichen wohl mercken/ daß bey dem zusammen-stimmenden wollaut und consonanz, zweyerley zu betrachten/ als die Anschlagung und das anfallen der Körper/ so da geschihet durch Bewegung deß Thons; und die vergleichende proportion; welche zwey Stück gleichsam zwey principia, Gründe und Ursprung seyn / das eine ist natürlich/ das andere Mathematisch oder künstlich. Die Physica oder Natur-kündigung betrachtet die Bewegung; Die Mathesis oder Meß-Kunst aber/ die Grösse/ Zahlen/ Gewicht/ Maaß/ Vergleichung und proportion eines Thons gegen dem andern. Weiter/ weiln aller Stim-oder Thons-Krafft/ stärcke und höhe/ oder den schwäche und nachlaß/ von der Geschwind-oder Langsamkeit der Bewegung herrührt/ so folget nothwendig/ daß die Stim oder Thon/ ie schärpffer und stärcker sey / ie stärcker die Bewegung ist; und im Gegentheil/ ie schwächer und dünner / ie langsamer diese Bewegung. Welches alles von Boëtio gründlich und wol vorgestellet wird l. 1. Mus. c. 3. da er lehret ; daß nothwendig die jenige Thon schwerer seyn und tieffer fallen/ so von langsamer Bewegung herkommen/ wegen deß langsamen anschlagens ; hergegen die jenige schärffer und höher/ so von geschwinder Bewegung herkommen; also/ daß auch einerley Saitte/ entweder schärffer und höher/ oder aber tieffer und nidriger lauttet/ nach dem sie entweder hart angezogen und gespannet/ oder aber nachgelassen wird; dann wann sie strack und hart angezogen ist/ so gibet sie einen geschwindern Schlag/ kehret geschwinder wider zurück/ beweget auch die Lufft öffter und schärffer ; ist sie aber luck und nachgelassen/ so schleget sie auch langsamer/ und schwächer/ auch eben wegen solches langsamen Anschlags und Lufft-Bewegung/ ist die Krafft und Würckung auch langsamer/ tieffer und schwächer ; daher auch die Pfeiffen und Rohr/ wie in Musurgia organica, und 7. libro Musurgiæ nostræ erwisen habe/ nach Schließ oder Eröffnung der Löcher / und also entweder eingezwungen oder außgelassenen Lufft und Athem / bald schärffer und höher / bald tieffer lautten; so auch bey den Orgel-Pfeiffen / ingleichem bey der Lufft-röhr deß Menschen zu observiren ; dann ie länger die Zung und Feder in den Pfeiffen / oder der jenige spalt / wo die anschlagende Lufft den Thon machet/ auch ie grösser die Pfeiffe an sich selbsten ist / ie tieffern und schwerern Thon sie auch von sich gibet ; ie kürtzer und enger aber dieselbige/ ie schärffern und höhern sie hören läßt. Dannenhero folget / ie weiter die Lufft-röhr eines Menschen/ auch ie länger dieselbige tieffer-Baß wird er singen; hergegen ie kürtzer/ enger und kleiner dieselbige/ ie höher und schärffer wird die Stimme sich bringen lassen/ worvon aber an einem andern Ort weitlüuffiger gehandelt worden.

Ursach der hoch- und tieffen Stim deß Menschen.

Der Thon ist nicht ein einziges Ding/ sondern bestehet auß vielen Stücken und Theilen.

Zum andern ist wohl zu mercken/ daß der Thon oder Laut einer bewegten Saitte/ oder eine außgelassene Stimme/ nicht ein an einander gleich-hängendes Wesen seye / sondern daß ein solcher Thon auß underschiedlichen aufeinander folgenden Bewegungen entstehe/ wie in Chordosophia gewisen worden/ wiewohlen die intervalla und zwischen-zeit unser Gehör nicht vernehmen kan / nicht anderst/ als wie auch das Gesicht nicht kan urtheilen/ wann man einen glüenden Brand in höchster Schnelle umtreibet / ob der Brand in dem gantzen Ring/ oder ob der Ring gantz brennend und feürig sey ? Welches auch Boëtius mit einem Kinder-Topff oder Wirbel erkläret / wann man daran einen rohten Strich nach der Länge ziehet / so scheinet der gantze schnell umlauffende Würbel oder Topff roht zu seyn ; nicht daß dem also wäre / sondern weiln die Geschwindigkeit deß rohten Strichs die ohngefärbte Theile ergreiffet / und also immer wegen deß geschwind- und schnellen Umlauffes vor Augen ist. Also auch eine hart-gespannte Saitte die zittert und springt öffter hin und her / als ein luck- und nachgelassene ; Und so offt man eine Saitten beweget oder schläget / so gibts nicht nur einen Thon / oder einen Lufft-Schlag / sondern die Lufft wird so offt geschlagen und beweget / so offt sich die zitterende Saitte rühret. Dannenher wegen zunehmenden Bewegungen wird der tieffere Thon in die Höhe und Schärffe gebracht/ bey abnehmenden Bewegungen aber / so fället der hohe und scharffe Thon in die tieffe und schwehre / weiln die hohe und scharffe deß Thons auß vielen Bewegungen entstehet. Wie man aber ein iede gegebene Zahl oder Grösse/ also ein- und abtheilen könte / daß die gemachte Theil / in einer zusammenstimmenden und übereintreffenden proportion übereinkommen/ darvon ist an einem andern Ort weitläuffig Meldung beschehen.

Worinn die Krafft und Würckung der Music bestehe.

Auß besagtem nun ist endlichen zu schliessen/ daß die sihende Wunder-krafft der Music, nicht ohnmittelbahrer Weise von der Seelen herfliesse/ welche/ weiln sie Ohnsterblich/ Geistlich/ und auß keiner materia, derowegen kein Vergleichung und proportion zu der Stimm und Thon hat/ auch von denselbigen nicht kan geändert werden/ sondern von dem Geist und Athem

Athem / so da ist der Seelen instrument; als der vornehmisten Vereinigung der Seelen/ darmit sie dem Leibe vergesellet und vereiniget ist; dann weiln dieser Geist oder Athem sehr zart und subteil, so wird derowegen auch ein solcher leicht- und beweglicher Blut-Dampff / gar leichtlich von dem harmonisch oder zusammen-stimmend-bewegten Lufft/ auch beweget; Welche Bewegung / weiln die Seele sie fühlet; nach verschiedener solcher Geist-Bewegung / auch verschiedene Gemühts-Bewegungen / oder affecten erzeiget; Und dannenhero / wann solcher Geist / oder innwendige Lufft deß Menschen / durch geschwinde harmonische / und dicke Bewegung angefüllen / und gleichsam in einander gekräuset und gewülcket wird / so entstehet auß Kräusung einige Dünne / auß welcher Dünne nachge-bends eine Auß-dehnung kommet / auß welcher Geistes/ oder Lufft-Außdehnung / Lust und Freude folget; welche affecten oder Gemühts-Bewegungen auch desto stärcker werden seyn / je lieblicher / annehmlicher / auch der complexion und Neigung deß Menschen taug-licher und proportionirlich-vergleichender / die anschlagende harmonien und Thon seyn wer-den; woher auch dieses kömmet / daß / wann wir eine lieblich und anmuhtige Music, Lied/ oder Thon hören / Wir / so zu reden gleichsam einen Kützel oder liebliches Jucken in dem Hertzen und Gemühte fühlen / wordurch auch das Gemüht auf mancherley Weise gezogen und gelencket wird; Welche manigfaltige Gemühts-änderung sonderlich die mancherley musicalische Thon- und Stimm-Arten verursachen / worvon anderwerts gehandelt wor-den; ingleichem auch die Ab-kürtzung der Noten / vermeltes auf- und absteigen / die künstlich ineinander und aneinander gehäncte contrapuncten, die miteinander lieblich vereinigte consonanzien und dissonanzien.

Daß nun der Geist oder innere Dampff und Lufft deß Menschen auf diese und keine andere Weise beweget werde / das wird auß dem Ersten / von den folgenden experimenten leichtlich zu schliessen seyn / und ohnwiedersprächlich dargethan und erwiesen werden.

Cap. III.
Von denen Gemühts-Bewegungen / zu wel-chen die Music treibet.

ALs Gemüht nimt nach denen verschiedenen harmonien und Thon-Arten auch ver-schiedene affecten und Bewegungen an; als Freud / Leyd / Muht / Hertzhafftig-keit / Trägheit / Forcht / Hoffnung / Zorn / Mitleyden / u. s. f.

Sonderlich treibet uns die Music zu achterley affecten, wie an anderm Ort erwieset worden; nach dem sie entweder übereinstimmet und wohl-lautet / oder über dissoniret und hart lautet / entweder geschwind oder langsam die Bewegung ist; oder welches mehr ist/ wann die Stimm und Thon scharff / hoch und also munter ist; oder tieff fället / der Thon nachlasset / und zum Mitleyden beweget / auch wohl die Augen trähnend machet; Und wiewohln die Liebs- und Haß-affecten die stärckste seyn; so erwecket doch dieselbige die Music nicht / weiln Liebe und Haß / sich bald bey diesem / bald bey jenem insonderheit fin-den / auch allezeit ihr Zihl und Zweck vor sich haben; wie an anderm Ort gelehret worden.

Dann die Music erwecket allein die allgemeine Gemühts-Bewegungen und affecten; jedoch wird auch die Liebe / von der Freude / als einem allgemeinen affect erwecket / gleich-sam als durch ein heimliches anreiben; Weiln nun die Music die Traurigkeit eigentlich nicht verursachet / so kan sie auch keinen Haß erwecken; Daß aber die Music eigentlich nicht könne traurig machen / erhellet daher / weiln die Traurigkeit zum Todt; die Music aber zum Leben zihlet.

Daß aber die Music und Saittenspihl / wie Syrach wohl lehret cap. 22. sich übel zu einem betrübten und traurigen Hertzen schicket / Wir auch gemeiniglich / wann das Hertz recht betrübt und in ängsten ist / Uns durchauß keiner Music achten / ja mehrmahlen nicht hören mögen / ist diß die Ursach / weiln der Geist deß Menschen oder Blut-Dampff und humor, durch die Forcht und Traurigkeit / so von stärcker Einbildung deß bevorstehenden Ubels und Unglücks herkommet / gleichsam gantz gefrohren und eng eingezwungen ist / und dannenhero sich untauglich und unbequem zu aller Bewegung machet; Derotwegen/ wann ein Musicus zu finden wäre / der solch gleichsam gestandenen und dicken Geist und humorem durch eine wohl-gestellt- und liebliche Music trennen und zertheilen köndte / so würde dersel-bige nicht zum Trauren bewegen / sondern würde nach etwas aufgebreiteten und zertheil-ten Geist / einige Leichterung und Linderung deß Schmertzens machen. Es ist oben gesa-get worden / daß die Music den Menschen sonderlich zu achterley Gemühts-Bewegungen treibe / welche doch eigentlich under dreyerley Abtheilungen begriffen seyn / als Freud/ Nachlaß/ und gleichsam Ab-sinckung / wie auch Barmhertzigkeit / wie oben gemeldet wor-den; daß aber hierauß nachgehends auch andere affecten; als Liebe / Traurigkeit / Kün-heit / unsinnige Wuht / Sittsamkeit / Unwillen / Ernsthafftigkeit / auch Andacht und Heyligkeit entstehen/ das geschiehet zufälliger Weise; dann diese affecten alle miteinander/ auß diesen dreyerley verschiedenen Gemühts-Bewegungen entspringen / wie in Musurgia Rhetorica mit viel und mancherley Gründen bewiesen und dargethan worden.

Bleibe

Bleibet derowegen darbey ; daß mancherley Anhalt und Nachlaß der verschiedenen Thone / die abwerlende Auf- und Absteigung der Stimmen / die verschiedene repercussiones und anschlagende Stimm-brechung / auch der verschieden und ungleichen Magnetischen Krafft / die Gemühter zu lencken und zu ziehen / einige wahre Ursach seye / worzu folgende viererley Dinge auch starcke Beyhülffe thun. Erstlichen die manigfaltig-künstliche Thon- und Stimm-Vermischung / die künstlich zusammen-gefügte und vermengte Stimmen Erhöh- und Nidrigung / worinn die übereinst und widereinander-lauffende Stimmen / als consonanzien und dissonanzien, nach solchen Kunst-Reguln ineinander gezogen und gewunden werden / daß nichts lieblichers und annmuhtigers zu hören / worzu auch die annehmliche Stimm-Abkürtzung / die musicalisch-künstliche Läuff und Folgungen nicht wenig helffen. Zum Andern hilfft darzu / die bestimte und in gewisser Abtheilung bestehende Zahl der Vers oder Stücke.

Drittens die Wort an sich selbsten / oder Lied- und Gesang-Text. Vierdtens die Beschaffenheit und taugliche disposition deß Zuhörers ; welche Stück / wann sie nicht beysammen seyn / wird keine sonderliche Gemühts-Bewegung auß der Music folgen. Und weiln die verschiedene dispositiones und Eigenschafften der Menschen von keiner anderen Ursach herrühren / als der Bewegung deß innern Geistes / als deß vornehmsten Seelen-instruments / so wohl der Fühl- als Bewegung / so geschiehet solches auch bey Enderung und Bewegung der Stimm und Thons / durch welche Bewegung / wie gesaget werden / der innere Geist deß Menschen / bald zusammen gesammlet / bald zerstreuet / kald an-gezogen / bald nachgelassn / bald auf diese bald andere Weise geändert wird / und seine alterationes hat / so folget nohtwendig / daß das Gemüth nach dem Stand und Beschaffenheit deß Geistes sich richte und lencke. Dannenhero die Wollüst und Frech-luttige/ an lieblichen / gelinden / hoh- und scharffen Thon und Liedern ihre Lust haben / weiln die Würckung/ so daher entstehet / zu ihrer Neigung und inclination sich schicket und proportioniret ist.

Dahero zwey Personen / deren einer von Himmlischer / der ander aber von Zeit- und Weltlicher Lust entzündet ist / durch einerley Thon-Art / der Dorisch- oder Lydischen zu gantz verschiedenen und einander entgegen lauffenden Begierde und Verlangen getrieben werden ; Jener zwar / zu dem Himmlischen Vatterland und ewiger Himmels-Lust / bey Veracht- und Gering-haltung alles Irdischen ; Im Gegentheil die andere zu der nichtigen Welt-Freude / deren Er gantz ergeben ; und also kan und muß man auch von anderen Sachen schliessen. Daß also ein jeglicher die jenige Thon- und Music-Arth am meisten liebet / die zu seiner complexion und humor sich am besten schicket und proportioniret, auch nach Gelegenheit der Zeit und Umständen / mit seiner dann-mahligen Gemühts-Beschaffenheit am besten überein kommet.

Cap. IV.

Erforschung der Grund-Ursachen der zusammen- oder widerwärtig-stimmenden Zahlen / consoni und dissoni.

Warum etliche Zahlen thonend/ andere aber nicht.

Was consonanz und dissonanz eigentlich seye.

WIe die Music mit ihren verschiedenen Thon-Arten / auch verschiedene Gemühts-Bewegungen erwecke / ist auß besagtem sonder Zweiffel / leicht abzunehmen. Nun ist noch zu erklären / was Gestalten etliche Thon zusammen stimmen / etliche nicht / und warum eigentlich die zusammen-stimmende allein / das Gemüht an- und nach sich ziehen und bewegen / die andere aber nicht ; welches/ damit man es besser verstehe/ muß man betrachten / daß / gleich wie die Zusammen-stimmung oder consonanz ist eine wohllautende proportion, Zusammen-füg und Vergleichung / verschiedener und ungleicher manigfaltiger Thon und Stimmen / oder eine liebliche Vermischung der hohen- mittel- und tieffen Stimmen / so da lieblich zu Gehör fället ; also ist im Gegentheil die dissonanz oder wider-sinnische Thon / eine rauhe und dem Gehör unangenehm- nnd beschwehrlich fallende unordenliche Vermischung der hoh- und tieffen Thons.

Daß nun einige Lust und Annehmlichkeit auß Gehör zweyer verschiedener Thon empfunden und gespühret wird / ist die Ursach / daß / das durch Schlag- und Berührung der Saitten / erweckte zittern / offt vereiniget wird / und zusammen trifft ; durch welche Vereinigung der ermunterte Geist / die Einbildungs-Krafft zur Lust und Beliebung vorstellet ; Zum Mißfallen und Wider-willen aber / wann besagtes Zittern und Saitten-bewegen entweder gar nicht / oder doch selten sich vereiniget ; damit aber ein jeglicher leicht fassen und verstehen möge / wie diese Vereinigung geschehe und zugehe / soll das gantze Werck und Wissenschafft in etlichen vorgegebenen Lehr-Sätzen und proportionen vorgestellet werden.

Erster

Erster Satz. Propositio I.

Wann man zwey gleich-gestimte Saitten zu einer Zeit schläget oder berühret/ so geben sie nothwendig einerley und gleichen Thon/ werden auch bey allem Zittern und Bewegen sich vollkommen/ und zu einer Zeit mit einander vereinigen.

Jewolen dieses alles weitläuffig und auß unfehlbaren Gründen in der Chordoso-phia meiner Musurgiæ dargethan worden; Doch gleichwolen/ weilen allhier von rechtswegen der Ursprung und die Ursach der Zusammen-Stimmung und Con-sonanz erfodert wird/ als soll solches kürtzlich und mit wenigem widerholet werden. Setze derowegen auß gedachten Buchs genugsamer Erweisung/ daß alle Griff und Sätz der Saitten/ gleich oder ungleich/ doch gleich-während und daurend seyen. Seyen also zum Exempel zwey gleich-dicke und gleich-gespannt/ und angezogene Saitten A B. C D. diese sag ich/ werden/ wann man sie greiffet oder schläget/ nothwendig einerley und gleich-lautenden Thon geben. Dann weilen auß besagtem Grund folget/ daß die gleich-lau-tende Saiten sich zusammen und gegen einander halten/ wie L gegen I. auch die Zeit gleich und gleich-während ist/ so muß auch nothwendig das Zittern und Beben beeder Saitten gleich-während seyn/ und zu einer Zeit geschehen; Dann beede Saitten/ und zwar A B. berühret in E. und C D. berühret in F. zu einer Zeit; Wird diese in M. die andere aber in I. als den Reflexions-Puncten/ die Lufft schlagen/ und einerley Thon verursachen/ in dem Wiederkehren aber werden sie zu einer Zeit in S. und T. die Lufft bewegen/ und gleich-lautenden Thon von sich geben/ wie zuvor auch; und also werden sie immerdar/ fort und fort gleich-lautenden Thon und Stimme von sich hören lassen/ biß die bebende Saitten das Centrum und Punctum ihrer Schwere erlangen und ruhen.

Weilen sich nun der Lufft-Schlag oder Bewegung in den Reflexions-Puncten zu ei-ner Zeit mit einander vereiniget/ und solches in allen hin- und herlauffen oder zittern; so folget/ wie gesagt/ nothwendig der gleich-lautende Thon/ als Brunn-Quell und Ur-sprung aller Consonanzien oder Zusammen-Stimmungen; daß dannenher zwey gleich-lautende Saitten gleichen und einerley Thon von sich geben; so zu erweisen gewesen.

Anderer Satz. Propositio II.

Zwey gleich-dicke Saitten/ deren eine noch so lang als die andere/ so sie geschlagen oder gegriffen werden/ geben ein Octav oder acht-maligen Un-terscheid/ werden aber zu ungleicher Zeit unter Währung sich mit einander vereinigen.

ES seyen zwey Saitten A C. und B C. deren diese gegen jener halb so lang. So sag ich/ daß die gegebene Thon der berührten Saitten nicht zu gleicher/ sondern zu ungleicher Zeit sich vereinigen werden. Dann gleichwie sich eine Saitte gegen der andern verhält/ also verhält sich gleichfalls eine Daurhafftigkeit und Währung der be-benden Saitten gegen der andern; Worauß nothwendig folget/ daß die Saitte B C. noch so geschwind ihn hin und her zittern und bewegen endiget/ als bey der Saitten A C. geschiehet.

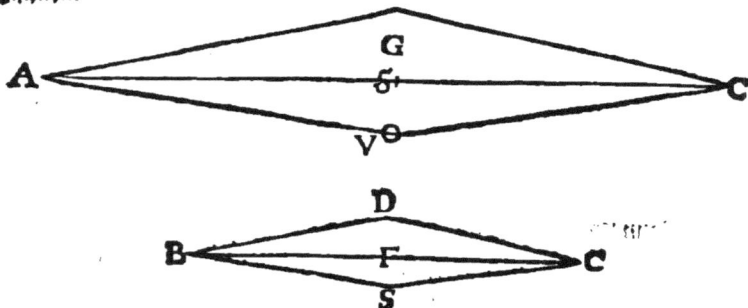

Man schlage und greiffe zwey Saitten zu einer Zeit; die Saitten A C. in G. die Sait-ten B C. in F. so wird nothwendig die Saitte A C. das gantze spatium G O einmahl durch-wandern/ indem in dessen die Saitte B C. auß F. in D. kommet/ derowegen jene in O. als dem termino und Zweck/ diese aber in D. als dem rechtenden Lauffe sich findet/ und geschiehet also keine Thon-Vereinigung; wann derowegen die Saitte B C. länget in V. so reichet die Saitte A C. zur selbigen Zeit in F. und dann geschiehet daselbst die Vereinigung beeder Saitten/ und erreichen ihren Zweck/ diese in V. iene aber in S. weilen aber die Saitte B C. doppelt ſo geſchwind bebet und laufft als die Saitte A C. ſo muß nohtwendig eine gegen der andern / in der Thon-proportion und Vergleichung / eine Octav oder 8faltig verſchieden Thon geben. Welche Octav auß Vereinigung / der von ohngleicher Zeit flieſſender Thon ent-ſtehet; welches zu beweiſen wahr: Wir wollen aber dieſes auf eine andere Weiſe vor-ſtellen.

Eine andere Erweiſung beß vorigen.

ES ſey die gröſſere oder obere Saitte S. die undere oder Octav aber G. als die kleinere under doppelt gröſſern: der Reſonanz-Lauff oder Spatium der gröſſern ſey B C. die un-dern oder kleinern aber F G. da ſich dann eine Saitte gegen der andern wird verhalten/ wie ein ſpatium gegen dem andern.

Geſetzt nun/ daß dieſe zwey Saitten miteinander und zu einer Zeit geſchlagen oder ge-rühret werden/in B. und F. ſo werden beede Saitten lauffen auß B. und F. die eine zwar auf S. die andere auf G. wann aber die kleinere oder kürtzere in G kommet / ſo hat daſelbſt ihre Bewegung ihr Endſchafft erreichet / und wird durch repercuſſion und Anſchlagung der Lufft ihren Thon geben. Die Saitte aber B C. wird indeſſen ſtill ſeyn/weiln ſie von C. dem Thon nach noch ſo weit entfernt / als ſie von B. in S. fertgewandert / doch ſo bald ſie in C. als ihrem Ende kommet/ wird ſie gleichfalls ihren Thon und Hall von ſich geben; Indeſſen aber wird die kleinere Saitte / ſo in gleicher Zeit und Weite / mit der Saitte B C. auß G in F. wann dieſe auß S. in C. lauffet/zugleich ihren Hall in F. als ihrem andern Thon-Zihl ge-ben/ wann nahmlich die Saitte B C. in C. hallet. Wird alſo hier die erſte Vereinigung der beeden Saitten-Thons geſchehen/ welche auch ſo offt ſich ereignen wird / ſo offt die zit-ternde Saitte B C. die Lufft ſchlagen wird; und weiln die kürtzere Saitte F G. zweymahl ihren Zweck und End durchlauffet/und hin und wieder fähret/biß die Saitte B C. einmahl; ſo muß nohtwendig folgen/ daß die kleinere Saitte noch ſo geſchwind die Lufft ſchlage und bewege/ als die gröſſere; und folglich auch ſchärffer und höher laute / auch wegen offtmahli-ger Vereinigung der anſchlagenden Bewegung / ſonderlich in einem groſſen Saal oder Zimmer/die Lebens-Geiſter beluſtige und gleichſam entzucke/daher auch die beſagte Luſt und Anmuthigkeit (ſo das fürnehmſte bey der Muſic iſt) in der Seelen und Gemüht erwecket wird. Derowegen auch/wann gleiche/und gleichgeſpannte Saitten/ zu gleicher und einer Zeit die Lufft ſchlagen und bewegen / ſo gibts einen gleichen und einerley Thon; welcher ſich in der muſicaliſchen Ubereinſtimmung hält / wie eines gegen der Zahl/ oder der punct gegen der Linie, kan deßwegen auch kein harmoniſcher oder einſtimmender Thon genennet werden; So iſt auch die Octav unter allem zuſammen-ſtimmenden Thon der lieblichſte / weiln die Vereinigung beß tieffen und hohen Thons/ſo da zuſammen ſtimmen/ geſchwinder und öff-ter/als in allem andern Thon geſchiehet; in dem die kleine Saitte nur einen einigen Thon hat / der mit der gröſſern nicht zuſammen-ſtimmet; da im Gegentheil bey den andern Zu-ſammen-ſtimmungen ſich mehr finden/ ſo ſich nicht vereinigen und vergleichen; und deßwe-gen auch folglich immer ſeltener und weniger ſich mit der gröſſern und längern Saitte ver-gleichen / je mehr ſie von der Octav abweichen/ welches aber in Betrachtung der Quart und Quint, mit mehrerm ſoll erwiſen werden.

Folge.

ES Aber iſt zu ſchlieſſen/daß zwey Saitten B C. und F V. ſo in gleicher Stimmung geſpan-net ſeyn/ miteinander lauten und hallen/ ſo die Saitte B C. geſchlagen oder berühret wird; wann man gleich die andere Saitte F V. nicht beweget.

Dritter Satz.   Propoſitio III.

Wann zwey gleich-dicke Saitten in die Quint geſtimmet ſeyn / werden ſich die Thon in andert-halben Zeit-Theil ſich mitenvereinigen.

MAn bilde ſich ein die unden-geſetzte Linien ſeyn die Zwerch-ſtrich oder Linien, ſo der Lauff der bewegten oder geſchlagenen Saitten mache; Es ſey zum Exempel die gröſſeſte Saitte A D. der Platz aber / oder Ort / den die bewegte oder geſchlagene Saitte durchlauffet / ſey A B C D. die kleinere Saitte ſey E F G. ſo hält gegen der andern Saitten / wie zwey gegen drey / welches die andert-halb mahlige oder ſesqui altera proportio der quint iſt / dieſe zwey Saitten bewege oder ſchlage man zu einer Zeit (dann wir reden hier nicht wie die Saitten von einem Ort oder Seiten ſich zur andern bewe-get / ſondern von dem Thon und Klang / ſo ſich in der Seiten/ von einem Ende zu dem andern

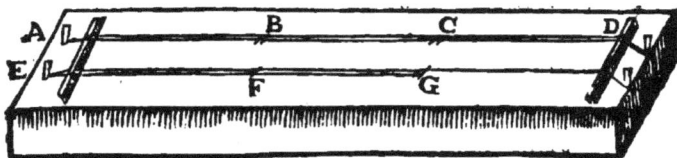

andern beweget / in welcher nach unserer Meynung / durch Anschlagung der Lufft / deß
Thon oder Hall verursachet wird / welches allhier wohl zu mercken ist) so lauffet der Hall
in beeden Saitten / auf der grossen zwar auß A. gegen D. bey der kleinern aber auß E. in
G. deßwegen so bald der Hall bey der kleinern kommet in F. wird die grosse in D. hallen/ und
kan deßwegen da keine Vereinigung deß Thons geschehen / indem der Hall der grössern in
D. langsamer geschiehet / als auf der kleinern in G. so geschiehet auch keine Vereinigung
in EF. dieweiln die Bewegung der grössern Saitten in E. das End ihrer Bewegung noch
nicht erreichet ; dieweiln nun die Bewegung der grössern Saitten auß E in A. noch so weit
zu lauffen hat / als weit die Bewegung der kleinern Saitten auß E. in G. so werden die
Bewegungen beeder Saitten in A. und G. als ihrer beeden terminis und Ende sich erst vereinigen.   Sihet man also hierauß / daß wie sich die Bewegung einer Saitten gegen der
andern hält / also auch ein Thon und Hall gegen dem andern ; weilen sich nun die Bewegung der kleinern Saitten / gegen der Bewegung / oder hin- und her-lauff der grössern
sich hält / wie drey gegen zwey / also hält sich auch der Thon und Hall der kleinern Saitten gegen der grössern / daß also allezeit der Hall oder Thon der kleinern Saitten / zwey
unterlässet / die nicht miteinander vereiniget werden / und erst in dem Thon / so auß der
dritten Bewegung entstehet / sich mit der grössern Saitten vereiniget.   Daher auch die
Thon-Vereinigung in dem höhern und undern Thon der quint / langsamer als in der octav
geschihet / und derowegen auch um etwas von der Lieblichkeit abweichet.

Vierdter Satz.   Propositio IV.

Zwey gleich-dicke Saitten lauten in der Quart / wann sie sich dem Thon nach in andert-halb Theil eines Drittels vereinigen.

ES sey erstlichen das spacium der grössern Saitten A. und lauffe in ihre Bewegung
durch A V X B C. das spacium der kleinern D F E. und verhalte sich also eine Saitte
gegen der andern / ein spacium gegen dem andern / wie 3. gegen 4. nemlich in der
proportion eines andert-halben Drittels / worinn eben die proportion der Quart bestehet ;

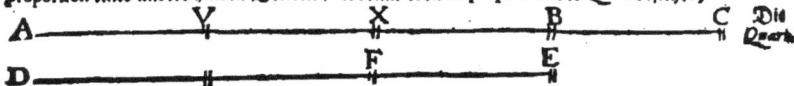

Wann derowegen beede Saitten beweget werden von ihrem Anfang A D. gegen C. und E.
so ist gewiß / daß / wann die Bewegung der kürtzern Saitten in E. kommet / wird sie am
ersten hallen / und wann sie auß E. in F. fället / so wird die Bewegung der grössern Saitten erst in C. resoniren und hallen ; Wann derowegen die kleinere Saitte in D. zuruck fället / und zum andern mal hallet / so wird die wiederkehrende Hall und Bewegung der
längern Saitten sich in X. befinden / und wann die Bewegung der kleinern in F. kommet/
wird die grosse in A. seyn / da sie auch ihr End erlangend / zum andern mal resoniren und
hallen wird.   Wann aber die kleinere auß F. in E. fortlauffet / wird sie da zum dritten mal
hallen / da indessen die Bewegung der grössern Saitten in V. fället.   Daß es also bißher
noch keine Vereinigung gibet / sodann erst geschehen wird / wann die Bewegung der
grössern Saitten auß V. in C. kommet / und die kleinere auß E. in D.   Dann / weilen sie in
gleicher Zeit diesen Terminum und Zihl ihrer Bewegung erreichen / nemlich die grosse in C.
und die kleine in D. so geschihet erst allda die Vereinigung / also / daß die kleinere Saitte
immer drey Thon übergehet / welche mit der grössern nicht vereiniget werden/ und erst die
Vereinigung auß dem Thon/ so auß der vierdten Bewegung entstehet/ geschihet.   Und
eben also muß man auch von andern zusammen-stimmenden Thon urtheilen / welche Zusammen-Stimmungen immer unvollkommener und übel-lautender seyn werden / je mehr
sie von der schlechten Octav abweichen/ und je weniger sich die Thon mit einander vereinigt/
wie in dem gleich-folgenden oder andern halben / sechsten und dergleichen Thon geschihet.
Also übergehet der andere Thon allezeit vier Stimmen oder Thon/ die sich nicht vereinigen/
und vereinigt sich erst in dem fünfften/ der halb ander Thon aber übergehet s. unvereinbah-
liche Thon/ und erst auß der sechsten Bewegung der Saitten / bringet sie den sechsten Thon
zu der grössern Saitten.   Wovon gesehen werden kan/ was in der Cordo-Sophia weitläuffig gehandelt worden.

Wann derowegen langsame und geschwinde Bewegungen/ nach Proportion über-
einkommen/und sich leichtlich vermischen/so entstehet eine liebliche Zusammenstimmung und
Consonanz; Wann sie aber ungleich/ unproportionirt/ und keine Vermischung und Ver-
mengung leyden/ so entstehet darauß ein übel-lautender/ widerwärtiger Hall oder Dissonanz.   Es werden aber die Thon sich desto ehender vermengen/ je gleicher sie einander ken-
nen/ und je näher sie dem Ursprung oder Anfang seyn.   Dannenher ist auch die zusam-

Die Oktav stimmende Oktav oder achte Thon/ unter allen Consonanzien die vollkommeste/ weilen sie
ist unter al- in der ersten/ vollkommesten/ reinesten Proportion, und nur um eines von dem Ursprung
len Zusam- unterschieden; wie die dupliren oder verdoppeln ist/ und hält sich also wie 1. gegen 2. Diese
men-Stim- Consonanz ist die nächste an Vollkommenheit/ die Quint; und verhält sich wie 2. gegen 3.
mungen die dieser folget die andert-halb gedritte/ und hält sich wie 3. gegen 4. so eine Quart gibet/ wel-
vollkomnes- che in der Music und Zusammen-Stimmung gut und vollkommen ist; in der Zahl-Rech-
ste. nung aber/ oder arithmetischer Disposition, wird sie vor unvollkommen/ und übel-lautend
gehalten/ daher auch diese Consonanz nur in gewisser Maß und Weis gut und einstim-
mend/oder zusammen-treffend zu nennen. Darzu kommet noch/daß das andert-halb Zwey-
theil/und andert-halb Drittheil zusammen-stimmend seyn/ weilen sie zusammen eine Oktav
machen; welches nicht seyn könte/ daß sie die allervollkommeste und reineste Zusammen-
Stimmung solten zuwegen bringen/ wann sie nicht gleichfalls zusammen stimmeten und
übereinkämen; Bestehet also die gantze Music, Sing-Stimm- und Thon-Kunst auß dreyerley Zusammen-Stimmungen und Consonanzien; Ist auch die gantze Music nichts anders/
als eine solche/ auß einer dreyfachen Zusammen-Stimmung bestehende Harmoni und wol-
lautender Klang; Und ist unmöglich einige Symphoni, wol-lautende Music und Harmoni
ohne dieselbige zuwegen zu bringen.

Bestehet also all:/ so wol einfache oder zusammen-gesetzte Zusammen-Stimmung
Auß dreyer- und wol-lautende Consonanz auß dreyen; Von dieser Zahl aber biß auff 6. so fallen die
ley Ein-und Thon um ihren Wol-Laut und Vollkommenheit/ als da seyn: der ander Thon/ der halb-
Zusammen- Zusammen/ander Thon/ die grosse Sext/ oder 6te Thon/ deren die erste in der andert-halb gevierdten
Stimmun- Proportion bestehet/ und hält sich wie 4. gegen 5. der andere in andert-halb gefünfften
gen beste- gen Thon oder Quint/ und hält sich wie 5. gegen 6. der dritte/ so die Terz etwas über-halb
het die gantze theilet/ und sich hält wie 3. gegen 5. und werden deswegen unvollkommene Consonanzien
Mu- genennet/ welche mit den vollkommenen alle Zusammen-Stimmung machen.
fic.

Worauß nun leichtlich zu sehen/ wie die von einer herfliessenden Zusammen-Stimmung innerhalb der sechsten Zahl/ ihre gantze Vollkommenheit erreichen/ also/ daß auß-
ser besagten Consonanzien und wol-lautenden Zusammen-Stimmungen sonsten keine zu
finden.   Wer dieses Fundament fleissig untersuchet/ wird handgreiflich finden; wie der
Allerhöchste GOtt ein Ursprung und Brunnquell aller Harmoni und Zusammen-Stimmungen sey/ auch wie die gantze Welt von Jhme herkommen/ und das sechs-tägichte Er-
schaffungs-Werck von Jhme bestellet worden.   Davon aber ist in dem 3. und 4. Buch
meiner Musurgiæ fol. 100. und 187. weitläuffiger gehandelt worden.

Und diese Consonanzien, nachdem sie auff der Music-Laitter oder Stimm-Linien gesetzet werden/ bringen auch/ und machen mancherley Thon/ halbe Thon/ und dergleichen;
Auß deren manigfaltigen Zusammen-Setzung/ nach verschidener Complexion deß Men-
schen/ auch seine Lebens-Geister und Gemüth beweget werden; dannenher auch/ wie vor
gemeldet worden/ die so manigfaltige Gemüths-Bewegungen entstehen; Sintemalen
das Menschliche Gemüth sich in der Lufft-Bewegung nicht anders verhält/ als eine Sai-
te gegen der andern/ so sie beweget/ und klingend machet; wann sie gleich nicht geschlagen
oder berühret wird; Daher/ wann unsere Lebens-Geister Saiten wären/ so würden dieselbige durch den Klang beweget/ auch einen Klang und Laut von sich geben/ welches auch
auß folgenden Kunst-Stücken ferner soll erwisen werden.

Fünffter Satz. Propositio V.
Von der Vereinigung und Widerwärtigkeit/ Sympathi und
Antipathi deß Thons.

ERstlich hat man da wol zu mercken/ daß bey einem solchen Thon dreyerley in Acht
zu nemmen/ erstlichen dasjenige/ so mit den Hallen oder Thönen und Klingen be-
weget/ und das Corpus, so beweget wird; Zum andern die Proportion oder Vergleichung der klingenden und thönenden Sachen. Drittens das hierzu geschickliche Mittel
und Weeg/ dergleichen die Lufft ist.

Furs ander hat man zu mercken/daß der Thon nicht allein durch das Mittel der Lufft
fort geführet werde; sondern wo sich auch in diesem Mittel ein tauglich und bequemes
Ding den Thon auffzufangen und zu behalten findet/ er daselbst seine Würckung habe.
Dann die Lufft/ so durch den Thon und Klang zerrissen und zertheilet worden/ suchet an
und vor sich selbsten wiederum die Vereinigung/ die Bewegung aber oder der Hall hält
sich am besten und beständigsten in einem solchen Cörper/ so sich zu seiner Fortführung schi-
cket/

set / dergleichen die gespannte Saitten seyn. Schliesse dannenhero / daß eine berührte
oder geschlagene Saitte eine andere unberührte aber gespannete auch klingend mache/ we- Wie eine be-
gen der grossen Gleichheit und Proportion,so sie zusammen haben; indem die Vergleichung rührteSait-
und Proportion, so der Gleichheit nachahmet / der gantzen Bewegung Grund und Unter- te eine unbe-
haltung ist. rührte klin-

Darnach auch wegen der bewegten Lufft ; dann weilen auff die Bewegung deß Thons gend mache.
auch die Lufft beweget wird/ dieselbige aber die Proportion eines Thons gegen dem andern/
als wie einer bewegten Lufft gegen der andern hält / wie in vorgehendem gewisen worden/
so geschihets / daß der von dem Thon bewegte Lufft auff das jenige anfällt / so den Thon
zu führen oder zu halten fähig und tauglich ist/ eben auff die Art und Weise/ nach welcher
der Lufft auch von dem ersten Thon getriben worden/ daß also beedes die Lufft und der
Thon/nach ihrer Art und innwohnenden Natur/die Vereinigung und Fortführung suchen.

Eben daher beweget eine gespannte berührte Saitte eine gleich-gespannte unberührte
oder ein anders Musicalisches und klingendes Corpus oder Instrument, als eine dem Thon
nach gleich-lautende Saitten / darum / daß die beederseits gleich-bewegte Lufft auff das
Corpus fället/ so den andern an Art und Grösse gleich / von welchem es beweget worden.
Daher auch dieses / so schon darzu disponiret , und die Vollkommenheit oder sein Beliebung verlanget / auch durch die anschlagende und gleichsam küßlende Lufft getriben wird ;
Die Saitte aber / so in der Octav lautet / ob sie schon nicht beweget wird / wird sie doch
von der in der untern Octav getriben und beweget / um der grossen Gleichheit und Proportion willen / so sie zur selbigen hat ; Dann nach einhälliger Meinung und Urtheil der Gelehrten / so wird die obere Octav von der untern unterschieden / allein wegen der Schärffe
und Höhe / und wird also nur einerley gehalten / Ja der Art und Eigenschafft nach/ so
wird sie in der untern/ als das scharffe und hohe in dem tieffen und nidrigen (wie Aristo-
teles bezeuget)enthalten / und ist nichts anders / als eine höhere und schärffere Widerho-
lung der nidern Stimm ; Dannenher / wann die Weibs-Bilder mit den Männern/ oder
die junge Knaben/ wie auch Verschnittene mit den Alten und Erwachsenen singen / so hal- Warum Alten sie gemeiniglich mit einander die Octav. Ja auch die Glocken und andere klingende In- te und Jun-
strumenta, halten in der Octav / so mit der undern gleichsam vermenget ist; welches nicht ge/ wann sie
geschehen wurde / wann nicht die grosse Gleichheit und proportion sich funde. mit einander

Dieweilen nun der aussere Lufft sich gegen dem innern Saitten-Lufft / als wie eine ge- singe/ in der
spannte Saitte gegen der andern verhält / die Saitte aber / so in der Octav lautet/ der Octav von
gedoppelten proportion ist/ so geschihet es /daß die Lufft nach dieser Gleichheit und propor- einander un-
tion auch den innern Lufft deß Gehörs oder in dem Ohr treibe und bewege. terschiden

Daß also die Music das Gemüth auff Stille habt.
Daß also die Music das Gemüth auff
mancherley und verschidene Affecten und Neigungen ziehe und bringe / Dann sie hat die
Krafft und Macht das Gehör zu bewegen/ entweder mit angenehm- und beliebiger Belu-
stigung / oder mit mitleydender Erbarmung / oder auff andere Weise / nach Veränderung deß Thons und anderen Luffts/ so mit einer oder anderer proportion das Gehör
beweget ; Dann weilen die Lufft auff diese oder andere Weis getriben und beweget wird/ Die Lebens-
oder durch deß Menschen Athem geblasen / so beweget sie auch den Lufft oder Geist nach Geister in de
deß Thons Veränderung / und werden mancherley Gemüths-Bewegung- und Würckung in Hertzen werden Thieren erwecket / nach dem auff ein oder andere Weise durch die bewegte Lufft auch de durch den
der Geist und innerliche Lufft deß Thieres beweget wird. Thon unnd

Dann weilen die Residenz und Sitz deß Geistes ist / so empfahen und füh- Stimm be-
ren diese Lebens-Geister den zitterenden und springenden Lufft in die Brust / und kommen weget.
also mit dem geführten Thon überein ; Diesen folgen so dann die Geisterlein in den andern
Gliedmassen/ und bewegen die Musculos oder so genannte Fleisch-Mäuse / oder halten selbige ein/ nachdem die Bewegung der Thon starck und geschwind / oder aber langsam und
gemach/gelind und gleichsam die Ruhe suchend/ nicht anderst als in den Saitten geschihet/
da/ wie vermeldet worden / ein berührt und geschlagene / eine gleich-gespannte und doch
unberührte klingend und hallend machet.

Dann die Geister / so in dem Hertzen sich auffhalten / werden nach der Bewegung
deß äusserlichen Thons beweget/ und zwar um so viel leichter und ehender als die Saitten/
je grösser die Vergleichung ist/ und je mehr sie mit einander übereinkommen / daher auch
ein um Sorgen abgemattetes und gleichsam welckes Gemüth/ sich wiederum erholet und
erfrischet wird ; Wann der aussere Lufft darzu kommet ; ein hitzig- und hohes aber wird
inngehalten/und gleichsam eben auff diese Weise wieder herab gezogen.

Und daher ist die Ursach abzunemmen/ warum die Menschen/ wann sie andere singen hören / so gerne mit singen oder mit sumsen/ wann sie auch schon was anders thun ;
Warum wann einer schreyet / auch andere nachschreyen; auch wann in einer Schlacht
oder grossen Versamlung einer kläglich schreyet oder beherzt ruffet / andere es auch so balden nachthun. Es soll aber diese durch den aussern Lufft gewürckte Bewegung der Lebens-
Geister durch folgendes Kunst-Stücke ferner dargethan werden.

N iij

Musica-

Musicalisches erstes Kunst-Stück.
Experimentum I.

MAn nemme ein Trinck-Glaß / nach beliebiger Grösse / und fülle daßelbige mit hell- und klarem Wasser / darnach fahre man mit dem genetzten Zeiger- oder Mittel-Finger sanfft oben auff deß Glases Rand oder Ranfft herum / so wird man einen artlichen Thon und Klang / als von einem klingenden Metall hören / dardurch das bewegte Wasser also gekräuselt und wallend gemachet wird / als obs von einem starcken Wind getriben wurde; Macht man das Glaß halb voll / so höret man zwar einen Thon / aber noch so scharff und hoch / als den vorigen / also / daß dieser Thon gegen dem andern eine völlige Octav gibet / und wird man folglich auch eine geschwindere Kräuse und Bewegung an dem Wasser sehen.

Wann man nun dieses Glaß in fünff Theil abtheilet / und darvon drey Theil anfüllet / die zwey aber lähr lasset / so resonirt es eine Quint, und ist die Kräuse oder Wellen deß Wassers etwas langsamer ; Theilet man dann das Glaß ab in siben Theil / und füllet darvon die vier / daß drey lähr bleiben / so gibts einen andern Thon / und geschicht abermal die krause Bewegung deß Wassers langsamer. Worauß klar erhellet / daß eben auff solche Weise unsere Lebens-Geister und Humor, so in dem Hertzen / als aller Gemüths-Bewegungen Werckstatt / ihren Platz und Stelle haben /auch getriben und beweget werden.

Warum wir durch einen grossen Hall erschrecket werden.

Daher geschihets / wann wir einen gar starcken Laut oder Hall / als entweder einen harten Donner-knall / oder Loßbrennung eines grossen Feldstücks hören / wir uns sehr darüber entsetzen und erschrecken / dieweiln die Lebens-Geister einen gar ungleichen und zu dem Thon inproportionirten Schall / Anschlag und Trib empfinden / woher dann Schrecken und Forcht entstehet. Eben auß dieser Ursach ist es auch uns unerträglich und widerwärtig zu hören / wann einer mit einem Messer / Stein / oder Eisen schabet. und schneidet / weiln dieses mit seiner Räuhe und Gröbe die zu dem Bauch und Hirn

Wie die unvernünfftige Thier durch die Music erlustiget werden.

reichende musculos oder Fleisch-Mäuse beschwehret und selbigen weh thut. Welches alles in den Thieren sich findet / dern viel seyn / so durch Gesang und Music belustiget und besänfftiget werden / welches nicht geschehen köndte / wann die musicalische Würkung und Krafft von der vernünfftigen Seele herkäme / und unmittelbahrer Weis allein daher rührete / Jedoch wird der Mensch ohnbeschreiblich mehr durch die Music beweget / als die ohnvernünfftige Thiere / weiln Er die Thon- und Gesang-Arten viel besser begreiffet und verstehet.

Anderes Kunst-Stück.
Experiment. II.

MAn ziehe und spanne über eine glatte und hohle Tafel oder instrument 9. Gedärm-Saitten / in der Ordnung / wie nachstehende Figur weiset. Die zwey erste Saitten A F. sollen an Grösse und Art einerley seyn / das ist in einerley Thon gestimmet / die andere aber stimme man von Thon zu Thon / oder von einem Thon zu dem andern / wie in der Figur zu sehen.

Eine Saitte kan eine andere abgesonderte bewegt und thonend machen.

Wann man nun die erste Saitten F. schläget oder streichet / so wird sie alle andere gleich-gestimmte und gespannte Saitten lautend und thönend machen / wann sie gleich nicht berühret werden / doch mit dem Unterscheid / daß die jenige Saitte / so der ersten am nächsten mehr und lauter hallet als die andere / auch mercklicher sich bewege ; Wird derowegen erstlichen die Bewegung der unberührten Saitten / nach dem Hall der ersten am stärckesten gefühlet werden ; Wird auch die Octav A. antreiben und hallend machen / aber etwas schwächer als die vorige / als so um etwas weniger von dem gleich-lautenden Thon abweichet ; Dann so man ein leichtes Federlein darauff leget / wird man ein Zittern und Bewegen der Saitten / wiewol gar schlecht spühren / so bißhero meines Wissens schwerlich von andern observiret worden / indem die meiste bißhero darfür gehalten / daß nur die höchste und tieffeste Saitte in einer Octav unberühret/ auff den Klang und Hall einer andern gleich-lautenden beweget / und thönend gemachet werden ; Allein hat mich die Erfahrung bißhero gantz ein anders gelehret ; sintemalen ich befunden / daß alle gleich-lautende Saitten / auff Bewegung der ersten oder höchsten / auch bewegend und thönend gemachet werden / aber wie gesaget / je näher sie derselbigen seyn / je stärcker und heller werden sie auch lauten und hallen. Die aber eines andern und widrigen Thons sind / werden unbeweglich verbleiben / und hiermit durchauß keine Gemeinschafft haben.

Uber

Uber das / so bewegen nicht allein die gleich-gestimt- und gespannte Saitten einander / sondern auch die Pfeiffen / Trompeten und Posaunen / machen die gleich-lautende Saitten hallend; Welches desto wahrscheinlicher und glaubwürdiger zu machen/will ich hier erzehlen / was mir weyland zu Meyntz begegnet; Als ich daselbst in gewissen Geschäfften und Verrichtungen auff einem von der Kirchen abgesonderten Music-Chor und Platz an einem hohen Fest mich befunden / da habe eine grosse Lauthe oder Tiorbe (welche ein Musicus, zuvor der Orgel gleich und gantz Chormässig gestimmet / an die Wand dieses Orths auffgehangen) daselbst gefunden / welche gantz unberührt / und von niemand geschlagen / von sich selbst durch eine geheime Bewegung unterweilen und per intervalla gelautet / und einen Resonantz von sich gegeben / weilen nun mir dieses wunderlich vorgekommen/ und ich deßwegen/ die eigentliche Beschaffenheit dieses Thons zu erfahren/ näher hinzu getretten / hab ich befunden / so bald der Organist auff der Orgel die gleich- lautende Pfeiffen geschlagen / Die Lauthe auch so bald mit den gleich-gestimten Saitten beweget / und hallend gemachet worden/ nicht andersi/als wann sie wären mit Fleiß geschlagen worden / welche zusammen-stimmende Freundschafft und Harmonische Vereinigung ich nachgehends vielen mit ihrer höchsten Verwunderung also vorgestellet.

Ich hab nachgehends dergleichen an andern Orthen zwar auch werckstellig zu machen versuchet / aber eine solche disposition und Gelegenheit deß Orths/ diesem/ so mehr von ungefehr / als durch die Kunst sich ereignet / nirgends antreffen können/ und darauff abgenommen; daß zu solchem Music-Wunder oder Wunder-Music/ erstlich eine vollkommene Gleich-Stimmung der Pfeiffen und Saitten/ wie auch eine gewisse und übereinkommende Weite oder Distanz der Pfeiffen und Saitten / neben einer sonderbahren/ den Thon fortführenden Disposition deß Gemäurs und Wände/ nothwendig erfordert werde. Von deren Zubereitung aber / weilen es hieher eigentlich nicht gehöret/ vielleicht anderswo (so GOtt will) soll gehandelt werden.

(margin) Ein wunderlicher saiten mit dem Sympathischen Thon.

Drittes Kunst = Werck.

Experiment. III.

Man nemme 5. gleich-groß und weite Gläser / und stelle sie in der beygesetzten Figur vorgestellter Ordnung ; Eines fülle man mit Aqua-vit oder Brandtenwein / das andere mit gutem und purem Wein / das dritte mit einem subtilen Wasser / das vierdte mit einem dicken Meer- oder See-Wasser / oder auch mit Oel/ das mittlere aber mit gemeinem Wasser; Nach diesem/ so netze man ein einen Finger-Spitz / und fahre auff dem Glaß-Rand so lang herum / biß man den Klang/ wie in dem ersten Kunst-Werck oder Experiment gewisen worden/ zuwegen bringet.

Da wird

Da wird man sehen / wie der schärffeste Thon / nicht ohne Verwunderung der Zuseher alle übrige humores und Feuchtigkeiten bewegen wird / und zwar desto stärcker / je dünner und subtiler ein humor oder Feuchtigkeit gegen der andern ist.

Der Thon und Hall bewegen auch die verschiedene humores auff verschiedene Weise.

Dannenher wird das Aqua-vit oder Brandtenwein / so einer feurigen oder Cholerischen Art ist / am aller-häfftigsten in dem Glaß sich bewegen; Der Wein aber / so die Lufft præsentiret / und Sanguinischer Complexion, wird sich in mittelmässiger Bewegung finden; Das subtile Wasser aber / so Phlegmatischer Art ist / wird vor andern eine langsum und stille Bewegung verursachen; Das in dem Glaß enthaltene dicke Wasser aber wird wegen seiner irrdischen Complexion kaum etwas Bewegung spühren lassen.

Nicht anderst muß man von der Musicalischen Bewegung unserer Gemüther urtheilen. Wann derowegen die Lebens Geister subtil und warm seyn / so wird die Music stolze / hohe / freche und gäh-zornige Bewegung würcken; Seyn sie aber noch subtiler / und einer mässigen Art / wird die Music zur Freud / Liebe / Lust / wollüstigen und Venerischen Neigungen antreiben; Seyn die Lebens-Geister und Geblüt dicke / so beweget die Music zum Weynen / Religions-Andacht / Zucht und Eingezogenheit / auch andern ernstlichen Affecten; Ist dann das Geblüt gantz dick und grob / wie in Betrübten / Geängstigten und Traurigen / so wird die Music fast gar keine Bewegung würcken / daß also die Music in Leyb und Traurigkeit gantz ungereimt und unbequem ankommet.

Auß welchem Experiment auch erhället / wie einerley Thon in verschiedenen Menschen von mancherley Complexionen / auch verschiedene Würckung habe; Dann anderst wird beweget der Cholerische / anderst der Sanguinische oder Frisch-Blut-reiche / anderst der Phlegmatische oder Verschleimte; Welches alles auß diesem einigen Experiment, so deutlich und klar erhellet / daß es die Musicalische bewegende Würckung bey nahem unwiderspechlich erweiset / so auch in gleichem / und gleich gestimten Saitten / ob sie wol theils von Gedärm / theils aber von Messing oder Stahel gemachet / sich findet / dann gleichwie die Schwere eines Metalles sich gegen dem andern verhält / so hält sich auch eine Saitte gegen der andern / und ein Thon gegen dem andern.

Verschiedene Kunst-Wercke.

Es gibt manchmal bey dem bewegenden Wasser / sonderlich / wann die Bewegung auffhören will / eine solche Hefftigkeit / daß offtmal gar das Glaß zerspringet; Es ist unlängst in Niderland ein Wercklein im Druck außgangen / dessen Titul: De Ventricosæ Ampullæ vitreæ ruptura, sono vocis causata, dessen Erfinder und Author ein Amsterdammischer Glaß-Künstler / und solches Experiment erweiset er; Wann er durch den Klang des bauchten Glases Thon und Stimm erstlichen suchet / darnach durch das Loch solche Stimm oder gleichen Thon in das Glaß einstimmet oder einfasset / und zwar also / daß er nach deß Glases Thon etwas über eine Octav die Stimm erhöhet / das ist / die den

Musicis

Musicis bekandte und in der Octav bestehende Harmoni gebrauchet/ so ein doppelte proportion in sich hält; worauf alsobalden das Glaß zerspringe.   Die Ursach dieses Dinges hat
mit grosser Müh und Sorgfalt unberfuchet/ und den Grund zuerfahren sich äufferst be-
mühet/der hochgelehrte Mann Daniel Georgius Morhosius, in obgedachtem Wercklein/ es
wird aber noch um die eigentliche Ursach gestritten; indem zwar viel sich daran gemachet/
und einen Versuch gethan/aber doch/was sie gesuchet/nicht gefunden.   Dahero Johannes
Jansonius, von dieser neü-ohnbekandten Sach angetrieben/das Wercklein mir überschickt/
und die Ursach dieser wunderbahren und geheimen Würckung von mir zu wissen verlanget.
Allein weiln mir der Zeit/ die eigentliche grösse und weite deß Glases/ wie auch andere Umstände unbekandt ; als hab Ich auch in einer solchen subtilen schwehr- und geheimen Sach
mein Urtheil und Meinung nicht also ungegründet geben können noch wollen/ biß Ich von
der gantzen operation einen gewissen und bessern Bericht werde eingezogen haben ; dann
daß die einige Octav und deroselben Thon diese Würckung solle haben und verrichten/ wolt
Ich nicht gerne sagen oder zulassen.   Muß derowegen noch eine andere und sonderbahre
Ursach dieser wunderbahren Würckung hierunter verborgen stecken.   Ich weiß und habe
selbsten / mancherley experimenta, ein Glaß mit und durch den blossen Thon zuzersprengen
und zubrechen ; und ist bewust/ daß durch starcke Donner-schläge mancheremahl alte Fenster zerspringen/ wie auch durch Lösung grosser/ und in der nähe sich befindender Stücke.
Weiln aber dieses bekandter ist/als daß mans weitläuffig außzuführen Ursach hat/ so wollen wir nun zu anderen Sachen schreitten.

Es ist vor wenig Jahren ein invention auffkommen / ein Glaß mit einem gewissen
Wasser also zubereiten / daß wann ein kleines Stücklein an dem End desselbigen springet/
das gantze Glaß in das reineste und kleinste Pulfer dardurch verwandelt wird ; dessen Ursach / in Mundo subterraneo , de arte vitriaria angezeiget worden.   Wann man derowegen
auß dieser materia ein bauchtes Glaß solte blasen und machen/ so ist kein Zweiffel / daß/
wann man ein wenig starck in solches wurde schreyen oder hallen/ es alsobalden zerspringen würde.   Eben dieses wurde auch geschehen / wann man an deß Glases Seiten mit einem Diamant ein kleines Rißlein wurde machen ; und desswegen noch viel ehender/ wann
die warm und feuchte Stimme einsumset/ muß das Glaß zerspringen.   Dieses aber soll
zu bequemerer Zeit weitläuffiger außgeführt werden.

Andere Abtheilung.
Heylsame Stimm- und Thon-Kunst.
Oder
Wie man durch die Music die verwirrte Gemüther und mancherley
Kranckheiten heylen könne.

Cap. I.
Von den Ursachen der wunder-heylsamen Music.

ES werden von verschiedenen Leuthen auch verschiedene Ursachen dieser wunderba-
ren Music-Cur vorgebracht.   Die Cabalisten schreiben ihrer Gewonheit nach/
hier alles denen Sephirotischen oder Saphyrnen und himlischen Röhren und Abley-
tungen/ durch welche die Himlisch- und Göttliche Krafft in die Creaturen dieser Welt
einfliesse/ zu.   Die Art und Weise aber / wie dieses geschehe/ und ihrem Vorgeben nach
gewürcket werde/ ist in unserm Oedipo Ægyptiaco, tractatu de explicatione arboris 10. Se-
phirot, angezeiget worden;   Die Platonici messen ihrer gewohnten Weise nach/ solches
Wunder-Werck und deren Ursachen/der Welt-Seel und deroselben verborgenen harmonischen und zusammen-stimmenden Verknüpffungen und Zusammen-fügung bey/ so sie
Colchodeam nennen; die Stern-Gelährte und Schmeltz-Künstler oder Alchimisten/suchen
die Ursachen bey den ein- und abflüssen deß Gestirns und obern Körper ; deren Ursachen
und Gründe miteinander in nieiner Astrologia Consoni und Dissoni, oder in Musica mun-
dana untersuchet und examiniret worden/wohin der Leser hiermit gewiesen wird.

Es wundert mich aber sehr/ daß solch klug- und gelährte Leute/ mit Hindansetzung
natürlicher Ursachen/ auf solche ungereimte und aller Vernunfft zuwider lauffende Meinungen fallen/ und kommen solche mir eben vor/ als die Jenige/ welche ihren grössern
Reichthum und Vermögen zu Hause verlassen/ und biß in Indien andere und mehrmahlen
geringere zu hohlen/ mit ohnzahlbaren Gefahren und Beschwehrlichkeiten sich begeben.

Die Caball-
sten schreiben
ihren
Himlischen
ab- und eins
flüssen zu.
Die Plato-
nici schreib
die ungeme-
ne Würcun-
gen der Welt
Seel zu.
Die Stern-
Propheten
und Alchi-
misten/inesse
sen es dem
Einfluß deß
Gestirns
bey.

G   Eh

Eh wir aber jeglicher solcher Würckung besondere Ursachen beybringen / wollen wir zuvor / unserer Gewohnheit nach / eines und anderes / unsere Meinung desto besser zu gründen und zu besteiffen / vorhersetzen / und gültig machen.

Setze derowegen Erstlichen als ohnfehlbar; daß nicht allein die äusser- sondern auch innerliche Lufft / so bey einem jeglichen Dinge sich findet / nach Art und Weiß deß Thons sich bewege; also / daß wann der Thon oder Stimm in doppelter proportion oder Vergleichung / auch solche proportion dem Lufft einbringe / wann die Stimm in dreyfacher proportion eine dreyfache / wann sie in vierfacher / eine vierfache proportion dem Lufft imprimire / wie auch von andern weiter zu schliessen; Und gleichwie die sichtbarliche Dinge von dem Gegen-stand in keglichter Art / oder conicè außgehen / wie auch im Mittel aber oder in der Lufft nicht gespühret werden / als wann sie im Werck selbsten von dem Gesichts-organo und der Gesichts-Krafft auff- und angenommen werden / unangesehen die Arten aller sichtbarlichen Dinge / in der Lufft unvermenget und unvermischet (wie in dem tractat

Wie man die hallende Lufft sich einzubilden / und zu verstehen habe.

Artis Lucis & Umbræ weitläuffig bewiesen worden) verbleiben. Dann die Lufft ist beständig angefüllet mit unendlich vielen Bildern allerhand Gegen-stände / Arten und Gestalten; Derowegen wie sichtbarliche Gestalten in der Lufft verbleiben / also auch die Gehör-species, oder was zu Gehör fället.

Die Dinge so ins Gehör fallen / richten sich nach den sichtbarlichen Sachen.

Nur mit diesem Unterscheid / daß jene beständig bleiben / diese aber durchwandern und fortgeführet werden / also / daß wann die harmonische und lautende Bewegung deß Luffts von uns sönte empfindtlich gefühlet werden / würden wir einerley harmoni und Stimmung in einem jeglichen Theil der Lufft hören / so von den Musicis gespihlet und vorgebracht wird.

Zum andern setz ich als gewiß; daß man diese musicalische Wunder-cur auff dreyerley Weise zu betrachten habe; Erstlich übernatürlich; Zum andern / als ein Werck und Kunst deß bösen Geistes; Und drittens / als ein natürliches Werck. Zu der ersten Art gehören alle die jenige Curen und Heylungen / bey welchen ein augenscheinliches und unwiderspechliches Wunder-werck ist. Also hat unser liebste Erlöser Christus den Lazarum mit seiner Allmächtigen Stimm von den Todten erwecket / auch dem Tauben / als Er mit lauter Stimm das Wort Ephata in seine Ohren geruffen / das Gehör gegeben / und gehören hieher dergleichen Wunder-geschichten / die wir theils in heiliger Schrifft / als auch in den alten Kirchen-historien lesen. Zum andern ist gewiß / daß immerzu solche musicalische Wunder-curen auch durch Hülff deß bösen Geistes / und mit ihme getroffenes Verbündtnuß / geschehen. Dann gleichwie die Zauberer durch ihren mit dem Teufel gemachten Bund ein jeglich beliebendes Zeichen geben und setzen können / nach welchem oder mit welchem der Sathan seine würckende Heylung zu Werck setzen kan ; also kan er die Music, oder ein jeglich musicalisches Instrument zu solch-seiner Würckung gebrauchen / und durch solche Kunst und Hülff können die Rosen-Creutz-Brüder / wie man sagt / mancherley auch wol an sich selbst unheylsame Krankheiten curiren.

Wunder-cur durch die Music geschicht / gar offtgemachten auch durch Würckung deß Teufels / nachdem mit ihme getroffenen Bund.

Drittens ist die natürliche Music-cur, worvon theils bereits gemeldet worden / theils noch fernere Meldung solle geschehen. Wie wir dann auch allein von dieser Krafft und Würckung an diesem Orth zu handlen uns vorgenommen haben.

Zum dritten setz ich / daß unser gantzer Leib durch-wehend oder durchluftet seye / und daß die Spaan- und Sehn-Ader / wie auch die so genannte Fleisch-Mäuse oder Musculi, von dem äusserlichen Thon oder Hall / eben die impression und Fühlung haben / welche die auff leichtem und resonirendem Holtz auffgespannte Saitten empfinden. Gleichwie nun diese nicht allein durch den äusserlichen proportionirten Lufft-Thon und Hall / sondern auch den innerlichen bewegt werden / also werden auch die Spaan- abern und Musculi durch den eingepflantzten Geist / Wind oder Lufft / so dieser bewegenden Krafft gleichsam Anführer ist / getriben und beweget ; Wann dann die Seel solch proportionirte und vergleichende Art empfindet / so müssen nothwendig so mancherley Aenderungen der Freude / Fraurigkeit und dergleichen / folgen.

Die Nerven und musculi in dem menschlichen Leibe / werden wie die Saitten eines Instruments durch die Music bewegt.

Viertens setz ich / daß nicht alle Krankheiten / sondern allein die von der schwartzen und gelben Gall entstehen / durch solch: Music-cur können geheylet werden. Dann das hitzige Fieber / Schlag-fluß / fallende Kranckheit / Podagra, Zipperle / und andere dergleichen schwere Krankheiten / also auch / wo ein Leibs- und Lebens-glied verderbet ist / auff solche Weise heylen / halt ich für unmöglich.

Fünfftens setz ich / daß der Musicant die Natur und complexion dessen / den er curiren will / nothwendig wol und gantz eigentlich wissen muß. Wie man dann auch den Orth / Zeit / Gelegenheit / und andere Umstände / als ohne welche man zu dem begehrten Zihl nicht kommen kan / wol in acht muß nemmen.

Nach diesen nothwendigen Vorsätzen / wollen wir jetzo die musicalische Wunder-cur etlicher Krankheiten undersuchen und examiniren; damit / was von selbiger zu urtheilen / der Kunst- und Wissenschafft-begierige Leser erkennen möge.

Cap. II.

Wie David mit ſeinem Harpffen-ſchlagen den böſen Geiſt von dem König Saul vertreiben.

Dieſe Frage deſto beſſer aufzulöſen/ wollen wir erſtlichen die Wort der heil. Schrifft beyſetzen/ leſen wir derotwegen im 1. Buch Samuelis, oder 1. Buch der Könige cap. XVI, 23. Wann nun der Geiſt GOttes über Saul kam/ nahm David die Harpffe/ und ſpihlet mit ſeiner Hand/ ſo erquicket ſich Saul, und war beſſer mit ihm/ und der böſe Geiſt wich von ihm.

Erweiſen alſo die Wort deß heil. Textes/ daß durch die Muſic der böſe Geiſt ſey abgetrieben worden; wie aber/ und auf was Weis dieſes geſchehen/ davon gibt es mancherley Meynungen.

Die Rabbinen ſagen: David habe ein zehen-ſaittige Harpffen oder Inſtrument gehabt/ nach der Art und auf die Weiſe deß Cabeliſtiſchen Sephirotiſchen Baums gemachet/ ſo die zehen Göttliche Kräfften und Würckungen dem Einfluß nach in ſich gehabt/ und gleichſam als durch die Früchten derſelben/ ſey dieſe Würckung geſchehen; Dann ſie ſagen: David habe gute Wiſſenſchafft von dem Geſtirn gehabt/ nach welchem man die Muſic einrichten müſſen/ daß dardurch die Wuht und Gemüths-Unruhe leichtlich vertriben worden/ und es beſſer um den König ſtunde/ wie R. Aben Ezra, in Micra Haggadolah redet. Graf Picus de Mirandula in ſeiner 7. und 8. Theſi Mathematica ſaget: Die Muſic bewege die Geiſter/ daß ſie der Seelen dienen/ gleichwie die Artzney dieſelbige regieret und treibet/ daß ſie den Leib reguliren; ſo curire auch die Muſic den Leib durch die Seel/ gleichwie die Artzney die Seele curiret durch Mittel deß Leibes; auß welchem zwar leichtlich zu ſchlieſſen/ auf was Weis David den unruhigen und wütenden Saul curiret/ und leichtlich in beſſern Stand gebracht; Wer ſolte dann daher nicht auch ſehen und abnemmen/ daß es ein lieerliche Einbildung und Gedicht ſey/ was Aben Ezra vorgegeben? Dann David nicht auf das Geſtirn und deſſen Einflüſſe Achtung gegeben/ wann er die Wuht und Unruh Sauls ſtillen wolte; ſondern ſo offt dieſer Affect den Saul ankommen/ ſo offt ſpihlete er auf ſeinem muſicaliſchen Inſtrument, es möchte gleich an dem Himmel und bey dem Geſtirn ein oder anderer Aſpect und Conjunction ſeyn.

Dannenher ſetzen wir all ſolche Meynungen beyſeit/ und ſagen: daß David den Saul von ſeiner melancholiſchen Wuht und Unruh/ davon er gute und genaue Wiſſenſchafft hatte/ und auch nachgehends von dem böſen Geiſt befreyet habe/ nicht mit Kräutern/ Getränck/ Säfften/ Pillulen/ oder andern melancholi-vertreibenden Artzneyen; ſondern bloß allein durch die muſicaliſche Krafft und Würckung/ Und darmit wir die Sach deſto beſſer und bälder erweiſen; ſo iſt wol zu mercken/ daß die jenige Sachen die Wuht und Gemüths-Unruh am beſten curiren/ welche die Lufft-Löcher aufthun/ die Dämpffe vertreiben/ die Verſtopffung auflöſen/ das Hertz erfriſchen/ und dergleichen Krafft und Tugenden haben/ Nun aber kan die Muſic und harmoniſche Zuſammen-Stimmung dieſes zuwegen bringen; Dann weilen die Muſic auß dem Thon beſtehet/ ſo durch Bewegung der Lufft geſchiehet/ und man die jenige Thon und Stimmen gebrauchet/ ſo deß unruhigen Geiſtes lufftiges Lebens-Weſen beweget/ ſo werden dieſe Lebens-Geiſter/ ſo durch die Bewegung nach dem dritten Vorſatz hitziger und ſchneller gemachet werden/ auch endlichen allen melancholiſchen und unruhigen humor und Sinn verjagen und vertreiben.

Wann man aber lieber will/ daß man dieſe Geiſter etwas nachlaſſe/ ruhiger und ſtiller mache/ daß ſie die zwey Hirn-Häutlein nicht zu ſehr verletzen und reiſſen/ ſo muß man darzu langſame Thon/ und kurtze intervalla gebrauchen/ daß auf ſolche langſame Thon-Bewegung ſolche Geiſter/ und ſcharffe Dämpffe/ welche auß dem Magen/ Miltz und Seiten oder Weiche in das Hirn ſteigen/ langſamer und ruhiger gemachet/ auch den Menſchen in Ruhe laſſen. Hat derowegen David den Saul auf zweyerley Weiſe ſtillen und ruhig machen können. Erſtlichen durch Bewegung der Lebens-Geiſter Sauls und deſſen aufſteigender Dämpffe/ nahmlich ſelbige alſo zu erwärmen und dünn zu machen/ daß die böſe melancholiſche Feuchtigkeit auß denen Gehirn-Zellen außgetriben/ oder in die dünne flieende Lufft diſſolviret worden/ welche durch unempfindliches Auß-hauchen und Schweiß durch die Lufft-löcher vergangen und außgefahren; Zum andern/ wann gleich ſolche Geiſter die melancholiſche Feuchtigkeit hinder ſich gelaſſen/ ſo hat ſelbige doch keine Krafft und Würckung gehabt/ biß zu dieſer Geiſter Wiederkunfft/ dann ſolche Feuchtigkeit iſt an ſich ſelbſt irrdiſch/ und ohne Leben und Action, wann ſie nicht durch die Lebens-Geiſter beweget/ und hin und her geführet und gezogen worden/ Wann aber haben ſie dieſelbige hinderlaſſen/ wann ſie/ ſo zu reden/ mit vollem Lauff den Ohren/ die angenehme Muſic und Harmoni zu hören zugerennet; So lang derowegen die Muſic gewehret/ ſo lang hat auch die Wuht aufgehöret/ wann aber die Muſic ein End hatte/ ſeye ſie zwar wieder kommen/ aber etwas leichters und ring-fertigers worden/ und haben die Melancholi auf eine Zeit lang vertreiben/ ringern/ lindern/ und vielleicht auch ein Theil dieſes melancholiſchen hu-

Die Rabbinen lehren/ David habe durch Würckung ſeines zehen-ſaittigen Inſtruments den Saul geholffen.

Rabbi Aben Ezra bringt Aſtrologiſches Geſchwätz das bey die Das biblliſche Cor an Saul zu erweiſen.

Durch was die Melancholiſche Feuchtigkeit zertheilet werde.

Auf was Art David den König Saul mit der Muſic curirt.

humors in einen bessern und sittsamern Dampff und Gemüths=Würckung verwandlen können.

Worauß augenscheinlich zu ersehen / daß diese Wunder=würckung nicht durch einen ungefehren Harpffen= oder musicalischen Instrument=Thon / sondern auß sonderbahrer Wissenschafft und Music=Kunst Davids hergekommen; dann weilen David eines subtilen und scharff=sinnigen Kopffs / darzu noch deß Königs Waffen=Träger gewesen / so stäts um Ihn war / so hat Er auß täglicher Gewonheit das Gemüth / Zuneigung / Gemüths=Bewegung / und andere seine Affecten / von welchen Er getriben worden / gar wohl und eigentlich gewust. Dannenher Er auch nicht so wohl von sich selbst / als auß Göttlicher Regung angetriben / seine Harpffen oder musicalisches Instrument zur Hand genommen. Dann wie in dem Buch Schilte Gilborni gemeldet wird / so soll David auf 36. musicalischen Instrumenten haben spihlen können / und wie in Music Hebræorum instrumentali gesaget worden / wuste Er auch diese Music gar wohl und tauglich nach dem Kopf und Gemüth deß Königes einzurichten; Vielleicht hat Er auch angenemme wohl=lautende Lieder darzu gesungen / oder mit künstlichen Music=Springen belustiget / biß Er seinen Zweck und Intention erreichet. Dann Saul so wohl durch den lieblichen Harpffen=Klang / so Er von seinem schönen / lieblichen und künstlichen jungen Waffen=Träger hörete / sehr belustiget / als auch seine Lebens=Geister ermuntert worden / darzu auch die lieblich = lautende / zur Sach sich schickende / und bey der Music wohl=angebrachte Reymen und Lieder kommen / welche dann das Gemüth Sauls gleichsam als auß einem finstern Gefängnuß in das helle Liecht geführet; wordurch auch die dicke Hertz=quälende Dämpff und Dünste zerstreuet / und dem Hertzen Lufft gemachet worden / von welcher Hertzens=Lufftung und gemachten Raum nothwendig Freud und Ergötzligkeit verursachet / und hergegen die Betrübnuß und Traurigkeit abgeleinet worden.

Erste Zugaab. Corollar. I.

Auß besagtem erhellet / wie bey zerstreuten dick= und dunckled Hertzens=Dünsten der böse Geist vom HErrn / auch folgends vertriben worden.

Wie die music die melancholische / und vom Teuffel besessene heyle.

Dann weilen die melancholische Feüchtigkeit / dick / dunckel / finster und neblicht ist / als ist selbige dem bösen Geist eine gar taugliche und anständige Wohnung / wie in den Wütigen / Besessenen / Mon=süchtigen / und vom bösen Geist auf ein und andere Weis und Weeg Getriebenen zu ersehen; welche / weilen sie mit überflüssiger schwartzer Galle behafftet seyn / so werden sie mancherley Vexation, Spihl und Würckung deß bösen Geistes / so in dergleichen dunckel= und finstern Feüchtigkeiten seine Wohnung suchet / und das Gemüth deß Menschen beunruhiget / und undertwürffig gemachet. Dessen offenbahre und merckliche Zeichen bey solchen seyn / mancherley fremde und seltzame Werck und Würckungen / so sie verrichten; bald / wann sie fremde Sprachen reden / die sie niemalen gehört oder gelernet haben / bald / wann sie künfftige Dinge vorher sagen / bald aber andere Werck und Sachen verrichten / welche blossen Menschlichen Kräfften und Natur nicht können zugeeignet werden.

Derowegen / weilen die melancholische / dicke / zähe und dunckle Feüchtigkeit dem Sathan gleichsam ein gar bequem = und taugliches Instrument und Werckzeüg ist / das Gemüth und Seel deß Menschen auf mancherley Weise zu bewegen / und zu beunruhigen / so ist es kein Wunder / wann nach zerstreuter und aufgeführter dieser bösen und schädlichen Feüchtigkeit / auch das Gemüth und Seel in vorigen Ruh=stand gesetzet wird; wie in folgendem / von denen / so mit dem Tarantismo behafftet / soll gesetzet werden.

Andere Zugaab. Corollar. II.

DA dann abermal auß besagtem erhellet / auf was Weise die Pest / eingebildete Wolffs=Verwandlung / Unsinnigkeit und Wuht / auch andere dergleichen Affecte, in und bey allen den vorgesetzten und beschriebenen / durch die Music seye vertrieben worden. Welches durch Hülff der Lebens=Geister geschiehet / welche / wann sie dünner / geschwinder / hurtiger / auch hitziger seyn / diese böse Feüchtigkeit zerraiben / vertreiben / verthun oder mildern / dardurch sonsten dergleichen Kranckheiten verursachet worden; als wird auch das Gemüth (so auf solche Weise um etwas von der starcken Einbildung der Kranckheit / dardurch die Seele nicht wenig geplaget wird / befreyet) also ermuntert / daß es also angefrischet / alle Geister / die Kranck= und Schwachheit zu verjagen / antreibe / die dann wegen nachtrücklichen Befehls und Willen deß Gemüthes / hin und wider fahren und lauffen / zusammen halten / und das Ihrige thun / so lang und viel / biß sie das Begehren und Verlangen werckstellig machen / fast auf die Weise / wie etliche erregte Nord=Winde / die angesteckte und

und schädliche Lufft reinigen/ und in dem sie den stinckenden und gifftigen Dünsten der Lufft sich einmischen/ zugleich also die Fäulung vertreiben.

Dann weilen die Lebens-Geister windig und lufftig seyn/ derowegen so bald sie die scharffe Thon/ und die Lufft leicht-bewegenden Hall vermehren/ so richten sie sich/ und ahmen nach solcher Bewegung und dem Schluß derselben; Dann gleich wie die Würckung deß Verstands sich nach den Wercken der Einbildung/ und nach dem Willen/ Verlangen und Sinn-begierde/ auch deren Bewegung sich richtet/ so gar/ daß man auch hierinn schwerlich eine Bewegung von der andern underscheiden kan/ also auch diese leibige Geister/ welche der Seelen vornehmste Werckzeuge seyn/ lassen sich durch die Impression und Aenderung der Lufft/ auch derselben Bewegung/ gar leichtlichen bewegen und gewinnen.

Cap. III.

Von der wunderlichen Geschicht eines Dänischen durch Krafft der Music zur Wuht und Unsinnigkeit gebrachten Königs.

DAß die Music nicht allein von der Wuht und Unsinnigkeit befreye/ sondern durch ihre heimliche Krafft und Würckung auch wütig und unsinnig mache/ wird folgendes Exempel beglauben; Es erzehlet aber diese Geschicht Crantzius lib. 5. Daniæ cap. 3. wie auch Olaus Magnus, mit diesen Worten:

Als indessen Ericus wider in das Reich kam/ und eine ansehliche Hofstatt hatte/ belustigte Er sich sonderlich mit seinen vielen Soldaten/ und allerhand berühmten Künstlern. Under andern fand sich ein Musicus, der sich solcher Kunst rühmete/ daß Er durch die Music, die Menschen zu allerhand Affecten/ Neigungen und Gemüths-änderung/ nach seinem Belieben und Willen treiben und bewegen könne/ auß traurigen wisse Er frölige/ auß muntern betrübte/ auß unwürschen und unwilligen sanfftmühtige/ auß freundlichen zornige/ ja gar wütige und unsinnige Menschen zu machen; Je mehr dieser Mensch nun seine Kunst rühmete/ und hoch daher prahlete/ je begieriger wurde der König dardurch gemachet/ einen Versuch im Werck selbsten zu suchen. Es fieng aber den Musicum schon an seines grossen Geschwätzes zu gerewen/ und nicht so grosse Strich von sich außgegeben/ Dann Er ihme wohl einbilden können/ daß an dem König selbsten einen Versuch zu thun/ ein sehr gefährliches Werck wäre; gedachte darben/ wann Er nicht im Werck selbsten würde leisten/ was Er in Worten vorgegeben/ so werde man Ihn vor einen Auffschneider und Lügner halten/ dardurch Er abermahl in grosse Gefahr würde gesetzt werden: Er bat derowegen Männiglich bey Hof/ sie wolten doch dem Könige diß Begehren außreden/ und wiederum darvon abbringen/ allein es war alles umsonst. Ja je mehr Er selbsten die Prob abschlug und mißrahtete/ je begieriger wurde der König darnach. Weiln Er nun sahe/ daß Er auf keine Weise sich außwicklen köndte/ biß Er im Werck erwiesen/ was Er in Worten gerühmet/ hat Er gebetten; man möchte alles Gewöhr/ Waffen/ und womit einige Verletzung geschehen köndte/ auß dem Gemach hinauß thun/ darnach hat Er die Anordnung gemachet/ daß etliche in der Nähe bereit wären/ die zwar das Instrument nicht höreten/ gleichwohl wann man sie gebrauchte/ köndten geruffen werden/ und hat Ihnen befohlen/ wann sie geruffen würden/ so solten sie das Instrument dem Musicanten auß den Händen reissen/ und an seinem Kopff zerschmeissen. Nachdem dieses alles also bestellet/ und wohl angeordnet/ gieng Er mit seinem Instrument zu dem König/ der in einem gewissen Zimmer mit etlich wenig Leüthen eingeschlossen war. Erstlich brachte Er mit einem gravitätischen und ernstlichen tieffen Thon die Zuhörer in einiges Trauren und Betrübnuß/ darnach machte Er durch liebliches Spihlen sie sehr frölich/ daß es nicht viel gefählet/ sie wären lustig und bantzend mit einander herum gesprungen. Darauf fieng Er in einem scharffen Thon an/ womit Er einen Unwillen machte/ welcher aber also zunahm/ daß man endlichen den König vor Zorn gantz wütend und rasend hatte. So bald hat Er den heimlich bestellten ein Zeichen gegeben/ welche also-balden zugeloffen/ den König zu halten/ haben erstlichen/ nach gemachter Anstalt/ das Instrument auf Stücken zerschlagen/ darnach griffen sie auch den König an; allein es war eine solche Stärcke und Krafft in Ihm/ daß er auch etliche mit der Faust zu tod geschlagen/ biß Er endlich von so vielen übermannet/ und mit vielen Betten und Küssen bedecket worden/ da hat sich diese Wuht nach und nach geleget; Nachdem Er aber zu sich selbsten kommen/ hat Er es sehr beklaget und bethauret/ daß Er so wütig und unsinnig die tractiret, die Ihme zuvor am liebsten und angenehmesten gewesen.

König in Dennemarck wird durch die Musicam unsinnig gemacht.

Das ist die gewißlich höchst wunder-würdige Geschicht/welche auch Saxo Grammaticus Lib. 12. beschreibet. Man sagt auch/ daß dieser König Erich/ so sonsten mit dem Beynahmen auch der Fromme oder Gute genandt/ in solche grausame Unsinnigkeit gebracht worden/ daß Er auch die Thür deß Gemachs oder Saals aufgebrochen/ ein Schwerdt erwischet/ und vier Personen darmit entleibet habe; als Er aber wieder zu sich selbst und zu seinem Verstand kommen/ habe Er seinen Sohn zu einem Vorsteher oder Procuratore seines Königreichs hinderlassen/ Er der König aber/ seye nach Jerusalem/ seine Sünde zu büssen/ abgereyset/ und in der Insul Zypern gestorben; da dann kein geringer Zweiffel oder Frage vorfället/ wie der Thon und Hall dieses Instruments ein solch unaußsprechliche und fast ohnbegreiffliche Krafft und Würckung haben können/ einen solchen von und an sich selbsten/sonsten frommen/gnädigen/sanfftmühtigen König/in solche Wuht und Unsinnigkeit zu bringen? dann das Alexander von seinem Musico Timotheo gantz rasend gemachet/ und zu Ergreiffung der Waffen angetrieben worden/ ist sich so sehr nicht zu verwundern/ weiln Er ohne das ein Herr gewesen dem die Gall leicht übergangen/ und eines gantz martialischen Gemühtes/ der voll säurigen und hitzigen Geistes wahr/ wann dann durch solch martialische hitzige Lieder und Music selbige noch frecher und muhtiger gemachet worden/ hat dieser König von seinem Musicanten, als dem sein Gemüht wohl bekandt wahr/ gar leichtlich zu solcher furi und Grausamkeit können gebracht werden.

Aber wie dieser Gottseelige Dänische König/ in einen solchen Gemühts-exceß und grausame Hitz habe können gebracht werden/ kan Ich nicht wohl begreiffen. Daß auch diese Würckung nicht auß blossen natürlichen Ursachen herkommen/ kan man auß verschiedenen Umständen unschwehr abnehmen und schliessen. Dann es begehrte der Musicant, daß wann die Wuht den König ankäme/ man Ihme das Instrument an dem Kopff zerschmeissen solte/ so würde der König können gehalten werden. Welches wunderlich zu hören/ und ich nicht begreiffen kan/ wie dieses auf einander gehet/oder was vor ein Verbündnuß darhinder stecket. Dann wann Er/ seinem Vorgeben nach/ durch sein Instrument und Music, einen Menschen zu allerley affecten und Gemühts-änderung bringen können/ warum hat Er dann den unsinnigen und wütenden König/ nicht mit einer sanfft-mühtigen und lieblichen Music-Art und Weise/ wiederum in sanfftmühtigern und freundlichern Gemühts-stande gebracht? gleich wie die Historici von Timotheo und Pythagora berichten/ daß sie die freche und gaile Jünglinge wiederum haben zur Sittsam- und Eingezogenheit bewegen können. So gibt es auch sein anfängliches widerstreben/ verzug und aufhalten/ da Ihn seines rühmens und versprechens ansahen zu gereuen/ daß Er die künfftige Würckung in dem König ohnfehlbar gewust/ und folglich geförchtet/ Er möchte in grosses Unglück/ oder doch höchste Gefahr kommen. Warum hat Er auch die Trabanten und Diener abgesondert/ daß sie die Music nicht haben hören können? da kan ich nun keine Ursach sehen/ allweiln die Music, wie bewiesen worden/ nicht einen wie den andern beweget/ sondern diese Bewegung nach eines und andern seiner Natur und complexion sich gerichtet. Muß derowegen was anders und mehrers darhinder gestecket seyn/ weiln die Würckung bey allen durchgehends so starck und durchtringend gewesen. Ist es schon nicht eben ein sonderlicher Bund und pactum mit dem Teuffel gewesen/ so sag und halt Ich doch/daß Er bey diesem Werck sich starck eingemischet/ wie bey dem Saul/ welcher/ so bald der böse Geist über Ihn kommen/ lesen wir/daß Er zu wüten und toben angefangen/ also/daß David und seine Harpffe manchmahl nicht genugsam gewesen/ diesen losen Gast mit seiner Würckung zu vertreiben; dann das ist gewiß/ daß die Music Davids nicht allezeit ihre Würckung bey Saul gehabt/ sintemahln Er zum zweytenmahl/ unter wehrendem schlagen und musiciren den Spieß oder Hand- und Wurffspfeil/ nach David in der Wuht geworffen; da dann der Davidische Harpffen-Klang und Music nicht starck genug gewesen/ die von dem bösen Geist in Saul erregte und wütend-wallende schwartze Gall zu stillen und zu vertreiben. Wiewohlen auch der wider David gefaßte Neid und Haß den Saul/ die Lieblichkeit und Kunst der Davidischen Music nicht wenig verächtlich und unkräfftig bey dem König gemachet. Mit einem Wort/ ich halte gäntzlichen darfür/ daß bey solchen musicalischen Wunder-Curen, bey und neben denen natürlichen Umständen und Ursachen/ allezeit auch etwas über-natürlichs und ohngewohnliches mit underloffen/ sonderlich wann die Leüt durch der Music-Krafft gar so weit getrieben worden/ daß sie auch Mord und Todschläge begangen/ wie in diesem erzehlten Exempel/ und der Historia Sauls erhellet.

Dann die jenige/ so den Tarantismum oder Tarantul-Gifft und Kranckheit in sich haben/ ob sie schon durch Würckung der Music andere und frembde Weise/ Geberden/ und actiones an sich nehmen und thun/ also/ daß sie denen Wohn- und Unsinnigen ziemlich gleich werden/ so hat man doch niemahlen gehöret/ daß sie Jemanden hätten Gewalt oder Schaden zugefüget/ wie bald mit mehrerm soll vermeldet werden.

Ein wunder-würdig-musicalische Prob/ so zu Rom von einem neun-jährigen Mägdlein geschehen/ und werckstellig ge-macht worden.

Jer will ich noch eine andere Begebenheit erzehlen/ die nicht weniger als die vo-rige/ fast unglaublich/ und ungereimt zu seyn/ scheinet/ ein rechtes Music-Wun-der/ welches sich also verhält. Es ist vor etlich Monaten Anno 1673. ein ansehn-licher Sicilianer, und vortrefflicher Musicus, von Palermo gebührtig/ mit seiner Frauen und einem Töchterlein hier bey uns zu Rom ankommen; Das Töchterlein hieß Felice, war 9. Jahr alt/ und etwan fünfft-halb Spannen hoch von Statur. Dieses Mägdlein hat bey so jungen Jahren eine solche Wissenschafft und Verstand in der Music, und auch mit Sait-ten bezogenen instrumenten gehabt/ und erwiesen/ daß auch die aller-vortrefflichste Musici in Rom darfürgehalten/ es müsse was höhers und mehrers als menschliche und natürliche Kunst und Wissenschafft/ hinder ihr verborgen stecken; Ich selbst bin auch/ neben andern dieses Music-Wunder zu sehen und zu hören/ eingeladen worden/ und muß bekennen/ daß ich mich da desto lieber eingefunden/ darmit ich die Kunst/ auch Art und Weise/ Gebär-den und anders dergleichen/ selbsten sehen möchte.

Erstlich nun kam ich in ein Zimmer/ worinn von allerhand musicalischen instrumen-ten zu sehen war; Da ich mich nun neben andern guten Freunden und Bekanten eine Zeit-lang daselbsten auffgehalten/ und mit höchstem Verlangen und Begierde das Werck zu sehen verlangte; siehe da kam auß einem Neben-gemach das Mägdlein hervor; sie war nichts sonders gebützt oder geziret/ mit keinen fünstlichen Haar-locken oder andern Frauen-zimmer-gewöhnlichem Haupt-schmucke; sondern in gemein- und schlechter Kley-dung; und ob sie wohl der Statur nach einer Zwergin gleich sahe/ so machten doch ihre ernstliche Gebärden ihr ein recht herrlich und dapfferes Ansehen; Wie sie nun sich wolte hören lassen/ machte sie zuvor den Anwesenden eine schöne und ernstlich-sittsame reverenz und Begrüssung; Darnach war der Anfang mit der Harpffen gemacht.

Die Harpffe war bey 10. Hand hoch/ mit dreyfachen Saitten bezogen/ und weilen das Mägle (wegen ihrer kleinen Persohn) die Harpffen nicht stimmen konte/ dann sie die Saitten-nägel nicht erreichen konte; so hat der Vatter sie auff ein Stuhl gestellet/ und die Harpffen gehalten/ da sie dann mit einer solchen annemlichen Lieblichkeit/ und süsser Kunst zu stimmen/ accordiren und präambuliren angefangen/ daß/ was sonst bey an-dern Harpffenisten und Instrumentisten verdrießlich zu hören/ hier sehr lieblich/ und allen An-wesenden Zuhörern höchst-annemlich war. Nach künstlich und wol verrichter Saitten-Stimmung fieng sie mit ihren kleinen und subtilen Fingern so künstlich an zu schlagen/ daß man sie mit Erstaunen und Entsetzen ansehen und hören müste.

Da hatte sie ein Buch vor sich/ worinn die schönste und künstlichste Stücke der be-rühmtesten musicalischen Künstler begriffen/ da dann nichts so schwer und künstlich/ so sie nicht alsobald fertig und auffs zierlichste schluge; Sie liesse bald von den obersten Sait-ten biß zu den understen/ bald von den understen zu den obersten/ bald hielte sie sich mit den mittlern auff/ in solch-schön-künstlich/ und angenehmen Läuffen und fugen/ daß man ihr nicht genug zusehen noch zuhören konte. Das war noch nicht genug; son-dern es war auch keiner von den künstlichsten musicalischen Castraten oder Verschnit-tenen/ der einiges Lied/ Melody oder Gesang vorbrachte/ welches diese künstliche kleine Musicantin nicht sobalden gantz perfect und nach allen Noten nachmachte (accompagna-re heissens die Italiener) konte; welches sonderlich denen/ so die Music verstanden/ und die Kunst auß dem Grund wusten/ sehr verwunderlich vorgekommen; wir wollen aber weiters gehen.

Nachdem sich nun diese kleine künstliche Musicantin auf der Harpffen genugsam und mit Verwunderung hören lassen/ gienge sie zu einem Clavi-cymbel oder Clavier-werck/ da sie dann eben so künstliche Arbeit/ so wol auß dem Buch/ als auß dem Kopf/ und eige-ner invention, daher machte.

Darauf reichte man Ihr eine Violin oder Geigen/ worauf Sie so künstlich gespihlet/ daß/ man habe gleich auf die Scharffsinnigkeit und invention, oder ihrer kleinen Finger Fertigkeit achtung gegeben/ kondte man mehrers und weiters nichts desideriren; bald strich Sie mit dem Bogen 2. bald 3. bald 4. Saitten zugleich/ und machte die gantze Gei-gen lieblich resonirend; bald ließ Sie auch ein vortreffliches Lied darzu singen/ daß der auch ein vortrefflicher musicalischer Künstler wahr/ so wohl mit der Stimm als auf Instrumenten hören/ wahr aber in allem Ihme obgelegen; nun wahr noch ein Kunst-Stück übrig/ welches alle bißher erzehlte noch weit übertreffen; Es wahr da eine Harpffe und Clavicymbel, und zwar nahe und also gestellet/ daß man sie füglich werel-weise greiffen und schlagen kondte; da dann di-se jung- und kleine Musicantin erstlich mit der rechten Hand allein auf dem clavier prä-ludirte und vorspihlete; darnach auf der Harpffen allein mit der Lincken; und dann schluge diese künstliche Sizilianerin beyde instrumenten zugleich/ und zwar mit solcher künstlicher

Fertig-

Fertigkeit / daß man faſt nicht wiſſen kondte / ob die Augen mehr Luſt an Behändigkeit
der künſtlichen Finger zu ſehen / oder die Ohren an der Lieblichkeit deß künſtlichen Thons
zu hören hätten / und zwar um ſo viel deſtomehr / weilen ſie ſich zu beeden inſtrumenten auch
mit ihrer lieblichen Stimm hören ließe; wormit ſie dann ein vollkommene dreyfache Thon-
Muſic machte / und wiewolen ſie wegen der kleinen Hand und kurtzen Finger nirgends
keine Octav erlangen konte / wuſte ſie doch mit ſolcher Kunſt und Fertigkeit die Saitten zu
tractiren / daß auch hierinn kein Mangel war / und alſo die Behändigkeit erſetzte / was
die Glieder-Gröſſe verſaget. Und das iſt es / was ich von der Kunſt- und Wunder-Muſic
eines neun-jährigen Mädlens dem Leſer hab communiciren wollen / damit ja in unerhör-
ten und verwunderlichen Muſic-Wercken und Würckungen in dieſem Tractat nichts auß-
gelaſſen werde / und man auch hierinn den Spruch Davids erfüllet ſehe: Auß dem Munde
der jungen Kinder und Säuglingen haſtu dein Lob zugerichtet.

Ferner / wie die Ubelhörende das Seiten-ſtechen / auch noch andere Krankheiten
durch die Muſic haben können curiret werden / will ich in folgendem Meldung thun / wollen
zun die jenige vor hand nemmen / welche von den Tarantulen vergifftet und verletzet worden.

Cap. IV.

Welcher Geſtalten die von den Tarantulen gebiſſen und verletzte durch die Muſic wunderbarer Weiſe curiret werden.

Ch halte nicht darfür / daß etwas ſeltzamers oder wunderlichers faſt ſeyn kan / als
die Gemüths-änderung und Würckung / ſo das Gifft der Tarantulen bey denen /
die darmit angeſtecket ſeyn / verurſachet und erwecket; alſo daß mit Grund der
unbetrieglichen Erfahrung / ich der gäntzlichen Meynung bin / daß man auch hierdurch allein alle andere Krankheits Curen / ſo durch die Muſic geſchehen / genugſam erweiſen und
erklären kan. Weilen aber eigentlich und nach Genüge von dieſer Heplung und Medicin in
Arte Magnetica gehandelt / als will ich ſolches allhier nur kurtz und das vornehmſte widerholen / darmit dieſer edle und herrliche Beweiß Artis Conſoni und Diſſoni der Kunſt der gleich-
und widerwärtigen Stimmung / Vereinigung und Widerſinnligkeit / nicht übergangen
werde.

Eigentliche Ab-bildung der Tarantulen oder Apu-liſchen Gifft-Spinnen.

Es iſt aber die Tarantula ein klein-ſchädliches Thier / und Unzifer / oder eine Apuliſche
Gifft-Spinne / ſo mit Gifft gantz angefüllet / wer nun von dieſer Spinnen geſtochen und
verletzet wird / der kan nicht anderſt als durch muſic und dantzen curiret werden / die Geſtalt und Form weiſet beyſtehende Figur.

Erſte Frage. Quæſtio I.

Warum die von Tarantulen vergifftete nicht anders als durch die Muſic können geheilet werden?

As groſſe Krafft und Würckung die Muſic / in Erweckung der Gemüths-änderung und affecten habe / und woher ſolche groſſe Krafft und Würckung komme /
iſt in vorgehendem weitläuffig berichtet worden / nun iſt endlich noch übrig / daß
wir auch weiſen / wie durch die Muſic die beſchwerliche Krankheit und affect, ſo von dem
Gifft dieſer Tarantulen kommet / in den Verletzten könne vertrieben / und ſie zu völliger Ge-
ſundheit gebracht werden? derowegen ohne gemachte Umſchweiffe wir die Urſachen und
Gelegenheit ſelbſten betrachten wollen.

Die

Dieweiln die Saitten / wie in votgehendem gemeldet worden / grosse Krafft und Würckung haben nach ihrer Bewegung / auch die Lufft auf solche Arth zu bewegen / und durch solche proportionirte und gleichmässige wohl-lautende Thon-Mischung / eine dem Gemüht und Ohren lieblich-fallende harmoni zu erwecken ; so geschiehet es / daß durch solch wohl-klingenden Saitten-Thon / auß mancherley und proportionirter Saitten-Bewegung / auch die Lufft also beweget wird ; die durch imprimitte Thon-Bewegung gleich bewegte Lufft aber / so in den Leib bringet / durch die Verstands- und Empfindungs-Krafft / mit einer lieblichen Bewegung beschäfftiget / die Lebens-Geister gleicher Weise beweget ; solche dünn-gemachte und auseinander getriebene Lebens-Geister aber / die Fleisch-Mäuse und Lufft-Adern / wie auch die innerste Fäserlin / Netz und Häutlein / als / worinn die Lebens-Geister sich am meisten aufhalten / auch gar angenehm afficiret und berühret ; solche Fäserlen / Häutlen und musculi, oder Fleisch-Mäuslen / so das verborgene Gifft führen und in sich halten / auch innerlich die scharffe Feüchtigkeit / beissenden und gallsüchtigen humor haben / so geschiehet es / daß solche Feüchtigkeit mit dem bewegten und aufgerührten Gifft / auch auseinander getrieben / dünn gemachet / und durch Erwärmung gleichsam kützlend / und die gesämpte Fleisch-Mäuse zwickend und ropffend gemachet wird / wordurch der Patient, als durch einen angenehmen Kitzel und Anreitzung / zum dantzen und springen getrieben wird ; durch solchen dantz und springen nun wird der gantze Leib beweget / sampt denen enthaltenen Feüchtigkeiten ; auf solch starcke Bewegung folget die Hitz und Erwärmung ; auf diese Erwärmung deß gantzen Leibes Außdähnung und Eröffnung der Lufft-Löchlen / durch welche Lufft-Löchlen nachgehends nohtwendig die gifftige Winde und Feüchtigkeiten auß-hauchen und führen. Wann aber das Gifft also überhand genommen / und eingewurtzelt / daß es auf einmahl durch solch dantzen und springen nicht kan außgetrieben werden ; so geschiehet es doch allgemach / daß alle Jahr durch solche Bewegung doch etwas weg gehet / biß es endlichen gar verzehret und vertrieben wird.

Daß aber dem einen dieses / einem andern ein anders musicalisches Instrument angenehm und tauglich ist / das muß man der Eigenschafft / Natur und Complexion, entweder dieser Spinnen / oder deß Menschen / zuschreiben; dann die Melancholische / oder die von solchen Tarantulen gestochen / die ein gar dickes Gifft führen / die werden mehr durch laut-schallende Paucken und Trumlen / auch andere dergleichen starck-hal-lende Instrumenta, als durch subtile Saitten beweget; dann weilen dieser Humor und Feüchtigkeit gar dick und zäh / die Lebens-Geister aber nach der Eigenschafft der Feüchtigkeit sich richten / als wird zu solcher Beweg-Zerreib- und Zertrennung eine grosse Gewalt erfodert.

Die verschiedene Tarantel-patienten haben auch ihre Beliebung und werden affieiret durch verschiedene instrumenta, nach ihrer Natur und complexion.

Daher wird von Tarento geschrieben / daß daselbst ein Mägdlein von solchem Gifft eingenommen / durch kein ander Instrument zu dem Dantz / als mit Paucken / Trommlen / Schiessen / Trompeten und dergleichen / laut- und starck-schallenden und schallenden Dingen / habe können gebracht werden; dann das dick- und jähe Gifft / so in einem Leib von kalter und jäher complexion sich befunden / konte nicht anderst als mit grosser Gewalt beweget und dissipiret werden.

Die Cholerici, Gallen-süchtige und Blut-reiche aber / werden durch Cytharen / Geigen / Lautten / Clavicymbel, und dergleichen lieblichen Instrumenten-Klang / wegen der dünnen uud leicht-beweglichen Lebens-Geister / auch bald und leichtlich curiret.

Tarantisches Wildgifft / so durch nichts als Trommel und Paucken können gehellet werden.

Uber das ist auch noch höchst-verwunderlich / daß dieses Gifft eben das in dem Menschen würcket / nach seiner Eigenschafft und Natur / nachdem es die Würckung in der Tarantula, als seiner eignen Wohnung und Sitz hat; dann gleichwie das / durch die Music bewegte Gifft / mit seiner beständigen Berührung und Kützel der Fleisch-Mäuse oder Musculen den Menschen zum Dantz ermuntert / also auch die Tarantulen selbsten / welches ich niemalen geglaubet hätte / wann nicht die obangezogene glaub-würdige Patres solches bezeüget hätten.

Dann sie berichten und schreiben / daß dergleichen Prob in der Statt Andria, in dem Herzoglichen Pallast / in Beyseyn eines unserer Patrum, und deß gantzen Hofs / seye geschehen.

Wunders-würdiges un fast unglaubliches Ding.

Dann die Herzogin daselbst / darmit dieses Natur-Wunder desto bekandter würde / hat eine solche Tarantul oder Spinnen mit Fleiß lassen suchen / selbige auch auf ein wagrechtes Höltzlein oder Spahn / und in eine mit Wasser gefüllte Schahlen setzen lassen; und so bald wurde auch ein Cythar-Schläger beruffen / da zwar die Spinn erstlichen nach der Cythar-Klang eine Bewegung nicht spühren liesse / so bald aber ein / nach dessen Eigenschafft proportionirter und gleich-mässiger Thon gespihlet wurde / hat das Thierlein so bey den ansahen die Füsse zu bewegen / zu springen / und nicht allein / als wann es dantzen wolte / geberdet; sondern hat auch warhafftig / nach dem Thon und Lied / seine Springe verrichtet / wann der Cytharist aufhörte zu schlagen / so hörte auch die Tarantula auf zu dantzen.

Tarantul in sich geberdet.

Ein wunderwürdiges Prob-Stück.

Was man nun damals zu Andria vor etwas Neues gehalten / und mit höchster Verwunderung angesehen / das ist nachgehends zu Tarento in gemein- und eine bekandte und fast unglaubliche Sach worden. Da dann die Spilleüthe / welche von der Obrigkeit ihre gewisse Besoldung haben / und solchen armen Leüthen in ihrem elenden / betrübt- und gefährlichen Stande aufzuspihlen bestellet seyn / zu leichterst und geschwinderer Cur, vor allen Dingen sich zu erkundigen pflegen / wo / an was Orth / in welchem Feld / oder was Farb / die Spinne oder Tarantul gewesen / so den Patienten verletzet. Darauf gehen sie an besagten Orth / da sich die Tarantulen in grosser Anzahl von allerhand Arten / in fleissiger Verrichtung ihrer Spinn-Gewebe / befinden; wann dann diese lustige Medici und Spilleüthe mit ihren Instrumenten und Music sich hören lassen / auch allerhand Thon- und Lieder-Arten spihlen / so siehet man mit höchster Verwunderung / wie bald diese / bald eine andere Art dieser Spinnen dantzet und springet / nicht anderst / als wie auf zwey / gleich- und zusammen-gestimten und geschlagenen Instrumenten, die jenige Sait / so einerley Thons und Stimm seyn / sich bewegen / wann darbey die andere ruhen und still seyn; eben also nach Gestalt und Gleichheit dieser Spinnen / siehet man bald diese / bald eine andere Art Dantzen; wann sie nun die jenige dantzen sehen / deren Farb der Patient angezeiget / so halten sie es vor ein gewisses Zeichen / daß sie den rechten und eigentlichen Thon und Lied haben / zu dem Tarantelischen Spinn-Krancken sich schicke und ihne zu curiren tauglich seye / sagen auch / daß / wann sie selbigen Thon spihlen und musiciren, so werde dem Patienten unfehlbar geholffen.

Tarantulen dantzen nach dem vorgespihlten Thon.

Erste Folge.   Consectarium I.

Der Thon schickt sich gar wohl zu diesem schleimichten Thierlein / selbiges zu bewegen.

Hierauß ist abzunemmen / daß die Music eben die Dantz-Würckung in der Spinnen oder Tarantel habe / die sie in dem Menschen zuwegen bringet; dann weiln die Feuchtigkeit dieses Thierleins dünn- und leim-flüssig ist / und wegen der subtilen und dünnen Eigenschafft von der hallenden Lufft / als ein hierzu gar taugliches Subjectum, gar leicht kan gezogen und beweget werden: So geschiehets / daß / wann diese Feuchtigkeit durch die hallende Lufft-Bewegung erreget wird / sie auch eine solche Bewegung / dergleichen von dem spihlenden und musicirenden gemacht wird / verursachet; daher auch diese Spinn selbsten / gleichsam als von einem juckenden Kützel / zum Dantz beweget wird; sonderlich / wann der Thon oder Lied dem Humor und Feüchtigkeit sich vergleichet; daß aber die Klebrichte und leim-artige Feüchtigkeit dieser Spinnen genugsam seye den Thon oder Music-Hall ein- und anzunemmen / bezeüget Petrus Martyr in der Historia deß Occidentalischen Indien / da er saget: daß eine gewisse Art Spinnen in Indien gefunden werde / deren außgezogenes Gifft also zäh / daß es nicht allein den Innwohnern an statt eines Fadens diene / sondern auch an statt der Saitten / wie bey uns die Seiden von dem Seiden-Wurm gebrauchet werde.

Wann

Wann derowegen dieses Thierlein zu dem Dantz gebracht oder dantzend gemacht wird/ halt Ich gäntzlich darfür/ daß dieses/ der von der harmonisch und lautenden Lufft bewegten disposition und leicht beweglichen Eigenschafft zuzuschreiben; dann/ wann wir diese/in solchem leimichten und klebrichten Safft oder Feuchtigkeit verborgene Eigenschafft/ mit den äusserlichen Sinnen solten begreiffen können/. würden wir gewißlich eine harmoni hören/ so dern von den Spielleüten auf Saitten gemachten nicht ungleich würde lauten. Welches auß ein- und anderer Prob/ wie in vorgehendem gemeldet worden/ genugsam erhellet. Dann es ist bekandt/ daß etliche Leute auf ein und anderes Geräusch oder Knartzen das Zahnweh bekommen/ weiln solches unangenehme Geräusch und Knarren die mauß-artige Theil deß Zahn-fleisches gleichsam zwicket und rupffet. Welches auch geschiehet/ so man eines klingenden instruments Halß mit den Zähnen anfasset/ dann die Lebens-Geister deß gantzen Leibes werden durch solchen Anhang der Theile und Glieder in Bewegung gebracht/ und zwar den jenigen gleich/ so die zitterende und geschlagene Saitte in der Lufft machet; so werden diese Lebens-Geister auch beweget/ getrieben/ gekräuselt und erreget; welches alles auch gar schön mit verschiedenen Proben in meinem Musica Magnetismo ist erwiesen worden; also giesset und drücket gleichsam die Tarantul mit ihrem Biß und Stich den Menschen einen subtilen Safft und Feuchtigkeit ein/ so das scharpffe Gifft mit sich führet/ und nachgehends von der Sommerlichen grossen Sonnen-Hitz beweget/ in den gantzen Leib/ sonderlich die Lufft-Adern/ Fleisch-Mäuse/ innerliche Zästeln und Häutlein sich außbreitet und außtheilet/ dahero derselbige nach und nach/ die musicalische Thon aufzusangen disponiret und tauglich gemachet wird/ und nachgehends nach der gehörten und eingenommenen harmoni/ die Fleisch-Mäuse zupffend und zwickend/ den Schwachen/ er woll oder woll nicht/ zum dantzen zwinget/ und auf solche Weise wird die verlangte Cur und Hailung zuwegen gebracht.

Andere Folge.   Consectarium II.

MAn kan vors ander schliessen/ gleich wie sich nicht auf alle Taranteln und Spinnen einerley Thon und Lieder schicken/ sondern ein jede Arth auch ihre gewisse Weise in dem Thon hat; also gehe es auch zu den Menschen/ nach dem er von einer oder anderer Arth solcher Tarantuln gebissen oder gestochen wird/ so muß man auch ein oder andern Thon und Lied bey ihme gebrauchen; dann wie bereits gemeldet worden/ etliche lassen sich nicht bewegen/ als durch grosses und lautes Gethön/ welches bey denen Tarantuln geschiehet/ so ein jäh- und dickes Gicht oder Feuchtigkeit haben/ das geschiehet eben auch bey solchen Menschen; andere hergegen seind leicht/ und mit einem jeglichen ihnen gleich-kommenden und proportionirten Thon/ aufzubringen/ als in Denen/ die einen dünnen und galten-artigen humor haben/ dann in denselbigen die gifftige Geister gar leicht zu treiben und zu bewegen seyn/ welche/ weiln sie scharff und beissend/ so treiben sie mit ihrem zwicken und zupffen in den musculis oder Fleisch-Mäusen/gar bald und starck zu dem Dantz an: Wann derowegen ein Mensch von einer Melancholischen Tarantul verletzt wird/ so wird Er darüber träg/ faul/ schläfferig; sticht Jhn eine von Cholerischer Arth/ so macht sie Jhn kollerend/ unstät/ unruhig/ rasend/ und auf Morden und Würgen geneigt/ und also muß man auch von andern schliessen/ sonderlich/ nach dem sich ein Thon oder Music zu dem Verwundten schicket.

Welches aber der rechte/ und dem Gifft-gleichkommende oder proportionirte Thon sey/ möchte billich Jemand zweiflen und anstehen; da sag ich nun/ daß die bewegte Eigenschafft deß Giffts/ zu gewissen Zeiten/ nicht anderst/ als wie die Kranckheiten/ so ihre gewisse Zeit und Weise haben/ vergehen und wieder kommen/ ein Aufwallen und Erregung deß humors und Feuchtigkeit verursachen/ solch bewegter und dünngemachter humor oder Feuchtigkeit aber/ werde durch Krafft und Würckung deß Giffts/ gleichsam in zarte Fäden zwischen den Fleisch-Mäusen gezogen/ welche/ wann sie nach Gelegenheit und Eigenschafft der Feuchtigkeit also beschaffen/ daß sie von einem äusserlichen Thon oder Music leitdlich können aufgebracht und erreget werden; so werden die Fleisch-Mäuse/ auf und nach dem Thon/ als das gleich-kommende und proportionirte subjectum/ und von der Bewegung gleichsam geschlagen/ gezogen oder berühret/ mit einem sonderlichen/ von Bißigkeit der materi kommenden Kützel und Zupffen/ zum dantzen und springen aufmuntern.

Dannenher/ je geschwindere noten das Lied oder Thon hat/ auch die tieffe/ höhe und Was vor ein halbe Thon wohl ineinander gemänget und angebracht seyn/ je angenehmer und lieber ne *Music* sich wird die Music solchen Patienten seyn; dann wegen Behändigkeit und geschwinder Bewegung ein feisten zu gnung/ ist auch der Kützel und das Zwicken stärcker/und folglich wird der Mensch desto mehr den *Tarantel patienten* zum dantzen und springen gereitzet und angetrieben.

Eben daher kommt es auch/daß die bestellte Musicanten und Cytharisten sich so viel als schicke. möglich ist/ geschwinder noten/ und deß Frygischen Thons wegen der offtmahligen Halb-Thon/ so darinn vorkommen/ gebrauchen/ und ihre Lieder darnach machen. Dann Ich nun dem Kunst-begierigen Leser gar nichts verhalte/ will ich ein solches Lied und Thon hier

beysetzen / welches die Tarantul- oder Spinnen-Krancke absonderlich gerne hören / daher
dieses Lied auch insgemein Tarantella genennet wird.

Music-Cur wider das Tarantel-Gifft.

Cap. V.
Von denen mancherley Arten und Eigenschafften der Tarantulen.

Es wird manchem insonderheit dieses wunderlich und ungereimt fürkommen / daß
eine Tarantel der andern / wegen Ungleichheit ihrer Natur und Eigenschafft / gantz
zuwider und entgegen ist; dann sie lieben nicht alle einerley Instrument, es ist nicht
einerley Dantz / nicht einerley Gebärden / nicht einerley Kranckheit und Schmertzen bey
den Patienten / sondern in diesem allem findet sich vielmehr ein mercklicher Unterscheid; welches / als man es einem / damals zu Tarento anwesenden Spanier erzehlet / hat er anfangs nur darüber gelachet / wolte es auch durchaus nicht glauben / unangesehen / dieses
viel vornehme ansehliche und glaubwürdige Leüthe bekräfftiget / biß ers endlichen an sich
selbsten probiret und erfahren.

Daß die Ta-
rantul eins
ander zuwi-
der und gantz
ungleich /
wird mit ei-
ner Wunder-
Geschichte be-
zwiesen.
Er ließ zwey an Farben und Eigenschafft ungleiche Tarantulen suchen / setzte sie auff
seine Hand / reitzte sie auch mit Fleiß / biß sie an zweyen verschiedenen Orthen der Hand
ihne verletzet und gifftige Mähler gemachet / Nachdem er nun solchen Biß wol gefühlet /
das Gifft auch sich allgemach in dem gantzen Leib zertheilet / empfunde er so balden grosse
Schmertzen / Schwachheiten und Aenderung / ja gar Todes-Angst und Gefahr; Bald
ließ man allerhand Cytharisten / Spilleüthe und allerhand Musicanten kommen / man probiret mancherley Lieder / Thon und Melodien; Endlich spührete der Patient / daß er von einem under dieser Thon sehr starck zu dem Dantzen angetrieben würde / aber es war vergebens /
dann so starck das Gifft von der einen Tarantel ihn zu dem Dantzen reitzte / so starck hielte
ihn das Gifft von der andern darvon ab / weilen sie an Natur und Eigenschafft der andern gantz entgegen und zuwider war. Man versuchts abermalen mit andern Instrumenten und Liedern; da dann der Patient von einem derselben starcke Begierde und Lust zum
Dantzen abermal bekommen / aber es wolte noch nicht angehen / dann dieses zum Dantzen und Springen reitzende Gifft wurde von andern widrigen also gehemmet und gehalten / daß / was das eine wolte und beliebte / das ander unauffhörlich und mit Gewalt ver-
wehrte; Indem solcher Streit und Widerwärtigkeit dieser beederley Gifft in dem Patienten zunahm und continuirte / man auch das widersetzende zu stillen und zu halten durchaus kein Mittel erfinden konte / also auch keine Ausweichung oder Außfluß deß enthaltenen Gifftes sich gefunden / muste endlichen der gute Patient mit höchsten Schmertzen und
Mitleyden der Anwesenden dem Geist auffgeben; und zugleich mit seinem Exempel lehren /
was vor Verwegen und gefährliche Vermessenheit es seye / ohne genugsame gethane Vor-
sehung / und auff allen Fall bestellte Hülff-mittel / sich dergleichen höchst-gefährlichen Proben muthwillig undergeben.

Das Taran-
tulen-Gifft
muß durch
die Music
außgetrieben
werden.
Wann derowegen das Gifft durch die Music nicht außgetrieben wird / daß es auß-
hauchet / schwitzet oder rauchet / so ist gewiß / daß der von Tarantuln verletzte Patient nicht
leben kan; oder doch ein elendes / grossen Schmertzen und immerwährenden beschwerli-
chen Zuständen undterworffenes Leben führe. So auch noch zwey andere denckwürdige
Historien beglauben. Es war zu Tarento ein Capuciner / so von einer solchen Spinnen
verletzet worden / der immerdar zu hell und frisch-fliessenden Wasser lust hatte; Dieser
nun /

nun/ als er von solchem Verlangen/ als von einer magnetischen Krafft gezogen/ und von
dem hierzu geneigten und neigenden Tarantul-gifft beweget wurde/ ihme aber weder das
Baden in solchem Wasser/ nach welchem er so sehr verlangte/ noch auch/ daß sonst dergleichen Patienten all gewohnliche Mittel deß Dantzens von den Obern und Vorgesetzten
seines Ordens erlaubet wurde/ seine Kranckheit und Verlangen darmit zu stillen; Ist
er endlichen von der Eigenschafft und Würckung deß beissenden Giffts also getrieben wor-
den/ daß er eines Tages als ein Unsinniger auß dem Kloster geloffen/ und sich in die See/
wornach ihne immer gelustet/ begeben/ durch dieses Bad und Erkühlung dem erhitzen-
den und brennenden Gifft Abbruch zu thun/ und Rath zu schaffen; Aber die Sach ist viel
anderst abgeloffen : Dann eben da er Hülff und Mittel gesuchet/ hat er seinen Tod gefunden; dann er mit männiglichs Klag und Bedaurnuß in der See umkommen und
elendiglich ertruncken.

Robertus Santorus, ein Edler Tarentiner, ist/ Ihme unwissend/von einer Tarantul verletzet worden/ worüber Er in schwehre Kranckheit gefallen/ so immer zugenommen/ daß
Er auch tod-schwach worden ; die Medici kondten auf keine Weise seine Kranckheit erken-
nen/endlichen fällt einem derselbigen ein/ wie es auch an sich selbsten wahr/ dieser Edelmann
müsse von einer Tarantul verletzet seyn/ welches auch den andern wahrscheinlich vorkam/
und in dem Consilio Medico angenommen wurde ; Alsobald ließ man einen berühmten
Musicum zu dem tod-schwachen Patienten kommen/der sahet nun an/an statt deß Leyds und
Traur/ mancherley Lieder und melodien zu musiciren; und nach dem Er auf eines kom-
men/so sich mit der Kranckheit verglich/und proportionirte; da fienge der/so bishero gantz
unbeweglich und gleichsam ohnempfindlich gelegen/ als Er die/ seinem affect angenehme
Music hörte/die matte Glieder ein wenig an zurühren/ nicht anderst/als ob Er auß einem
hart- und tieffen Schlaff erwachet wäre/ Er fieng an die Arm zu werffen/ und bey wehrender Music kamen die Kräfften je länger je besser/also/daß der Patient im Bett anfieng aufzu-
sitzen/ den Kopff und Halß umzutreten; welches alles ein merckliche Anzeigen der inner-
lich-empfundenen und würckenden Lust der Music wahr; als nun der Cytharist lustiger
und munterer fortfuhte zuspihlen/ richtete Er sich endlichen auf und stund auf die Füsse;
und welches noch mehr; Es kam endlichen eine solche Lust und Begierde bey Ihme zum
dantzen/ daß man Ihn kaum mehr darvon abhalten kondte; daß also der/ so kurtz zuvor/
gleichsam als unempfindlich durch das würckende Gifft gemachet/ nunmehr eher under die
Todten/ als Lebendige zu zehlen wahr/ durch dieses wunder-würckende Music dieses Musicanten aufgewecket/ zu einem starcken Schweiß an allen Gliedern gebracht/ bald darauf zu
vollkommener Gesundheit/auch durch diese einige Music und dardurch verursachten Dantz/
gelanget/auch nachgehends gantz frisch/ gesund und lebhafft worden.

Andere Frage. Quæstio II.

Warum die von Tarantulen Verletzte ab einer und andern Farb so grosse Beliebung haben?

ES ist bereits gemeldet worden/daß die verschiedene Tarantulen/ihren Patienten auch
zu verschiedenen Farben Lust und Begierde machen/ wie nun solches geschehe/ wird
jetzo zu melden seyn. Muß man derowegen vor gewiß und bekandt halten/bezeuget
auch die Erfahrung/ daß die Verletzte zu der Farbe Lust haben/ welche die Tarantulen an
dem Leibe tragen; also/daß die so von rohten Tarantulen vergifftet werden/zu der Rohten
und Feurfarbe Lust haben; die von Grünen beschädiget werden/ lieben die Grüne/ und so
muß man auch von andern schliessen. Ingleichem welche Tarantulen sich gerne in und bey
den Wassern/ Flüssen und Pfützen aufhalten/ machen ihren Patienten auch Lust zu Was-
sern; die hergegen/ so sich gerne auf warm- und trocknen Orten finden/ die treiben gemeiniglich ihre Beschädigte zu hitzigen und gallen-mässigen Würckungen an.   Ist es dann/
daß auch der Mensch mit der Tarantul in der Complexion und Natur übereinkommet/ so
ist die Würckung desto stärcker und häfftiger.

Werden also solche Thiere in der Natur gefunden/ welche eben solche Eigenschafften
und affecten/ so sich bey ihnen finden/ durch ihren gifftigen Biß und Verletzung andern/
und sonderlich den Menschen/ beybringen. Also die Schlange Dipsas, weilen sie fort und
fort mit hefftigem Durst geplaget wird/ erwecket sie auch dergleichen bey denen/ so von
ihr verletzet werden/ nach dem Vers:

**Wie dieser Schlangen Durst kein Wasser Floß kan stillen/
So thut sie was sie beiß't mit gleichem Durst anfüllen.**

Also fället der Mensch durch den wütigen Hunds-biß eben in den affect/ so sich bey
solchem Hund findet/ nahmlichen die Wasser-Forcht; Die gehörnte Schlange Cerastes
solle/ wie Ich von Egyptern berichtet worden/ die Feur-und Liecht-Forcht machen bey
denen/ so sie vergifftet/ es seyen gleich andere Schlangen oder Menschen.   Also machet
den

L iij

der faul- und schlaff-süchtige Fisch Torpedo die Glieder träg/ und schläffrig; Und wie ein Vatter/ der das Podagra, Außsatz oder fallende Kranckheit hat/ gemeiniglich auch seinen Kindern solche Kranckheiten anerbt; also wird durch magnetische verborgene Würckung/ oder gantz-gleiche Natur/ die Beliebung und Lust zu einer oder andern Farb/ durch Würckung der innerlichen Eigenschafft deß Giffts / in dem verletzten Menschen verursachet; Daß aber in denen Tarantulen/ Lust und Begierde zu einer und anderen Farb sich finde/ ist daher zu schliessen/ daß/wann man sie auf mancherley gefarbte Boden setzet/ sie dem jenigen zu eilen so ihnen gleich siehet. Worauß dann folget / daß gleichwie die eigene gifftige Feuchtigkeit in dieser Spinnen / das Gemüht oder Sinn dieses Thierleins/ zu dieser oder jener/entweder übereinkommender oder widriger/angenehmer oder unangenehmer Farbe/ ziehet und neiget / also/ wann dieses Gifft durch den Biß in den menschlichen Leib einfähret/hat es eben diese magnetische/ verborgen ziehende Krafft und Würckung; dann so bald die Farb / so dem Patienten und seinem eingenommenen Gifft gleich kommet/ und mit selbigem übereinstimmet / vor Gesicht gebracht wird / so bald wird Ihme auch besser werden/ gleichwie Ihme im Gegentheil übel wird / so bald Ihme eine widrige Farbe vorkommet; dann die angenehme Farb-Art wird durch das Gesicht / als eine angenehme Sach dem Verstand vorgebracht/ dahero die Außdähnung und Außbreitung der Lebens-Geister geschiehet; die außgedähnete Lebens-Geister aber verfügen sich zu dem angekommenen angenehmen Gast / als so mit dem humor, so Er suchet/ gar wohl sich vergleichet; da dann auß beeder Naturen angenehmen Vereinig- und Vergleichung/ eine sonderbahre Freud und Lieblichkeit entstehet/ oder eigentlich zu reden/ ein lieblicher Kützel und reitzendes Zupffen/ so durch alle Lufft-Adern und Häutlen der Glieder deß gantzen Leibes gehet/ daher dann die grosse Lust und Begierde kommet/ sich mit verlangtem und begehrtem Gegenstand zu vereinigen und zu erlustigen: Wie nun ein Tarantul-Patient, von der / seinem empfungenen Gifft gleichkommenden und proportionirten Vermischung der hoh- und tieffen Stimmen/ also eingenommen und ergötzet wird / daß Er auch/ wann Er die Ohren an das instrument hält / und solchen Thon oder harmoni mit den Ohren gleichsam aufgefangen und gefasset/ durch die kühlende und berührende Music-Lufft fühlet und als innerlich empfindet; eben also wird das Gesicht deß Tarantel-Verletzten / gegen der übereinkommenden Farb also begierig / daß der Mensch scheinet / als wolte Er solche Farb mit den Augen einschlicken und auffsaffen/ auch wegen der kühlenden und reitzenden Lebens-Geister / so daher entstehen/ Ihme gäntzlich einverleiben; Sintemahln alle von den Lebens-Geistern geführte und dirigirte Kräfften/ die fahren gegen ihre angenehme Gegen- und Vorstände/ eben auf solche Weise / wie in Phantasia Magnetismo lib. 3. de Arte Magnetica gesaget worden.

Hier möchte aber Jemand nicht ohnfüglich fragen/ wie nu auf was Weis und Art die weisse Farbe zerstreue/ die Schwartze zusammen-halte und samle/ die Rohte ent-zünde/ die Grüne/ Scharlach/ und Gold-farbe absonderlich belustige und erfreue? wie es kome/ daß die Tarantel-Patienten gemeiniglich die grün- und blaue Farb so sehr lieben/ hergegen die Rohte und Schimmerende sie gantz auf andere Neigung und Sinn bringe? da doch dieses nicht anderst als durch gewisse Species und solche Sachen geschehen/ die doch nichts würckliches und wesentliches von sich geben oder außlassen/ dieweiln sie eine unvollkommene und verminderte Natur und Wesen haben/ so etliche real, andere aber absehend und intentional nennen/ als welche zwischen den warhafftig-wesentlichen Dingen/ und denen so nur in dem Sinn und Verstand enthalten/ das Mittel ist.

Worauf zu antworten: daß die Farb-Arten solche Eigenschafften an sich haben/ so in die leibliche und äusserliche Sinne fallen/ auch würckende Krafft an sich haben/ wiewohlen geringer und weniger / als die Eigenschafften selbsten/ von welchen sie kommen. Dann wer wolte läugnen / daß das von der Sonnen durch die Lufft außgestreuhte und strahlende Liecht/ wie auch die von dem Feür außgehende Hitz/ eine erwärmende Krafft habe? Nun ist aber das Liecht ein Bild und gleichsam eine Art der Sonnen / gleichwie die Hitz eine Stell-verweserin deß Feürs; kan derowegen gar wohl seyn / daß die Gegen- und Vorstände durch mancherley Arten / als durch eigene und natürliche Kräfften die organa oder Werckzeuge der Sinnen etwas ändern.

Darzu kommet noch/ daß das Tarantel-Gifft diese Eigenschafft an sich hat/ daß es nach seiner Art/ zu dieser oder jener Farb eine Zuneigung machet. Dann die Feuchtigkeit in dem menschlichen Leibe/ wird also vermischet/ daß sie durch Führung deß Lebens-Geistes/ so bereits von denen gefarbten Wesen und Ding eingenommen/ zu dem Verstandes-Sinn oder Phantasi gebracht wird.

Also lehret und bezeüget die Erfahrung/ daß die rohte Farb/ die jenige sehr bewege/ welche von rohten Tarantulen verletzet worden; dann weiln die Röhte/ durch eine sonderbahre Würckung die Augen / wegen Gleichheit mit dem feürigen Wesen/ entzündet / und die Gesichts-Mäuse kützelt und zupffet/ wie in den Löwen und Büffel zu sehen; und aber in den Augen die meiste Krafft der Lebens-Geister versamlet wird / auch solche außgebrichte und durch die feür-farbe entzündete Lebens-Geister/ so wohl die Gesichts- als andere Mäuse/ so darmit überein kommen/ kützeln und zupffen/ so geschiehet/ daß auß diesem kützlenden

Zupffen/ ein hefftiges Jucken und Beiffen gespühret wird/ daher auch die Bewegung kom-
met/ so benebens die Muſic mit ihrem thonenden und lautenden Lufft-ſchlag ſehr vermehret; Woher dann der Menſch von dem Gegen- und Vorſtand der lieb- und angenehmen Farb zugleich/ neben der Muſic, eine groſſe Luſt empfindet/ auch darburch/ er wolle
oder wolle nicht/ zu dem Dantzen und Springen angetriben wird. Dann es findet ſich
auch bey den Farben eine gewiſſe Ubereinſtimmung und Vereinigung/ welche nicht weniger als die Muſic beluſtiget/ wie dann ſolche Vermiſchung/ Vereinigung und zutreffende
Harmoni der Farben/ das Gemüth und deſſen Neigung zu bewegen/ groſſe Krafft und
Würckung haben; Und gleichwie auß der gelb-roth- und blauen Farb/ wann ſie verme-   **Die Farben**
get werden/ die Gold- und Purpur-Farb/ als die aller-angenehmeſte Farben entſtehen/   **haben auch**
alſo wird nachgehends auß dieſen zweyen/ die grüne/ als die aller-angenemmeſte under   **ihre Zuſam-**
allen Farben bereitet; auf gleiche Weiſe/ weilen die grüne Farb auß der Gold- und Pur-   **ſtimm- und**
pur-Farb/ als den lieblichſten und angenemmeſten zubereitet wird/ und alſo vollkommen   **Vereini-**
vermiſchet und vermenget/ nicht anderſt als die Octav auß der Quart und Quint beſtehet/   **gung.**
und aber dieſe die Ohren am aller-angenemmeſten beweget/ alſo dieſe Farb-Vermiſchung
die Augen/ daß es faſt ſcheinet/ die Natur habe dieſe Farb allein zur Luſt und Erfriſchung
dem Geſicht gegeben.

Dritte Frage. Quæſtio III.
Warum die Tarantel-Krancke/ ſo verſchiedene Gebärden und Bewegungen an ſich haben?

DAß die Tarantel-Patienten in ihrem Paroxyſmo und Gifft-Würckung verſchiedene
Gebärden und Bewegungen an ſich haben/ iſt bereits zum öfftern gemeldet worden; Etliche ſtellen ſich an als Soldaten/ andere als Oberſte und gebietende
groſſe Herren/ etliche geben Fechter ab/ etliche predigen und agiren geiſtliche Perſonen.
Iſt derowegen die Frage/ woher der Underſcheid dieſer Würckung rühre? Dann das
iſt gewiß/ daß dergleichen Weiſe und Gebärden bey ſolchen Leuthen ſich vorher nicht befun-
den/ ſo bald ſie aber das muſicaliſche Inſtrument hören/ werden ſie mächtig geändert;
welches aber recht zu verſtehen/ man wol mercken muß/ daß etliches Gifft iſt/ ſo in dem
Verſtand und Phantaſia eine ſonderbare Krafft und Würckung hat/ als durch deſſen
Krafft und Würckung alle Feuchtigkeiten deß Leibes erwecket/ und in das Hirn geführet
werden/ da dann die Lebens-Geiſter/ und endlich die Phantaſi eingenommen wird;
letzlich/ ſo werden durch Hülff der Lebens-Geiſter deß gantzen Leibes Feuchtigkeiten/ nach
den in dem Hirn gefaßt- und concipirten Sachen/ und nach eines jeglichen Menſchen
Temperament und Gemüths-Art erwecket und beweget. Dannenhero es auch kein Wun-   **Wann die**
der iſt/ wann die von ſolchem Gifft eingenom̃ne/ nach der Würckung ihrer Lebens-Gei-   **Einbildung**
ſter/ ſich vor das jenige halten/ was ihnen von ihrer Phantaſi vorgeſtellet wird; alſo wann   **ſtarck von ei-**
einem das Gifft von dem Schlängelein Dipſa beygebracht wird/ oder von dem Kraut   **nem Ding**
und Wurtzen der Eiſenhütlein zimlich iſſet/ ſo machts den Leüthen die Einbildung/ daß   **eingenom-**
ſie in Fiſch/ Gäns/ Endten und andere Waſſer-Vögel verwandelt ſeyen. Dann wei-   **men/ wird**
len dieſes Gifft wegen deß unerträglichen Durſtes/ ſo es durch ſeine Krafft und Wür-   **ſie gleichſam**
ckung verurſachet/ dem Menſchen immer Verlangen und Begierde zu dem Waſſer ma-   **in das jenige**
chet/ ſo bildet ſo balden die Phantaſi deß Menſchen durch Hülff der Lebens-Geiſter/ ſo   **verwandelt/**
die eingebildete Arten auffangen/ ſich das Waſſer gar ſtarck und fleiſſig ein/ wird auch   **was ſie ver-**
ſo wol durch das bloſſe Sehen eines Waſſers/ noch mehrers aber durch das unerſättliche   **langet.**
Trincken erfreuet; dahero ſolche Einbildung das jenige zu ſeyn verlanget/ was ſolcher
verlangter Dinge ſtäts genieſſet/ nahmlichen ein ſolch Waſſer-Thier; Ja weilen dieſer
Affect ſo ſtarck/ ſo die Einbildung immer nach dem verlangten Ding antreibet und reitzet/
ſo geſchiehet es folglich/ daß ſolche verletzte Einbildung endtlich darfur hält/ daß es ſelbſt
eines von ſolchen gefaßten und eingebildeten Dingen ſeye.

So wünſchen auch die hitzige Fieber haben/ immerzu/ daß ſie doch Fiſche wären/
darmit ſie genug zu trincken/ und ihren Durſt zu ſtillen Gelegenheit haben möchten. Im
Gegentheil das Gifft/ ſo von einem wütigen Hunds-Biß kommet/ das erwecket und
machet ein Forcht und Schrecken ab dem Waſſer/ und ſtellet der Einbildung immerdar
den offen- und aufgeſperrten Hunds-Rachen vor.

Dann wann die Einbildung den beiſſenden Hund vor ſich hat/ und ſiehet/ ſo wird ſie
auch durch eine heimliche und verborgene Krafft und Gewalt/ ſo dem Waſſer zuwider iſt/
alſo erſchrecket/ daß ſie auch von dem Waſſer nichts hören oder ſehen mag/ daher auch
ſolche Waſſer-ſcheue genennet werden. Nicht anderſt ſoll man auch von den Tarantuln
ſchlieſſen/ dann/ weilen nach den verſchiedenen Tarantulen/ auch das Gifft gantz ungleich
und verſchieden iſt/ ſo kan es auch verſchiedene Feuchtigkeiten bewegen/ ziehen und treiben; Daher wann/ zum Exempel/ die Gall-ſüchtige Feuchtigkeit durch ſolches Gifft beweget wird/ ſo erwecket ſie dieſe ſcharffe und beiſſende Feuchtigkeit/ ſo ihr gleich kommet

in

in dem Menschen / und zwar in einem zum Zorn geneigten ist die Bewegung und der Trieb
desto stärcker. / Diese in das Hirn aber gebrachte Feuchtigkeit und humor, treibet die Einbildung desto stärcker zu dem / wohin sie ohne das geneigt ist; welcher humor auch/ wann
Er durch die musicalisch- und klingende Lufft geschlagen und außgedehnet wird / sich in alle
Glieder außtheilet und ergiesset / welche er auch kitzelt / jucket und juppfet / woher dann
nachgehends die solchem humor gleich-kommende Bewegungen entstehen / als Unwillen/
Zorn / Wüten / Raserey / Unbeständigkeit deß Gemüths und der Sinnen / wie auch andere dergleichen Gemüths-Bewegungen mehr / welche auch durch den Blick der glänzen-
den Wöhr und Waffen / roht-gefärbter Dinge und dergleichen / noch mehr erhitzet und
entzündet werden / wie auch in vorgehendem ist gesaget worden ; Es handelt aber solche
Gallen-führende Feuchtigkeit in einem flüssigen Menschen durchgehends viel gelinder und
sanfftmühtiger / Und also muß man auch von den blutreichen / flüssigen / melancholischen
Tarantulen schliessen / daß sie in den blut-reichen / flüssigen / melancholischen Menschen /
nach ihrer Art und Temperament würcken / welches / weiln es auß vorgehendem genug erhellet / ohnnöhtig ist hier weiter außzuführen.

Dritte Abtheilung. Sectio III.
Von mancherley Wunder-Thon.

Cap. I.
Von Beschreib- und Abtheilung deß Wunder-
Thons oder Halls.

WUnder-Hall oder Wunder-Thon ist nichts anders/ als ein ohngewohnlicher Thon
oder Hall / so da / etwas sonderliches zu bedeuten / geschiehet / welcher indem er
gewaltig und starck in das Gehör fället / die Hörende aber / die eigentliche Ursach
dessen nicht wissen noch verstehen / sie dardurch in grossen Schrecken und Verwunderung
gesetzet werden. Dieser Thon ist dreyerley Art / natürlich / ohn-natürlich / übernatürlich
oder wunder-würcklich.

Under solchen Wunder-Hall oder Wunder-Thon / ist auch zu zehlen der Thon oder
gewaltige Himmlische Stimme / so sich under wehrender Predigt und Discurs Christi zu
Jerusalem / mit höchster Verwunderung aller Zuhörenden vernehmen lassen / so es meistentheils vor ein Donner gehalten / darvon Joh. 12. Ein solcher Wunder-Thon ist gewesen die Englische Music, so sich auf dem Feld / zu Nachts / als Christus gebohren ward/
hat hören lassen ; Ingleichem das starcke sausen und brausen als einen gewaltigen Windes / an dem heyligen Pfingst-Fest zu Jerusalem / da die Apostel und die Jünger den heyligen Geist haben empfangen ; dergleichen seyn underschiedliche Thon / deren die heylige
Schrifft Meldung thut/ als der Posaunen und Trompeten-Hall auf dem Berg Sinai /
da GOTT der HERR dem Moysi das Gesätz gegeben.

Cap. II.
Von dem Hierochuntischen Mauren-Einfall / so auf den
Israëlitischen Posaunen-Schall erfolget.

ES ist die Frage under den Gelehrten / ob dieser Wunder-Hall der Posaunen / wie
auch das Geschrey der Israëliten / den Mauren-Fall zu Jericho / natürlich oder
als ein Wunder-Werck und über-natürlich verursachet habe ; von den Jüdischen
Rabbinen hält Ralbag darfür/ daß dieser Einfall von der starcken und gewaltigen Stimm
und Feld-Geschrey seye verursachet worden ; in welchen Gedancken auch etliche heylige
Kirchen-Väter und Lehrer gewesen / als Augustinus, serm. 206. de tempore, da Er under
anderm sagt : Darnach kamen sie / die Israëliten / zu der Statt Jericho / woselbsten die
Stattmauren auf das Feld-Geschrey deß Volcks / und der Posaunen oder Trompetten-
Hall / auf den Grund eingefallen ; der heylige Hieronymus in seinem Schreiben an Abi-
gaum , saget : Die Mauren zu Jericho seyn durch den Priesterlichen Posaunen- und
Trompetten-Hall eingeworffen worden ; Eben dieses lehret auch der heylige Ambrosius
l. 30. c. 10. Origenes hom. 6. Under den neuern Lehrern hält Mersennus gänzlich darfür/
daß diese Mauren durch den starcken und gewaltigen Thon seyn über einen Hauffen geworffen worden / (Er beschreibet auch die proportion zwischen der bewegenden Ursach/ und
bewegten oder gefüllten Mauren) weiln aber hierinn mehr hoh- und subtiles / als wahres
sich befindet / wollen wir uns länger nicht darmit aufhalten / sondern sagen kürtzlich ; daß
diese Mauren auf diesen Hall und Geschrey / durch GOttes sonderbahre Würckung / als

Die Mau-
rt zu Jericho
seyn durch
ein Göttli-
ches Wun-
der-Werck
eingefallen.

ein

ein Zeichen seines heyligen Willens eingefallen; daß es aber natürlicher Weise (Mersennus mag sagen was Er will) nicht geschehen / beweise Ich folgender massen.

Es kan kein blosser Hall/Schall/Geschrey/es sey jetzo von Menschen/Posaunen/Trompeten / oder andern dergleichen/ und solts noch so groß und starck seyn/eine Maur/oder Gebäu natürlicher Weise/ von sich selbsten/ fällen/einwerffen/oder bewegen/welches also bewisen wird. Bey dem Thon oder Hall finden sich dreyerley/ Erstlich zweyet körperlichen oder vesten Dinge Zusammenschlagung oder Anstossen/ Zum Andern/ deß Lufsts/ oder was sonsten sich zwischen solchen zweyen Cörpern findet/Vertreibung/ Brechung und Bewegung; Drittens die Außtheilung und Außdähnung solches zerribenen und gebrochenen körperlichen Dinges/oder die Flucht gleichsam/Zurück- und Abweichung desselbigen.

Und eben dieses ist es / worvon etwas kan beweget und angetrieben werden; dann wann es also fliehet und weichet; so schlägt es etwas weit/treibet es/ was wunderlich ist/ und ihme vorstehet/ und zwar erstlichen / so beweget es die nächste und vorstehende Lufft/ und treibet selbige fort; dann sonsten müste ein Körper durch den andern dringen und fahren; Die Lufft aber ist gar tauglich und bequem die Bewegung anzunemmen; die etwas weitere und abgelegene Lufft aber wird nicht allezeit beweget / dieweilen die Macht und Krafft indessen nach und nach geschwächet wird / also/ daß solch körperlich Ding von sich selbsten weiter nicht gehen/ noch etwas anderes treiben kan; Es ist aber bey diesem Fortgang und Trib anderer körperlichen Sachen wohl zu bedencken / daß wann etwas weit soll fortfahren/ und darzu noch etwas anderes bewegen und treiben; so sey nothwendig vors Erste/ daß es durch grosse Krafft und Gewalt gebrochen / getrieben und fortgeschoben werde; Zum andern/ daß es nichts geringes/ kleines/ schwaches und dünnes sey / sondern ein gute Grösse und Stärcke habe. Dann/ fehlet es am ersten/ so währet die Flucht nicht lang/ und kan auch ein solch schwach- und geringes Ding die nächste Lufft nicht lang oder starck treiben; Fehlet es dann an dem andern / so wird die Stimme von dem umgebenden/ auch weit und breit außgetheilten Lufft gehemmet und gehalten/ daß sie nicht weiters fortgehen / weniger etwas anders antreiben kan; darzu kömt noch / daß auch die stärckeste und mächtigste Thon in der freyen und weiten Lufft/ eine schlechte Krafft und Würckung haben/ und viel mehr auf dem freyen und weiten Feld / gar bald und leicht von der weit- und grossen um uns schwebenden Lufft eingezogen und eingeschlungen werden/ und gantz zergehen/ daher auch die meiste Philosophi darfür halten/ daß zu dem etwas entfernten Gehör nicht der wahre und eigentliche Thon komme/sondern nur die Art/und gleichsam das Bild desselbigen.

Dann wann der Thon/ Hall und Schall solch grosse Krafft und Macht hätte/so hätte man bey Eroberung der Stätt und Vestungen keiner Maur-/Brechen/ Stück / Pressenschiessen und dergleichen vonnöthen / weiln solches durch biß grosse Geschrey und Hall/ Schall und Laut der Menschen / Pferdten / Paucken / Tromlen/Trompeten/Stück-knallen/ und dergleichen / kondte verrichtet und zuwegen gebracht werden. Daß wir aber oben gesaget / daß der Thon und Hall grosse Krafft habe/ etwas zu treiben und zu bewegen / als wann ein geschlagene Orgel einen Stein mit ihrem Thon zittern machet / oder ein Bild und anders beweget/ so muß man das nicht anderst verstehen/ als von einer harmonischen oder zusammen-stimmenden Lufft-Bewegung; dann es kan auch ein einiges / darzu nicht zu grosses Rohr ein grosses Ding bewegen / so doch zehen Pfeiffen/die grösser als das Rohr/ nicht zuwegen bringen kondten; und ist derowegen an selbigem Ort eigentlich die Rede nicht / von einer starcken Lufft-Bewegung / sondern von dergleichen/ da ein klingend- und lautendes Ding/ ein anders / so ihm gleich kömt/ oder darnach proportioniret ist/ beweget; eben als wie gesaget worden/ daß eine geschlagene oder hallende Saitte eine andere bewege. Dann wann auf einem viel-saittigen Instrument zwölf Saitten gespannet sind/ da die erst- und letzte auf einerley Thon gestimmet seyn/ und gleich lautten/ so wird eine Saitte die andere bewegen und klingend machen/ da im Gegentheil von den übrigen zehen Saitten keine die andere bewegen wird / wann man selbige auch alle nacheinander schläget. Worauß dann zu ersehen / warum ein körperliches Ding das andert bewege / nicht wegen der anschlagenden Lufft-Stärcke und Gewalt / sondern daß zu solcher Bewegung ein proportionirte und zusammen-stimmende Lufft-rührung erfordert werde; Was aber die Meynung und Zeignuß der heiligen Kirchen-Vätter betrifft / so oben angezogen worden/ so sag ich/ daß keiner von diesen heiligen Patribus darfür gehalten/ daß durch den blossen und natürlichen Gewalt eines Geschreyes/ Trompeten-oder Posaunen-hall die Hierichuntische Mauren eingefallen/ sondern als auß einem Zeichen/ welches / so bald es gegeben worden/ GOtt der HErr entweder durch Göttlichen Gewalt / oder gebrauchten Dienst seiner heilige Engel/ die Mauren und Thürne über einen Hauffen geworffen. Bleibet derowege darbey/daß das Hierichuntischen Mauren-einfall/so auf das Feld-Geschrey deß Volcks/und den Posaunen-hall geschehe/nit natürlich gewesen/sondern vor ein übernatürliches Wunder-werck zu halten; Wir wollen derowegen weiter fortfahren/andere dergleiche Thon und Halle zu beschreiben.

Cap. III.
Von den Wunder-thon und Hallen der andern Art/ das ist / dergleichen Thon und Hall/ so zwar von einer natürlichen Bewegung entstehen/ allein Menschliche Krafft und Vermögen gleichwohl übertreffen.

B   Hie

Wie der Thon bewege.

Jer ist die Rede von etlich wunderſamen/ und bedeütenden Thon- und Hallen/ die eigentlich nicht gantz eine über-natürliche/ noch auch gäntzlich eine natürliche Krafft und Würckung haben/ ſondern entweder von Engelen und guten oder böſen Geiſtern/ zu einem guten oder böſen Ende geſchehen.

Wunder-Geſchicht von einem Schwartz-Künſtler/ ſo mit einem gewiſſen Thon und Hall etliche Kinder bezaubert.

JN dem Jahr Chriſti 460. hat ſich ein über alle maſſen wunderbahre Geſchicht zu Hammeln/ einer Statt in Nider-Sachſen/ an der Weeſer gelegen/ zugetragen/ ſo ſich alſo verhält.

Weiln daſſelbige Jahr die Innwohner von Ratzen und Spitz-Mäuſen ſehr geplagt wurden/ ſo auch Jägerſtalten überhand genommen/ daß man weder Früchten oder Saat mehr vor ſolchem Ungiſer erhalten kondte; als haben die gute Leüthe hin und wider Rath geſuchet/ und mancherley Anſchläge/ dieſem Ubel zu begegnen/ gehabt; Indeſſen lieſſe ſich unverſehens ein groſſer und ſchröcklicher Mann/ ſo zuvor von niemand geſehen worden/ erblicken/ der gab ſich auß/ Wann man ihm eine gewiſſe Summa Gelts bezahlen würde/ ſo wolte er alle Mäuß und Ratzen/ die in ſelbiger Reſier wären/ zuſammen bringen/ und außrotten; was geſchicht? Die Leüthe verſprachen ihm das Gelt gern und willig; ſo bald

(margin) Mäuſe und Ratzen werden durch ein Pfeiffſ: thon zuſamen gebracht.

nimt er ein Pfeifflein auß ſeiner Taſchen/ die er an hatte/ und fieng an zu pfeiffen; worauf eine grauſame Menge Ratzen und Mäuſe auß allen Häuſern/ Gebäuen/ Wincklen/ von den Dächern zuſammen geloffen kahmen/ und lieſſen dieſem Pfeiffer und ſeinem Pfeiffen nach biß an das Waſſer. Der Pfeiffer ſchürtzete die Kleider auf/ und gieng ins Waſſer/ die Mäuſe folgten ihme ſo balden/ und erſoffen alle miteinander; Nach dem forderte der Ratzen-Fänger den verſprochenen Lohn; allein die Innwohner wolten ihme nicht mehr halten/ noch/ ſo viel ſie verſprochen/ liefern; Worauf der Pfeiffer ihnen trohete/ wann ſie ihme nicht den verſprochenen Lohn völlig würden bezahlen/ ſo wolte er ſich ſo bezahlt machen/ daß es ſie theür genug ankommen würde; worüber aber die Leüthe ſeiner nur ſpotteten; Deß andern Tags koimt dieſer Mann wieder/ um den Mittag/ als ein Jäger bekleidet/ mit grauſamen Geſichte/ und einem Purpur-farben/ wunderlich zuſammen geſalteten Huth/ hatte abermahl eine Pfeiffe/ aber gantz einer andern Art/ als die vorige war/ ſo bald er nun anfieng zu pfeiffen/ lieffen ihme die Knaben auß der Statt von 4. biß 12. Jahr alt/ in groſſer Menge nach/ und folgeten dem Pfeiffen. Nun aber hat es nah bey dieſer Statt an dem Geſtad der Weeſer/ in einem Berg eine tieffe Hölen oder Halden/ ſo zu einem groſſen Vieh- und Heerd-ſtall ſehr bequem; In dieſe Hölen oder Halden hat er alle dieſe Knaben mit ſich geführet. Man hat nachgehends von der Zeit an keinen mehr von ſolchen Knaben geſehen/ weiß auch niemand eigentlich/ wie ihnen ergangen/ oder wo ſie hingekommen. Dahero dieſe Statt auf den heutigen Tag ihre Zeit und Jahrs-Rechnung alſo pfleget zu führen: Von dem Außgang unſerer Kinder.

Ich bin ſelbſt in dieſer Statt geweſen/ habe den Berg geſehen/ auch die gantze Geſchicht in einer Kirchen/ auf einem kleinen Täfelein gemahlet/ mit höchſter Verwunderung betrachtet; Da fragt ſich nun/ woher der Schall und Thon dieſer Pfeiffen ſo groſſe Krafft und Würckung gehabt habe. Worauf zu wiſſen/ daß bloß auſſer allem Zweifel der Teüfel ſeye geweſen/ der auß Göttlichem gerechten Gericht und Verhängnuß dieſe bezauberte Knaben an einen andern Orth der Welt heimlich geführet; Und bezeüget die Sibenbürgiſche Chronic/ daß um dieſelbige Zeit in Sibenbürgen/ Knaben von unbekandter Sprach und Art/ unverſehens erſchienen/ ſo ſich nachgehends daſelbſten aufgehalten/ auch ihre Sprache ſo bekandt gemacht/ daß auf den heutigen Tag die Sibenbürger an ſelbigem Orth keine andere/ als die Nider-Sächſiſche Sprache reden. Wer von dergleichen Wunder-Thon und Hall mehrers leſen will/ der beſehe Johannem Euſebium Norimbergium, Cornelium Gemmam, und andere mehr.

Cap. IV.
Von Wunder-Hall und Thon etlicher ſonderbahrer Glocken.

UNder andern ſolchen Glocken/ ſo mit ihrem Wunder-Hall und Thon die Welt beſtürtzt machen/ iſt gewißlich eine von den vornehmſten/ die Glock zu Vililla, ein rechtes Wunderwerck in Spanien/ von welcher Varius L. 2. de faſcinatione cap. 14. alſo ſchreibet: In dem Königreich Hiſpanien, und deſſen Statt Vililla genandt/ findet ſich eine Glocke/ ſo man die Wunder-Glocke nennet. So offt nun in der Chriſtenheit etwas ſonderliches vorgehen ſoll/ ſo leütet und hallet dieſe Glock von ſich ſelbſten/ wann ſie gleich von Niemanden gezogen wird; deſſen Ich durch offentliche Ordinari-Botten neben vielen andern Zeügen bin gewiß berichtet worden/ hab auch die Brieffe/ ſo die Schalt-Könige und Regenten dieſer Orten hiervon geſchrieben haben/ ſelbſten geleſen. Unſer Mariana beſchreibet dieſe Glocken folgender maſſen: Es iſt bey 36000. Schritt underhalb der Statt Cæſarauguſta ein Stättlein/ an dem Fluß Ebro gelegen/ Namens Vililla, ſo von den Alten Römern noch erbauet/ und ein Reſt von der Illegertiſchen Colonie iſt; heütigs Tags aber

aber von nichts sonderbahr berühmt und bekandt/ als wegen einer sonderbahren Glocken/ welche mit ihrem eigenen hallen und leütten/ ohne Menschliche Beyhülff/ alleseit etwas son-derbahres vorbedeüten solle / wie die Leüthe auß der Erfahrung zu erfehlen wissen. Ob dieses eine närrische Einbildung / oder warhafftig also geschehe / will ich jetzo nicht dispu-tiren ; Es werden gleichwohl keine schlechte und gemeine Leuthe benennet / so es selbsten ge-sehen und gehöret haben. Es sagen auch die Leuthe / daß diese Glocke den Tag zuvor/ ehe ihre Könige gefangen worden/ von sich selbsten geleitet und geschlagen habe.

Wiederum den 3. Novembris, auch den 4. Jan. habe sich die Glocke zum drittenmahl hören lassen / zu welcher Zeit der Frieden und Allianz zu Meyland geschlossen / und Arago-nius wiederum frey gelassen worden. Benebens soll diese Glocke auch vor dem Tod Phi-lippi II. wie auch zu unsern Zeiten zu verschiedenen mahlen also von sich selbst geleitet haben ; wie auch Norimbergius bezeüget / solle dieses von vielen vornehmen und glaubwürdigen Leüthen gehöret worden seyn.

Fast dergleichen Glocke solle sich auch bey denen Japonern befinden/welche/so offt in dem Königreich grosse Aufruhren und schädliche Tumult obhanden / von sich selbsten leitet. Joh. Lupus der Monopolensische Bischoff berichtet / daß in dem Camorischen Kloster / wo-rinn sich Prediger-Mönch aufhalten/ ein Glöcklein seye / so alleseit drey Tage zuvor / ehe ein solche Ordens-Persohn stirbet / von sich selbsten leite/ wann auch schon keiner zu der Zeit kranck zu Bethe lige ; Eben dieser Author berichtet auch / daß ein solches Glöcklein in dem Dominicaner-Kloster zu Corduba gewesen/ so alleseit von sich selbsten geleitet / wann einer von den Brüdern dieses Klosters / oder sonsten ein vornehmer Mann dieses Ordens sterben sollen.

(Marginalie: Verschloßene Königreich. Exempel deß wider-würtigen predigtGlocken Thons.)

Ingleichem berichtet von einer solchen wunderbahren/ von sich selbst leitenden/ auch den Tod vorbedeütenden Glocken Angelus Rocha ; die in dem Dominicaner-Kloster zu Salerno seyn solle. Gibellinus berichtet in Beschreibung deß Lebens S. Menulphi, daß in Teütschland in dem Kloster Bodken eine solche Glocke mit ihrem selbst-leiten einer Kloster-Frauen Tod vorbedeütet habe.

Es gibt auch noch andere musicalische und hallende Instrumenta, die von sich selbst lau-ten/ wann etwas sonderlich- und grosses obhanden ; also / wann Aufstand und Aufruhr vorhanden / so lassen sich bey dem Grab deß heiligen Jacobi zu Compostell, kriegerische Waffen und Gethöß hören ; Etliche bedeüten Sieg wider die Feinde / als wie die Gebei-ne Ferdinandi Gonzali ; worvon Norimbergius zu lesen. Ich köndte noch unzahlbar solcher Wunder-thon / und dergleichen Exempel beybringen/ wer aber mehr dergleichen verlan-get ; der lese das Theatrum Vitæ Humanæ de Prodigiis ; Ægesippum , und Josephum, von den Zeichen/ so den Untergang und Zerstörung Jerusalems bedeütet haben. Cornelium Gemmam in Cosmocriticis / und andere.

Jetzt ist noch übrig / daß wir nachforschen/ woher solche Thon und Hall kommen ; daß es nit natürlich/ist bekandt/muß derowegen was mehr als natürliches darhinder stecke.

Meine Meynung ist diese ; daß dergleichen Thon und Hall / durch der Schutz-Engel Würckung und Hülff geschehe / in Ansehung eines und andern Heyligen Verdienste ; so etwan dergleichen um gewisser verborgener/ auch GOtt allein bekandter Ursachen und Absehen willen / diesem oder jenem Königreich oder Land / ein und anders vorstehendes Ubel zuvor zu bedeüten / als in sonderbahres Privilegium, von GOtt erlanget.

Es geschiehet aber dergleichen auch sehr viel und offt auß deß Teüfels Betrug und Verführung / wie dergleichen bey den Heyden vor Zeiten mit ihren Oraculis, deren Thon/ Hall und Antwort geschehen / worvon mein Oedipus Hieroglyphicus in dem tractat de Ora-culis Veterum kan gelesen werden ; dergleichen auch gemein ist an denen Orthen / so nicht rein/ und von Geistern oder Gespenstern beunruhiget werden / darvon man den Delrio und Tyræum lesen kan. Wir setzen nunmehr solche Wunder-Thon / als die auch weit von unserm Vorhaben entfernet / auf eine Seiten / und nemmen für uns / die Thon zu beschreiben / so zwar natürlich seyn / und gleichwohl niemand die Ursachen und Wür-ckung derselben genugsam ergründen kan.

Cap. V.

Von den verborgenen Ursachen etlicher Thon und Halle; als von dem schröcklich- und grausamen Geräusch und Brausen der Smellischen Höle in Finnland.

Ast uns nur besehen die grausame Finnländische Höle / welche Olaus Magnus in seiner Mitternächtischen Historia l. 11. c. 3. gar schön und eigentlich beschreibet. Diese Höle ist nicht weit von der Seestatt Viburg an den Moskowitischen Gräntzen; welche diese Art und Eigenschafft an sich hat / daß wann man ein lebendiges Thier darein würfft / ein solch grausam und erschröckliches Brausen und Gethöß entstehet / daß es auch die Ohren der annahenden also erfüllet und einnemmet/ daß man fast weder hören / reden oder stehen bleiben kan ; indem es viel schärffer und härter in den Ohren lautet / als das schärffst geladene Rohr/ so man vor den Ohren loß brennet / und deßwegen auch einen

Menschen also erschrecket und schwächet/ daß er nicht weiß/ wo er ist. Es scheint auch diese starcke Natur-Würckung nicht vergebens seye; dann wann feindlicher Einfall geschiehet oder besorget wird/ so befihlet der Commendant oder Besehlhaber deß Orths seinen Leuthen/ daß sie alle ihre Ohren mit Wax wohl vermachen/ auch sich in die Keller/ Gewölber und Hölen/ als zukünfftige Siger und Beütenmacher/ verbergen sollen/ dann rüstet er sich/ und nimt ein Thier/ entweder an einem Sail oder Spieß angemachet/ und schleudert oder würffts zum Loch der Hölen hinein: da dann alsobald ein solch grausam Geräusch/ Sausen und Brausen entstehet/ daß die um die Statt sich befindende Feinde nicht anderst/ als wie das Schlacht-vich dahin fallen/ auch lange Zeit also ligen bleiben/ biß sie außgezogen und geplündert seyn. So bald sie aber wieder zu sich selbst kommen/ so gedencken sie an kein Fechten oder feindliche Thätlichkeit mehr/ sondern seyn allein auf das Außreissen bedacht; geschiehet also/ daß/ die man mit Gewalt/ Wöhr und Waffen nicht hat abtreiben können/ allein von der brausenden und sausenden Natur und deroselben Würckung geschehen und überwonnen werden. Er bezeuget ferner/ daß diese Höle mit etlichen Mauren eingefangen und verwahret seye/ damit nicht jemand leichtlich durch Fürwitz in Gefahr gerathe. Es haben dieses/ nach deß Authoris Gezeugnuß/ neben vielen andern Feinden/ insonderheit auch die Reussen/ nur gar zuwohl erfahren/ die etliche tausend da haben sitzen lassen/ und ein solch elendes Exempel der Nach-welt abgeben müssen.

Wunder-würckung einer Sinnländischen Höle.

Plinius erzehlet von einer gleichmässig gearteten Höle in Dalmatien/ so gar ein tieff und weites Loch oder Klufft hat/ da dann/ wann man auch bey heiterer Lufft/ und am hellen Tag etwas geringes hinein wurff/ so balden ein grausames Sausen und Brausen/ als ein erschröcklicher Sturm-wind und Winds-braut entstehet.

Petrus Martyr berichtet von einer solchen Höle und Grufft in der Americanischen Insul Hispanjola/ so ein solch grausames Bräusen/ Würthen und Sausen stäts von sich gibet/ daß es auch auf fünff Meylen Wegs niemand ohne Schaden/ entweder deß Gehörs/ oder wohl gar seines Lebens/ hören kan/ und derowegen niemand sich darzu nahen darff.

Die eigentliche Ursach dieses Wunder-geräusch und Halles (wann es anderst alles wahr/ was Olaus schreibet) ist nichts anders/ als die sonderbahre innerliche Gestalt und Beschaffenheit dieses Berges/ so die Lufft/ durch unzahlbare Reflexion, Brüch und Anschlag deß Halls/ so starck beweget; weiln aber die beunruhigt und bewegte Lufft keinen andern Außgang/ als durch das Mundloch und Klufft/ so durch die Statt gehet/ haben kan/ so ist sich nicht zu verwundern/ daß die eingefangene/ zusammen-gezwungene/ und endlich mit Gewalt außbrechende Lufft/ ein solch grausames Brausen und Ungewitter erreget; Ich höre/ daß man in dem Schweitzerischen Gebürge auch dergleichen finde/ sonderlich auf dem Cucumer-Berg/ wie sie ihn wegen seiner Form und äusserlichen Gestalt nennen/ auf dessen Spitz ein tieffes Loch oder Schlund zu sehen; wann man in dieses Loch einen einigen Stein in den Berg hinunder würfft/ so gibts ein grausames Krachen und Brausen/ daß die Anwesende dardurch nicht allein sehr erschröcket/ sondern auch durch den außfahrenden starcken Wind zur Flucht getrieben werden.

Dann die verschlossene hole Gebürge haben eine sonderbahre Wunder-krafft und Würckung den Thon und Hall zu stärcken und zu vermehren/ welches uns auch die Erfahrung/ an den tieffen Bronnen weiset; Wie dann auch zu Fulda in meinem Vatter-land/ auf dem Berg der heiligen Jungfrau Marix, ein Bronn sich findet/ bey 300. Spannen tieff/ wann man nun einen Stein hinein würfft/ so gibt es einen solchen Knall und Schall/ als ob man ein Feld-stuck loß-brennete. Ich erinnere mich auch/ daß ich auf einem Berg in der Lipanitanischen Insul eben dergleichen gesehen und gehöret; also/ daß ichs deßwegen desto weniger vor eine Fabel halte/ was Olaus von dieser Höle geschrieben/ indem auch dergleichen den Reysenden hin und wider viel vorkommet; Weillen aber dergleichen Berg-wunder in meinem Mundo subterraneo vorgestellet/ als wird der Kunst- und Wunder-begierige Leser dorthin verwisen.

Cap. VI.

Von dem Wunder-Thon und Hall etlicher Gestad deß Botnischen Meers in Schweden.

WAnn Olaus Magnus von dem hohen Gebürge deß Botnischen Meers handelt/ so gedencket er auch etlicher Gestad-Hölen Wunder-hall und Gethön; und schreibet/ daß wegen solchen grausamen Gethöß und Hall niemand zunahe kommen dörffe/ dann sie von den Anschlagen der hoch-steigenden Wellen in solcher Grausen und Schauer ankommet/ daß/ wann man nicht mit starckem Rudern oder gutem Wind sich alsobald salvirt, die Menschen nur von dem blossen Schrecken fast sterben; Es hat aber in diesem Gebürge unden/ wo die Wellen sich anschlagen/ etliche krumme Klüffte und Hölen/ die von der Natur gantz wundersam gemacht/ in welchen der eingefallene Schall und Hall/ gleichsam einen neuen grausamen Berg-thon verursachet/ dessen Ursach/ als etlich

lichmal einige erforschen wolten / und sich unbedachtsamer Weise allzunahe herzugema-
chet / ist so balden das Schiff mit Wasser angefüllet / und mit höchster Verwunderung
und Undergang der Aushabenden zu Grunde gegangen; Es läst sich aber dieser höchst-
schädliche Hall und Brausen auf etliche Meylen Wegs von den Schiffenden hören / und
heisset gleichsam die Unbedachtsame sich darvon machen / weiln sie dieses grausame Krachen und Sausen nicht außstehen noch ertragen können; Von einem gleichmäßigen Berg
erzehlet Vincentius Bellovacensis mit diesen Worten: Bey den Tartarn ist ein kleiner Berg/
in welchem ein Loch seyn soll / darauß deß Winters solche grausame Winde und Unge-
stümme außfahren/ daß die Leuthe daselbsten kaum/ und nicht als mit höchster Lebens-
Gefahr vorbey reysen können.　　Dessen kein andere Ursach ist / als solche verborgene und
heimliche Wasser-fäll und Gänge / die dergleichen grausam-und erschröckliches Sausen in
solchen tieffen Hölen verursachen; wie solches weitläuffig in meinem Mundo subterraneo
erwisen worden / und erzehltem Exempel der Hölen in Hispaniola erhellet.

Pausanias berichtet / daß das Gestad deß Egeischen Meers mit seinem Sausen fast
der Cythorn-Thon gleich komme/ gewißlich auß keiner andern Ursach / als auß verschiedener Form und Eigenschafft der Hölen Gestad und Felsen / welche / wann sie den Thon
von den anschlagenden Flutten auffangen / selbigen auch vermehren und stärcken / endlich denen von ferne Zuhörenden/ weiß nicht was / Harmonisch oder Saitten-spihl gleich-
lautendes zu Gehör schicken.　　Dann daß die Grösse oder Kleine der Klüfft und Hölen / in
Würckung deß Thons oder Halls eben die Eigenschafft habe/ als wie die klingende Saitten-spihl nach dem Underscheid ihrer Bäuche oder Höle / ist nicht zu zweiffeln.

Woher dann noch ein andere schwer-und verborgene Sach / nähmlich was es mit
dem Wunder-sausen und Brausen / auf dem Berge deß in Neu-Spanien gelegenen Quatomalensischen See-Gestades / bey wehendem Ost-winde / vor eine Beschaffenheit habe/
kan aufgelöset werden; darvon Laëtius in seiner Historia der Neüen Welt meldet / daß
das Sausen und Brausen selbigen Gestades unsern Orgeln so nah und gleich komme/ daß
es auch die Innwohner den Götter-Danck nennen; dessen kein andere Ursach / als die ver-
schieden-verborgene Gänge und Canäle dieses Berges / nach ihrer manigfaltigen Grösse/
in welchen / so die Lufft durch deß Meeres- und Wellen-Krafft / bey den Klüfften und Löchern eingetrungen und getrungen wird/ und also an den Eingängen solcher Hölen anschläget / es nachgehends in solchen Thon und Pfeiffen-gleiches Sausen verursachet / wie in
den Zincken/ Krum-hörnern/ Pfeiffen/ und dergleichen durch Lufft und Wind hallend-ge-
machten Instrumenten geschiehet.

Hierzu wollen wir noch das Wunder-Ding setzen / so Clemens Alexandrinus l. 6. Stro-
mat. von etlichen Britannischen und Persischen Gebürgen/ mit folgenden Worten berichtet: Es melden diejenige / so Historien zusammen getragen / daß in Engelland eine Höle
under einem Berge sich finde / oben aber auf dem Berg ein Loch seye: Wann nun ein
Wind in die Höle fället / auch in der selbigen anschlägt / so höre man einen Zimbel-thon/
so recht nach dem Tact und auf musicalische Art laute.　　Es geschihet auch mehrmahlen/
wann in Wäldern durch einen gähen Sturm und Wind die Blätter beweget werden/
daß es lautet / als ob die Vögel singen.　　So erzehlen diejenige/ die durch das Königreich
Persien gereyset / daß auf dem hohen Gebürge/ wie die Waisen vor Zeiten gewohnet
haben / drey Berge auf einem weit-und langen Felde sich finden / deren der Erste einen so
grossen Hall und Schall von sich gibet / als ob etlich 1000. Personen zusammen schreyen/
und als ob sie in der obern Lufft wären / kömt man zu dem Mittlern / so gibts noch ein
grössers Gethöß und Brausen; endlich und bey dem Dritten höret man Siegs-Geschrey
und Frolocken/ als dern/ so einen Sieg erhalten; Ich halte aber darfür / daß eines jeglichen Halls oder Lauts Ursach seye / die manigfaltige Glätte und Höhlen der Berge /
wann derowegen sie darein gefallene Wind und Hall an- und widerschleget / so gibts ein
solch grausum-und grosses Gethöß und Sausen.

Wann es wahr ist was Clemens schreibet von denen Brittanischen Bergen; so kan
in Wahrheit solches Wunder-Thons und Halls keine andere Ursach seyn / als der außge-
höhlten und durchlöcherten Berge/ verschiedene Canäle und Hohl-gänge / daher eine solche
Eigenschafft und Disposition entstehet; dann die under dem Berg sich befindende Höhle/
schicket den aufgefangenen Wind und Lufft/ in solche Hohl-gänge und Röhren / derselbige
wird so dann enger zusammen getrungen und gezwungen / und mit seinem starcken Anfall
und Anschlagen verursachet Er so manigfaltige Hall / Thon und Brausen / gleichwie wir
auch oben von denen Quatomalensischen Bergen vermeldet haben.

Daß aber Clemens berichtet / daß diese drey Persische Berge auch dreyerley Hall
und Thon sich hören lassen/ muß man eben so wohl der sonderbahren Beschaffenheit und
Disposition der Berge beymessen; dann wann das Gesauß und Gethöß/ deß vorbey rei-
senden Heers oder Caravana in solche Höhlen fället / anschlägt / und wegen der vielfältigen
reflexion also vermehrt und verstärcket wird / so ists kein wunder / daß man ein solch groß
Gethön und Geschrey höret / als eines streittenden und tobenden Heers.　　Auch weiln dieser grosse Hall und Tumult in dem andern Berg / so wohl wegen gerad und eben als gebro-

chen

Erschröckli-
ches Sausen
und Gethön
etlicher Ge-
stad deß Bot-
nischen Mers.

Wunder-ge-
schicht dreyer
Persischen
Berge.

chen Thon-linien, sich verdoppelt; so darff man sich nicht wundern/ daß der Hall und Gethöß noch viel grösser wird.

Daß aber der dritte und entlegneste Berg wegen seiner sonderlichen Höle und innerlichen Beschaffenheit gleichsam ein wohl-lautendes Sieges- und Triumph-Geschrey hören
laßt/ wird sich niemand zusehr verwundern/ wer nun die vor-erzehlte Thon- und Hall-
Wunder etwas genauers und eigentlichers betrachtet.

Zugaabe.   Corollarium.

Jerauß erhellet/ daß ein grosser/ nach der Brenn-Linie oder parabolischer Weiß ge-
wölbt- und außgehölter Berg auf 50. Schritt auch eine still- und leise Stimme wiedergeben oder nachsprechen/ und zu Gehör schicken könne/ dergleichen/ wie P. Joannes Paez
in seiner Abyssenischen Historia berichtet/ in dem Geburge Goyamæ soll gefunden werden.

Natur-wun- Es ist in diesem Geburg ein Felß/ von ziemlicher Grösse/ so künstlich von der Natur
der bey einem außgehölet/ daß man ihn von ferne vor einen Spiegel ansehen möchte. Gegen diesen/
Gehör- saget er/ stehe ein anderer solcher Felß/ auf dessen Gipffel nichts so still/ auch von dem zim-
lich enfernet- lich entferneten/ könne gesprochen werden/ so der ander nicht solte hören; wann man aber
Berg- Spie- an besagtem Orth etwas laut schreye/ so nemme die Stimm also zu/ daß man nicht an-
gel. ders vermeyne/ als man höre ein grosses Kriegs-heer. Auf dieses Natur-wunder verstehen sich absonderlich die Priester selbiges Orths gar wohl/ welche/ damit sie etwas Gött-
liches erweisen/ stellen sie die Leuthe oben auf diesen Berg/ und sagen ihnen auf solche heimliche Weise eins und anders von zukünfftigen Dingen vor/ welche dann nicht anders ver-
meynen und glauben/ als daß solche Stimme von Himmel geschehen; dahero sie manchmahl in grosses Unglück gerathen/ wann sie solche Sachen glauben/ und dasjenige/ was
ihnen also heimlich anbefohlen wird/ unbedachtsamer Weise thun und verrichten. Wel-
ches/ so es wahr/ halt ich nicht/ daß es auf andere Weise geschehen könne/ als durch einen
sonderbahren Stimm-brechenden und reflectirenden runb-holen oder brenn-linischen Ge-
genstand/ in welchem die auß solchem Berg und Felsen kommende Stimmen und Thon
zusammen fallen. Und durch dieses principium kan man viel schwere Sachen/ so in den
Historien sich finden/ und von vielen vor Aberglauben oder Mährlen gehalten werden/ ver-
stehen/ und die Ursachen erkennen und begreiffen. Es erhelet der Herr von Herberstein/
Herberstein daß in der Landschafft Candora, so an dem Ende der Mitternächtischen Ländern gelegen/
in seiner ein Fluß seye/ über welchen noch niemand/ wegen der vielfaltig erscheinenden Gespenstern/
Reußischen auch deß grausamen Geschreyes/ so von den jenseitigen Gestad gehöret wird; so wohl von
Reyß- Ge- Menschen als unvernünfftigen Thieren/ zu übersetzen sich getrauet und erkühnet: Er mel-
schicht. det darbey/ es werde nicht bald ein Tag oder Woche vorbey gehen/ sonderlich Sommers-
Zeit/ da man nicht solche Wunder-Stimme und Geschrey hören solte. Ich meines theils
halte darfür/ daß kein anders Wunder hierunder stecke/ als daß das warhafftige Reden-
Geschrey und Stimmen/ so wohl der über dem Fluß sich befindenden Menschen als Thiere/
wegen der gegen-stehenden Hölen/ Felsen/ woselbst sie anschlagen und reflectiren, die ein-
fältig- und unwissende an diesem Gestad sich befindende/ also erschröcke/ und eine blinde
Forcht einjage; indem ohne das die Menschen nichts mehres und ebenders betriegen und
anführen kan/ als solche schwätz- und schertzhafftige Natur-spihle und Wunder. Cardanus
erzehlet in seinem l. 18. de Subalitate, von einem ihme wohl bekandten/ der auch also artlich angeführet und betrogen worden.

Ein Neben- Es hat sich/ schreibet er/ mit einem meiner guten Freunde zugetragen/ als er bey ei-
Geschicht. nem Fluß reysete/ den Fuhrt also deßselbig nicht wuste/ fieng er an zu schreyen Oh! deme
der verborgene und ihm unbewuste Widerhall antwortete Oh! Dieser vermeynte es wäre
ein Mensch/ der ihme antworte/ und fragte auf Italidnisch: Onde devo passar? passa,
antwortet der Echo: Er fragte ferner qui? und also antwortete auch der Widerhall qui.
Weilen aber das Wasser daselbst sehr tieff anzusehen/ und gewaltig rauschete/ fragte er
gantz bestürzt und erschrecket: devo passar qui? worauf der Widerhall schallte passa qui;
Dieses fragte er etlich mahl/ und so offt er also fragte/ war dieses deß Echo seine Antwort.
Derowegen der gute Freund in Forcht und Noth war über den Fluß zuschwimmen/ zuma-
len/ weiln die Nacht bereits anbrach/und die Lufft auch ungestümm war; da bildete er sich
nicht anderst ein/ als daß ihn ein Gespenst verführe/ welches ihn in Unglück zu stürzen und
zu ersäuffen gesuchet; kehrte deßwegen um/ und erzehlte dem Cardano den gantzen Ver-
lauff der Sach/ welcher aber im Werck erwiesen/ daß dieses weder ein Gespenst/ noch teuf-
lische Nachstellung/ sondern ein Spihl der scherzenden Natur gewesen.

Dergleichen Natur-Wunder findet man auch zu Syracusa in dem noch übrigen einge-
fallnen Maurwerck deß Dionisischen Pallasts/ allwo in einem gewissen Orth die Natur
den angefallnen Thon oder Stimm/ so artlich bricht/ reflectiret und wiedergibt/ daß ich
nichts wunderlichers in dergleichen Sachen Zeit meines Lebens gehört zu haben/ mich zu
erinnern weiß.

Anjetzo

Anjetzo wäre noch viel von dergleichen Stimm- und Thon-Wunder-reflexion zu sagen / allein weilen dieses bereits anderwärtig genug geschehen / und erkläret worden/ als wollen wir an solche Wunder-erzehlung vor dißmahl ein Ende machen/ und nun ein und anders Kunst-stück noch beyfügen.

Erstes Kunst-Stück. Experimentum I.

Von Heyl- und Vertreibung der Melancholi.

Wann ein Mensch in einem schwer- und tieffen Schlaff ligt/ oder sonst mit einer schweren Gemüths-unruh beladen / so kan man leichtlich ihn aufwecken und ermuntern/ mit einem starcken Thon/ entweder eines Sprach- und Stimm-rohrs / Trompeten oder dergleichen starcken Instrument, so der schwartzen Gallen angenehm ist ; und ist kein Zweifel/ daß durch dergleichen Instrument leichtlich die Tarantel-Krancke zum Dantz können aufgebracht werden ; Dann je hitziger und stärcker sie zu solchem Dantz aufgemuntert werden / je geschwinder werden sie mit einem starcken Schweiß überfallen / und auf solche Weise von dem schädlichen Gifft erlediget werden/ wie in vorgehendem gelehret worden.

Anders Kunst-Stück. Experimentum II.

Von dem Wolffs-Geheül.

Dessen haben wir ein Prob-Stück auf dem Eustachischen Berge/ durch einen Barbierer oder Wund-Artzt gethan / welcher so natürlich und eigentlich den Wölffen gleich heülen köndte / (deren es dann sehr viel auf diesem Berge gibet) daß man von Ferne nicht anders vermeinte / als daß es ein natürlicher Wolff seye; dieser stellte sich auf ein hohen Felsen / und heülte durch ein Sprach-Rohr auf solche Wolffs-Art und Weise / dardurch dann die Wölff zum heülen / die Hunde aber zum bellen / mit höchster Verwunderung aller Anwesenden gebracht worden ; und hat dieses grosse und starcke Wolffs-geheül und Hundsgebell eine wunderliche Music zusammen gegeben ; Ich zweifle auch nicht / daß man dergleichen auch bey andern Thieren oder Vögeln / mit Nach-ahmung ihrer Stimm / Geschrey oder Gesang/ köndte zuwegen bringen. Es sey aber einmahl genug von solchem Stimm- und Thon-Kunst-Beweiß gehandelt.

Beschluß.

Nun seyn wir endlichen auß dem groß- und tieffen Stimm- und Thon-Meer/ der spihlenden Natur / in den Port oder Hafen eingeloffen ; daß weiter nichts übrig / als daß wir Augen und Stimm gen Himmel erheben / und mit Stimm/ Lob und Gesang / dem höchsten Capell-Meister schuldigen Danck sagen; Als der mich frölich singen lassen von seinen Wercken / und rühmen die Geschäffte seiner Hände; Er hat mich geführet in den Göttlichen Chor seiner unendlich- und unermeßlichen Lieblichkeit ; und gleichsam mit einem annehmlichen Sausen also mein Hertz gezogen / meine Ohren also angefüllet/ daß es nicht viel gefehlet/ daß ich darüber fast aller eitelen Welt-lust und Freude vergessen/ und als schwermenden und ungestümmen brausenden Lufft-höhlen und Löchern der vergänglichen Welt nicht mehr zuhören mögen. Es seye derowegen alles zu seines Aller-heiligsten Nahmens-Ehre gerichtet/ welcher es gegeben/ was ich hierinn gekondt / und mit seines Heiligen Geistes Einblasen und Einstimmen meine Ohren aufgethan/ daß sie höreten. Im übrigen fehlet nichts mehr/ als daß unser gen Himmel erhabenes Gemüthe/ würdig möge seyn / nach diesem eitelen und hinfälligen Leben / zu dem süssen und lieben Himmels- und Engel-Chor, über welchen man höhers nichts wünschen kan / zu gelangen; welches geschehen wird/ wann wir GOtt in wahrer Forcht und Liebe dienen / ohne Unterlaß ingedenck der schröcklichen Göttlichen Trompeten und Posaunen/ wann es heissen wird: Stehet auf ihr Todten/ und kommet für Gerichte.

GOTT allein die Ehr.

Ein Schreiben

P. FRANCISCI ESCHINARDI

Soc. JESU,

An

P. ATHANASIUM KIRCHERUM

ejusd. Soc.

Je Flüsse lauffen endtlichen wieder dahin/ woher sie gekommen. Was ich von dem Thon- und Stimm-werck geschrieben und zuwegen gebracht/ das lehret wiederum zu Euch/ als seinem Ursprung; Dann solchen Ruhm habt Ihr mit Eurer Musurgia wohl verdienet/ und auch erlanget; daß hinfüro niemand von dieser Materi handlen wird/ er habe dann von Eurer grund-gelehrten Musurgia/ als dem Bronnen und Ursprung/ seine Gedancken und Werck hergeleitet. Mehr will ich nicht sagen; damit nicht Eurer bekandt- und berühmten Bescheidenheit/ durch solchen/ wiewohl niemahlen genugsamen Ruhm/ eine Scham-röthe auffgetrieben werde; sondern obiges habe allein darum melden wollen/ damit Männiglich die Ursach wissen möge; warum folgendes von dem Thon und Hall handlendes an Euch gestellet/ und gerichtet habe. Und gleichwie es dem Innfluß nichts benimmet/ daß die Flüsse mit widerwärtigem Lauff/ Ungestümm und ungleichem Geschmack in das grosse Welt-meer einfallen/ Also stelle ich meine Gedancken und Meynung von dem Thon und Hall/ ob sie wohl den Eurigen manchmahl zuwider lauffen scheinen/ als Zoll-gebig/ Euch vor/ und will/ daß Ihr sie/ als euer gut und eigen ansehen sollet/ weilen sie doch den Anfang und Ursprung von Euch haben.

Ich will hier nur Schluß-weise zusammen ziehen/ was ich in Druck kommen zu lassen entschlossen bin; und alles Eurem hoch-vernünfftigen Urtheil underwerffen. Erstlichen halt ich darfür/ daß die leicht und starck fortgeführte Stimm und Thon/ auf der Fläche eines langen Balcken oder Holzes/ nicht dem innern Lufft deß Holzes/ sondern vielmehr dessen harten und die Stimme haltenden Theil/ daß sie nicht so leicht darvon verschwinde/ so dieselbige gleichsam erhärtet und stärcket/ dann der Anfall wird in etwas Dicht- und gebigenem/ viel weiter und stärcker/ als sonsten/ fort-geführet. Welches auch mit Eurer eigenen Meynung besättiget wird/ da Ihr darfür haltet/ daß man auch dergleichen mit einem langen Blech köndte zuwerck richten/ allwo man sich gewiß auf die enthaltene innere Lufft nicht wohl wird beziehen können; Im Gegentheil halt ich/ daß es dem innern Lufft beizumessen/ daß man eine/ durch ein in der Wand verborgenes Rohr geleitete Stimm besser und eigentlicher höret/ so man das Ohr genau an die Wand hält/ als wann es zum Exempel nur eine Spannen breit darvon wäre: Die Ursach ist/ weiln die innere Wandlufft/ in dem sie eingefangen und eingeschlossen gleichsam gebigen und um etwas dicht wird: hergegen die äussere Lufft (ich rede von der Lufft hinder oder ausser der Wand) verschwindt und vergehet alsobald/ derowegen auch durch solche Flucht von der Stärcke der Stimm viel mit fortgehet/ und zwar nach Gelegenheit anderer Umstände. Jedoch ist zu wissen/ daß ich hier rede von der eigentlichen Stimm/ nicht aber von einem Thon oder Hall/ so durch Anschlag der Wand geschiehet/ dann solcher Schlag-hall von den harten Maur-theilen besser und stärcker fort-geführet wird.

Daß man aber in gemein saget; daß in den Kirchen und Zimmern/ so mit Tapeten behänget/ der Hall und Thon weniger und schwächer als sonsten geschiehet/ gehöret werde; und das darum/ weiln das lind und weiche auch verstopffe und aufhalte. So halte ich darfür/ daß man da einen guten Underscheid müsse machen/ under dem undeutlichen Saussen/ und einem deutlich- und verständlichen Thon; dann das undeutliche Saussen und Hallen wird zwar etwas schlechters kommen/ weiln an der Stärcke etwas abgehet: hergegen aber schadet die weiche oder gelinde dem deutlichen Thon nichts/ ja hülfft vielmehr und befördert dessen deutliche Vernehmlichkeit: dann eben darum/ weiln da kein sonderliche Reflexion, Stimm-bruch oder Widerhall geschiehet/ so geschiehet es/ daß zum Exempel die erste um etwas gebrochene Sylbe/ nicht mit der andern gerad anfallenden zu Gehör kommet/ und ist wohl zu mercken/ daß absonderlich bey der Music dieses fleissig müsse in acht genommen werden/ dann man sich nicht allein für Vermeng- und Vermischung der Sylben/ sondern auch der Noten wohl zu hüten/ dann sonsten viel übel-lautende und wider einander klingende Thon folgen würden: dann das Aug kan zwar viel und verschiedene Sachen zu einer Zeit und zumahlen mit guter Underscheidung/ sehen; dieweiln ein jegliches Ding absonderlich ein Stück von dem behaltenden Aug-häutlein oder Retina ein-

nem-

nehmet oder belanget : das Ohr aber fühlet durch den geschehenen Einfall und Anschlag
an das subtile Gehör-Fell ; da dann auf jeglichen ankommenden Thon das gantze Fell
oder Häutlein zittert (was aber zu antworten von denen / so das sehen durch Anfall und
Anschlag der Aug-strahlen verstehen / indem die Behälterin deß Augs / oder das Häutlein
Retina nicht minder dicht oder gespien ist / als das Ohr-Fell / da mögen die Authores dieser
Meinung selbsten zusehen) was aber das Aug thut / oder in dem Auge geschiehet auf einmahl und zu einer Zeit/ das geschiehet in dem Ohr nach und nach/ dann der Thon ist etwas
auf: und nacheinander folgendes/dahergegen die Farb etwas bleibendes ist.

Es verhindert aber die Mänge der Menschen / in einer Kirchen um etwas deutlich-
und verständlichen Thon/ nicht so wohl wegen der schwachen reflexion, als wegen deß feuch-
ten und dämpfichten Luffts. Dahero auch/wann man von etlichen Musicis saget/ sie seyen
nur Zimmer- und Stuben-Musicanten , so muß man dieses materialisch und nach der Sach
selbsten verstehen/ nicht daß eben allezeit die reflexion und Wider-Hall deß Zimmers Ihnen
behülflich seye/ sondern weiln sich ihre Stimm nach dem Zimmer richtet / und sich nach dessen Weite außbreitet.

Ja eben auß dieser Ursach so seyn die Gewölbe in den Kirchen/ meistentheil/ was den
Thon und Stimm betrifft/mehr schäd- und nutzlich/mehr hinder- als beförderlich/ und ma-
chen/daß man desto undeutlicher die Music, Gesänge rc. höret/wordurch auch der Ergötzung
und Lust viel abgehet. Jedoch gibt es auch im Gebrauch oder Praxi, etliche nutzliche reflexiones, worvon an seinem Ort selle gesaget werden: In grossen Kirchen aber ist der bequemeste Ort für die Musicanten , der nicht gar zu niedrig seye / sondern mittel-mässig und
nach proportion der Kirchen erhöhet / darmit Sie von allen Orten und Seitten der Kirchen mögen gehöret werden ; man muß aber sehen / daß man Ihnen bequem deutliche und
taugliche reflexiones verhülfflich seye / die da nicht starck und mercklich von der anfallenden
Stimm und Thon abweichen/ derselbigen zuwider lauffen/ und also einen widrigen und
verdrießlichen Ubel-laut oder discordanz verursachen.

Ein weites und außgedehntes Endlich bey den Trempetten/machet ingemein meines
Erachtens einen lieblichern Thon ; dann durch solche Weite wird dem außgehenden Thon
Platz gemachet / daß er sich mit dem äussern Lufft nicht zu gäh und schnell fasset / wordurch
sonsten ein rauh- und ehnliebliches Geräusch verursachet wird ; gleich wie bey der Flüsse
Einfälle in das Meer / je weiter sie seyn / oder sich theilen / je weniger finden sie da Wider-
stand von dem Meer.

Fürs andere / bey den Feld-Trempetten hilfft solches zu einem stärckern Thon / wegen
deß stärckern Zitters : Nicht daß solcher Zitter der Trempetten zu dem Thon ingemein
und an sich selbst erfordert würde / wie etliche vermeinen (dann zu dem Wesen deß Thons
an sich selbsten ist gnug / wann der zusammen gefangen Lufft / von einem harten oder geb-
genen Körper gebrochen und zurück fällt/oder/ welches einerley/wann solcher Lufft auf und
an etwas hartes anfället / und also zitterend gemachet wird/ wie Ich an einem andern Ort
erkläret habe) sondern nur den Thon durch zwey hallende Körper zu vermehren und zu
stärcken.

Ich hab auch in acht genommen / daß das bemeldte Zittern in den Feld-Trempetten
gantz einer andern Art sey / als das Zittern so wesentlich zu dem Thon erfordert wird; daher auch wann man mit der Trempet-Marin / die Feld-Trempetten recht und eigentlich
nachahmen will/so muß man einen zitterenden oder bebenden Steeg darauf stellen. Ferner
hab ich observirt, daß ein solch starck-bebender Thon / gleich sey vielen Thon so verschiedene
Einstimmungen oder consonantzien machen/und daher wird auch eine sonderbahre Lust und
Beliebung verursachet.

Ich nehme auch in den musicalischen und hallenden Instrumenten (zum Exempel in den
Clavicimbeln) ein sonderbahres Beben und Zittern wahr : Dann wiewohln ein solch Instrument an sich selbst / nachdem es klein oder groß/nachdem gibt es auch einen starcken und
scharffen Hall ; jedoch wann die geschlagene oder berührte Saitten zusammen stimmen / so
folget das Beben bey der Saitten/ und klinget eben den Thon nach/ den die Saitte gibet/
das höltzerne Corpus mag gleich groß oder klein seyn.

Zu Verstärckung aber und Vermehrung deß Thons in einem Schnecken-Rohr halt
Ich darfür/daß eine grössere Macht und Gewalt der einblasenden Stimm/als den schlecht-
und ebenen erfordert werde / und zwar wegen der vielfältigen reflexionen und Umschweiff;
und doch vermehret solche Macht und Gewalt der Stimm den Thon in grösserer proportion und vergleich / als die proportion einer Gewalt und Stärcke gegen der andern ist und
sich verhält : Es richtet und schicket sich aber solche Macht und Stimm-Gewalt mehrers
nach dem Platz und Weite/ als nach der Zeit (gleich wie auch bey andern gespannten Körpern geschicket) doch also / daß ob schon zu Anfang die Gewalt und Stärck grösser ist als
bey dem End/jedoch/ wann die Bewegung frey/und ohne Abbruch geschiehet/ wird die ein-
dringende Gewalt am End stärcker fern/als am Anfang.

Auß besagtem nun erhellet / daß das Gehör nicht viel Behülff habe die Stimm oder
Thon zu hören/wann man die Trempette an das Ohr hält/es sey dann/daß der eingefangene Lufft-Gewalt durch das weite Mundloch starck und mercklich seye.

X   Die

Die Ursach / warum in den ungleich-weiten oder kegel-artigen Rohren eine langsame
Außsprach erfordert wird / ist under anderm auch / und geschiehet / wegen der unordenlichen
reflexion / durch welche etlich gebrochne Linien eher / etliche später in dem Stimm- und Thon-
Herde zusammen kommen / welches in den bauchichten und oval-formigen nicht geschiehet /
wie ich ander-werts bemercket / wiewohln ich nicht laugne / daß in den keglichten Rohren die
meiste Stimm-brüche und reflexionen geschehen. Es kan auch ein ziemlich hart und schweh-
rer Einwurff und Gegen-Rede wider ein starcken Thon / sonderlich auch den Trompetten-
Thon / nach Gestalt der Sachen sich finden. Sintemahln einerley Macht und Gewalt /
eine grosse und vile Lufft viel weniger fort-treibet / als eine kleinere oder gering- und wenige-
re. Ich hab aber in dem ohnelängsten in Druck außgelassenen Wercken gewisen / daß man
könne antworten ; daß obwohln in den einzelen Theilen und jeglichen Stücken der eingeschlossenen Lufft / eine schwächere Macht sich finden könne / jedoch halte die gantze Samlung
und Zusammenfassung viel eine grössere Gewalt und Macht in sich / als in einem kurtzen
Rohr oder Trompette ; dann wegen der länge der Trompette / so bekommet der außgeblase-
sene Lufft deß Menschen / in dem fort-lauffen mehr Stärcke und Gewalt / wie eben angezeiget worden. Und dannenher / wann die Trompette abgekürtzet wird / so gehet um der
Stärcke deß Thons in grösserer proportion ab / als die proportion der Abkürtzung ist.

Bey dieser Gelegenheit (darmit endlichen alles eurem hochvernünfftigen Urtheil un-
derwerffe) füge ich bey / daß Ich vielen eröffnet und bewisen / daß nutzlich und sicher / eine
Magnet-Nadel auf einem eisern Spitz sich umtreiben und wenden lasse. Die Ursach ist /
weiln eines theils die materia deß Hütleins oder Köpfleins / weiln selbige nicht eisern / derowegen dem Spitz und Stachel nicht anhänget / andern Theils / weiln die übrige Theil der
Magnet-Nadel unverschieden sind / und indifferent / also / daß sie bey allen Puncten deß Um-
schweiffs oder Kreyses eben gleich gezogen werden ; nicht weniger als das schwehre auf der
horizontalischen ebene / eine durchgehende Gleichheit hat ; daß also die Magnet-Nadel von
dem Abzug oder Abhaltung deß eisern Spitzes nicht gehindert wird / daß sie nach der Eigenschafft und Erforderung der Magnetischen Eigenschafft / sich nicht drehen und wenden
solte ; doch will ich erinnert haben / daß es sehr nutzlich / wann solch Magnet-Nadel-Hütlen
oder Köpflen von Glas gemachet wird.

So hab Ich auch eure neue Weise / die Abweichung einer Wand oder Mauren zu
den Sonnen-Uhren zu erforschen erfunden / durch eine einige und kurtze Operation in der
Sonnen / bey jeglicher Zeit deß Tages ; ohne einige mühsame Rechnung / oder Linien-Züge /
viel weniger wird hierzu eine Magnet-Nadel erfordert ; welche doch andere meistentheils
bey ihren Instrumenten und Machinen wollen ver-
standen haben ; indeme sie sonsten versprochen / eine
weisse Sonnen-Uhren zu machen / lehren / ohne bekandte Abweichung der Maur oder Wand. Die
Figur soll die Sach kürtzlich vorstellen / in welcher
AB. solle seyn die Welt-Achse oder Würbel / nach
behöriger Polus-Höhe. NOV. der Durchschneider
nach der Sonnen-Abweichung. M. das Centrum /
in welchem AM. sich soll umwenden / biß der Schatten die Gesichts-linie oder diapram mit denen auf-
habenden / Gesichts-Maß oder Reglen gleich be-
schatte ; da man indessen den Durchschneider so
lang muß wenden / biß die Sonne / wie es von nöh-
ten seyn wird / einfange.

Endlichen die von mir neülichst außgelassene instrumenta und machinen / sonderlich zu den Monds-
Finsternussen / hab ich ein beständiges Schnecken-
Gewind darzu gemachet / zu mehrer Erleüchterung und Verstand / der gleich-formiger
langsamen Tags-Bewegung und Ganges. Und ist bereit dergleichen Instrument zu Kom-
plett und wohl auß Metall von Herrn Hieronymo Caccia / zwar unter meiner Auffsicht und
Angeben / zufinden ; worben doch sein sonderbahrer Fleiß und Verstand sich auch schen
lassen ; wie Er dann in dergleichen Wercken und Instrumenten-Verferti-
gung / unvergleichlich Künstlich und Sinnreich ist.

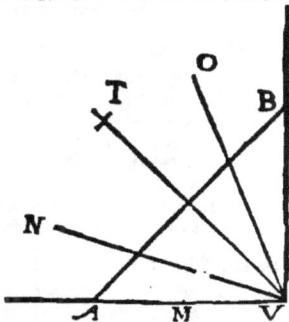

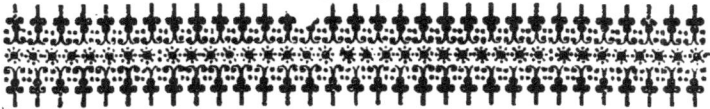

Verzeichnuß und Beschreibung aller in diesem Buch enthaltener Sachen.

Erstes Buch.

Vor-Erinnerung/ von der Thon-Kunst oder Wissenschafft/ den Echo oder Wider-
und Gegen-Hall belangend; worinn auch der gebrauchten terminorum, Wör-
ter- und Namen-Beschreibung/ gewisse Lehr-Sätz und Reguln/
auch Fragen und Vorgaaben abgehandelt werden.

Erste Abtheilung.

X ij   stim-

Andere Abtheilung.
Gegen-Stimm und Echo-Kunst.

Cap. I.

Probl. 1. Erste Vorgaab. Wann die wider-hallende Gegen-stände / auß einem gewissen Ort also gestellet werden/daß sie nicht allein der Stimm oder Thon parallel und gleich / sondern auch eben und gerad seyn / so wird die Stimm oder Thon auß einem jeglichen in sich selbst zurück fallen. 30

Dritte Abtheilung.

Wie die Sprach- und Gehör-Röhre/ Trompetten/ Posaunen/ und dergleichen zu machen.

X iij

Sechste

Sechste Abtheilung.

Künstliche Zubereitung mancherley Gehör-Instrumenten, durch deren Behülff man entweder mit vernehmlicher Stimm und Worten / oder undeutlichem Thon und Klang / auf eine zimliche Weite und distanz, seine Gemüths-Meinung / nach Erweisung der experienz, entdecken und offenbahren kan.

Regiſter.

Zwi-

Anderes Buch.

Nette Thon- und Stimm-Wissenschaft.

In welcher die verborgene und gehaime Ursachen und Eigenschaften
durch Zahl und Rechnung vorgestellet werden.

Erste Abtheilung.

Von wundersamer Krafft und Würckung etlicher Thon und Stimmen.

Andere Abtheilung.

Heylsame Stimm- und Thon-Kunst.

oder

Wie man durch die Music die verwirrte Gemühter und mancherley Kranckheit heylen könne.

D

Register.

Dritte Abtheilung.

Von mancherley Wunder-Thon.

Register.

Der vornehmsten Namen/ Wörter und Sachen/ in diesem Buch enthalten.

Run

Sym-

Z.

E N D E.

www.ingramcontent.com/pod-product-compliance
Lightning Source LLC
Chambersburg PA
CBHW030844270326
41928CB00007B/1206